"十二五"高等教育
财经管理类规划教材

高级财务会计

GAOJI CAIWU KUAIJI

王爱国　陈　艳　主　编
陈小英　副主编

中国经济出版社
CHINA ECONOMIC PUBLISHING HOUSE
·北京·

图书在版编目（CIP）数据

高级财务会计/王爱国，陈艳主编
北京：中国经济出版社，2013.6
（"十二五"高等教育规划教材）
ISBN 978-7-5136-1625-6

Ⅰ.①高… Ⅱ.①王… ②陈… Ⅲ.①财务管理—成人高等教育—教材 Ⅳ.①F275

中国版本图书馆 CIP 数据核字（2012）第 116899 号

责任编辑	伏建全
责任审读	霍宏涛
责任印制	张江虹
封面设计	任燕飞设计工作室

出版发行	中国经济出版社
印 刷 者	北京市人民文学印刷厂
经 销 者	各地新华书店
开 本	787mm×1092mm 1/16
印 张	19.75
字 数	400 千字
版 次	2013 年 6 月第 1 版
印 次	2013 年 6 月第 1 次
书 号	ISBN 978-7-5136-1625-6/G·1773
定 价	38.00 元

中国经济出版社 网址 www.economyph.com 社址 北京市西城区百万庄北街3号 邮编 100037
本版图书如存在印装质量问题，请与本社发行中心联系调换（联系电话：010-68319116）

版权所有 盗版必究（举报电话：010-68359418 010-68319282）
国家版权局反盗版举报中心（举报电话：12390） 服务热线：010-68344225 88386794

目 录

第一章 总 论 ... 1
- 第一节 高级财务会计的学科定位 ... 1
- 第二节 高级财务会计的研究范围 ... 4
- 第三节 高级财务会计的理论基础 ... 5
- 本章参考文献 ... 10

第二章 非货币性资产交换 ... 11
- 第一节 非货币性资产交换概述 ... 12
- 第二节 公允价值计量非货币性资产交换会计处理 ... 16
- 第三节 账面价值计量非货币性资产交换会计处理 ... 23
- 第四节 非货币性资产交换信息披露 ... 26
- 本章参考文献 ... 26
- 【课后练习题】 ... 27

第三章 租赁会计 ... 31
- 第一节 租赁的概念与分类 ... 32
- 第二节 经营租赁会计 ... 35
- 第三节 融资租赁会计 ... 40
- 第四节 售后租回 ... 55
- 第五节 租赁信息披露 ... 58
- 本章参考文献 ... 59
- 【课后练习题】 ... 60

第四章 债务重组 ... 64
- 第一节 债务重组概述 ... 65
- 第二节 债务重组的会计处理 ... 66
- 第三节 债务重组的信息披露 ... 79
- 本章参考文献 ... 80

【课后练习题】…… 80

第五章　借款费用 …… 86
第一节　借款费用概述 …… 86
第二节　借款费用的确认 …… 88
第三节　借款费用的计量 …… 91
第四节　借款费用的披露 …… 98
本章参考文献 …… 99
【课后练习题】…… 99

第六章　所得税会计 …… 104
第一节　所得税会计概述 …… 105
第二节　计税基础和暂时性差异 …… 108
第三节　递延所得税负债及递延所得税资产的确认和计量 …… 120
第四节　所得税费用的确认和计量 …… 125
第五节　所得税的列报 …… 130
本章参考文献 …… 131
【课后练习题】…… 131

第七章　外币折算 …… 137
第一节　外币业务概述 …… 138
第二节　外币交易的会计处理 …… 144
第三节　外币报表折算概述 …… 154
第四节　我国现行的外币报表折算方法 …… 158
本章参考文献 …… 164
【课后练习题】…… 165

第八章　企业合并 …… 172
第一节　企业合并概述 …… 173
第二节　同一控制下企业合并的会计处理 …… 178
第三节　非同一控制下企业合并的会计处理 …… 184
第四节　企业合并的披露 …… 191
本章参考文献 …… 192
【课后练习题】…… 192

第九章　合并财务报表(上) ………………………………………………… 196
第一节　合并财务报表概述 ……………………………………………… 197
第二节　合并报表的范围及编制程序 …………………………………… 201
第三节　控制权取得日合并财务报表的编制 …………………………… 205
第四节　控制权取得日后合并财务报表的编制 ………………………… 221
本章参考文献 ……………………………………………………………… 233
【课后练习题】 …………………………………………………………… 233

第十章　合并财务报表(下) ………………………………………………… 239
第一节　集团公司内部交易事项概述 …………………………………… 240
第二节　集团公司内部存货交易的抵消处理 …………………………… 243
第三节　集团公司内部非流动资产交易的抵消处理 …………………… 251
第四节　集团公司内部债权与债务的抵消处理 ………………………… 266
本章参考文献 ……………………………………………………………… 272
【课后练习题】 …………………………………………………………… 272

习题参考答案 ………………………………………………………………… 276

第一章 总 论

【内容简介】 本章内容主要探讨了高级财务会计的学科定位、研究范畴和理论基础，以求使读者对高级财务会计学的基本理论问题有一个概括的认识。

高级财务会计属于财务会计系列，它在会计方法上与中级财务会计完全一致，符合财务会计的主要特征。例如，与中级财务会计一样，是以货币为主要计量单位，以合法的记账凭证为依据登记账簿，依据账簿编制财务报表等。在财务会计报告的目标上，高级财务会计作为中级财务会计的延续，也是以"向财务会计报告使用者提供与企业财务状况、经营成果和现金流量等有关的会计信息，反映企业管理层受托责任履行情况，有助于财务报告使用者作出经济决策"为目标。

因此，高级财务会计作为专门研究财务会计业务的一门学科，它是随着经济社会环境的发展变化，利用财务会计的固有方法，对原有的财务会计的内容进行补充、延伸和拓展的一种会计。高级财务会计仍然属于财务会计范畴，它与中级财务会计互相补充、相得益彰，共同构成了财务会计的完整体系。

【学习目的与要求】
1. 了解高级财务会计的定位。
2. 理解高级财务会计与中级财务会计的主要区别。
3. 了解高级财务会计的研究范围。
4. 了解高级财务会计的理论基础。

第一节 高级财务会计的学科定位

什么是高级财务会计？高级财务会计的主要内容应该包括哪些？高级财务会计与中级财务会计的关系如何？长期以来，我国会计学术界对上述问题的理解以及解释并未达成一致的看法。这里我们首先把目前我国理论界对上述问题的各种看法和观点进行统一梳理，并提出本书的看法和见解。这样，不仅可以使学生对高级财务会计课程有一个总体认识，避免学生在学习过程中产生茫然与突兀的感觉，而且可以为本教材的内容选择提供理论依据。

一、我国理论界对高级财务会计的不同界定

从我们目前掌握的情况看,我国现已出版的相关教材对高级财务会计的理解主要有以下几种观点:

(一)中国人民大学所编的《高级会计学》认为:"高级会计是随着社会经济的发展,对原有的财务会计内容进行补充、延伸和拓展的一种会计,即利用财务会计的固有方法,对现有财务会计未包括的业务,以及随着客观经济环境变化而产生的一些特殊业务以新的会计观念进行反映和监督的会计。它与传统财务会计互相补充,共同构成了财务会计的完整体系。"因此,其内容主要包括非货币性资产交换、债务重组、所得税、租赁、外币业务、物价变动、分支机构、合并报表、企业合并、企业清算、破产和重组等几个方面。

(二)上海财经大学所编的《高级财务会计》认为:"从学科衔接的角度来看,高级财务会计应该是对中级财务会计的延伸;从学科侧重的角度来看,高级财务会计与中级财务会计应该是特殊与一般的关系。"因此,其对《高级财务会计》教材的定位是'特殊业务、特殊行业、特殊呈报'的会计理论与实务。其主要内容包括企业合并和合并报表、租赁、外币业务、衍生金融工具以及物价变动、企业清算与重组、投资性房地产、生物资产、油气开采、保险合同会计等。

(三)厦门大学所编的《高级财务会计学》认为:"高级财务会计是对'专门会计领域'及'比较深奥的会计课题'所展开的论述",其内容主要包括股东权益、所得税、清算与重组、合并财务报表、外币折算、物价变动和租赁等几个方面。

(四)中南财经政法大学所编的《企业特种会计》认为"企业特种会计是指企业一般会计业务以外的特殊业务会计。"并认为,国外的高级财务会计中还包括非企业会计的内容,因此,将该书定名为《高级财务会计学》是不大恰当的。其主要内容包括三大类:①特殊的财务报告问题,如控股公司的合并财务报表,分店经营时的汇编财务报表,有海外分支店和子公司时的外币报表折算,以及通货膨胀情形下对财务报表数据上的通货膨胀影响因素的消除和调整;②企业会计中比较特殊而又比较复杂的问题,如分店经营、合伙会计、外币交易会计、分期收款、专营权及寄代销业务会计、租赁会计、所得税会计等;③企业处于非持续经营等特殊情况下的会计问题,如企业破产、解散和清算,以及企业合并的会计处理、资产评估等。

另外,谢诗芬主编的《高级财务会计学》认为:高级财务会计是"系统讲授财务会计中的高尖理论与方法"的一门学科;向泽生编写的《高级财务会计学》则认为:高级财务会计主要针对"财务会计中最核心的问题和经济改革出现的新业务、新问题"加以阐述。

综上所述,我国学者对高级财务会计的认识尚存在较大的差异,还没有达成一致意见,不仅称谓各异——有的称为高级财务会计,有的称为高级会计,还有的称为企业特种会计等,而且研究和讲授的内容也很不相同,尤其表现在应否包括管理会计、非盈利组织会计、人力资源会计等方面。另外,还表现在高级财务会计与中级财务会计的

分野方面——哪一些是应内含于中级财务会计的"一般"知识,哪一些是应内含于高级财务会计的"特殊"知识,尚存在很大分歧。可以预见,对高级财务会计的本质和内容的界定,依然是会计理论工作者的一项重要任务,依然是会计理论研究的一项重要课题。

二、我们对高级财务会计的定位

对于高级财务会计的定位,我们认为,高级财务会计属于财务会计系列,它在会计方法上与中级财务会计完全一致,符合财务会计的主要特征。例如,与中级财务会计一样,是以货币为主要计量单位,以合法的记账凭证为依据登记账簿,依据账簿编制财务报表等。在财务会计报告的目标上,高级财务会计作为中级财务会计的延续,也是以"向财务会计报告使用者提供与企业财务状况、经营成果和现金流量等有关的会计信息,反映企业管理层受托责任履行情况,有助于财务报告使用者作出经济决策"为目标。

因此,高级财务会计作为专门研究财务会计业务的一门学科,它是随着经济社会环境的发展变化,利用财务会计的固有方法,对原有的财务会计的内容进行补充、延伸和拓展的一种会计。高级财务会计仍然属于财务会计范畴,它与中级财务会计互相补充、相得益彰,共同构成了财务会计的完整体系。

三、高级财务会计的发展与学科地位

(一)高级财务会计的发展

唯物地看,会计是人类社会发展到一定阶段的产物,是历史的必然。会计的发展总是离不开具体的经济社会环境,又必然反映特定历史时期经济社会发展的要求。高级财务会计的产生与发展亦是如此。

众所周知,会计有着悠久的历史,以复式记账为主要特征的近代会计也有五百多年的历史,但是真正现代意义上的会计(后文统称"现代会计")则诞生于20世纪初,其显著标志是现代会计的基本观念、公认会计原则和系统的会计理论的出现和形成。

20世纪初,伴随工业革命的到来,科学技术迅猛发展,企业规模不断扩大,企业组织形式日趋多样化,尤其是股份制公司的出现,直接导致企业所有权与经营权的分离,进而导致会计功能的分化,一是产生了以公认的会计原则为规范的财务会计,也称为对外报告会计,二是产生了以提高决策准确性和科学性为目的的管理会计,也称为对内报告会计。前者主要以定期或不定期地向企业所有者、债权人及其他利益相关者提供通用财务信息为基本任务,后者则根据企业管理当局的需要提供有助于生产、投资、定价和经营等决策的支撑信息。"管理会计"一词是在1952年召开的国际会计师联合会年会上正式提出并采用的,从此,现代会计分为财务会计和管理会计两大分支。

20世纪60年代,在西方社会出现了企业跨国经营、合并兼并、破产重组的浪潮。经济环境的变化产生了许多新的会计业务,而这些新的会计业务又都突破了当时财务会计和管理会计的范围,会计理论受到了前所未有的冲击和挑战。面对会计领域的诸多新问题,原有财务会计的框架难以容纳,而这些又是财务会计必须应对和解决的问题,因此,必须在原有的财务会计的基础上,谋求建立一门新的学科来解决这些特殊的会计问题,于是高级财务会计应运而生。进入20世纪70年代,在60年代企业兼并的基础上形成了庞大的跨国集团公司。跨国集团公司的出现,不仅引起会计计量单位的多元化(外币和本位币)以及外币汇兑和折算业务,而且还涉及跨国集团公司会计报表的合并问题,这些都是传统财务会计所无法解决的。为了指导处理此类会计事项,美国财务会计准则委员会(FASB)于1973年颁发了第1号财务会计准则公告——外币业务的揭示;1975年又颁布了第8号财务会计准则公告——外币交易和外币财务报表换算的会计处理,从此形成了较为成熟的外币业务会计。

20世纪80年代以来,世界经济进入了一个产业结构大调整时期。在这种形势下,西方发达国家掀起了第四次企业兼并浪潮,在此期间,企业的经济业务又发生了许多变化,比如国际相互投资、母子公司的投资,为了逃避各种税收,利用各国的税法和有关法律,进行内部价格转移和财产转移等,这对原有的所得税会计处理、外币业务的处理以及合并报表的编制形成了很大冲击。为此,会计理论界也积极寻求对策,所得税会计、合并报表等新的会计处理方式逐渐形成。这样,高级财务会计的基本内容、指导思想和方法都已基本形成,并逐渐得到了会计职业界的广泛认可与接受,成为一种会计惯例,这就标志着高级财务会计学的成熟,成为一门独立于财务会计和管理会计的新学科出现在会计学科体系之中。

(二)高级财务会计的学科地位

高级财务会计是一门科学,从整个学科体系来看属于管理学范畴,或者说是管理学领域工商管理学科的子学科,是从属于会计学学科体系的。具体而言,高级财务会计是随着经济社会的发展,对原有的财务会计内容进行补充、延伸和拓展的一种会计,其反映的主要是中级财务会计无法反映的新的或特殊的经济业务或事项,与中级财务会计互为补充,共同构成了财务会计的完整学科体系。需要特别指出的是,中级财务会计内容相对稳定、体系相对完善,相反,高级财务会计是开放性的,能够适时反映不断变化的经济环境的客观要求,具有与时俱进的优点和特征。任何有志于投身会计职业的人,都必须以敏锐的眼光观察新的经济现象,积极思考经济现象的本质,深入研究经济环境变化带来的新要求,不断拓展和完善高级财务会计的新的研究领域。

第二节 高级财务会计的研究范围

一、对高级财务会计内容的不同认识

前已述及,高级财务会计是中级财务会计的延伸和补充,是把那些不能或不便纳入中级财务会计的特殊或个别的会计业务系统研究和讲解的课程,因此,高级财务会计的内容应该是中级财务会计范围之外的内容。但是,对高级财务会计研究范围具体应该包括哪些内容尚没有统一的认识,其分歧主要集中在以下几个方面:第一,是否应该包含一般企业的特殊业务会计问题,比如,所得税会计、租赁会计、金融工具会计等;第二,是否应该包含特殊类型主体的会计业务问题,比如,特定股权形式、非单一主体、特殊行业、非盈利组织和政府会计等;第三,是否应该包含跨国经营业务的会计问题,比如,外币业务会计、企业合并与合并会计报表等;第四,是否应该包含特殊会计报告与信息披露问题,比如,关联方关系及其交易披露、上市公司信息披露等;第五,是否应该包含特殊经营阶段的会计问题,比如,企业重组、破产清算、物价变动会计等。

按照我们对高级财务会计的理解,高级财务会计的研究范围应该至少包括以下几个方面:

(一)一般企业的特殊业务会计

一般企业的特殊业务会计主要包括所得税会计、租赁会计、非货币性资产交换会计等等。

诚然,任何企业都会涉及所得税业务,从这个意义上讲,所得税会计似乎不是一项特殊业务,因而不应包括在高级财务会计的研究范畴中,然而,在我国,企业会计标准与所得税法的目标和要求是不同的,因而企业的税前会计利润和应纳税所得之间必然存在差异,而对于这些差异的会计处理则构成了一般企业的特殊业务。而租赁会计和非货币性资产交换对于大多数企业来说就不是那么普遍了,因而,我们将其归入高级财务会计的研究范畴。

(二)特殊类型主体会计

由于这类业务在很大程度上突破了中级财务会计的会计主体假设,还考虑到中级财务会计主要介绍公司制企业的会计业务处理,因此,我们把特殊类型主体的(如企业合并、合并财务报表等)会计业务纳入高级财务会计的研究范畴。

(三)跨国经营业务会计

外币业务作为跨国经营业务,也不是任何企业都会涉及的,而且国际上对此类业务还有着不同的理论基础和处理方式,这里我们把该类业务也纳入高级财务会计的研究范畴。

第三节 高级财务会计的理论基础

一、高级财务会计理论的基本特点

(一)财务会计学的理论框架

要讨论高级财务会计学的基本特点,我们必须首先了解财务会计学的理论框架。根据我国《企业会计准则——基本准则》(2006),我国财务会计理论框架的基本结构

大致如下:

1. 会计目标

向财务会计报告使用者提供与企业财务状况、经营成果和现金流量等有关的会计信息,反映企业管理层受托责任履行情况,有助于财务会计报告使用者做出经济决策。

2. 会计信息质量特征

有关会计信息质量特征的要求具体体现在《企业会计准则——基本准则》(2006)的第二章第十二条至十九条,主要有:客观性、相关性、明晰性、可比性、实质重于形式、重要性、谨慎性和及时性八条。其中:

客观性是指企业应当以实际发生的交易或者事项为依据进行会计确认、计量和报告,如实反映符合确认和计量要求的各项会计基本要素及其他相关信息,保证会计信息真实可靠、内容完整。

相关性是指企业提供的会计信息应当与财务会计报告使用者的经济决策需要相关,有助于财务会计报告使用者对企业过去、现在或者未来的情况做出评价或者预测。

明晰性是指企业提供的会计信息应当清晰明了,便于财务会计报告使用者理解和使用。

可比性是指同一企业不同时期发生的相同或者相似的交易或者事项,应当采用一致的会计政策,不得随意变更;不同企业发生的相同或者相似的交易或者事项,应当采用规定的会计政策,确保会计信息口径一致、相互可比。

实质重于形式是指企业应当按照交易或者事项的经济实质进行会计确认、计量和报告,不应仅以交易或者事项的法律形式为依据。

重要性是指企业提供的会计信息应当反映与企业财务状况、经营成果和现金流量等有关的所有重要交易或事项。

谨慎性是指企业对交易或者事项进行会计确认、计量和报告应当保持应有的谨慎,不应高估资产或者收益、低估负债或者费用。

及时性是指企业对于已经发生的交易或者事项,应当及时进行会计确认、计量和报告,不得提前或者延后。

3. 会计基本假设

会计基本假设包括会计主体、持续经营、会计分期、货币计量假设和权责发生制。

4. 会计基本要素

会计基本要素是会计核算对象的具体化。在我国,会计基本要素包括资产、负债、所有者权益、收入、费用和利润。

资产是指由企业过去的交易或者事项形成的、企业拥有或者控制的、预期会给企业带来经济利益的资源。负债是由指企业过去的交易或者事项形成的、预期会导致经济利益流出企业的现时义务。所有者权益是指企业资产扣除负债后由所有者享有的剩余权益。收入是指企业在日常活动中形成的、会导致所有者权益增加的、与所有者投入资本无关的经济利益的总流入。费用是指企业在日常活动中发生的、会导致所有者权益减少的、与向所有者分配利润无关的经济利益的总流出。利润是指企业在一定会计期间的经营成果。

5. 会计计量

会计计量主要解决某项经济业务事项在会计上"反映多少"的问题。要如实反映某项经济业务的原貌,离不开合理运用各种会计计量属性。会计的计量属性包括:

(1)历史成本。在历史成本计量下,资产按照购置时支付的现金或者现金等价物的金额,或者按照购置资产时所付出的对价的公允价值计量。负债按照因承担现时义务而实际收到的款项或者资产的金额,或者承担现时义务的合同金额,或者按照日常活动中为偿还负债预期需要支付的现金或者现金等价物的金额计量。

(2)重置成本。在重置成本计量下,资产按照现在购买相同或者相似资产所需支付的现金或者现金等价物的金额计量。负债按照现在偿付该项债务所需支付的现金或者现金等价物的金额计量。

(3)可变现净值。在可变现净值计量下,资产按照其正常对外销售所能收到现金或者现金等价物的金额扣减该资产至完工时估计将要发生的成本、估计的销售费用以及相关税费后的金额计量。

(4)现值。在现值计量下,资产按照预计从其持续使用和最终处置中所产生的未来净现金流入量的折现金额计量。负债按照预计期限内需要偿还的未来净现金流出量的折现金额计量。

(5)公允价值。在公允价值计量下,资产和负债按照在公平交易中,熟悉情况的交易双方自愿进行资产交换或者债务清偿的金额计量。

按照我国《企业会计准则——基本准则》(2006)的相关表述,可以看出,我国是以财务会计目标为会计理论研究的逻辑起点的。这种方式是20世纪中叶美国会计界首先提出的,其理论成果已经为国际会计界所认可,其主要内容是以财务会计目标、会计报表构成要素、会计信息质量特征、会计确认、会计计量、资本保全为核心的会计理论框架结构,这一理论成果充分反映了西方的实用主义哲学理念,对于不断变化的经济环境有着很强的适应能力。

在上述财务会计学的理论框架中,会计目标是最根本的导向,会计基本要素为经济事项的如实反映提供了合理的分类依据,而会计信息质量特征则是为达到会计目标而对反映有关会计基本要素的会计信息提出的最基本的要求。在这三个层次上没有中级财务会计和高级财务会计之分,它们是不同层次的财务会计得以统一的基础。那么,高级财务会计理论的特点究竟体现在哪些方面呢?

(二)高级财务会计理论的基本特点

会计基本假设和会计计量属性是以客观社会经济环境为依托,随着客观社会经济环境的发展而不断完善和拓展,以适应会计目标、会计信息质量特征和会计基本要素的要求。因此,它们的放宽与拓展,构成了中级财务会计和高级财务会计的分界线。也就是说,高级财务会计理论的基本特点就在于以会计目标、会计信息质量特征和会计基本要素为基础,对会计基本假设加以放宽与拓展以及对多种会计计量属性的综合运用。

1. 对会计假设的放宽与拓展

(1) 对会计主体假设的放宽与拓展。会计主体假设主要是设定会计为之服务的对象,即限定会计核算的空间范围。中级财务会计学只对单一会计主体的业务进行核算反映,而高级财务会计则要侧重特殊会计主体即超越法人地位的会计主体和其他超越单一会计主体的业务。比如,已构成母、子公司关系的企业集团出现后,会计为之服务的主体已具有双重性,会计核算的空间范围该如何确定?企业组织形式的巨变带来的冲击,如事业部制的组织形式,其会计核算的空间范围该如何确定?还有,基金单位会计、非盈利组织会计、以各自然人为主体形成的个人独资、合伙企业的会计处理是怎样的?中级财务会计无法给出明确的答案。在此情况下,会计主体假设已随客观经济环境的变化而有了新的更丰富的内容,实践促使会计这一假设有了松动,在此基础上产生的超越该前提条件的特殊类型主体的会计业务(分支机构会计、合并会计报表、分部报告、基金会计等)理应归为高级财务会计学的研究内容。

(2) 对持续经营假设的放宽与拓展。持续经营假设假定企业在未来的一定时期内不会进行解体清算,但是,随着我国社会主义市场经济的不断深入,企业面临的经济环境越来越复杂,现代市场经济中存在的越来越多的不确定性可能随时导致企业破产、解散或者重组。很显然,无论何种原因形成的此类情况,都是对持续经营假设的否定。因此,持续经营假设的松动,即非持续经营而形成的会计业务就理所当然地成了高级财务会计学的研究内容。

(3) 对会计分期假设的放宽与拓展。会计分期假设把经营活动人为地划分为相等的会计期间,为分期确定企业经营损益设定了前提条件,它是权责发生制的基础,也是会计确认、计量的依据。但是,随着客观经济环境变化而出现的新的经济业务也波及这一假设,从而形成了依赖这一假设不能解决的一些会计事项。比如,由于企业有特殊的跨期摊配事项,由此而形成了所得税费用的跨期摊配;由于只以会计年度为对外报告的期间而提供的会计信息不能满足报表使用者的需要,由此而有了中期会计报告和以企业清算期为特殊报告期的特有报告事项;另外,期货业务、衍生金融工具的出现与发展,已使现行的定期财务报告制度难以及时提供有效的信息,这些业务都要求依据各类事项而确定出独特的损益确认期限,因此也就有了对期货、期汇等业务进行核算和报告的专门规定等。可见,会计分期假设的松动,也形成了一些中级财务会计难以容纳的会计业务,它们也是高级财务会计学的内容。

(4) 对货币计量假设的放宽与拓展。随着经济全球化的迅猛发展,货币计量的含义已由同一企业拥有不同货币而转化为"记账本位币假设";而一国经济运行中的通货膨胀或紧缩使得币值不变的假设不再合理,最终导致陆续出现了几种物价变动会计的模式。在此情况下,货币兑换和物价变动对建立在货币计量假设基础之上的历史成本原则的冲击,使新的会计计量方式的出现成为可能。这样,外币业务会计和物价变动会计就自然而然地成为高级财务会计学的研究内容。

(5) 将权责发生制作为第五个会计假设。将权责发生制作为会计假设之一并不是我们的首创,国际会计准则理论框架中只将权责发生制和持续经营作为基础性假定,在《国际会计准则第1号——会计政策的说明》中也只承认继续经营、一致性、权责发生制三个基本会计假定,同样是使财务会计适应环境变化而对会计理论进行的必要修订。这也就是在国际会计准则规范的业务事项中很少有一般财务会计业务而多数属于特殊会计业务的根本原因之所在。

2. 多种会计计量属性的综合运用

在中级财务会计学中,我们已经接触到了几种不同的计量属性,如对存货、固定资产进行后续计量时,需要运用可变现净值这一计量属性;如在投资性房地产后续计量,有时需要运用公允价值计量等。然而,在高级财务会计中,将会更多地运用多种计量属性,如在非货币性资产交换时,要有条件地选择运用账面价值和公允价值计量属性,期货、期汇、衍生金融工具、融资租赁、破产清算等经济业务的计量显然都不是一个简单的历史成本就能反映的,这里可能涉及历史成本、现值、公允价值等不同的计量属性,在接下来的学习中,我们将会更深刻地体会这一特点。

二、高级财务会计的初步理论框架

高级财务会计理论是建立在财务会计理论基础上,以会计目标为导向,以会计假设松动为分界,并将二者有机结合的会计理论体系。按照我们的设想,高级财务会计的初步理论框架包括如下三部分内容:

(一)核心理论基础

由于高级财务会计和中级财务会计有着共同的理论基础,即相同的会计目标、会计基本要素和会计信息质量特征,我们把这三部分内容作为高级财务会计的核心理论基础。所谓核心是指无论中级财务会计还是高级财务会计都属于财务会计范畴,都是为财务会计的目标服务的,而会计目标是财务会计的出发点和归宿,因此,把共同的理论基础作为高级财务会计的核心理论基础是合适的。

(二)直接理论基础

由于高级财务会计产生的直接原因就是新的经济业务突破了原有的基本会计假设,从而使多种计量属性的综合运用成为可能。因此,我们把松动的会计基本假设和灵活的计量属性作为高级财务会计的直接理论基础。

(三)研究范畴

如前所述,高级财务会计的研究范畴包括一般企业的特别业务会计、特殊类型主体的会计业务、跨国经营的会计业务等。我们认为这种划分是比较贴近当前实际的,但是随着经济社会环境的不断发展变化,新的经济业务可能会出现,到那时,这种划分很可能不再适合形势的需要,所以这里仍需再次强调,由于高级财务会计理论的开放性特点,其研究范畴也应该不断调整以适应经济社会环境的变化。

本章参考文献

1. 王爱国,郑伟主编.高级财务会计学.山东人民出版社,2009
2. 刘永泽,傅荣主编.高级财务会计.东北财经大学出版社.2007
3. 闫达五,耿建新,戴德明编著.高级会计学.中国人民大学出版社.2007
4. 罗绍德.高级财务会计.西南财经大学出版社.2008.12

第二章 非货币性资产交换

【内容简介】 非货币性资产交换是一种非经常性的特殊交易行为,是交易双方以非货币性资产进行的具有互惠性质的资产交换。按照换入资产选择的不同计量属性,非货币性资产交换可以分为公允价值计量非货币性资产交换和账面价值计量非货币性资产交换两类。

所谓公允价值计量非货币性资产交换,是指以公允价值和应支付的相关税费作为换入资产的成本,公允价值与换出资产账面价值之间的差额计入当期损益。它要求非货币性资产交换必须同时满足下列两个条件:(一)该项交换具有商业实质;(二)换入资产或换出资产的公允价值能够可靠地计量。

在公允价值计量非货币性资产交换中,换入资产的会计处理与购入资产的会计处理相同。关于换入资产相关税费的处理与购入资产相关税费处理相同。换出资产的会计处理与出售资产的会计处理相同,关于换出资产的相关税费的会计处理与出售资产相关税费的处理相同,即关于换出资产的相关税费不应计入换入资产的成本,而应与销售相应资产的相关税费的会计处理相同。如换出固定资产支付的清理费用、换出不动产应交的营业税计入营业外收支,换出投资性房地产应交的营业税计入营业税金及附加。

所谓账面价值计量非货币性资产交换,是指以换出资产的账面价值和应支付的相关税费作为换入资产的成本,在交换过程中不需要确认损益。账面价值计量非货币性资产交换,适用于不具有商业实质或者交换涉及的换入资产与换出资产的公允价值均不能可靠计量的非货币性资产交换。

在账面价值计量非货币性资产交换中,换入资产的会计处理与购入资产的会计处理相同。但是,换出资产的会计处理不能够视同销售,相反,无论是否涉及补价,换出资产一律不确认转让收益。关于交换过程中发生的相关税费,无论是取得换入资产应支付的相关税费(可以抵扣的增值税进项税除外),还是换出资产的相关税费均计入换入资产的成本。

【学习目的与要求】
1. 区分货币性资产和非货币性资产。
2. 掌握非货币性资产交换的概念及判断,掌握商业实质的判断。
3. 熟练掌握公允价值计量非货币性资产交换的会计处理。
4. 熟练掌握账面价值计量非货币性资产交换的会计处理。

第一节 非货币性资产交换概述

非货币性资产交换是一种非经常性的特殊交易行为，是交易双方以非货币性资产进行的具有互惠性质的资产交换。与普通交易行为相比，非货币性资产交换具有如下两方面的特殊意义：一方面可以减少交易双方货币性资产的流出；另一方面又可以优化交易双方的资产配置，满足各自生产经营的需要。例如，甲企业有一台机器设备处于不需用状态，却需要购买乙企业的库存商品作为原材料。同时乙企业刚好需要该机器设备。这时，通过把甲企业的机器设备与乙企业的库存商品进行非货币性资产交换，就不仅可以优化甲乙两企业的资产配置，还可以减少两个企业货币性资产的流出，从而实现了甲乙交易双方的非货币性资产互惠转让。

一、货币性资产与非货币性资产的划分

企业的资产按照是否能够以固定或者可确定金额的货币收取，分为货币性资产和非货币性资产两类。

（一）货币性资产

货币性资产，是指企业持有的货币资金以及将以固定或者可确定金额的货币收取的资产。包括货币资金、应收账款、应收票据以及准备持有至到期的债券投资等。

在企业的资产科目中，库存现金、银行存款和其他货币资金作为货币资金，能够以固定或者可确定金额的货币收取，属于货币性资产。

应收账款和应收票据作为企业的债权，有相应的发票等原始凭证作为收款的依据，虽然在收回欠款过程中有可能发生坏账损失，但是，企业可以根据以往与购货方交往的经验，估计发生坏账的可能性以及坏账金额。因而，应收账款和应收票据将来为企业带来的货币金额是固定或者可确定的，也属于货币性资产。

准备持有至到期的债券投资，在将来（到期时）为企业带来的经济利益，是固定或者可确定的，符合货币性资产的定义，因此，准备持有至到期的债券投资也属于货币性资产。

（二）非货币性资产

非货币性资产，是指货币性资产以外的资产，包括存货、交易性金融资产、可供出售金融资产、长期股权投资、固定资产、在建工程、工程物资、无形资产、投资性房地产等。

与货币性资产相比，非货币性资产区别于货币性资产的本质特征就在于其未来能够给企业带来的经济利益是不固定的，或者是不可确定的。对于企业的存货、交易性金融资产、可供出售金融资产、长期股权投资、固定资产、在建工程、工程物资、无形资产、投资性房地产等而言，它们在将来能够给企业带来的货币金额是不固定的，甚至是

不可确定的。因此,它们都属于非货币性资产的范畴。

值得注意的是,对于债券投资而言,企业如果不准备将其持有至到期,而将其确认为交易性金融资产或者可供出售金融资产,那么,它就属于非货币性资产。如果企业打算将其持有至到期,而将其确认为持有至到期投资,那么,它就属于货币性资产的范畴。

二、非货币性资产交换的界定

基于企业货币性资产和非货币性资产的划分,我们可以发现,在企业的日常经营活动中,企业之间的资产交换不外乎如下三类:一是货币性资产与货币性资产之间的交换;二是货币性资产与非货币性资产之间的交换;三是非货币性资产与非货币性资产之间的交换。其中,前两类的资产交换都不属于非货币性资产交换,它们的内容不在本章介绍。例如,企业用货币资产购买原材料、固定资产等、企业销售库存商品以及出售和处置固定资产等都属于货币性资产与非货币性资产之间的交换。反之,第三类非货币性资产与非货币性资产之间交换的问题,便是我们所谓的非货币性资产交换,是我们本章要讲述的内容。它的主要特点表现为参与交换的双方都具有双重身份,即都既是卖方,又是买方。

非货币性资产交换,是指交易双方以非货币性资产进行的具有互惠性质的资产交换。另外,根据我国企业会计准则的相关规定,只涉及少量的货币性资产(即补价)的资产交换也属于非货币性资产交换。其中,关于"少量的货币性资产"界定如下:

凡是支付的货币性资产占换入资产公允价值(或占换出资产公允价值与支付的货币性资产之和)的比例低于25%的,或者收到的货币性资产占换出资产公允价值(或占换入资产公允价值与收到的货币性资产之和)的比例低于25%的资产交换,都可以认为其属于只涉及少量的货币性资产(即补价)的资产交换,即该资产交换可以界定为非货币性资产交换。

反之,凡是支付的货币性资产占换入资产公允价值(或占换出资产公允价值与支付的货币性资产之和)的比例高于25%(含等于25%)的,或者收到的货币性资产占换出资产公允价值(或占换入资产公允价值与收到的货币性资产之和)的比例高于25%(含等于25%)的资产交换,则认为其不属于只涉及少量的货币性资产(即补价)的资产交换,而归属于货币性资产交换。

三、非货币性资产交换的确认和计量原则

在非货币性资产交换中,无论是一项资产换入一项资产、一项资产换入多项资产、多项资产换入一项资产还是多项资产换入多项资产,非货币性资产交换准则规定确定换入资产的成本可以选择两种计量基础。按照换入资产选择的不同计量基础,非货币性资产交换可以分为公允价值计量非货币性资产交换和账面价值计量非货币性资产交换两类。

（一）公允价值计量非货币性资产交换

所谓公允价值计量非货币性资产交换，是指以公允价值和应支付的相关税费作为换入资产的成本，公允价值与换出资产账面价值之间的差额计入当期损益。

采用公允价值计量换入资产的成本，要求非货币性资产交换必须同时满足下列两个条件：

1. 该项交换具有商业实质

所谓交换具有商业实质，是指由于该交换的发生，预期会导致交换双方由于换出资产和换入资产而产生的未来现金流量状态发生明显地改变。具体表现如下：

（1）换入资产的未来现金流量在风险、时间和金额方面与换出资产显著不同。

换入资产的未来现金流量在风险、时间和金额方面与换出资产显著不同，通常包括但不限于以下情形：①未来现金流量的风险、金额相同，时间不同。例如，某企业以一批存货换入一台机器设备，因存货流动性强，能够在较短的时间内产生现金流量，设备作为固定资产要在较长的时间内为企业带来现金流量，假设两者产生未来现金流量的风险、金额相同，但由于两者产生现金流量的时间相差较大，则可以认为上述存货与固定资产产生的未来现金流量状态明显不同。②未来现金流量的时间、金额相同，风险不同。例如，某企业以其不准备持有至到期的国库券换入一幢房屋以备出租，假设该企业预计未来每年收到的国库券利息与房屋租金在金额和流入时间上相同，但取得国库券利息通常风险很小，而房屋租金的取得则取决于承租人的财务及信用情况等，可见，两者现金流量的风险存在明显差异，可以认为上述换入资产与换出资产产生的未来现金流量状态明显不同。③未来现金流量的风险、时间相同，金额不同。例如，某企业以其商标权换入另一企业一项专利技术，假设两项无形资产的使用寿命相同，在使用寿命内预计为企业带来的现金流量总额相同，但是换入的专利技术是新开发的，预计在使用该专利技术初期产生的未来现金流量明显少于后期，而该企业拥有的商标权每年产生的现金流量比较均衡，可见，两者产生的现金流量风险、时间相同，但金额差异明显，也可以认为上述换入资产与换出资产产生的未来现金流量状态明显不同。

只要出现上述情形之一，该非货币性资产交换一般就可以认为具有商业实质。

（2）换入资产与换出资产的预计未来现金流量现值不同，且其差额与换入资产和换出资产的公允价值相比是重大的。

如果企业根据上述情形难以判断非货币性资产交换是否具有商业实质，可根据第二种方法判断。即通过计算换入资产与换出资产的预计未来现金流量现值进行比较判断。值得注意的是，此处计算的资产预计未来现金流量现值是根据企业自身而不是市场参与者对资产的评价来确定的。

例如，某企业甲以一项专利权换入另一企业乙拥有的长期股权投资，假设按照市场参与者对资产的评价来看，这两项资产的公允价值即预计未来现金流量现值是相等的。但是，对于甲企业而言，换入长期股权投资使甲企业对被投资方由重大影响变为控制关系，从而使得依据甲企业自身确定的该长期股权投资的预计未来现金流量现值与换出的专利权有较大差异。对于乙企业而言,乙企业换入的专利权也是该企业急需的专业技术,从而使得依据乙企业自身确定的专利权预计未来现金流量现值也与换出的长期股权投资有较大差异。因而,这两项资产的交换具有商业实质。

综上,根据上述两种方法均可以判断出企业的非货币性资产交换是否具有商业实质。然而,在实务中,很多企业在分析非货币性资产交换是否具有商业实质时,通常可以借助于交换资产的类别来进行判断。如果换入资产与换出资产不属于同一资产类别,它们之间的非货币性资产交换一般来讲都会具有商业实质。这是由于不同类别的非货币性资产,其产生经济利益的方式并不相同,从而其产生的未来现金流量的风险、时间和金额也不相同。这里的不同类别是指在资产负债表中列示的不同大类的非货币性资产,如存货、固定资产、投资性房地产、长期股权投资、无形资产等都是不同类别的资产。

值得注意的是,在确定非货币性资产交换是否具有商业实质时,企业应当关注交易各方之间是否存在关联方关系。关联方关系的存在可能导致发生的非货币性资产交换不具有商业实质。

2. 换入资产或换出资产的公允价值能够可靠地计量

只有换入资产或换出资产的公允价值能够可靠地计量,非货币性资产交换才能取得其需要的公允价值数据,也才有可能实现用公允价值计量换入资产的成本。

通常情况下,资产存在活跃市场,是资产公允价值能够可靠计量的明显证据,但不是唯一要求。属于以下三种情形之一的,公允价值视为能够可靠计量:

(1)换入资产或换出资产存在活跃市场。

(2)换入资产或换出资产不存在活跃市场,但同类或类似资产存在活跃市场。

(3)换入资产或换出资产不存在同类或类似资产的可比市场交易,但可以采用估值技术确定其公允价值。如果公允价值估计数的变动区间很小,或者在公允价值估计数变动区间内,各种用于确定公允价值估计数的概率能够合理确定的,视为公允价值能够可靠计量。

值得注意的是,如果换入资产和换出资产的公允价值均能够可靠地计量,则应当以换出资产公允价值作为确定换入资产成本的基础。这是因为,在会计实务中,取得资产的成本应当按照所放弃资产的对价来决定。在非货币性资产交换中,换出资产就是放弃的对价,如果其公允价值能够可靠计量,当然应该优先以换出资产公允价值作为确定换入资产成本的基础。

(二)账面价值计量非货币性资产交换

所谓账面价值计量非货币性资产交换,是指以换出资产的账面价值和应支付的相关税费作为换入资产的成本,在交换过程中不需要确认损益。

账面价值计量非货币性资产交换,适用于不具有商业实质或交换涉及的换入资产与换出资产的公允价值均不能可靠计量的非货币性资产交换。对于既不具有商业实质也不能够可靠计量交换涉及的换入资产与换出资产公允价值的非货币性资产交换,也是只能使用账面价值计量换入资产的成本。在涉及补价的情况下,账面价值计量非货币性资产交换收到或支付的补价可以作为确定换入资产成本的调整因素,其中,收到补价方应当以换出资产的账面价值减去补价加上应支付的相关税费作为换入资产的成本;支付补价方应当以换出资产的账面价值加上补价和应支付的相关税费作为换入资产的成本。

第二节 公允价值计量非货币性资产交换会计处理

依据非货币性资产交换准则,非货币性资产交换具有商业实质,且换入资产或换出资产的公允价值能够可靠计量的,应当以换出资产的公允价值为基础确定换入资产的成本,除非有确凿证据表明换入资产的公允价值比换出资产的公允价值更加可靠。该公允价值与换出资产账面价值的差额计入当期损益。

在公允价值计量非货币性资产交换中,换入资产的会计处理与购入资产的会计处理相同。关于换入资产相关税费的处理与购入资产相关税费处理相同。换出资产的会计处理与出售资产的会计处理相同,关于换出资产相关税费的会计处理与出售资产相关税费的处理相同,即关于换出资产的相关税费不是直接计入换入资产的成本,而应与销售相应资产的相关税费的会计处理相同。如换出固定资产支付的清理费用、换出不动产应交的营业税计入营业外收支,换出投资性房地产应交的营业税计入营业税金及附加。

一、不涉及补价的会计处理

在公允价值计量非货币性资产交换的情况下,如果不涉及补价,则换入资产的成本以换出资产公允价值为基础确定。具体计算公式如下:

换入资产的成本＝换出资产的公允价值＋换出资产增值税销项税额－换入资产可抵扣的增值税进项税额＋支付的应计入换入资产成本的其他相关税费

其中,支付的应计入换入资产成本的其他相关税费主要指换入资产的运费、保险费等。

换出资产公允价值与账面价值之间的差额以及换出资产相关税费的会计处理,应当分别下列不同情况计入当期损益。

(一)换出资产为存货

非货币性资产交换中换出资产为存货的,换出的存货视同销售处理。即按照其公允价值确认销售收入,同时按账面价值结转销售成本。与换出存货有关的相关税费与销售存货相关税费的会计处理相同。例如换出存货承担的运输费等费用作为销售存货的费用,计入销售费用。

(二)换出资产为固定资产、无形资产

非货币性资产交换中换出资产为固定资产、无形资产的,也视同固定资产、无形资产的出售。即换出资产的公允价值与账面价值之间的差额计入营业外收入或营业外

支出。换出资产有关的相关税费与出售该资产相关税费的会计处理相同,如换出固定资产支付的清理费用等也应计入营业外收支。

(三)换出资产为长期股权投资、可供出售金融资产、交易性金融资产等投资资产

换出资产为长期股权投资、交易性金融资产和可供出售金融资产的,视同出售这些投资资产。即换出资产的公允价值与账面价值之间的差额计入投资收益,同时将交易性金融资产或可供出售金融资产持有期间发生的公允价值变动分别自"公允价值变动损益"和"资本公积——其他资本公积"中转入投资收益。

【例2-1】 2010年4月1日,甲公司以生产经营过程中使用过的一台机器设备交换乙公司生产的产成品作为原材料,该机器设备恰好是乙公司生产过程中急需的固定资产。其中,甲公司机器设备的账面原价为16万元,已计提累计折旧7万元,假设该设备是2009年1月1日以后购进的固定资产,经过评估,在交换日的公允价值为10万元。乙公司的库存商品账面价值为7万元,在交换日的公允价值为10万元。双方交换过程中均开具了增值税专用发票,计税价格等于公允价值,增值税税率17%。双方协议,[1]甲乙公司各自负责本公司换入资产的运输费用。这样,甲公司支付运杂费1 000元,乙公司支付运杂费2 000元,另外,甲公司支付固定资产清理费用为5 000元。均以银行存款支付。假设甲、乙两公司均未对换出资产计提跌价准备。

【分析】 整个资产交换过程没有涉及货币性资产,因此,该交换属于非货币性资产交换。由于换入资产与换出资产不属于同一资产类别,使得换入资产的未来现金流量在风险、时间和金额方面与换出资产显著不同。这说明两项资产的交换具有商业实质。同时,两项资产的公允价值都能够可靠地计量,符合非货币性资产交换准则规定的关于以公允价值计量非货币性资产交换的条件。

甲公司的会计处理:

换入原材料的成本 = 换出资产的公允价值 + 换出资产增值税销项税额 – 换入资产可抵扣的增值税进项税额 + 支付的应计入换入资产成本的其他相关税费 = 100 000 + 17 000 – 17 000 + 1 000 = 101 000(元)

允许抵扣的进项税额 = 17 000(元)

出售设备的损益 = 100 000 + 17 000 – (160 000 – 70 000 + 5 000 + 17 000) = 5 000(元)

借:固定资产清理	90 000
累计折旧	70 000
贷:固定资产	160 000
借:固定资产清理	5 000
贷:银行存款	5 000
借:固定资产清理	17 000
贷:应交税费——应交增值税(销项税额)	17 000

---

[1] 2009年1月1日,我国全面实行增值税转型改革,由生产型增值税转为消费型增值税,销售自用固定资产与销售一般货物一样计算并交纳增值税。

借：原材料 101 000
　　应交税费——应交增值税（进项税额） 17 000
　贷：固定资产清理 117 000
　　　银行存款 1 000
借：固定资产清理 5 000
　贷：营业外收入 5 000

乙公司的会计处理：

换入固定资产的成本＝换出资产的公允价值＋换出资产增值税销项税额－换入资产可抵扣的增值税进项税额＋支付的应计入换入资产成本的其他相关税费＝100 000＋17 000－17 000＋2 000＝102 000（元）

允许抵扣的进项税额＝17 000（元）

借：固定资产 102 000
　　应交税费——应交增值税（进项税额） 17 000
　贷：主营业务收入 100 000
　　　应交税费——应交增值税（销项税额） 17 000
　　　银行存款 2 000
借：主营业务成本 70 000
　贷：库存商品 70 000

【例2－2】 2010年4月1日，甲公司以其拥有的一项专利权与乙公司持有的对A公司的长期股权投资进行交换。甲公司换出无形资产的账面原值为500万元元，累计已摊销金额为200万元，未计提减值准备，公允价值为270万元。乙公司换出长期股权投资采用成本法核算，长期股权投资的账面余额为290万元，已提减值准备30万元元，公允价值为270万元元。假设甲公司原已持有对A公司的长期股权投资，换入乙公司对A公司的长期股权投资以后，使得甲公司对A公司由重大影响变为控制关系。乙企业换入的专利权也是该企业急需的专业技术。转让无形资产需要交纳的营业税税率为5%，假设交易过程中没有发生其他相关税费。

【分析】 整个资产交换过程没有涉及货币性资产，因此，该交换属于非货币性资产交换。甲企业以一项专利权换入乙企业拥有的长期股权投资，虽然按照市场参与者对资产的评价来看，这两项资产的公允价值是相等的。但是，对于甲企业而言，换入长期股权投资使甲企业对A企业由重大影响变为控制关系，从而使依据甲企业自身确定的该长期股权投资的预计未来现金流量现值与换出的专利权有较大差异。对于乙企业而言，乙企业换入的专利权也是该企业急需的专业技术，从而使依据乙企业自身确定的专利权预计未来现金流量现值也与换出的长期股权投资有较大差异。因而，这两项资产的交换具有商业实质。同时，两项资产的公允价值都能够可靠地计量，符合非货币性资产交换准则规定的关于以公允价值计量非货币性资产交换的条件。

甲公司的会计处理：

换入长期股权投资的成本＝2 700 000（元）

转让无形资产损益 = 2 700 000 – (5 000 000 – 2 000 000) – 2 700 000 × 5%
= – 435 000(元)

借:长期股权投资　　　　　　　　　　　　　　　　　　2 700 000
　　累计摊销　　　　　　　　　　　　　　　　　　　　 2 000 000
　　营业外支出　　　　　　　　　　　　　　　　　　　　 435 000
　　贷:无形资产——专利权　　　　　　　　　　　　　　 5 000 000
　　　　应交税费——应交营业税　　　　　　　　　　　　　135 000

乙公司的会计处理:
换入无形资产的成本 = 2 700 000(元)
转让长期股权投资的损益 = 2 700 000 – (2 900 000 – 300 000) = 100 000(元)

借:无形资产　　　　　　　　　　　　　　　　　　　　 2 700 000
　　长期股权投资减值准备　　　　　　　　　　　　　　　 300 000
　　贷:长期股权投资　　　　　　　　　　　　　　　　　2 900 000
　　　　投资收益　　　　　　　　　　　　　　　　　　　 100 000

【例 2 – 3】 2010 年 4 月 1 日,甲公司以其持有的投资性房地产与乙公司的交易性金融资产进行资产交换,假定该项交换具有商业实质,且其换入资产与换出资产的公允价值能够可靠地计量。其中,甲公司换出的投资性房地产未采用公允价值模式计量,原值 900 万元,折旧 300 万元,交换日公允价值为 700 万元。投资性房地产营业税税率为 5%,交换前与交换后的用途不变。乙公司换出的交易性金融资产成本 600 万元,公允价值变动增加 200 万元,交换日公允价值为 700 万元。假设交易过程中没有发生其他相关税费。

甲公司的会计处理:
换入交易性金融资产的成本 = 7 000 000(元)
换出投资性房地产应交纳营业税 = 7 000 000 × 5% = 350 000

借:其他业务成本　　　　　　　　　　　　　　　　　　 6 000 000
　　投资性房地产累计折旧　　　　　　　　　　　　　　 3 000 000
　　贷:投资性房地产　　　　　　　　　　　　　　　　　9 000 000
借:营业税金及附加　　　　　　　　　　　　　　　　　　 350 000
　　贷:应交税费——应交营业税　　　　　　　　　　　　　350 000
借:交易性金融资产　　　　　　　　　　　　　　　　　 7 000 000
　　贷:其他业务收入　　　　　　　　　　　　　　　　　7 000 000

乙公司的会计处理:
换入投资性房地产的成本 = 7 000 000(元)

借:投资性房地产　　　　　　　　　　　　　　　　　　 7 000 000
　　投资收益　　　　　　　　　　　　　　　　　　　　 1 000 000
　　贷:交易性金融资产——成本　　　　　　　　　　　　6 000 000
　　　　　　　　　　　——公允价值变动　　　　　　　　2 000 000

借:公允价值变动损益　　　　　　　　　　　　　　2 000 000
　　贷:投资收益　　　　　　　　　　　　　　　　　　　2 000 000

二、涉及补价的会计处理

在公允价值计量非货币性资产交换的情况下,如果涉及补价,则换入资产的成本以换出资产公允价值为基础确定。具体计算公式如下:

换入资产的成本 = 换出资产的公允价值 + 换出资产增值税销项税额 – 换入资产可抵扣的增值税进项税额 + 支付的应计入换入资产成本的其他相关税费 + 支付的补价(或者减去收到的补价)

无论是支付补价的企业还是收到补价的企业,其换出资产公允价值与账面价值之间差额的会计处理,与不涉及补价的以公允价值计量的非货币性资产交换会计处理相同,即按换出资产的不同类别,进行相应的会计处理计入当期损益。

【例2-4】 接例2-1,假设2010年4月1日,甲公司以生产经营过程中使用过的一台机器设备交换乙公司生产的产成品作为原材料,该机器设备恰好是乙公司生产过程中急需的固定资产。其中,甲公司机器设备的账面原价为16万元,已计提累计折旧7万元,假设该设备是2009年1月1日以后购进的固定资产,经过评估,在交换日的公允价值为10万元。乙公司的库存商品账面价值为7万元,在交换日的公允价值为9万元。因此,乙公司支付了1万元补价给甲公司。双方交换过程中均开具了增值税专用发票,计税价格均等于公允价值,增值税税率17%。双方协议,甲乙公司各自负责本公司换入资产的运杂费用。这样,甲公司支付运杂费1 000元,乙公司支付运杂费2 000元,此外,甲公司另支付固定资产清理费用5 000元。均以银行存款支付。假设甲、乙两公司均未对换出资产计提跌价准备。

【分析】 对于涉及补价的资产交换,首先应判断该资产交换是否属于非货币性资产交换,如果属于非货币性资产交换,接着应判断非货币性资产交换的类型:是以公允价值计量的非货币性资产交换,还是以账面价值计量的非货币性资产交换,最后,确定换入资产的成本,并进行相应的会计处理。

对甲公司而言:收到的补价10 000 ÷ 换出资产的公允价值100 000 = 10% < 25%

对乙公司而言:支付的补价10 000 ÷ 换入资产的公允价值100 000 = 10% < 25%

通过上述计算,补价占整个交易的比例均小于25%,可见,该项资产交换属于非货币性资产交换。

由于换入资产与换出资产不属于同一资产类别,使得换入资产的未来现金流量在风险、时间和金额方面与换出资产显著不同。这说明两项资产的交换具有商业实质。同时,两项资产的公允价值都能够可靠地计量,符合非货币性资产交换准则规定的关于以公允价值计量非货币性资产交换的条件。

甲公司的会计处理:

换入原材料的成本 = 换出资产的公允价值 + 换出资产增值税销项税额 – 换入资产可抵扣的增值税进项税额 + 支付的应计入换入资产成本的其他相关税费 – 收到的

补价 = 100 000 + 17 000 - 15 300 + 1 000 - 10 000 = 92 700(元)

允许抵扣的进项税额 = 15 300(元)

出售设备的损益 = 92 700 + 15 300 + 10 000 - 1 000 - (160 000 - 70 000 + 5 000 + 17 000) = 5 000(元)

借:固定资产清理		90 000
累计折旧		70 000
贷:固定资产		160 000
借:固定资产清理		5 000
贷:银行存款		5 000
借:固定资产清理		17 000
贷:应交税费——应交增值税(销项税额)		17 000
借:原材料		92 700
应交税费——应交增值税(进项税额)		15 300
银行存款(补价)		10 000
贷:固定资产清理		117 000
银行存款(支付运杂费)		1 000
借:固定资产清理		5 000
贷:营业外收入		5 000

乙公司的会计处理:

换入固定资产的成本 = 换出资产的公允价值 + 换出资产增值税销项税额 - 换入资产可抵扣的增值税进项税额 + 支付的应计入换入资产成本的其他相关税费 + 支付的补价 = 90 000 + 15 300 - 17 000 + 2 000 + 10 000 = 100 300(元)

允许抵扣的进项税额 = 17 000(元)

借:固定资产		100 300
应交税费——应交增值税(进项税额)		17 000
贷:主营业务收入		90 000
应交税费——应交增值税(销项税额)		15 300
银行存款(支付的运杂费 + 补价)		12 000
借:主营业务成本		70 000
贷:库存商品		70 000

三、同时换入多项资产的会计处理

非货币性资产交换同时换入多项资产,是指企业以一项非货币性资产同时换入另一企业的多项非货币性资产,或者以多项非货币性资产同时换入另一企业的多项非货币性资产。如果这种同时换入多项资产的非货币性资产交换具有商业实质,且换入资产的公允价值都能够可靠计量,应当按照换入各项资产的公允价值占换入资产公允价值总额的比例,对换入资产的成本总额进行分配,确定各项换入资产的成本。

其中,换入资产的成本总额=换出资产的公允价值+换出资产增值税销项税额-换入资产可抵扣的增值税进项税额+支付的应计入换入资产成本的其他相关税费+支付的补价(或者减去收到的补价)

每项换入资产成本=该项资产的公允价值÷换入资产公允价值总额×换入资产的成本总额

【例2-5】 甲公司以一台设备换入乙公司的一辆小客车和一辆货运汽车。换出设备的账面原值为58万元,已提折旧6万元,公允价值50万元;换入小客车的账面原值为42万元,已提折旧5万元,公允价值为36万元;货运汽车的账面原值为16万元,已提折旧4万元,公允价值为14万元。假设上述资产均是2009年1月1日以后购进的固定资产,双方交换过程中均开具了增值税专用发票,计税价格等于公允价值,增值税税率17%。在交换过程中甲公司为换入资产支付了过户费等费用1万元,并假定该交换具有商业实质,公允价值能可靠计量。

则同时换入多项资产的甲公司进行会计处理如下:

换入资产的成本总额=换出资产的公允价值+换出资产增值税销项税额-换入资产可抵扣的增值税进项税额+支付的应计入换入资产成本的其他相关税费=500 000+85 000-61 200-23 800+10 000=510 000(万元)

小客车的入账价值=360 000/(360 000+140 000)×510 000=510 000×72%=367 200(元)

货运汽车的入账价值=140 000/(360 000+140 000)×510 000=510 000×28%=142 800(元)

允许抵扣的进项税额=85 000(元)

出售设备的损益=500 000+85 000-(580 000-60 000+85 000)=-20 000(元)

借:固定资产清理	520 000
累计折旧	60 000
贷:固定资产	580 000
借:固定资产清理	85 000
贷:应交税费——应交增值税(销项税额)	85 000
借:固定资产——小客车	367 200
固定资产——货运汽车	142 800
应交税费——应交增值税(进项税额)	85 000
贷:固定资产清理	585 000
银行存款	10 000
借:营业外支出	20 000
贷:固定资产清理	20 000

第三节 账面价值计量非货币性资产交换会计处理

依据非货币性资产交换准则,非货币性资产交换如果不能同时满足如下两个条件:一是具有商业实质,二是换入资产或换出资产的公允价值能够可靠计量,则应当以换出资产的账面价值和应支付的相关税费作为换入资产的成本,不确认损益。即采用账面价值计量非货币性资产交换。

在账面价值计量非货币性资产交换中,换入资产的会计处理与购入资产的会计处理相同。但是,换出资产的会计处理不能够视同销售,相反,无论是否涉及补价,换出资产一律不确认转让收益。关于交换过程中发生的相关税费,无论是取得换入资产应支付的相关税费(可以抵扣的增值税进项税除外),还是换出资产的相关税费均计入换入资产的成本。

一、不涉及补价的会计处理

在账面价值计量非货币性资产交换的情况下,如果不涉及补价,则换入资产的成本以换出资产账面价值为基础确定。具体计算公式如下:

换入资产的成本 = 换出资产的账面价值 - 换入资产可抵扣的增值税进项税额 + 应支付的相关税费

其中,应支付的相关税费既包括取得换入资产应支付的相关税费(可以抵扣的增值税进项税除外),也包括换出资产的相关税费。

【例2-6】 甲公司拥有一台专用机器设备,该机器设备账面原值1 900 000元,已提折旧400 000元,已提减值准备100 000元。乙公司拥有一幢古建筑物,账面原值3 000 000元,已提折旧1 500 000元,未计提减值准备。甲公司需要使用其换入乙公司的古建筑物作为办公室,而甲公司的专用机器设备是乙公司生产经营过程中必需的设备。由于该专用设备属于厂家定做,且目前市场上无同类设备,无法估计其公允价值。而古建筑物由于年代久远,其公允价值也是不能可靠计量。双方协议,甲、乙公司各自负责本公司换入资产的运输费用。这样,甲公司支付运杂费1 000元,乙公司支付运杂费2 000元,另外,甲公司支付固定资产清理费用为5 000元。均以银行存款支付。假设交易中没有涉及补价以及其他相关税费。

【分析】 整个资产交换过程没有涉及货币性资产,因此,该交换属于非货币性资产交换。由于换入资产与换出资产的公允价值都不能够可靠地计量,因此,该交易属于账面价值计量非货币性资产交换。

甲公司的会计处理:

换入古建筑物的成本 = 换出资产的账面价值 + 应支付的相关税费 = 1 900 000 - 400 000 - 100 000 + 1 000 + 5 000 = 1 406 000(元)

借:固定资产清理　　　　　　　　　　　　　　　　　　1 400 000

累计折旧	400 000
固定资产减值准备	100 000
贷：固定资产——专用设备	1 900 000
借：固定资产——古建筑物	1 406 000
贷：固定资产清理	1 400 000
银行存款	6 000

乙公司的会计处理：

换入专用设备的成本 = 3 000 000 - 1 500 000 + 2 000 = 1 502 000（元）

借：固定资产清理	1 500 000
累计折旧	1 500 000
贷：固定资产——古建筑物	3 000 000
借：固定资产——专用设备	1 502 000
贷：固定资产清理	1 500 000
银行存款	2 000

二、涉及补价的会计处理

在账面价值计量非货币性资产交换的情况下，如果涉及补价，则换入资产的成本以换出资产账面价值为基础确定。具体计算公式如下：

换入资产的成本 = 换出资产的账面价值 - 换入资产可抵扣的增值税进项税额 + 应支付的相关税费 + 支付的补价（- 收到的补价）

其中，应支付的相关税费既包括取得换入资产应支付的相关税费，也包括换出资产的相关税费。

【例2-7】　甲公司拥有一台专有设备，该设备原价200万元，已经计提折旧90万元，计提减值准备10万元。乙公司拥有一项长期股权投资，账面价值90万元，未计提减值准备。由于专有设备系当时专门制造、性质特殊，其公允价值不能可靠计量，乙公司拥有的长期股权投资在活跃市场中没有报价，其公允价值也不能可靠计量。双方商定，乙公司以两项资产账面价值的差额为基础，支付甲公司10万元补价，以换取甲公司拥有的专有设备。假定交易中没有涉及相关税费。

【分析】　该项资产交换涉及收付货币性资产，即补价10万元。对甲公司而言，收到的补价 ÷ 换出资产的账面价值 = 100 000 ÷ (2 000 000 - 900 000 - 100 000) = 10% < 25%。对乙公司而言，支付的补价 ÷（换出资产的账面价值 + 支付的补价）= 100 000 ÷ (900 000 + 100 000) = 10% < 25%。可见，该项交换属于非货币性资产交换。

由于两项资产的公允价值不能可靠计量，因此，甲、乙公司换入资产的成本均应当按照换出资产的账面价值确定。

甲公司的会计处理：

换入长期股权投资的成本 = 换出资产的账面价值 - 收到的补价 = 2 000 000 -

900 000 - 100 000 - 100 000 = 900 000（元）

  借：固定资产清理   1 000 000
    累计折旧   900 000
    固定资产减值准备   100 000
    贷：固定资产——专有设备   2 000 000
  借：长期股权投资   900 000
    银行存款   100 000
    贷：固定资产清理   1 000 000

  乙公司的会计处理：
  换入固定资产的成本 = 换出资产的账面价值 + 支付的补价 = 900 000 + 100 000 = 1 000 000（元）

  借：固定资产——专有设备   1 000 000
    贷：长期股权投资   900 000
      银行存款   100 000

三、同时换入多项资产的会计处理

  在以账面价值计量的非货币性资产交换中，对于同时换入的多项资产，应当按照换入各项资产的原账面价值占换入资产原账面价值总额的比例，对换入资产的总成本进行分配，确定各项换入资产的成本。

  其中，换入资产的总成本 = 换出资产的账面价值 - 换入资产可抵扣的增值税进项税额 + 应支付的相关税费 + 支付的补价（- 收到的补价）

  每项换入资产成本 = 该项资产的原账面价值 ÷ 换入资产原账面价值总额 × 换入资产的总成本

  【例 2 - 8】 甲公司以一台设备换入乙公司的一辆小客车和一辆货运汽车。换出设备的账面原值为 118 万元，已提折旧 18 万元，由于专有设备系当时专门制造、性质特殊，其公允价值不能可靠计量；换入小客车的账面原值为 80 万元，已提折旧 15 万元；货运汽车的账面原值为 35 万元，已提折旧 10 万元，小客车和货运汽车均未取得公允价值。双方商定，以各自资产账面价值的差额为基础，乙公司在交换过程中支付给甲公司补价 10 万元，甲公司为换入资产支付了过户费 1 万元，同时发生其专有设备的清理费用 0.5 万元，乙公司支付了相关税费 0.8 万元。假设交易中没有涉及其他的相关税费。

  甲公司的会计处理：

  【分析】 该项资产交换涉及收付货币性资产，即补价 10 万元。对甲公司而言，收到的补价 ÷ 换出资产的账面价值 = 100 000 ÷（1 180 000 - 180 000）= 10% < 25%。对乙公司而言，支付的补价 ÷（换出资产的账面价值 + 支付的补价）= 100 000 ÷ [（800 000 - 150 000）+（350 000 - 100 000）+ 100 000] = 10% < 25%。可见，该项交换属于非货币性资产交换。

  由于两项资产的公允价值不能可靠计量。因此，甲、乙公司换入资产的成本均应当按照换出资产的账面价值确定。

　　换入资产的总成本 = 换出资产的账面价值 + 应支付的相关税费 – 收到的补价
　　　　　　　　　= (1 180 000 – 180 000) + 15 000 – 100 000 = 915 000(元)
　　小客车的入账价值 = 650 000/(650 000 + 250 000) × 915 000 = 660 833(元)
　　货运汽车的入账价值 = 250 000/(650 000 + 250000) × 915 000 = 254 167(元)

借:固定资产清理	1 000 000
累计折旧	180 000
贷:固定资产	1 180 000
借:固定资产——小客车	660 833
固定资产——货运汽车	254 167
银行存款(补价)	100 000
贷:固定资产清理	1 000 000
银行存款	15 000

第四节　非货币性资产交换信息披露

企业应当在附注中披露与非货币性资产交换有关的下列信息：
（一）换入资产、换出资产的类别。
（二）换入资产成本的确定方式。
（三）换入资产、换出资产的公允价值以及换出资产的账面价值。
（四）非货币性资产交换确认的损益。

本章参考文献

1. 中华人民共和国财政部．企业会计准则2006．经济科学出版社．2006
2. 中华人民共和国财政部．企业会计准则：应用指南2006．中国财政经济出版社．2006
3. 张志凤编著．注册会计师考试——会计．北京大学出版．2010
4. 刘永泽,傅荣主编．高级财务会计．东北财经大学出版社．2007
5. 闫达五,耿建新,戴德明编著．高级会计学．中国人民大学出版社．2007
6. 罗绍德．高级财务会计．西南财经大学出版社．2008.12

第二章 非货币性资产交换

【课后练习题】

名词解释

货币性资产　　非货币性资产　　非货币性资产交换
公允价值计量非货币性资产交换　　账面价值计量非货币性资产交换

选择题

一、单项选择题

1. 下列各项中,属于货币性资产的是(　　)。
   A. 无形资产　　　　　　　　　　　B. 股权投资
   C. 应收账款　　　　　　　　　　　D. 不准备持有至到期的债券投资

2. 某公司发生的下列非关联交易中,不属于非货币性资产的有(　　)。
   A. 交易性金融资产　　　　　　　　B. 准备持有至到期的债券投资
   C. 可转换公司债券　　　　　　　　D. 固定资产

3. 以下事项中,属于非货币性资产交换的是(　　)。
   A. 用货币资金 100 万元购入原材料
   B. 用应收账款 100 万元抵偿债务
   C. 用银行存款 30 万元购入汽车
   D. 用价值 30 万元的机器设备换取等值的汽车

4. 下列各项交易中,属于非货币性资产交换的有(　　)。
   A. 以准备持有至到期的债券投资换入固定资产
   B. 以银行汇票购买材料
   C. 以银行本票购买无形资产
   D. 以固定资产换入股权投资

5. 下列说法中,不正确的是(　　)。
   A. 非货币性资产交换可以涉及少量补价,通常以补价占整个资产交换金额的比例低于 25% 作为参考
   B. 当交换具有商业实质并且公允价值能够可靠计量时,应当以公允价值和应支付的相关税费作为换入资产的成本
   C. 不具有商业实质的交换,应当以换出资产的账面价值和应支付的相关税费作为换入资产的成本
   D. 收到补价时应确认收益,支付补价时不能确认收益

6. 在非货币性资产交换中,如果同时换入多项资产,非货币性资产交换具有商业实质,且换入资产的公允价值能够可靠计量的,应当按照(　　)的比例,对换入资产的成本总额进行分配,确定各项换入资产的入账价值。
   A. 换入各项资产的公允价值与换入资产公允价值总额
   B. 换出各项资产的公允价值与换出资产公允价值总额
   C. 换入各项资产的账面价值与换入资产账面价值总额

D. 换出各项资产的账面价值与换出资产账面价值总额

7. 确定一项资产是货币性资产还是非货币性资产的主要依据是(　　)。

A. 变现速度的快慢与否

B. 是否可以给企业带来经济利益

C. 是否具有流动性

D. 将为企业带来的经济利益是否是固定或可确定的

8. 在确定涉及补价的交易是否为非货币性资产交换时,支付补价的企业,应当按照支付的补价占(　　)的比例低于25%确定。

A. 换出资产的公允价值　　　　B. 换出资产公允价值加上支付的补价

C. 换入资产公允价值加补价　　　D. 换出资产公允价值减补价

二、多项选择题

1. 下列各项目中,属于货币性资产的有(　　)。

A. 存出投资款　　　　　　　　B. 银行本票存款

C. 交易性金融资产的股票投资　　D. 准备持有至到期的债券投资

E. 交易性金融资产的债券投资

2. 下列业务中,属于非货币性资产交换的有(　　)。

A. 甲公司以公允价值为20万元的原材料换入乙公司的机器设备一台,并支付补价给乙公司2万元的现金

B. 甲公司以账面价值13 000元的设备交换乙公司的库存商品,乙公司库存商品账面价值9 000元。甲公司设备的公允价值等于账面价值,并且甲公司收到乙公司支付的补价600元

C. 甲公司用公允价值为100万元的准备持有至到期的债券投资换入公允价值为80万元的长期股权投资,收到补价为20万元

D. 甲公司以账面价值560万元,公允价值为580万元的专利技术换取一台电子设备,另收取补价50万元

3. 在计算补价占整个交易金额25%比例时,下列公式中正确的有(　　)。

A. 收到的补价÷换出资产公允价值<25%

B. 收到的补价÷(收到的补价+换出资产公允价值)<25%

C. 支付的补价÷(支付的补价+换入资产的账面价值)<25%

D. 支付的补价÷(支付的补价+换出资产公允价值)<25%

4. 在非货币性资产交换中,具有商业实质的表现有(　　)。

A. 换入资产的未来现金流量在风险、时间和金额方面与换出资产显著不同

B. 换入资产与换出资产的预计未来现金流量现值不同,且其差额与换入资产和换出资产的公允价值相比是重大的

C. 非货币性资产的公允价值能可靠计量

D. 非货币性资产交换签订了合同

5. 以公允价值作为换入资产入账价值的条件有（　　）。
   A. 换入的是非货币性资产
   B. 收到补价或支付补价
   C. 该项交换具有商业实质
   D. 换入资产或换出资产的公允价值能够可靠地计量

6. 在换入资产按公允价值计量的情况下，换出资产为固定资产、无形资产的，其换出资产公允价值和换出资产账面价值的差额，可计入（　　）。
   A. 营业外收入　　　　　　　　　B. 其他业务收入
   C. 营业外支出　　　　　　　　　D. 其他业务成本

7. 非货币性资产交换具有商业实质且公允价值能够可靠计量的，在发生补价的情况下，换出资产公允价值与其账面价值的差额，正确的会计处理方法是（　　）。
   A. 换出资产为存货的，应按其公允价值确认商品销售收入，同时结转商品销售成本
   B. 换出资产为固定资产，换出资产公允价值和换出资产账面价值的差额，计入营业外收入或营业外支出
   C. 换出资产为长期股权投资的，换出资产公允价值和换出资产账面价值的差额，计入投资收益
   D. 换出资产为交易性金融资产的，换出资产公允价值和换出资产账面价值的差额，计入投资收益

8. 在不具有商业实质、涉及补价的非货币性资产交换中，影响换入资产的入账价值的因素有（　　）。
   A. 换出资产的账面价值　　　　　B. 换出资产的计提的减值损失
   C. 换出资产支付的相关税费　　　D. 换出资产收到的补价

9. 下列关于非货币性资产交换说法正确的有（　　）。
   A. 关联方关系的存在可能导致发生的非货币性资产交换不具有商业实质
   B. 如果换出资产的公允价值能够可靠计量，就应当以其公允价值和应支付的相关税费作为换入资产的成本
   C. 只要换入的资产具有商业实质，就应当以公允价值和应支付的相关税费作为换入资产的成本
   D. 如果换入资产与换出资产的预计未来现金流量、时间和风险有显著不同，就可以认定其具有商业实质

10. 对于涉及多项资产收到补价的非货币性资产交换（具有商业实质），在确定换入资产的入账价值时需要考虑的因素有（　　）。
    A. 换入资产的进项税　　　　　　B. 换出资产的销项税
    C. 收到对方支付的补价　　　　　D. 换入资产的公允价值

业务题

一、20×9年6月，为了提高产品质量，甲冰箱制造公司以其持有的对丙公司的长

期股权投资交换乙冰箱制造公司拥有的一项冰箱无霜专利技术。在交换日,甲公司持有的长期股权投资账面余额为67万元,已计提长期股权投资减值准备余额为4万元,在交换日的公允价值为65万元;乙公司专利技术的账面原价为80万元,累计已摊销金额为12万元,在交换日的公允价值为65万元,乙公司没有为该项专利技术计提减值准备。乙公司原已持有对丙公司的长期股权投资,从甲公司换入对丙公司的长期股权投资后,使丙公司成为乙公司的联营企业。假设整个交易过程中没有发生其他相关税费。

要求:分别作出甲、乙公司相关业务的会计处理。

二、甲公司以库存商品换入乙公司的原材料。换出库存商品的账面余额为70万元,已提存货跌价准备7万元,公允价值60万元;换入原材料的账面成本为55万元,未计提存货跌价准备,公允价值60万元。甲公司另支付运杂费1万元(运杂费不抵扣增值税)。甲、乙公司均为增值税一般纳税人,增值税税率17%,假设该交换不具有商业实质。

要求:分别作出甲、乙公司相关业务的会计处理。

三、甲公司以一台生产用机器设备换入乙公司的一辆货运汽车。换出设备的账面原值为150万元,已提折旧65万元,公允价值90万元;换入货运汽车的账面原值为110万元,已提折旧15万元,公允价值为100万元。在交换过程中甲公司补付乙公司货币资金10万元,支付清理费用1万元。甲、乙公司均为增值税一般纳税人,增值税税率17%,假设该交换具有商业实质,公允价值能可靠计量。

要求:分别作出甲、乙公司相关业务的会计处理。

四、甲公司以一台设备换入乙公司的一辆小客车和一辆货运汽车。换出设备的账面原值为55万元,已提折旧10万元,公允价值48万元;换入小客车的账面原值为44万元,已提折旧10万元,公允价值为32万元;货运汽车的账面原值为20万元,已提折旧2万元,公允价值为16万元。在交换过程中,甲公司支付设备的清理费用1万元,为换入资产又支付了过户费、运杂费等费用0.8万元,并假定该交换具有商业实质,公允价值能可靠计量,不考虑交易过程中发生的其他相关税费。

要求:编制甲公司同时换入多项资产相关业务的会计处理。

五、甲公司拥有一台专用设备,该设备账面原值1 000 000元,已提折旧700 000元。乙公司拥有一幢古建筑物,账面原值500 000元,已提折旧200 000元。甲公司决定用其专用设备换入乙公司的古建筑物作为办工场所,甲公司的专用设备是乙公司生产产品的必需设备。由于专用设备的专门制造和古建筑物的年代久远,无法确认各自的公允价值,但考虑到古建筑物可能有一定的升值,所以双方决定直接交换,不支付补价。假设该项交换不涉及相关税费。

要求:

第三章 租赁会计

【内容简介】 本章的主要内容包括五部分。除了相关概念的介绍,本章重点内容在于经营租赁、融资租赁以及售后租回业务的会计处理。

租赁是指在约定的期间内,出租人将资产使用权让与承租人,以获取租金的协议。根据租赁的性质可将租赁分为融资租赁和经营租赁。企业会计准则中规定了实务中融资租赁的5条具体判断标准。

经营租赁资产应当属于出租方的核算范围,属于出租方的折旧范围。而对融资租赁而言,应当属于承租方的核算范围,属于承租方的折旧范围。经营租赁下出租方和承租方应当按照直线法在整个租赁期平均分配租金收入和租金费用。融资租赁下,则需要依据实际利率法将未实现融资收益和未确认融资费用予以摊销。经营租赁下,租赁双方均将初始直接费用作为当期损益,然而融资租赁下,出租方应将其作为投资额予以资本化计入"长期应收款",承租方应将其作为使租入资产达到预定可使用状态的必要支出,计入租入资产的成本。无论是经营租赁还是融资租赁,无论是出租方还是承租方,若交易存在或有租金则应在发生当期直接计入相关成本、收入。

售后租回是指资产的所有者将资产出售后,又将该项资产从买主手中租回的业务活动。售后回租形成融资租赁时,出售方在销售业务中不应该产生收益,即售价与资产账面价值之间的差额在会计上均未实现,因此,卖主(承租人)应将售价与资产账面价值之间的差额予以递延,并按该项租赁资产的折旧进度进行分摊,作为折旧费用的调整。

如果售后租回形成经营租赁,那么,与售后租回形成融资租赁的会计处理一致,为使承租人各期损益均衡,承租人应将售价与资产账面价值之间的差额予以递延,并在租赁期内按照租金支付比例分摊,作为当期租金费用的调整项目。但是,如果有确凿证据表明这种售后租回交易是按照公允价值达成的,则可以按照固定资产出售的会计处理方法确认固定资产处置损益。

【学习目的与要求】
1. 了解租赁的概念以及分类。
2. 掌握有关租赁的基本概念。
3. 熟练掌握承租人和出租人对经营租赁的会计处理。
4. 熟练掌握承租人和出租人对融资租赁的会计处理。
5. 掌握售后租回交易的会计处理。

第一节 租赁的概念与分类

一、租赁的含义

依据我国2006年颁布的《企业会计准则第21号——租赁》的定义,租赁是指在约定的期间内,出租人将资产使用权让与承租人,以获取租金的协议。租赁有广义和狭义之分,狭义的租赁又称为现代租赁,是指以融资为目的、以设备等资产为租借对象的租赁。广义的租赁则泛指一切财产使用权的有偿转让行为。它除了包含现代租赁以外,还包括那些为了满足短期或者临时需要而形成的,不以融资为目的的财产使用权转让。

租赁作为一种特殊经济行为的协议,它的特征主要表现为如下几个方面:

(一)租赁期内租赁资产所有权与使用权相分离。在租赁期内,出租人转移的是资产的使用权,而不是资产的所有权。在租赁期届满时,租赁资产的所有权要么归还给出租人,要么由承租人廉价购买,具体视租赁合同而定。

(二)租赁行为是有偿的,无偿的行为不属于租赁。

(三)租赁是融资与融物的统一。租赁属于一种信用形式,例如,当承租人无经济实力购入所需资产的所有权时,可以通过租赁的方式取得所需资产的使用权,此时的资产租赁行为就可以认为是融资与融物的统一体。

二、与租赁有关的其他概念

(一)租赁开始日

租赁开始日,是指租赁协议日与租赁各方就主要条款作出承诺日中的较早者。在租赁开始日,承租人和出租人应当对租赁的性质作出合理的判断,并将租赁认定为经营租赁或者融资租赁。如果租赁确认为融资租赁,租赁双方就需要在租赁开始日确定各项目的初始确认金额。

需要注意的是,如果租赁资产在租赁协议签订之日尚未符合承租人的租赁要求,则应将租赁资产购建完工符合承租人租赁要求之日作为租赁开始日。

(二)租赁期

租赁期,是指租赁合同规定的不可撤销的租赁期间。如果承租人有权选择继续租赁该资产,并且在租赁开始日就可以合理确定承租人必将会行使这种选择权,无论合同中规定续租期内承租人是否需要再支付租金,续租期则一定包含在租赁期之内。

一般而言,租赁合同签订后不可撤销,但下列情况除外:(1)经出租人同意。(2)承租人与原出租人就同一资产或同类资产签订了新的租赁合同。(3)承租人支付一笔足够大的额外款项。(4)发生某些很少会出现的或有事项。

(三)租赁期开始日

租赁期开始日,是指承租人有权行使其使用租赁资产权利的日期。与租赁开始日不同,前者只是签署了有关租赁的协议或者承诺,租赁资产的使用权并没有转移;而租赁期开始日则表示上述协议或承担的正式实施或者兑现,是租赁行为的正式开始。在租赁期开始日,承租人应当确认租入资产、相关负债和未确认融资费用;出租人则应当对应收融资租赁款、未担保余值和未实现融资收益进行初始确认。

例如,甲公司与乙公司于2009年12月1日签订租赁协议,协议约定租赁期为三年,从2010年1月1日到2012年12月31日。则租赁开始日为2009年12月1日,该日租赁双方应对租赁进行分类。租赁期开始日为2010年1月1日,该日租赁双方应对融资租赁进行相应的账务处理。

(四)资产余值

所谓的资产余值,是指在租赁开始日预计的租赁到期日租赁资产的公允价值。在租赁期内,由于租赁资产的使用权与所有权相分离,为了使得承租人能够谨慎使用租赁资产,尽量减少出租人出租资产的风险,租赁协议经常会要求承租人或者与承租人有关的第三方以及在财务上有担保能力的第三方,如担保公司等,对租赁资产的余值进行担保。凡是被担保的资产余值就称为担保余值。

(五)担保余值和未担保余值

资产余值按照是否被担保可以分为担保余值和未担保余值。其中,担保余值,就承租人而言,是指由承租人或与其有关的第三方担保的资产余值;就出租人而言,担保余值则为承租人担保余值加上独立于承租人和出租人的第三方担保的资产余值,即等于承租人或与其有关的第三方再加上独立于承租人和出租人的第三方担保的资产余值之和。未担保余值,是指租赁资产余值中没有被担保的部分,它等于租赁资产余值减去对出租人而言的担保余值之后的差额。

(六)最低租赁付款额

最低租赁付款额,是指在租赁期内,承租人应支付或可能被要求支付的款项(不包括或有租金和履约成本)。它主要包括:租赁期内支付的租金、租赁期满承租人行使优惠购买权时支付的优惠购买价款以及承租人或与其相关的第三方对出租资产的担保余值等。

其中,或有租金,是指金额不固定、以时间长短以外的其他因素(如销售量、使用量、物价指数等)为依据计算的租金。

履约成本,是指租赁期内为租赁资产支付的各种使用费用,如技术咨询和服务费、人员培训费、维修费、保险费等。

(七)最低租赁收款额

最低租赁收款额是出租人在整个租赁期应收到或可能收到的各种款项,其中包括最低租赁付款额和独立于承租人和出租人的第三方对出租资产的担保余值。

三、租赁的分类

按照与租赁资产所有权有关的风险与报酬是否转移,租赁可以分为融资租赁和经营租赁。

融资租赁,是指出租人实质上将与租赁资产所有权有关的一切风险与报酬转移给了承租人的租赁形式。在融资租赁中,风险和报酬的转移与所有权的转移并不一定同步,其所有权最终可能转移,也可能不转移。所有权转移是认定为融资租赁的充分条件,但不是必要条件。

经营租赁,是指没有实质上转移与租赁资产所有权有关的全部风险与报酬的租赁形式,属于融资租赁以外的其他租赁。

在租赁开始日,承租人和出租人应当按照如下标准,将租赁认定为融资租赁或经营租赁。满足下列五条标准之一的,即应当认定为融资租赁,反之,下列五条标准全部没有满足的,应当认定为经营租赁。

(一)在租赁期届满时,租赁资产的所有权转移给承租人。

这种情况也叫全额融资租赁,是指在租赁合同中已经约定,或者在租赁开始日根据相关条件可以合理地判定,租赁期届满时出租人能够将资产的所有权转移给承租人。例如,在租赁合同中直接规定,租赁期满租赁资产的所有权转移给承租人。

(二)承租人有购买租赁资产的选择权,所订立的购买价格预计将远低于行使选择权时租赁资产的公允价值,因而在租赁开始日就可以合理确定承租人将会行使这种选择权。

关于"购买价格远低于公允价值",在我国的《企业会计准则第 21 号——租赁》及其讲解中没有给出明确的数量判断标准。但是,在《企业会计准则讲解》中,通过举例说明购买价格仅为公允价值的 25% 时,可以认为远低于公允价值。因此,在实务中可以根据具体情况来分析,一般而言,凡是购买价格低于公允价值 25% 的,我们都认为该购买价格远低于公允价值,可以合理判定承租人会行使这种购买选择权。

(三)即使资产的所有权不转移,但租赁期占租赁资产使用寿命的大部分。

其中的"大部分",通常掌握在租赁期占租赁开始日估计的租赁资产使用寿命的 75% 以上(含 75%)。例如,在租赁开始日,某一机器设备租赁资产的预计使用寿命为 20 年,只有按照租赁合同确定的租赁期大于或者等于 15 年的情况下,才可以认为符合本条判断标准。假如租赁期为 12 年,虽然租赁期限很长,却没有达到所谓的"占租赁资产使用寿命的大部分"标准,不能按照本条判断标准确定为融资租赁。

值得注意的是,如果租赁资产是旧资产,在租赁开始日,租赁资产已使用期限超过资产总使用寿命的 75% 以上,则该判断标准不再适用。假设甲公司某项租赁设备全新时可使用年限为 10 年,已经使用了 8 年,从第 9 年开始租赁给乙公司,租赁期为 2 年。此时,该设备的预计使用寿命为 2 年,虽然租赁期占租赁开始日估计的租赁资产使用寿命的 100%,但是由于在租赁前,租赁资产已使用期限超过资产总使用寿命的 75% 以上(实际为 80%),因此,不能采用本条标准来判断租赁的分类。

（四）承租人在租赁开始日的最低租赁付款额现值,几乎相当于租赁开始日租赁资产公允价值;出租人在租赁开始日的最低租赁收款额现值,几乎相当于租赁开始日租赁资产公允价值。

按照《企业会计准则讲解》的解释,这里的"几乎相当于"掌握在90%以上(含90%)。

（五）租赁资产性质特殊,如果不作较大改造,只有承租人才能使用。

这条标准主要是指租赁资产是出租人针对承租人的特殊需要,专门为其购买或建造的专用设备。这些租赁资产如果不作较大的改造,其他企业通常无法使用。符合这个条件的租赁可以认定为融资租赁。

需要注意的是,正常情况下租赁双方对租赁类型的判断是一致的。在极少情况下,由于存在独立于承租人和出租人的第三方对出租资产的担保余值,可能会出现承租人和出租人对租赁类型判断不同的情况。

第二节 经营租赁会计

在经营租赁下,与资产所有权有关的主要风险和报酬仍然属于出租人一方,因此,承租人不必将租赁资产作为自有资产入账,不需计提折旧,只需按期支付租金。反之,出租人应当将出租资产作为自身拥有的资产在资产负债表中列示,按照其对类似应折旧资产通常所采用的折旧政策计提折旧。

一、承租人对经营租赁的会计处理

（一）承租人的会计处理原则

1. 租金的处理

承租人支付的租金一般应在租赁期内均衡地计入相关资产成本或当期损益。即一般情况下,承租人应当在租赁期内各个期间按照直线法分摊租金,即根据租赁资产的不同用途计入相关资产成本或当期损益。然而,如果有其他方法更为系统合理的,也可以采用其他方法。

在某些情况下,出租人为了促成承租人的租赁行为,可能会通过对经营租赁实行免租期、减免或承担承租人某些费用的行为,来激励承租人。

对于出租人免租期行为,承租人应将租金总额在整个租赁期内,而不是在租赁期扣除免租期后的期间内,按直线法或其他合理的方法进行分摊,免租期内应确认租金费用。对于出租人减免或承担承租人某些费用的行为,承租人应将该费用从租金费用总额中扣除,按扣除后的租金费用余额在租赁期内进行分摊。

2. 初始直接费用以及或有租金的处理

在经营租赁中,承租人发生的初始直接费用以及或有租金都直接计入当期损益。

其中,初始直接费用,是指租赁双方在租赁谈判和签订租赁合同过程中发生的可归属于租赁项目的手续费、律师费、差旅费、印花税等,应当计入发生当期的"管理费用"。或有租金依据租入资产的用途,计入"管理费用"、"制造费用"等。

(二)承租人的会计处理

在经营租赁中,承租人按照租金扣除出租人减免或承担承租人费用后的租金费用余额在整个租赁期内平均分摊,得出承租人每期应当确认的租金费用,并根据租入资产的不同用途计入相关资产成本或当期损益。例如:如果租入资产是管理部门使用,则把当期的租金费用计入"管理费用",如果租入资产是生产部门使用,则把当期的租金费用计入"制造费用",如果租入资产是专设销售机构使用,则把当期的租金费用计入"销售费用"。同时,根据租金是否在本月支付,贷记"银行存款"或"其他应付款";但是,如果是双方约定采取预付租金方式,则其预付的租金在"长期待摊费用"科目或"其他应付款"科目核算。如果租赁中涉及租赁押金,则通过"其他应收款"科目核算。

【例3-1】 A公司为季节性生产企业,每年7——10月为生产月份。2010年6月30日与专营租赁的B公司签订协议,租入生产设备一套,租赁期为7月份至10月份4个月。该设备的公允价值为160万元,预计使用年限为12年。

租赁合同规定:在2010年7月1日,A公司需要支付押金5万元,然后在7月份、8月份和9月份三个月的月末分别支付租金4万元,B公司免去A公司10月份的租金。租赁期满时返还租赁押金,同时设备归还给B公司。

但是,如果A公司在整个租赁期内的营业收入超过1 000 000元,则应当在合同期满时按照超出部分的2%另外支付租金。假设在租赁期间,A公司的营业收入为1 500 000元。

另外,2010年6月30日,为了谈判和签订租赁合同,A公司和B公司各自支付手续费、律师费、印花税等相关费用0.1万元。

承租人A公司的会计处理如下:

本例中的租赁由于是季节性租赁,在租赁中,与租赁资产所有权有关的风险与报酬都没有转移给承租人。同时,从合同中也可以看出,该租赁不符合判断为融资租赁的任何一项标准,从而此项租赁对承租人而言属于经营租赁。

1. 租赁开始日2010年6月30日,A公司把支付的初始直接费用0.1万元直接计入当期损益。

借:管理费用   1 000
  贷:银行存款   1 000

2. 支付押金以及租金的处理。

计算承租人每期应当确认的租金费用 = 40 000 × 3 ÷ 4 = 30 000元

A公司在2010年7月1日支付租赁押金

借:其他应收款——B公司   50 000
  贷:银行存款   50 000

A公司在2010年7月31日支付7月份租金,确认租金费用

借:制造费用   30 000

其他应付款——B公司　　　　　　　　　　　　　10 000
　　　贷：银行存款　　　　　　　　　　　　　　　　　　　40 000
A公司在2010年8月31日支付8月份租金,确认租金费用
借：制造费用　　　　　　　　　　　　　　　　　30 000
　　其他应付款——B公司　　　　　　　　　　　　　10 000
　　　贷：银行存款　　　　　　　　　　　　　　　　　　　40 000
A公司在2010年9月30日支付9月份租金,确认租金费用
借：制造费用　　　　　　　　　　　　　　　　　30 000
　　其他应付款——B公司　　　　　　　　　　　　　10 000
　　　贷：银行存款　　　　　　　　　　　　　　　　　　　40 000
A公司在2010年10月31日确认租金费用
借：制造费用　　　　　　　　　　　　　　　　　30 000
　　　贷：其他应付款——B公司　　　　　　　　　　　　　30 000

3. 2010年10月31日租赁期满,与B公司进行结算。

根据合同需要支付或有租金=(1 500 000 - 1 000 000)×2% = 10 000元,同时收回支付的押金。

借：制造费用　　　　　　　　　　　　　　　　　10 000
　　银行存款　　　　　　　　　　　　　　　　　　40 000
　　　贷：其他应收款——B公司　　　　　　　　　　　　　50 000

【例3-2】　承上例。A公司为季节性生产企业,每年7——10月为生产月份。2010年6月30日与专营租赁的B公司签订协议,采用经营租赁方式租入生产设备一套,租赁期为7月份至10月份4个月。该设备的公允价值为160万元,预计使用年限为12年。

假设租赁合同规定：租赁采取预付租金方式,A公司不需支付押金,但需要在租赁期开始日2010年7月1日预付租金12万元,租赁期满把设备归还给B公司。

承租人A公司的会计处理如下：

计算承租人每期应当确认的租金费用 = 120 000÷4 = 30 000元

1. A公司在2010年7月1日预付租金
借：其他应付款——B公司　　　　　　　　　　　120 000
　　　贷：银行存款　　　　　　　　　　　　　　　　　　120 000

2. A公司摊销7月份租金
借：制造费用　　　　　　　　　　　　　　　　　30 000
　　　贷：其他应付款——B公司　　　　　　　　　　　　　30 000

3. A公司摊销8月份租金
借：制造费用　　　　　　　　　　　　　　　　　30 000
　　　贷：其他应付款——B公司　　　　　　　　　　　　　30 000

4. A 公司摊销 9 月份租金
借:制造费用　　　　　　　　　　　　　　　　　　　30 000
　　贷:其他应付款——B 公司　　　　　　　　　　　　　　30 000
5. A 公司摊销 10 月份租金
借:制造费用　　　　　　　　　　　　　　　　　　　30 000
　　贷:其他应付款——B 公司　　　　　　　　　　　　　　30 000

二、出租人对经营租赁的会计处理

(一)出租人的会计处理原则

1. 租金的处理

在经营租赁中,出租人应将协议约定的全部租金采用直线法平均分摊至租赁期内各期间,依据出租人的业务类型确认收益。但是如果有其他方法更为系统合理的,也可以采用其他方法。对于出租人免租期行为,出租人应将租金总额在不扣除免租期的整个租赁期内,按直线法或其他合理的方法进行分配,免租期内出租人应当确认租金收入。对于出租人承担承租人某些费用的行为,出租人应将该费用自租金收入总额中扣除,按扣除后的租金收入余额在租赁期内进行分配。

2. 初始直接费用

经营租赁中出租人发生的初始直接费用应当计入当期损益;金额较大的应当资本化,即计入"长期待摊费用"科目,在整个经营租赁期间内按照与确认租金收入相同的基础分期计入当期损益。

3. 或有租金的处理

由于或有租金需要依据某些特定前提而定,具有很强的不确定性。因而,或有租金应在实际发生时直接确认当期收益。依据出租人的业务类型确认为"租赁收入"或"其他业务收入"。

4. 租赁资产折旧的计提

出租人应当对经营租赁的固定资产按照类似资产的折旧政策计提折旧,对于其他经营租赁资产,应当采用系统合理的方法进行摊销,计入当期损益。

(二)出租人的会计处理

在经营租赁中,如果出租人是专业租赁公司,则其购入经营租赁资产时,借记"经营租赁资产——未出租资产"科目,贷记"银行存款"科目。经营租赁资产出租时借记"经营租赁资产——已出租资产"科目,贷记"经营租赁资产——未出租资产"。租赁期满,按照租赁合同收回经营租赁资产时,借记"经营租赁资产——未出租资产"科目,贷记"经营租赁资产——已出租资产"。如果出租人是非专业租赁公司时,则不必进行上述的特殊会计处理,只需在备查簿上进行登记。

在租赁期内,出租人按照合同租金扣除出租人承担承租人费用后的租金余额在整个租赁期内平均分摊,得出出租人每期应当确认的租金收入,并根据出租人的主营业务类型不同确认租金收入。若出租人为专业租赁公司,则确认为"租赁收入",若出租人为兼营出租的制造企业或经销商,则确认为"其他业务收入"。对于租赁资产计提的折旧费用,也应当相应地依据出租人的主营业务类型计入"营业费用"或"其他业务成本"。

【例3-3】 B公司为专业租赁公司,2010年6月30日与A公司签订协议,将未出租资产中的一套生产设备出租给A公司,租赁期为7月份至10月份4个月。该设备的账面原值为150万元,公允价值为130万元。使用年限为10年,已使用2年,该设备按直线法计提折旧,预计残值为0。

租赁合同规定:在2010年7月1日,A公司需要支付押金5万元,然后在7月份、8月份和9月份三个月的月末分别支付租金4万元,B公司免去A公司10月份的租金。租赁期满时返还租赁押金,同时设备归还给B公司。

但是,如果A公司在整个租赁期内的营业收入超过1 000 000元,则应当在合同期满时按照超出部分的2%另外支付租金。假设在租赁期间,A公司的营业收入为1 500 000元。

另外,2010年6月30日,为了谈判和签订租赁合同,A公司和B公司各自支付手续费、律师费、印花税等相关费用0.1万元。

出租人B公司的会计处理如下:

本例租赁合同中,在租赁期届满时,租赁资产的所有权没有转移给承租人;承租人也没有购买租赁资产的选择权;租赁期只有4个月,而租赁资产的使用寿命为8年,租赁期占租赁资产使用寿命的百分比仅为4.17%,远低于75%。出租人在租赁开始日的最低租赁收款额现值与租赁开始日租赁资产公允价值130万元的比值,远低于90%;该租赁资产也不是为承租人专门定制的专用资产。综上,该租赁不符合判断为融资租赁的任何一项标准,从而此项租赁为经营租赁。

1. 租赁开始日2010年6月30日,B公司把支付的初始直接费用0.1万元直接计入当期损益。

借:管理费用　　　　　　　　　　　　　　　　　　　　　1 000
　　贷:银行存款　　　　　　　　　　　　　　　　　　　　1 000

2. 出租资产。

B公司在2010年7月1日将设备出租
借:经营租赁资产——已出租资产　　　　　　　　　　　1 500 000
　　贷:经营租赁资产——未出租资产　　　　　　　　　　1 500 000

3. B公司在租赁期内每月计提折旧。

按月计提经营租赁资产的折旧额 = 1 500 000 ÷ 10 ÷ 12 = 12 500元
借:营业费用　　　　　　　　　　　　　　　　　　　　　12 500
　　贷:累计折旧　　　　　　　　　　　　　　　　　　　　12 500

4. 收到押金以及租金的处理。

计算出租人每期应当确认的租金收入 = 40 000 × 3 ÷ 4 = 30 000元
B公司在2010年7月1日收到租赁押金

借:银行存款　　　　　　　　　　　　　　　　　　　　　　50 000
　　贷:其他应付款——A公司　　　　　　　　　　　　　　　　50 000

B公司在2010年7月31日收到7月份租金,确认租金收入

借:银行存款　　　　　　　　　　　　　　　　　　　　　　40 000
　　贷:租赁收入　　　　　　　　　　　　　　　　　　　　30 000
　　　　预收账款——A公司　　　　　　　　　　　　　　10 000

B公司在2010年8月31日收到8月份租金,确认租金收入

借:银行存款　　　　　　　　　　　　　　　　　　　　　　40 000
　　贷:租赁收入　　　　　　　　　　　　　　　　　　　　30 000
　　　　预收账款——A公司　　　　　　　　　　　　　　10 000

B公司在2010年9月30日收到9月份租金,确认租金收入

借:银行存款　　　　　　　　　　　　　　　　　　　　　　40 000
　　贷:租赁收入　　　　　　　　　　　　　　　　　　　　30 000
　　　　预收账款——A公司　　　　　　　　　　　　　　10 000

B公司在2010年10月31日确认租金收入

借:预收账款——A公司　　　　　　　　　　　　　　　　30 000
　　贷:租赁收入　　　　　　　　　　　　　　　　　　　　30 000

5. 2010年10月31日租赁期满,与A公司进行结算。

根据合同收到或有租金 = (1 500 000 - 1 000 000) × 2% = 10 000元,同时归还收到的押金。

借:其他应付款——A公司　　　　　　　　　　　　　　　　50 000
　　贷:租赁收入　　　　　　　　　　　　　　　　　　　　10 000
　　　　银行存款　　　　　　　　　　　　　　　　　　　　40 000
借:经营租赁资产——未出租资产　　　　　　　　　　　1 500 000
　　贷:经营租赁资产——已出租资产　　　　　　　　　1 500 000

第三节　融资租赁会计

一、承租人对融资租赁的会计处理

承租人对融资租赁的会计处理主要涉及以下几个问题:承租人租赁期开始日租入资产资本化的会计处理、未确认融资费用的分摊、租赁资产折旧的计提、履约成本的会计处理、或有租金的会计处理、租赁期届满的处理等。

(一)承租人租赁期开始日租入资产资本化的会计处理

在租赁期开始日,承租人应当以租赁开始日租赁资产公允价值与最低租赁付款额现值两者之中较低者作为租入资产的入账价值,将最低租赁付款额作为长期应付款的

入账价值，将其差额作为未确认融资费用。即：
　　借：固定资产——融资租入固定资产
　　　　未确认融资费用
　　　贷：长期应付款——应付融资租赁款

承租人在计算最低租赁付款额现值时，如果能够取得出租人的租赁内含利率，则应采用出租人的租赁内含利率作为折现率；反之，如果承租人无法取得出租人的租赁内含利率，则应按照租赁合同规定的利率作为折现率。如果上述两种利率均无法取得，则应当采用银行同期贷款利率作为折现率。

其中，出租人的租赁内含利率，是指在租赁开始日，使最低租赁收款额的现值与未担保余值的现值之和等于租赁资产的公允价值与出租人的初始直接费用之和的折现率。

承租人在租赁谈判和签订租赁合同过程中发生的可归属于租赁项目的手续费、律师费、差旅费、印花税等初始直接费用，应当在租赁期开始日计入租入资产的成本。即：
　　借：固定资产——融资租入固定资产
　　　贷：银行存款

（二）未确认融资费用的分摊

在租赁期内，承租人各期支付的租金实质上包括两部分，一是当期所融资金利息费用的支付，二是融资租赁中所融得本金的部分归还。可见，随着当期所融资金利息费用的支付，与其（当期支付利息费用）相对应的未确认融资费用应当确认。这样，

每期期末应确认的未确认融资费用
= 当期的期初应付本金余额 × 实际利率
= （期初长期应付款余额 - 期初未确认融资费用余额）× 实际利率

这就是所谓的用实际利率法计算当期融资费用，其本质是用各期实际的融资本金乘以融资的实际利率。

相应会计分录如下：
支付租金时
　　借：长期应付款——应付融资租赁款
　　　贷：银行存款
同时，确认按照上述实际利率法计算的当期期末应确认的未确认融资费用
　　借：财务费用
　　　贷：未确认融资费用

需要注意的是，由于在租赁期开始日，承租人是以租赁开始日租赁资产公允价值与最低租赁付款额现值两者之中较低者作为租入资产的入账价值，因此，根据融资租入固定资产入账价值的计算依据不同，承租人的实际利率也不相同。

（1）在租赁开始日，如果承租人融资租入固定资产是按照最低租赁付款额的现值入账，则应将计算最低租赁付款额现值时的折现率作为实际利率。

（2）在租赁开始日，如果承租人融资租入固定资产是按照其公允价值入账，则应将使得最低租赁付款额的现值等于该融资租入固定资产的公允价值的折现率作为实际利率。

在租赁期届满时，未确认融资费用应当全部确认或者说全部摊销。如果租赁不存在承租人担保余值和优惠购买选择权，则摊销完毕租赁负债应减少为零；如果不存在承租人担保余值，但存在优惠购买选择权，则摊销完毕租赁负债应减少为优惠购买金额。

（三）租赁资产折旧的计提

由于融资租赁条件下，与融资租赁资产相关的风险与报酬已经由出租人转移给承租人，即承租人拥有融资租入固定资产实质上的所有权。因此，承租人应当对融资租入固定资产计提折旧。

承租人在对融资租入固定资产计提折旧时，应当采用与自有固定资产一致的折旧政策和方法。值得注意的是，承租人对融资租入固定资产的应计提折旧总额，应当扣除承租人担保余值。即如果承租人或与其有关的第三方对租赁资产余值提供了担保，则应计提的折旧总额等于该融资租入固定资产的入账价值扣除担保余值后的余额；若承租人和与其有关的第三方都未对租赁资产提供担保，则应计提的折旧总额等于该融资租入固定资产的入账价值。

关于融资租入固定资产的折旧期间，如果承租人在租赁开始日能够合理确定租赁期届满会取得融资租入固定资产的所有权，则应将融资租入固定资产的使用寿命作为该融资租入固定资产的折旧年限；若承租人在租赁开始日无法合理确定租赁期届满时是否会取得融资租入固定资产的所有权时，则应将租赁期和该融资租入固定资产使用寿命之间较短的作为该融资租入固定资产的折旧年限。

（四）履约成本的会计处理

承租人发生履约成本可以在发生时直接计入当期损益，即根据固定资产的具体用途，借记"制造费用"、"管理费用"等，贷记"银行存款"。即：

借：制造费用等
　　贷：银行存款

（五）或有租金的会计处理

与经营租赁相同，承租人应在或有租金实际发生时，依据或有租金的直接影响因素，借记"营业费用"、"制造费用"、"管理费用"等，贷记"其他应付款"、"银行存款"等。即：

借：营业费用等
　　贷：银行存款等

（六）租赁期届满时的处理

租赁期届满时，依据承租人将租赁资产返还给出租人、优惠续租或者留购租赁资产等不同选择，需要相应地作出不同会计处理。

(1)承租人将租赁资产返还给出租人。

若租赁合同中存在承租人担保余值,承租人在将融资租入资产交还给出租人时,应当按照承租人租赁资产的担保余值,借记"长期应付款——应付融资租赁款",按照对融资租入固定资产已计提的累积折旧额,借记"累计折旧",按照融资租入固定资产的初始入账价值,贷记"固定资产——融资租入固定资产"。即:

借:长期应付款——应付融资租赁款
　　累计折旧
　　贷:固定资产——融资租入固定资产

若租赁合同中不存在承租人担保余值,则承租方只需将融资租入固定资产的账面原值和相应的累积折旧冲销即可,即按照对融资租入固定资产已计提的累积折旧额,借记"累计折旧",按照融资租入固定资产的初始入账价值,贷记"固定资产——融资租入固定资产"。即:

借:累计折旧
　　贷:固定资产——融资租入固定资产

(2)承租人续租租赁资产。

若承租人决定续租该租赁资产,则将续租视同租赁一直存在作相应的会计处理即可。

(3)承租人以优惠价格留购租赁资产。

租赁期满,如果承租人选择了行使其优惠购买选择权,则承租人按照支付的购买资产的价款,借记"长期应付款——应付融资租赁款",贷记"银行存款";同时将该固定资产按照原值从明细科目"融资租入固定资产"转入自有"固定资产"的相关明细科目。即:

借:长期应付款
　　贷:银行存款
借:固定资产——生产用固定资产
　　贷:固定资产——融资租入固定资产

【例3-4】 20×6年12月31日,甲公司与乙租赁公司签订了一份租赁合同,租赁标的物是一台机器设备。合同规定起租日为20×7年1月1日,租赁期为20×7年1月1日—20×9年12月31日。租金支付:甲公司自租赁期开始日每隔6个月于月末支付租金15万元,履约成本由甲公司负担,估计每年1.5万元。租赁开始日租赁资产公允价值为70万元,租赁合同规定的利率为7%(6个月利率)(乙公司租赁内含利率未知)。该机器预计使用寿命为8年,已使用3年,期满无残值,甲公司采用平均年限法计提折旧,租赁期满时,甲公司有优惠购买的选择权,购买价为100元,估计该日租赁资产的公允价值为4万元。

甲公司在租赁谈判和签订租赁合同过程中发生的、可直接归属于租赁项目的费用,印花税、佣金、律师费、差旅费、谈判费等共5 000元。(承租方初始直接费用)

如果甲公司20×7年或者20×8年度中,年销售收入超过1 000 000元的,则应当按照超出部分的2%向乙公司另外支付租金。假设在租赁期间,甲公司20×7年的年销售收入为1 500 000元。甲公司20×8年的年销售收入为900 000元。

乙公司在租赁谈判和签订租赁合同过程中发生的、可直接归属于租赁项目的费用,印花税、佣金、律师费、差旅费、谈判费等共1 000元,已用银行存款支付。

租赁期满甲公司支付100元从乙公司购入租赁资产。

要求:根据上述资料,判断租赁类型,并进行承租人相应的计算与账务处理。

(一)承租人租赁开始日判断租赁类型

承租人有购买租赁资产的选择权,且预计购买价格100元远低于行使选择权时租赁资产的公允价值40 000元。符合融资租赁的第2条判断标准。由于满足融资租赁判断标准之一的,即应当认定为融资租赁,因此,该项租赁应当认定为融资租赁。

另外,承租人最低租赁付款额的现值大于租赁开始日租赁资产的公允价值的90%。符合融资租赁的第4条判断标准,根据此条件,该项租赁也应当认定为融资租赁。具体计算过程如下。

承租人最低租赁付款额 = 各期租金之和 + 行使优惠购买选择权支付的金额 + 由承租人或与其有关的第三方担保的资产余值

$= 150\,000 \times 6 + 100 + 0 = 900\,100$ 元

承租人最低租赁付款额的现值:

承租人各期租金的现值 $= 150\,000 \times (P/A,7\%,6) = 150\,000 \times 4.767 = 715\,050$ 元

优惠购买选择权100元的复利现值 $= 100 \times (P/S,7\%,6) = 100 \times 0.666 = 66.6$ 元

承租人最低租赁付款额的现值 $= 715\,050 + 66.6 + 0 = 715\,116.6$ 元 > 70 万的90%

(二)承租人租赁期开始日的会计处理

1. 确定租赁资产的入账价值

由于承租人应按照租赁开始日租赁资产公允价值与最低租赁付款额现值两者中较低者作为融资租入固定资产的入账价值。本例中承租人最低租赁付款额的现值为715 116.6元,租赁开始日租赁资产公允价值为700 000元,因此,承租人租赁资产的入账价值为其公允价值700 000元。

2. 计算未确认融资费用

未确认融资费用 = 最低租赁付款额 - 租赁开始日租赁资产的公允价值 = 900 100 - 700 000 = 200 100元

3. 租赁方初始直接费用计入租入资产的价值为5 000元

租赁期开始日具体的会计分录如下:

借:固定资产——融资租入固定资产　　　　　　　　　　700 000
　　未确认融资费用　　　　　　　　　　　　　　　　　200 100
　　贷:长期应付款——应付融资租赁款　　　　　　　　　　900 100
借:固定资产——融资租入固定资产　　　　　　　　　　5 000
　　贷:银行存款　　　　　　　　　　　　　　　　　　　5 000

(三)未认确融资费用的分摊

由于在租赁期开始日承租人融资租入固定资产是按照其公允价值入账的,因此,应将使得最低租赁付款额的现值等于该融资租入固定资产的公允价值的折现率作为实际利率。

即 $150\,000 \times (P/A,r,6) + 100 \times (P/F,r,6) = 700\,000$

假设 $r = 7\%$

$150\,000 \times 4.767 + 100 \times 0.666 = 715\,116.6 > 700\,000$

假设 $r = 8\%$

$150\,000 \times 4.623 + 100 \times 0.630 = 693\,513 < 700\,000$

因此,$7\% < r < 8\%$。用插值法计算:

现值	利率
715 116.6	7%
700 000	r
693 513	8%

从而:

$$\frac{715\,116.6 - 700\,000}{715\,116.6 - 693\,513} = \frac{7\% - r}{7\% - 8\%}$$

解得:$r = 7.7\%$

即甲公司未确认融资费用的分配率为 7.7%。

具体会计分录如下:

1. 2007 年 6 月 30 日期末支付租金并分摊未确认融资费用

(1) 支付租金

借:长期应付款——应付融资租赁款　　　　　　　　　　　150 000
　　贷:银行存款　　　　　　　　　　　　　　　　　　　　150 000

(2) 分摊未确认融资费用

借:财务费用　　　　　　　　　　　　　　　　　　　　53 900
　　贷:未确认融资费用　　　　　　　　　　　　　　　　　53 900

注:本期期初的应付本金余额是 70 万元。因此,本期利息费用为 $70 \times 7.7\% = 5.39$ 万元。

2. 2007 年 12 月 31 日期末支付租金并分摊未确认融资费用

(1) 支付租金

借:长期应付款——应付融资租赁款　　　　　　　　　　　150 000
　　贷:银行存款　　　　　　　　　　　　　　　　　　　　150 000

(2) 分摊未确认融资费用

借:财务费用　　　　　　　　　　　　　　　　　　　　46 500.3
　　贷:未确认融资费用　　　　　　　　　　　　　　　　　46 500.3

注:本期应付本金的期初余额为 70 - (15 - 5.39) = 60.39 万元。因此,本期利息费用为 60.39 × 7.7% = 4.65003 万元。

3. 2008 年 6 月 30 日期末支付租金并分摊未确认融资费用

(1) 支付租金

借:长期应付款——应付融资租赁款　　　　　　　　　150 000
　　贷:银行存款　　　　　　　　　　　　　　　　　　　　150 000

(2) 分摊未确认融资费用

借:财务费用　　　　　　　　　　　　　　　　　　　　38 530.82
　　贷:未确认融资费用　　　　　　　　　　　　　　　　　38 530.82

注:本期应付本金的期初余额为 60.39 - (15 - 4.65003) = 50.04003 万元。因此,本期利息费用为 50.04003 × 7.7% = 3.853082 万元。

4. 2008 年 12 月 31 日期末支付租金并分摊未确认融资费用

(1) 支付租金

借:长期应付款——应付融资租赁款　　　　　　　　　150 000
　　贷:银行存款　　　　　　　　　　　　　　　　　　　　150 000

(2) 分摊未确认融资费用

借:财务费用　　　　　　　　　　　　　　　　　　　　29 947.70
　　贷:未确认融资费用　　　　　　　　　　　　　　　　　29 947.70

注:本期应付本金的期初余额为 50.04003 - (15 - 3.853082) = 38.893112 万元。因此,本期利息费用为 38.893112 × 7.7% = 2.99477 万元。

5. 2009 年 6 月 30 日期末支付租金并分摊未确认融资费用

(1) 支付租金

借:长期应付款——应付融资租赁款　　　　　　　　　150 000
　　贷:银行存款　　　　　　　　　　　　　　　　　　　　150 000

(2) 分摊未确认融资费用

借:财务费用　　　　　　　　　　　　　　　　　　　　20 703.67
　　贷:未确认融资费用　　　　　　　　　　　　　　　　　20 703.67

注:本期应付本金的期初余额为 38.893112 万 - (15 - 2.99477) = 26.887882 万元。因此,本期利息费用为 26.887882 × 7.7% = 2.070367 万元。

6. 2009 年 12 月 31 日期末支付租金并分摊未确认融资费用

(1) 支付租金

借:长期应付款——应付融资租赁款　　　　　　　　　150 000
　　贷:银行存款　　　　　　　　　　　　　　　　　　　　150 000

(2) 分摊未确认融资费用

借:财务费用　　　　　　　　　　　　　　　　　　　　10 517.51
　　贷:未确认融资费用　　　　　　　　　　　　　　　　　10 517.51

注:本期应付本金的期初余额为 26.887882 - (15 - 2.070367) = 13.958249 万

元。13.958 249 - 0.01 = 13.948 249 万元(作尾数调整)

因此,本期利息费用为 15 - 13.948 249 = 1.051 751 万元。(尾数调整)

具体分配计算列表如 3 - 1。

表 3 - 1   未确认融资费用分摊表(实际利率法)2006 年 12 月 31 日   单位:元

日期	租金①	确认的融资费用② = 期初④×7.7%	应付本金减少额③ = ① - ②	应付本金余额④ = 期初④ - ③
20×6 年 12 月 31 日				700 000
20×7 年 6 月 30 日	150 000	53 900	96 100	603 900
20×7 年 12 月 31 日	150 000	46 500.30	103 499.7	500 400.3
20×8 年 6 月 30 日	150 000	38 530.82	111 469.18	388 931.12
20×8 年 12 月 31 日	150 000	29 947.70	120 052.30	268 878.82
20×9 年 6 月 30 日	150 000	20 703.67	129 296.33	139 582.49
20×9 年 12 月 31 日	150 000	10 517.51	139 482.49	100
20×9 年 12 月 31 日	100		100	0
合计	900 100	200 100	700 000	

(四)租赁资产折旧的计提

甲公司该融资租入固定资产的入账价值为 705 000 元。由于合同中规定了甲公司的优惠购买权,且可以合理确定甲公司会行使这一权利,这样,对该融资租赁固定资产计提折旧时的折旧年限应选择为该固定资产的使用寿命 5 年。因此,甲公司每月计提折旧 = 705 000 ÷ 5 ÷ 12 = 11 750 元。

租赁期内每月计提累计折旧如下:

借:制造费用   11 750
    贷:累计折旧   11 750

(五)履约成本的会计处理

租赁期内每年实际支付履约成本时

借:制造费用(管理费用等)   15 000
    贷:银行存款   15 000

(六)或有租金的会计处理

2007 年度的年销售收入为 1 500 000 元,超过了 1 000 000 元。因此,甲公司 2007 年应额外支付(1 500 000 - 1 000 000)×2% = 10 000 元的租金

借:营业费用   10 000
    贷:银行存款   10 000

2008 年度的年销售收入为 900 000 元,没有超过 1 000 000 元。因此,甲公司 2008 年不需支付或有租金。

(七)租赁期届满

甲公司支付100元从乙公司购入租赁资产

借:长期应付款——应付融资租赁款　　　　　　　　　　100
　　贷:银行存款　　　　　　　　　　　　　　　　　　100
借:固定资产　　　　　　　　　　　　　　　　　　705 000
　　贷:固定资产——融资租入固定资产　　　　　　　705 000

二、出租人对融资租赁的会计处理

出租人对融资租赁的会计处理主要涉及以下几个问题:出租人租赁期开始日租赁债权的确认、初始直接费用的分摊、未实现融资收益的分配、未担保余值发生变动时的会计处理、或有租金的处理、租赁期满的处理等。

(一)出租人租赁期开始日租赁债权的确认

由于在融资租赁中,出租人实质上已经将与租赁资产所有权有关的主要风险和报酬转移给了承租人,并以此换取收取租金的权利。因此,在租赁期开始日,出租人应将租赁开始日的最低租赁收款额与出租人的初始直接费用之和确认为应收融资租赁款,借记"长期应收款——应收融资租赁款",按照出租人支付的初始直接费用贷记"银行存款",按照出租人对租赁资产的未担保余值,借记"未担保余值"。同时,视同把该融资租赁固定资产出售。即把已经租出的该融资租赁资产按照账面价值转出,同时把该融资租赁资产公允价值与账面价值之间的差额确认为营业外收入(或营业外支出)。它们之间的差额计入"未实现融资收益"。

借:长期应收款——应收融资租赁款

　　　　　　　　　　　　　　　　[最低租赁收款额+初始直接费用]
　　未担保余值　　　　　　　　　　[资产余值-担保余值]
　　营业外支出　　　　　　　　　　[租赁资产公允价值小于账面价值之差]
　　贷:融资租赁资产　　　　　　　　[租赁资产原账面价值]
　　　营业外收入　　　　　　　　　[租赁资产公允价值大于账面价值之差]
　　　未实现融资收益　　　　　　　[差额]
　　　银行存款　　　　　　　　　　[出租方的初始直接费用]

可见,对于出租人而言,如果租赁资产的公允价值与账面价值之间有差额,则出租人将获得两种收入:资产处置损益和未实现融资收益。出租人发生的初始直接费用,应当包括在应收融资租赁款的初始计量中,此时的未实现融资收益=[最低租赁收款额+初始直接费用+未担保余值]-[融资租赁资产的公允价值+初始直接费用]。[1]

---

[1] 在融资租赁下,根据租赁内含利率的定义可知,出租人的最低租赁收款额的现值与未担保余值的现值之和等于租赁资产的公允价值与出租人的初始直接费用之和。因此,有的课本将"应收融资租赁款、未担保余值之和与其现值的差额"确认为未实现融资收益。

(二)未实现融资收益的分摊

对于出租人而言,不考虑初始直接费用的话,应收融资租赁款本质上包括本金和利息两部分。因此,其每期收到的租金也包括了本金和利息两部分。因此,其每期收到租金时,除了确认债权长期应收款的收回,同时,应当按照实际利息收入确认融资收入。换句话讲,出租方应当依据实际利率法在租赁期内各个期间分配未实现融资收益。实际利率即为出租方的租赁内含利率。

其中,出租方的租赁内含利率为租赁开始日使最低租赁收款额的现值与未担保余值的现值之和等于租赁资产公允价值和初始直接投资成本之和的折现率。

相应会计分录如下:

收到租金时

借:银行存款

    贷:长期应收款——应收融资租赁款

同时,确认按照实际利率法计算的当期期末应确认的未实现融资收益

借:未实现融资收益

    贷:租赁收入

(三)初始直接费用的分摊

按照我国企业会计准则的规定,对于出租方已经在租赁开始日资本化了的初始直接费用,即计入应收融资租赁款里的初始直接费用,出租人在租赁期内确认各期租赁收入时,应当按照各期确认的租赁收入与未实现融资收益的比例,将其在租赁期内进行分摊,冲减租赁期内各期确认的租赁收入。

相应会计分录如下:

借:租赁收入

    贷:长期应收款——应收融资租赁款

(四)未担保余值发生变动时的会计处理

未担保余值属于出租方的资产范畴,与其他资产相同,出租方也应当至少于每年年末对未担保余值进行复核。根据谨慎性原则,如果未担保余值增加的,不做任何调整;如果有证据表明未担保余值减少,则应当按照未担保余值预计可收回金额的减少额对未担保余值进行调整。且重新计算出租人的租赁内含利率,按照重新计算的内含利率分摊未确认融资收益。

期末,按照未担保余值的预计可收回金额低于其账面价值的差额,借记"资产减值损失"科目,贷记"未担保余值减值准备"科目。同时,按照未担保余值减少额与由此所产生的租赁投资净额的减少额之间的差额,借记"未实现融资收益"科目,贷记"资产减值损失"科目。即:

借:资产减值损失

    贷:未担保余值减值准备

借:未实现融资收益

    贷:资产减值损失

其中,所谓的租赁投资净额,是指融资租赁下出租人的最低租赁收款额与未担保余值之和按照租赁内含利率折现的现值。它在金额上等于租赁资产的公允价值与出租人的初始直接费用之和。

当已确认损失的未担保余值恢复时,则应将其在已确认的损失之内予以转回,借记"未担保余值减值准备",贷记"资产减值损失";同时按照未担保余值的恢复额与由此产生的租赁投资净额的增加额之间的差额,借记"资产减值损失",贷记"未实现融资收益"。同样,再依据调整后的未担保余值、投资净额和未实现融资收益,重新计算出租方租赁的内含利率,重新分摊未确认融资收益。

(五)或有租金的处理

与经营租赁相同,出租人应在或有租金实际发生时计入当期损益,即依据出租人的业务类型确认为"租赁收入"或"其他业务收入"。作会计分录如下:

借:银行存款
　　贷:租赁收入等

(六)租赁期满的处理

租赁期届满时,承租人可能会将租赁资产交还给出租人,也可能会继续续租租赁资产,还可能会以优惠价格购买租赁资产。不同情况的会计处理也不尽相同。

(1)承租人将租赁资产交还给出租人。

当出租人收到承租方交还的租赁资产时,根据融资租赁资产资产余值的担保情况分别进行处理:出租人一方面按照收回的融资租赁资产的价值,借记"融资租赁资产";另一方面,按照收到的租赁资产的担保余值,贷记"长期应收款——应收融资租赁款",同时,按照未担保的余值,贷记"未担保余值"。即:

借:融资租赁资产
　　贷:长期应收款——应收融资租赁款
　　　　未担保余值

如果收回的租赁资产价值扣除未担保余值后的余额低于担保余值,则应向担保人收取价值损失补偿金,按照应当收取的补偿金,借记"其他应收款"科目,贷记"营业外收入"科目。即:

借:其他应收款
　　贷:营业外收入

(2)承租人继续续租租赁资产。若承租人继续续租租赁资产,则出租人视同租赁一直存在,作相同的会计处理即可。

(3)承租人以优惠价格购买租赁资产。租赁期满,如果承租人选择行使其优惠购买选择权,则出租人按照优惠购买价收取价款,作会计分录如下:

借:银行存款
　　贷:长期应收款——应收融资租赁款

如果存在未担保余值,则作相应会计分录如下:

借:营业外支出——处置固定资产净损失
  贷:未担保余值

【例3-5】 20×5年12月31日,甲公司和乙租赁企业签订了一份租赁合同。租赁标的物为生产设备A。合同规定起租日为20×6年1月1日,租赁期为20×6年1月1日—20×9年12月31日。租金支付:甲公司自租赁期开始日每年年末支付租金40万元,履约成本由甲公司负担,估计每年1.5万元。租赁开始日租赁资产公允价值为170万元,账面价值为180万元。租赁合同规定的利率为7%(年利率)(乙公司租赁内含利率未知)。该机器预计使用寿命为8年,已使用3年,期满无残值,甲公司采用平均年限法计提折旧,租赁期满时,租赁资产的估计余值为50万元,其中,乙公司担保余值为40万元,未担保余值为10万元。

20×9年12月31日,租赁资产归还给乙公司。

合同约定,甲公司20×7年、20×8年和20×9年三年中每年年销售收入超过1 000 000元的,则应当按照超出部分的2%向乙公司另外支付租金。假设在租赁期间,甲公司20×7年的年销售收入为1 500 000元,甲公司20×8年的年销售收入为900 000元,甲公司20×9年的年销售收入为1 100 000元。

乙公司在租赁谈判和签订租赁合同过程中发生的、可直接归属于租赁项目的费用,印花税、佣金、律师费、差旅费、谈判费等共50 000元,已用银行存款支付。

要求:根据上述资料,判断租赁类型,并进行出租人相应的计算与账务处理。

(一)出租人租赁开始日判断租赁类型

出租人最低租赁收款额的现值为166.004万元,大于租赁开始日租赁资产的公允价值的90%(170×90% =153万元)。符合融资租赁的第4条判断标准,根据此条件,该项租赁应当认定为融资租赁。具体计算过程如下。

出租人最低租赁收款额=各期租金之和+行使优惠购买选择权支付的金额+由承租人或与其有关的第三方担保的资产余值+独立于承租人和出租人的第三方对出租资产的担保余值。

=400 000×4+0+400 000+0=2 000 000元

出租人最低租赁收款额的现值=400 000×(P/A,7%,4)+400 000×(P/F,7%,4)=400 000×3.3872+400 000×0.7629=1 354 880+305 160=1 660 040元

(二)出租人租赁期开始日的会计处理

1. 计算租赁内含利率

出租方的租赁内含利率为租赁开始日使最低租赁收款额的现值与未担保余值的现值之和等于租赁资产公允价值和初始直接投资成本之和的折现率。即:

400 000×(P/A,r,4)+500 000×(P/F,r,4)=1 700 000 +50 000

假设r=7%

400 000×3.3872+500 000×0.7629=1 736 330 < 1 750 000(元)

假设r=6%

400 000×3.4651+500 000×0.7921==1 782 090(元)>1 750 000(元)

因此,6%<r<7%。用插值法计算:

现值	利率
1 782 090	6%
1 750 000	r
1 736 330	7%

从而:

$$\frac{1\ 782\ 090 - 1\ 750\ 000}{1\ 782\ 909 - 1\ 736\ 330} = \frac{6\% - r}{6\% - 7\%}$$

解得:r=6.7%

即出租人的租赁内含利率为6.7%。

2. 计算未实现融资收益并记账

出租人最低租赁收款额=400 000×4+0+400 000+0=2 000 000元

出租人初始直接费用=50 000元

未担保余值=100 000元

未实现融资收益=[最低租赁收款额+初始直接费用+未担保余值]-[融资租赁资产的公允价值+初始直接费用]=[2 000 000+50 000+100 000]-[1 700 000+50 000]=400 000元

借:长期应收款——应收融资租赁款	2 050 000
未担保余值	100 000
营业外支出	100 000
贷:融资租赁资产	1 800 000
未实现融资收益	400 000
银行存款	50 000

(三)未实现融资收益的分摊

乙公司作为出租方应当依据未实现融资收益分配率在租赁期内各个期间分配未实现融资收益,具体分配参见表3-2。

20×6年12月31日,乙公司收到租金时

借:银行存款	400 000
贷:长期应收款——应收融资租赁款	400 000

同时,确认按照实际利率法计算的当期期末应确认的未实现融资收益

借:未实现融资收益	113 900
贷:租赁收入	113 900

20×7年12月31日,乙公司收到租金时

借:银行存款	400 000
贷:长期应收款——应收融资租赁款	400 000

同时,确认按照实际利率法计算的当期期末应确认的未实现融资收益

借:未实现融资收益 94 731.3
　　贷:租赁收入 94 731.3

20×8年12月31日,乙公司收到租金时
借:银行存款 400 000
　　贷:长期应收款——应收融资租赁款 400 000
同时,确认按照实际利率法计算的当期期末应确认的未实现融资收益
借:未实现融资收益 74 278.3
　　贷:租赁收入 74 278.3

20×9年12月31日,乙公司收到租金时
借:银行存款 400 000
　　贷:长期应收款——应收融资租赁款 400 000
同时,确认按照实际利率法计算的当期期末应确认的未实现融资收益
借:未实现融资收益 117 090.4
　　贷:租赁收入 117 090.4

表3-2　　　　　　　　未实现融资收益分配表(实际利率法)　　　　　　　单位:元

日期	租金①	确认的融资收入 ② = 期初④ × 6.7%	租赁投资金额的减少③ = ① - ②	租赁投资净额的余额①期末④ = 期初④ - ③
20×5年12月31日				1 700 000.00
20×6年12月31日	400 000	113 900.00	286 100.00	1 413 900.00
20×7年12月31日	400 000	94 731.30	305 268.70	1 108 631.30
20×8年12月31日	400 000	74 278.30	325 721.70	782 909.60
20×9年12月31日	400 000	117 090.4*	282 909.6*	500 000.00
合计	2 000 000	400 000.00	1 600 000	

* 为尾数调整。282 909.6 = 782 909.60 - 500 000.00;117 090.4 = 400 000 - 282 909.6

(四)初始直接费用的分摊

乙公司按照各期确认的租赁收入与未实现融资收益的比例,将初始直接费用在租赁期内进行分摊,抵减各期的租赁收入。

20×6年12月31日初始直接费用的分摊额为:
50 000 × 113 900/400 000 = 14 237.5(元)
相应的会计分录:
借:租赁收入 14 237.5
　　贷:长期应收款——应收融资租赁款 14 237.5
20×7年12月31日初始直接费用的分摊额为:
50 000 × 94 731.3/400 000 = 11 841.4(元)

---

① 此时的租赁融资净额余额不包括出租人初始直接费用。

相应的会计分录：
借：租赁收入   11 841.4
　　贷：长期应收款——应收融资租赁款   11 841.4
20×8年12月31日初始直接费用的分摊额为：
50 000×74 278.30/400 000=9 284.8(元)
相应的会计分录：
借：租赁收入   9 284.8
　　贷：长期应收款——应收融资租赁款   9 284.8
20×9年12月31日初始直接费用的分摊额为：
50 000×117 090.4/400 000=14 636.3(元)
相应的会计分录：
借：租赁收入   14 636.3
　　贷：长期应收款——应收融资租赁款   14 636.3

(五)或有租金的处理

合同约定，甲公司20×7年、20×8年和20×9年三年中每年年销售收入超过1 000 000元的，则应当按照超出部分的2%向乙公司另外支付租金。假设在租赁期间，甲公司20×7年的年销售收入为1 500 000元，甲公司20×8年的年销售收入为900 000元，甲公司20×9年的年销售收入为1 100 000元。

因此，20×7年乙公司应收或有租金(1 500 000-1 000 000)×2%=10 000元。相应的会计分录为：
借：银行存款   10 000
　　贷：租金收入   10 000

由于甲公司20×8年的年销售收入为900 000元没有超过1 000 000元，20×8年乙公司不能收到或有租金。

20×9年乙公司应收或有租金(1 100 000-1 000 000)×2%=2 000元。相应的会计分录为：
借：银行存款   2 000
　　贷：租金收入   2 000

(六)租赁期满归还设备时的会计处理

借：融资租赁资产   500 000
　　贷：长期应收款——应收融资租赁款   400 000
　　　　未担保余值   100 000

第四节 售后租回

一、售后租回的概念

作为一种特殊形式的租赁业务,售后租回是指资产的所有者将资产出售后,又将该项资产从买主手中租回的业务活动。售后租回交易是一种资产销售和资产租赁相融合的一揽子交易,既包括对资产的销售,又包括对资产的租赁。在售后租回中,交易的双方均具有双重身份:一方既是销售人又是承租人,另一方既是购买人又是出租人。与一般的销售交易和租赁交易相比,售后租回交易中资产的售价、租金之间具有很强的关联性。通过售后租回交易,资产的原所有者(承租人)在保留对资产的占有权、使用权和控制权的前提下,将固定资产转化为货币资本,在出售时可取得全部价款的现金,而租金则是分期支付的,从而获得了所需的资金;而资产的新所有者(出租人)通过售后租回交易,找了一个风险小、回报有保障的投资机会。因此,通常认为,售后租回中资产的销售和租回本质上只是一项融资交易,而不是销售行为。

对于售后租回交易,无论是承租人还是出租人,均应按照我国企业会计准则的规定,将售后租回交易认定为融资租赁或经营租赁。对于出租人来讲,售后租回交易(无论是融资租赁还是经营租赁的售后租回交易)同其他租赁业务的会计处理没有什么区别。而对于承租人来讲,由于其既是资产的承租人同时又是资产的出售者,因而,售后租回交易同其他租赁业务的承租人会计处理有所不同,主要表现在:如何确认固定资产出售收益,资产出售会对租赁业务产生怎样的影响等。本节将分别对承租人售后租回业务形成融资租赁和经营租赁两种情况进行讲解。

二、售后租回的会计处理

(一)售后租回形成融资租赁

如果售后租回交易满足了租赁会计准则规定的判断融资租赁5条标准中的任何一条或几条,则应将该项交易认定为融资租赁。这种交易实质上转移了买主(出租人)所保留的与该项租赁资产的所有权有关的全部风险和报酬,是出租人提供资金给承租人并以该项资产作为担保,因此,售价与资产账面价值之间的差额(无论是售价高于资产账面价值还是低于资产账面价值)在会计上均未实现,因此,卖主(承租人)应将售价与资产账面价值之间的差额(无论是售价高于资产账面价值还是售价低于资产账面价值)予以递延,并按该项租赁资产的折旧进度进行分摊,作为折旧费用的调整。

其账务处理如下:

1. 出售资产时,按照资产的账面价值结转成本,借记"固定资产清理"、"累计折旧"、"主营业务成本"等科目,贷记"固定资产"、"产成品"等科目。

2. 收到出售资产的价款时,按照实际收到的价款借记"银行存款"科目,贷记"固定资产清理"、"主营业务收入"等科目,按照售后租回交易中售价与资产账面价值之间的差额,借记或贷记"递延收益——未实现售后租回损益(融资租赁)"科目。

3. 分摊递延收益时,如果租赁资产按照高于资产账面价值出售的,应借记"递延收益——未实现售后租回损益(融资租赁)"科目,根据租入资产的用途贷记相应费用科目;如果租赁资产按照低于资产账面价值出售的,应贷记"递延收益——未实现售后租回损益(融资租赁)"科目,根据租入资产的用途借记相应费用科目。其他的会计处理同一般情况下对融资租赁的处理。

【例3-6】 接例3-4。假设20×6年12月31日,甲公司将一台设备销售给乙租赁公司。该设备的账面原值为85万元,已计提折旧20万元,销售日以公允价值70万元出售,乙租赁公司以银行存款支付。同时又签订了一份租赁合同将该机器设备租回,该合同主要条款与例3-4的合同条款相同。

则卖方(承租人)甲公司的会计处理如下:

(1)承租人租赁开始日判断租赁类型:

与例3-4相同,承租人有购买租赁资产的选择权,且预计购买价格100元远低于行使选择权时租赁资产的公允价值40 000元。符合融资租赁的第2条判断标准。由于满足融资租赁判断标准之一的,即应当认定为融资租赁,因此,该项租赁应当认定为融资租赁。

(2)承租人20×6年12月31日出售设备的会计处理:

结转固定资产成本:

借:固定资产清理 650 000
　　累计折旧 200 000
　　　贷:固定资产 850 000

确认收到的价款:

借:银行存款 700 000
　　　贷:固定资产清理 700 000

确认"递延收益——未实现售后租回损益(融资租赁)":

借:固定资产清理 50 000
　　　贷:递延收益——未实现售后租回损益(融资租赁) 50 000

(3)租赁期开始日20×7年1月1日租入固定资产会计分录如下:

借:固定资产——融资租入固定资产 700 000
　　未确认融资费用 200 100
　　　贷:长期应付款——应付融资租赁款 900 100
借:固定资产——融资租入固定资产 5 000
　　　贷:银行存款 5 000

关于支付租金、确认未摊销融资费用、计提折旧等会计处理同例3-4。

(4)将未实现售后租回损益调整折旧费用。根据准则规定"按照折旧计提方法将未实现售后租回损益调整各期的折旧费用",因而,甲公司应当将未实现售后租回损益在折旧期内按年限平均法平均分摊,调整各期的折旧费用。从而20×7年—20×9年各年末应当分摊未实现售后租回损益10 000元(50 000/5)。相应会计分录为:

  借:递延收益——未实现售后租回损益(融资租赁)   10 000
   贷:制造费用   10 000

(二)售后租回形成经营租赁

如果售后租回形成经营租赁,那么,与售后租回形成融资租赁的会计处理一致,为使承租人各期损益均衡,承租人应将售价与资产账面价值之间的差额予以递延,并在租赁期内按照租金支付比例分摊,作为当期租金费用的调整项目。但是,如果有确凿证据表明这种售后租回交易是按照公允价值达成的,则可以按照固定资产出售的会计处理方法确认固定资产处置损益。

具体账务处理如下:

1. 出售资产时,按照资产的账面价值结转成本,借记"固定资产清理"、"累计折旧"、"主营业务成本"等科目,贷记"固定资产"、"产成品"等科目。

2. 收到出售资产的价款时,按照实际收到的价款借记"银行存款"科目,贷记"固定资产清理"、"主营业务收入"等科目,如果售价不是该租赁设备的公允价值,则按照售后租回交易中售价与资产账面价值之间的差额,借记或贷记"递延收益——未实现售后租回损益(经营租赁)"科目。再在租赁期内按照租金支付比例来分摊未实现售后租回损益,调整后续租金费用。

【例3-7】 假设20×9年12月31日,甲公司与乙公司签订了一项合同,合同规定,甲公司将一台已用的经营管理用设备以500 000元的价格出售给乙公司然后租回,形成售后租回经营租赁。该设备的账面原价为750 000元,已计提折旧200 000元,该设备尚可使用10年。该设备的公允价值为580 000元。价款已经以银行存款支付。租赁合同规定租赁期为2年,甲公司于每年年末向乙公司支付租金60 000元。

(1)20×9年12月31日,甲公司出售设备时,售价与该设备的公允价值不等,从而,应将固定资产处置损益计入"递延收益——未实现售后租回损益(经营租赁)"。相关会计分录:

结转固定资产成本:
借:固定资产清理   550 000
  累计折旧   200 000
   贷:固定资产   750 000

确认收到的价款:
借:银行存款   500 000
   贷:固定资产清理   500 000

确认"递延收益——未实现售后租回损益(经营租赁)":
借:递延收益——未实现售后租回损益(经营租赁)   50 000

  贷:固定资产清理   50 000

  (2)每年年末支付租金,并将未实现售后租回损益调整后续租金费用。租金费用是在租赁期内平均分配,从而也应当将未实现售后租回损益在租赁期内平均分配,调整租金费用。从而各年末应当调整各期租金费用25 000元(50 000/2)。

  借:管理费用   60 000
    贷:银行存款   60 000
  借:管理费用   25 000
    贷:递延收益——未实现售后租回损益(经营租赁)   25 000

  【例3-8】 接例3-7。假设该售后租回设备是以580 000元的价格出售给乙公司然后租回,形成售后租回经营租赁。

  由于此例中设备的售价等于其公允价值,从而该固定资产处置属于市场交易,按照固定资产出售的会计处理方法确认固定资产处置损益。即:

  (1)20×9年12月31日,甲公司出售设备时
  结转固定资产成本:
  借:固定资产清理   550 000
    累计折旧   200 000
    贷:固定资产   750 000
  确认收到的价款:
  借:银行存款   580 000
    贷:固定资产清理   580 000
  确认固定资产处置收益:
  借:固定资产清理   30 000
    贷:营业外收入——处置固定资产收益   30 000
  (2)每年年末支付租金
  借:管理费用   60 000
    贷:银行存款   60 000

第五节 租赁信息披露

  企业应当在附注中披露与资产租赁有关的下列信息:

一、融资租赁的披露

(一)承租人对融资租赁的相关信息披露

  1. 承租人应当在资产负债表中,将与融资租赁相关的长期应付款减去未确认融资费用的差额,分别在长期负债和一年内到期的长期负债列示。

2. 承租人应当在附注中披露与融资租赁有关的下列信息:
(1)各类租入固定资产的期初和期末原价,累计折旧额;
(2)资产负债表日后连续三个会计年度每年将支付的最低租赁付款额,以及以后年度将支付的最低租赁付款额总额;
(3)未确认融资费用的余额,以及分摊未确认融资费用所采用的方法。

(二)出租人对融资租赁的相关信息披露

1. 出租人应当在资产负债表中,将应收融资租赁款减去未实现融资收益的差额,作为长期债权列示。
2. 出租人应当在附注中披露与融资租赁有关的下列信息:
(1)资产负债表日后连续三个会计年度每年将收到的最低租赁收款额,以及以后年度将收到的最低租赁收款额总额。
(2)未实现融资收益的余额,以及分配未实现融资收益所采用的方法。

二、经营租赁的披露

(一)承租人对相关信息的披露

承租人对于重大的经营租赁,应当在附注中披露下列信息:
1. 资产负债表日后连续三个会计年度每年将支付的不可撤销经营租赁的最低租赁付款额。
2. 以后年度将支付的不可撤销经营租赁的最低租赁付款额总额。

(二)出租人对相关信息的披露

经营租赁业务中,对出租人的披露没有特殊要求,只是出租人为了更好地管理租出资产应在报表附注中披露各类租出资产的账面价值。

三、售后租回的披露

承租人和出租人应当披露各售后租回交易以及售后租回合同中的重要条款。

本章参考文献

1. 中华人民共和国财政部. 企业会计准则 2006. 经济科学出版社. 2006
2. 中华人民共和国财政部. 企业会计准则:应用指南 2006. 中国财政经济出版社. 2006

3. 王爱国,郑伟主编. 高级财务会计学. 山东人民出版社. 2009
4. 刘永泽,傅荣主编. 高级财务会计. 东北财经大学出版社. 2007
5. 阎达五,耿建新,戴德明编著. 高级会计学. 中国人民大学出版社. 2007
6. 罗绍德. 高级财务会计. 西南财经大学出版社. 2008.12
7. 张志凤编著. 注册会计师考试——会计. 北京大学出版. 2010

【课后练习题】

名词解释

租赁　　　　　　　租赁开始日　　　　租赁期开始日　　　担保余值
未担保余值　　　　租赁期　　　　　　或有租金　　　　　内含利率
履约成本　　　　　融资租赁　　　　　初始直接费用　　　最低租赁付款额
最低租赁收款额　经营租赁　　　　　售后租回

选择题

一、单项选择题

1. 下列各项中,不属于租赁活动初始直接费用的是(　　)。
   A. 租赁合同的印花税　　　　　B. 租赁资产的履约成本
   C. 签订租赁合同的差旅费　　　D. 签订租赁合同的手续费

2. 租赁开始日是指(　　)。
   A. 租赁协议日
   B. 租赁各方就主要租赁条款做出承诺日
   C. 租赁协议日与租赁各方就主要租赁条款做出承诺日中的较早者
   D. 租赁协议日或租赁各方就主要租赁条款做出承诺日两则任选其一

3. 就出租人而言,担保余值是指(　　)。
   A. 租赁开始日估计的租赁期届满时租赁资产的公允价值
   B. 租赁资产的最终残值
   C. 由承租人或与其有关的第三方担保的资产余值
   D. 由承租人或与其有关的第三方担保的资产余值加上与承租人和出租人均无关、但在财务上有能力担保的第三方担保的资产余值

4. 某租赁公司将一台大型专用设备以融资租赁方式租赁给 B 企业。租赁开始日估计的租赁期届满时租赁资产的公允价值,即资产余值为 650 万元,双方合同中规定,B 企业担保的资产余值为 200 万元,B 企业的子公司担保的资产余值为 120 万元,另外无关的担保公司担保金额为 150 万元,则该租赁资产的未担保余值为(　　)万元。
   A. 650　　　　B. 200　　　　C. 120　　　　D. 180

5. 未确认融资费用在租赁期内各个期间进行分摊时,应将其计入(　　)科目。
   A. 管理费用　　B. 长期应付款　　C. 财务费用　　D. 销售费用

6. 售后租回形成融资租赁的情况下,承租人每期确认未实现售后租回损益的摊销方法为(　　)。

A. 在租赁期内平均确定 B. 按折旧进度
C. 按租金支付比例 D. 按实际利率法

7. 甲公司2007年1月1日采用融资租赁方式出租一台大型设备。租赁合同规定：该设备租赁期为6年，每年支付租金8万元，或有租金为4万元，履约成本为5万元，承租人提供的租赁资产担保余值为7万元，与承租人和乙公司均无关联关系的第三方提供的租赁资产担保余值为3万元。甲公司2007年1月1日对该出租大型设备确认的应收融资租赁款为( )万元。

A. 51 B. 55 C. 58 D. 67

二、多项选择题

1. 企业判断为融资租赁的标准中，下列表述正确的有( )。
A. 在租赁期届满时，租赁资产的所有权转移给承租人，判断为融资租赁
B. 承租人有购买租赁资产的选择权，所订立的购价预计远低于行使选择权时租赁资产的公允价值，判断为融资租赁
C. 租赁期÷租赁开始日租赁资产尚可使用年限≥75%，判断为融资租赁
D. 最低租赁付款额现值或最低租赁收款额现值占租赁资产原账面价值的90%以上(含90%)，则从出租人角度或从承租人角度，该项租赁应被认定为融资租赁

2. 下列各项中，如果租赁期满，融资租赁资产归还给出租人，则最低租赁付款额应包括( )。
A. 租赁期内承租人每期应支付的租金
B. 与承租人有关的第三方担保的资产余值
C. 优惠购买价
D. 初始直接费用

3. 可以构成融资租入固定资产的入账价值的有( )。
A. 各期租金之和
B. 承租人或与其有关的第三方担保的资产余值
C. 承租人在租赁谈判和签订租赁合同过程中发生的，可归属于租赁项目的手续费、律师费、差旅费、印花税等初始直接费用
D. 未担保余值
E. 履约成本

4. 下列说法正确的有( )。
A. 融资租赁中，承租人发生的初始直接费用，应当计入管理费用
B. 企业对租赁进行分类时，应当全面考虑租赁期届满时租赁资产所有权是否转移给承租人、承租人是否有购买租赁资产的选择权、租赁期占租赁资产使用寿命的比例等各种因素
C. 承租人应当在资产负债表中，将与融资租赁相关的长期应付款减去未确认融资费用的差额，扣除一年内到期的长期负债列示在"长期应付款"项目

D. 若对于出租人来说是融资租赁行为,则对承租人来说也一定是融资租赁行为

E. 售后租回交易认定为融资租赁的,售价与资产账面价值之间的差额应当予以递延,并按照该项租赁资产的折旧进度进行分摊,作为折旧费用的调整

5. 承租人在计算最低租赁付款额的现值时,可选择的折现率有(　　)。

A. 出租人的租赁内含利率

B. 租赁合同规定的利率

C. 同期银行贷款利率

D. 同期国外存款利率

E. 同期银行存款利率

6. 对融资租赁资产的折旧,下列表述正确的有(　　)。

A. 应提的折旧总额为融资租入固定资产的入账价值减去担保余值加上预计清理费用(在承租人对租赁资产余值提供担保时)

B. 应提的折旧总额为融资租入固定资产的入账价值减去预计净残值(在租赁资产余额未提供担保时)

C. 在能够合理确定租赁期届满时承租人将会取得租赁资产所有权时,应以租赁开始日租赁资产尚可使用年限作为折旧期间

D. 在无法合理确定租赁期届满时承租人是否能够取得租赁资产的所有权时,应以租赁期与租赁资产尚可使用年限两者中较长者作为折旧期间

E. 计提租赁资产折旧时,不能采用与自有应折旧资产相同的折旧政策

7. 关于初始直接费用,下列说法中正确的有(　　)。

A. 承租人融资租赁业务发生的初始直接费用应计入租入资产的价值

B. 承租人融资租赁业务发生的初始直接费用应计入管理费用

C. 承租人经营租赁业务发生的初始直接费用,应当计入当期损益

D. 出租人经营租赁业务发生的初始直接费用,应当计入当期损益

E. 出租人融资租赁业务发生的初始直接费用应计入管理费用

业务题

一、融资租赁承租人的会计处理

2006年12月31日,甲乙企业签订了一份租赁合同。起租日为2007年1月1日,租赁期为2007年1月1日—2009年12月31日。租金支付:甲公司自租赁开始日每隔6个月于月末支付租金14万元,履约成本由甲公司负担,估计每年1万元。租赁开始日租赁资产公允价值为70万元,租赁合同规定的利率为7%(6个月利率)(乙公司租赁内含利率未知)。该机器预计使用寿命为5年,期满无残值,甲公司采用平均年限法计提折旧,租赁期满时,甲公司有优惠购买的选择权,购买价为3 934元,估计该日租赁资产的公允价值为8万元。

甲公司在租赁谈判和签订租赁合同过程中发生的、可直接归属于租赁项目的费用,印花税、佣金、律师费、差旅费、谈判费等共1 000元。

要求:根据上述资料,判断甲公司租赁类型,并进行甲公司相应的计算与账务

处理。

二、融资租赁出租人的会计处理

接例3-4。20×6年12月31日,甲公司与乙租赁公司签订了一份租赁合同,租赁标的物是一台机器设备。合同规定起租日为20×7年1月1日,租赁期为20×7年1月1日—20×9年12月31日。租金支付:甲公司自租赁期开始日每隔6个月于月末支付租金15万元,履约成本由甲公司负担,估计每年1.5万元。租赁开始日租赁资产公允价值为70万元,租赁合同规定的利率为7%(6个月利率)(乙公司租赁内含利率未知)。该机器预计使用寿命为8年,已使用3年,期满无残值,甲公司采用平均年限法计提折旧,租赁期满时,甲公司有优惠购买的选择权,购买价为100元,估计该日租赁资产的公允价值为4万元。

如果甲公司20×7年和20×8年每年年销售收入超过1 000 000元,则应当按照超出部分的2%向乙公司另外支付租金。假设在租赁期间,甲公司20×7年的年销售收入为1 500 000元。甲公司20×8年的年销售收入为900 000元。

乙公司在租赁谈判和签订租赁合同过程中发生的、可直接归属于租赁项目的费用,印花税、佣金、律师费、差旅费、谈判费等共1 000元,已用银行存款支付。

租赁期满甲公司支付100元从乙公司购入租赁资产。

要求:根据上述资料,判断乙公司租赁类型,并进行出租人相应的计算与账务处理。

三、经营租赁的会计处理

B公司为专业租赁公司,2010年7月1日与A公司签订协议,将未出租资产中的一套全新办公设备出租给A公司,租赁期为7月份至9月份3个月。设备的账面原值为18万元,预计使用年限为10年,该设备按直线法计提折旧,预计残值为0。

租赁合同规定:在2010年7月1日,A公司向B公司一次性预付租金3 500元,然后7月份月末支付租金1 500元,8月份月末支付租金2 600元,9月份月末支付租金1 400元,租赁期满后预付租金不退回,设备归还给B公司。

要求:根据上述资料,作出承租人、出租人相应的计算与账务处理。

第四章 债务重组

【内容简介】 债务重组是指在债务人发生财务困难的情况下,债权人按照其与债务人达成的协议或者法院的裁定作出让步的事项。债务重组的前提条件是债务人发生了财务困难,必要条件是债权人作出了让步。债务重组可能发生在债务到期前、到期日或到期后。

债务重组日也称债务重组完成日,即债务人履行协议或法院裁定,将相关资产转让给债权人、将债务转为资本或修改后的偿债条件开始执行的日期。债务重组方式主要有:以资产清偿债务、将债务转为资本、修改其他债务条件及以上三种方式的任意组合的混合重组方式。

在各种债务重组方式下,债务人于债务重组日进行会计处理时应当将重组债务的账面价值超过清偿债务的现金、非现金资产的公允价值、所持股份的公允价值、或者重组后债务账面价值之间的差额,在符合《企业会计准则第22号——金融工具确认和计量》所规定的金融负债终止确认条件时,将其终止确认,并计算债务重组利得计入营业外收入;相应地,债权人于债务重组日应计算债务重组损失计入营业外支出。债权人对重组债权已经计提了减值准备的,应当先将上述差额冲减减值准备,冲减后仍有债务重组损失的,计入营业外支出。冲减后仍有减值准备余额的,应将已提的减值准备予以转回并抵减当期资产减值损失。

【学习目的与要求】

1. 了解债务重组的概念、债务重组的条件、债务重组的方式。
2. 熟练掌握以资产清偿债务、将债务转为资本、修改其他债务条件以及混合重组方式下债权人及债务人双方的会计处理。
3. 理解债务重组中债权人及债务人的披露内容和披露重点。
4. 理解债务重组中涉及的或有应付金额(或有负债)及或有应收金额(或有资产)的不同处理方法。

第一节 债务重组概述

一、债务重组的概念和条件

债务重组是指在债务人发生财务困难的情况下,债权人按照其与债务人达成的协议或者法院的裁定作出让步的事项。

(一)债务重组的前提条件

债务人发生了财务困难是债务重组的前提条件。在市场经济条件下,公司随时面临着各种经营风险和财务风险,可能会出现一些暂时性的财务困难,致使资金周转失灵、经营陷入困境,而无法或者没有能力按照原定的条件偿还债务。在这种情况下,债权人可以通过两种方式来维护自己的权益,一种方式是通过法律程序要求债务人破产,按照破产程序收回自己的债权。这种破产清算或改组时的债务重组问题不属于本章的讨论内容;另一种方式是债权人和债务人相互协商,通过债务重组的方式,债权人作出让步,使债务人减清负担,渡过暂时的难关,持续经营下去,以清偿债务。

(二)债务重组的必要条件

债务重组的必要条件是债权人作出了让步(金额上的让步)。即债权人同意发生财务困难的债务人现在或者将来以低于重组债务账面价值的金额或者价值来偿还债务。只有债权人作出金额上的让步才属于债务重组,因此,债务人必然有债务重组利得,应将债务重组利得计入营业外收入;债权人必然有债务重组损失,但由于债权人可能已经对这笔债权性资产计提了坏账准备,所以在处理债务重组损失时应先将该损失冲减为该笔债权计提的坏账准备,坏账准备不足以冲减的部分,应计入营业外支出。若坏账准备计提较充分,债务重组损失冲减后尚有余额,应将已提的坏账准备予以转回并抵减当期资产减值损失。

二、债务重组的方式

债务重组方式主要有:以资产清偿债务、将债务转为资本、修改其他债务条件及以上三种方式的任意组合(通常称为混合重组方式)。

(一)以资产清偿债务

以资产清偿债务是指债务人转让其资产给债权人以清偿债务的重组方式。包括以货币资金、存货、金融资产(股票、债券、基金)、固定资产、长期股权投资、无形资产等清偿债务。

(二)将债务转为资本

将债务转为资本是指债务人将债务转为资本,同时债权人将债权转为股权的债务重组方式。债务转为资本的结果是债务人增加了股本(或实收资本),而债权人因此增加了股权即长期股权投资。但这种清偿方式会受到《公司法》有关规定的限制,必须在符合法律规定的前提下进行。

(三)修改其他债务条件

修改其他债务条件是指修改不包括上述(一)和(二)两种情形在内的债务条件进行债务重组的方式,包括减少债务本金、减少债务利息、免去应付未付利息、延长债务偿还期限等。

(四)混合重组方式

是指采用上述三种重组方式的任意两种或两种以上的方式组合来共同清偿债务的债务重组形式。例如,以转让资产清偿某项债务的一部分,另一部分通过修改债务条件进行债务重组。当然还有其他多种可能的组合重组方式,在此不一一列出。

三、债务重组日

债务重组可能发生在债务到期前、到期日或到期后。债务重组日也称债务重组完成日,即债务人履行协议或法院裁定,将相关资产转让给债权人、将债务转为资本或修改后的偿债条件开始执行的日期。如甲企业欠乙企业货款800万元,到期日为2010年5月1日。甲企业发生财务困难,经协商,乙企业同意甲企业以价值700万元的产成品抵债。甲企业于2010年5月20日将产成品运抵乙企业并办理有关债务解除手续。在此项债务重组交易中,2010年5月20日即为重组日。

如果甲企业是分批将产成品运往乙企业,最后一批运抵的日期为2010年5月30日,且在这一天办理有关债务解除手续,则重组日应为2010年5月30日。

如果乙企业同意甲企业以一项工程总造价为780万元的在建工程偿债,但要求甲企业继续按计划完成在建工程,那么债务重组日应为该项工程完工并交付使用且办理有关债务清偿手续的当日。

如果乙企业同意甲企业将所欠债务转为资本,甲企业于2010年5月25日办妥增资批准手续并向乙企业出具出资证明,则2010年5月25日即为债务重组日。

第二节 债务重组的会计处理

一、以资产清偿债务

(一)以现金清偿债务

债务人的会计处理。债务人以低于债务账面价值的现金清偿债务时,债务人应将豁免的债务即重组债务的账面价值与支付的现金之间的差额确认为债务重组利得,计入营业外收入。

债权人的会计处理。债权人应将给予债务人豁免的债务即该债权账面余额与收到的现金之间的差额确认为债务重组损失,计入营业外支出。重组债权已计提了减值准备的,应当先将上述差额冲减减值准备,以冲减后的余额,作为债务重组损失,计入营业外支出。冲减后坏账准备仍有余额的,应将已提的坏账准备予以转回并抵减当期资产减值损失。

【例4-1】2009年1月1日,乙上市公司从甲上市公司购入原材料50万元(含税),由于财务困难无法归还,2009年10月1日进行债务重组,乙公司用银行存款支付40万元后,余款不再偿还。甲公司对应收账款已计提坏账准备5万元。

(1)乙公司(债务人)会计处理:

借:应付账款——甲公司　　　　　　　　　　　　　500 000
　　贷:银行存款　　　　　　　　　　　　　　　　　　400 000
　　　　营业外收入——债务重组利得　　　　　　　　100 000

(2)甲公司(债权人)会计处理:

借:银行存款　　　　　　　　　　　　　　　　　　400 000
　　坏账准备　　　　　　　　　　　　　　　　　　　50 000
　　营业外支出——债务重组损失　　　　　　　　　　50 000
　　贷:应收账款——乙公司　　　　　　　　　　　　500 000

(二)以非现金资产清偿债务

债务人的会计处理。以非现金资产清偿债务的,债务人应当分清债务重组利得和资产转让损益的界限,并于债务重组的当期全部计入损益。对于债务人而言,以非现金资产清偿债务时,应当将重组债务的账面价值超过抵债资产的公允价值之间的差额(债务重组利得),确认为债务重组利得计入营业外收入。抵债资产公允价值与账面价值的差额(资产转让损益),扣除转让过程中发生的相关税费,计入当期损益。因非现金资产的性质和特点不同,应分别不同情况,从不同口径计入当期损益。在重组过程中涉及非现金资产的公允价值时,双方应当按照下列规定进行计量:

(1)非现金资产属于企业持有的股票、债券、基金等金融资产的,应当按照《企业会计准则第22号——金融工具确认和计量》的规定确定其公允价值。

(2)非现金资产属于存货、固定资产、无形资产等其他资产且存在活跃市场的,应当以其市场价格为基础确定其公允价值;不存在活跃市场但与其类似资产存在活跃市场的,应当以类似资产的市场价格为基础确定其公允价值;采用上述两种方法仍不能确定非现金资产公允价值的,应当采用估值技术等合理的方法确定其公允价值。

债权人的会计处理。对于债权人而言,应当将重组债权的账面余额与受让资产的公允价值之间的差额,确认为债务重组损失计入营业外支出。重组债权已经计提了减值准备的,应当先将上述差额冲减减值准备,以冲减后的余额,作为债务重组损失,计入营业外支出。冲减后减值准备仍有余额的,应将已提的减值准备予以转回并抵减当期资产减值损失。债权人收到存货、固定资产、无形资产等抵债资产的,应当以其公允价值入账。债权人发生的运杂费、保险费也应计入受让资产的价值。

在以非现金资产偿还债务的会计处理中,需要区分两个概念即资产的账面价值和账面余额。资产的账面价值是指资产的账面余额扣除有关的累计折旧、累计摊销以及相关的资产减值准备后的余额。而资产的账面余额是指资产账户未扣除折旧、摊销以及减值准备之前的余额。但对于债务而言就没有必要作此区分。因为债务的账面价值和账面余额是一致的。

在以非现金资产清偿债务的过程中,涉及增值税应税项目时,如果债权人不向债务人另行支付增值税,则债务人的债务重组利得应为转让非现金资产公允价值和该非现金资产的增值税销项税额之和与重组债务账面价值的差额。债权人涉及的增值税进项税可作为冲减重组债权的账面余额处理;如果债权人向债务人另行支付增值税,则债务人的债务重组利得应为转让非现金资产公允价值与重组债务账面价值的差额。债权人涉及的增值税进项税不能作为冲减重组债权的账面余额处理。

1. 以存货抵债

非现金资产为存货的,应当作为销售处理,按照《企业会计准则第 14 号——收入》的规定,以其公允价值确认收入,同时结转相应的成本。用以抵债的存货若为库存商品,则将其公允价值确认为主营业务收入,同时按库存商品的账面价值结转主营业务成本。若以原材料抵偿债务,也视同销售处理,将原材料的公允价值确认为其他业务收入,同时结转原材料的账面价值到其他业务成本。

【例 4-2】 2009 年 1 月 1 日,乙上市公司从甲上市公司购入原材料 50 万元(含税),现乙公司发生财务困难,无法按约定偿还货款。2009 年 10 月 1 日进行债务重组,经双方协议,甲公司同意乙公司用其产品抵偿该笔欠款。抵债产品市价为 40 万元,增值税税率为 17%,(增值税不另行支付),产品成本为 30 万元。甲公司已为该笔应收账款计提坏账准备 2 万元。假定不考虑其他税费。

(1)乙公司(债务人)的会计处理:

重组收益 = 重组债务账面价值 - (资产公允价值 + 增值税销项税)

= 500 000 - (400 000 + 68 000)

= 32 000(元)

转让损益 = 资产公允价值 - 资产账面价值

= 400 000 - 300 000

= 100 000(元) > 0(属于转让收益)

借:应付账款——甲公司	500 000
贷:主营业务收入	400 000
应交税费——应交增值税(销项税额)	68 000
营业外收入——债务重组利得	32 000
借:主营业务成本	300 000
贷:库存商品	300 000

(2)甲公司(债权人)的会计处理:

借:库存商品	400 000

应交税费——应交增值税(进项税额)	68 000
坏账准备	20 000
营业外支出——债务重组损失	12 000
贷:应收账款——乙公司	500 000

【例4-3】 2009年1月1日,乙上市公司从甲上市公司购入原材料50万元(含税),现乙公司发生财务困难,无法按约定偿还货款。2009年10月1日进行债务重组,经双方协议,甲公司同意乙公司用其原材料抵偿该笔欠款。抵债原材料的公允价值为39万元,增值税税率为17%,(增值税不另行支付),原材料的账面价值为35万元。甲公司已为该笔应收账款计提坏账准备1万元。假定不考虑其他税费。

(1)乙公司(债务人)的会计处理:

重组收益 = 重组债务账面价值 - (资产公允价值 + 增值税销项税)
     = 500 000 - (390 000 + 66 300)
     = 43 700(元)

转让损益 = 资产公允价值 - 资产账面价值
     = 390 000 - 350 000
     = 40 000(元) > 0(属于转让收益)

借:应付账款——甲公司   500 000
 贷:其他业务收入   390 000
  应交税费——应交增值税(销项税额)   66 300
  营业外收入——债务重组利得   43 700
借:其他业务成本   350 000
 贷:原材料   350 000

(2)甲公司(债权人)的会计处理:

借:原材料   390 000
 应交税费——应交增值税(进项税额)   66 300
 坏账准备   10 000
 营业外支出——债务重组损失   33 700
 贷:应收账款——乙公司   500 000

2. 以固定资产、无形资产抵债

债务人以固定资产、无形资产抵债的,视为固定资产清理和无形资产转让业务。其公允价值和账面价值以及资产清理费用的差额,计入营业外收入——资产转让利得,或营业外支出——资产转让损失。资产的公允价值与重组债务账面价值的差额,作为债务重组利得。债权人收到的固定资产、无形资产按公允价值计量。

【例4-4】 2009年1月1日,乙公司从甲公司购入原材料50万元(含税),由于财务困难无法归还,2009年10月1日进行债务重组。乙公司以一台设备抵偿债务。该设备账面原值为70万元,已提折旧30万元,未计提减值准备,债务重组日该设备的公允价值为35万元。假设转让该项设备不需要交纳增值税。乙公司对应收账款已计提坏账准备 4 万元。

(1) 乙公司(债务人)的会计处理：

重组收益 = 重组债务账面价值 − 资产公允价值
   = 500 000 − 350 000
   = 150 000(元)

转让损益 = 资产公允价值 − 资产账面价值
   = 350 000 − (700 000 − 300 000)
   = − 50 000(元) < 0 (属于转让损失)

借：固定资产清理	400 000
累计折旧	300 000
贷：固定资产	700 000
借：应付账款——甲公司	500 000
营业外支出——资产转让损失	50 000
贷：固定资产清理	400 000
营业外收入——债务重组利得	150 000

(2) 甲公司(债权人)的会计处理：

借：固定资产	350 000
坏账准备	40 000
营业外支出——债务重组损失	110 000
贷：应收账款——乙公司	500 000

【例 4 − 5】 2009 年 1 月 1 日，乙上市公司从甲上市公司购入原材料 50 万元(含税)，乙公司因遭自然灾害，短期内无法偿还所欠甲公司的货款。2009 年 10 月 1 日进行债务重组，经与甲公司协商，达成债务重组协议，乙公司决定以无形资产偿还所欠甲公司货款。该无形资产的账面原价为 96 万元，已累计摊销 54 万元，已计提减值准备 1.6 万元。该无形资产目前的公允价值是 42 万元。不考虑相关税费。甲公司对该笔债权已计提坏账准备 10 万元。

(1) 乙公司(债务人)的会计处理：

重组收益 = 重组债务账面价值 − 资产公允价值
   = 500 000 − 420 000
   = 80 000(元)

转让损益 = 资产公允价值 − 资产账面价值
   = 420 000 − (960 000 − 540 000 − 16 000)
   = 16 000(元) > 0 (属于转让收益)

借：应付账款——甲公司	500 000
累计摊销	540 000
无形资产减值准备	16 000
贷：无形资产	960 000

营业外收入——债务重组利得	80 000
——资产转让利得	16 000

(2)甲公司(债权人)的会计处理:

借:无形资产	420 000
坏账准备	100 000
贷:应收账款——乙公司	500 000
资产减值损失	20 000

3. 以股票、债券等金融资产抵债

债务人以股票、债券等金融资产抵偿债务,应按相关金融资产的公允价值和账面价值的差额,作为转让金融资产的损益处理,计入投资收益的借方或贷方。相关金融资产的公允价值与重组债务账面价值的差额,作为债务重组利得。债权人收到的相关金融资产按公允价值计量。

【例4-6】 2009年1月1日,乙上市公司从甲上市公司购入原材料50万元(含税),由于财务困难无法归还,2009年10月1日进行债务重组。乙公司以长期股权投资抵偿债务。该长期股权投资账面余额为40万元,确定的长期股权投资的公允价值为45万元,未计提减值准备,假设不考虑相关税费。甲公司对应收账款已计提坏账准备4万元。

(1)乙公司(债务人)的会计处理:

重组收益 = 重组债务账面价值 - 资产公允价值
　　　　 = 500 000 - 450 000
　　　　 = 50 000(元)

转让损益 = 资产公允价值 - 资产账面价值
　　　　 = 450 000 - 400 000
　　　　 = 50 000(元) > 0(属于转让收益)

借:应付账款——甲公司	500 000
贷:长期股权投资	400 000
投资收益	50 000
营业外收入——债务重组利得	50 000

(2)甲公司(债权人)的会计处理:

借:长期股权投资	450 000
坏账准备	40 000
营业外支出——债务重组损失	10 000
贷:应收账款——乙公司	500 000

二、将债务转为资本

债务人将债务转为资本的,应当将债权人放弃债权而享有股份的面值总额确认为股本(或者实收资本),股份的公允价值总额与股本(或者实收资本)之间的差额确认

为资本公积(资本溢价)。重组债务的账面价值与股份的公允价值总额之间的差额(即债务重组利得),计入当期营业外收入。

债权人因放弃债权而享有的股份按股权的公允价值计入长期股权投资。将重组债权的账面余额与所受让股份的公允价值之间的差额,确认为债务重组损失计入营业外支出。重组债权已经计提了减值准备的,应当先将上述差额冲减减值准备,以冲减后的余额,作为债务重组损失,计入营业外支出。

【例4-7】 2009年1月1日,乙上市公司从甲上市公司购入原材料50万元(含税),由于财务困难无法归还,2009年10月1日进行债务重组。乙公司将债务转为资本,乙公司用来偿债的普通股40万股,每股面值1元,每股市价为1.15元,该股份的公允价值为46万元。甲公司对应收账款已计提坏账准备2万元。

(1)乙公司(债务人)的会计处理:

重组收益 = 重组债务的账面价值 - 转让股票的公允价值
　　　　 = 500 000 - 460 000
　　　　 = 40 000(元)

股本溢价 = 股票公允价值 - 股票面值
　　　　 = 460 000 - 400 000
　　　　 = 60 000(元)

借:应付账款——甲公司　　　　　　　　　　　　　　500 000
　　贷:股本　　　　　　　　　　　　　　　　　　　　400 000
　　　　资本公积——资本溢价　　　　　　　　　　　　60 000
　　　　营业外收入——债务重组利得　　　　　　　　　40 000

(2)甲公司(债权人)的会计处理:

借:长期股权投资——乙公司　　　　　　　　　　　　460 000
　　坏账准备　　　　　　　　　　　　　　　　　　　　20 000
　　营业外支出——债务重组损失　　　　　　　　　　　20 000
　　贷:应收账款——乙公司　　　　　　　　　　　　　500 000

三、修改其他债务条件

(一)不附加或有条件的债务重组

修改其他债务条件的(即延期还款),债务人应将修改其他债务条件后债务的公允价值作为重组后债务的入账价值。重组债务的账面价值与重组后债务入账价值之间的差额,确认为债务重组利得计入营业外收入。债权人应当将修改其他债务条件后的债权的公允价值作为重组后债权的账面价值。重组债权的账面余额与重组后的债权的账面价值之间的差额,计入营业外支出。债权人已对债权计提减值准备的,应当先将该差额冲减减值准备,减值准备不足以冲减的部分,计入当期营业外支出。

【例4-8】 2009年1月1日,乙上市公司从甲上市公司购入原材料50万元(含税),由于财务困难无法归还,2009年10月1日进行债务重组。经双方协商,乙公司在一年后支付42万元。甲公司对该笔应收账款已计提坏账准备3万元。

(1)乙公司(债务人)的会计处理：

借:应付账款——甲公司	500 000
贷:应付账款——债务重组(甲公司)	420 000
营业外收入——债务重组利得	80 000

(2)甲公司(债权人)的会计处理：

借:应收账款——债务重组(乙公司)	420 000
坏账准备	30 000
营业外支出——债务重组损失	50 000
贷:应收账款——乙公司	500 000

(二)附加或有条件的债务重组

在修改其他债务条件的债务重组中,修改后的债务条款有时会涉及或有应付金额(或有支出)。如果该或有应付金额符合《企业会计准则第13号——或有事项》中有关预计负债确认条件的,债务人应将该或有应付金额确认为预计负债。比如,债务重组协议规定,债务人在债务重组后一定时间里,其业绩改善到一定程度或者符合一定要求(如扭亏为盈、摆脱财务困境等),则债务人需要向债权人额外支付一定金额。债务人承担的或有应付金额符合预计负债确认条件的,就应当将该或有应付金额确认为预计负债。

值得注意的是,对债权人而言,如果修改后的债务条款中涉及或有应收金额(或有收益、或有资产),因或有应收金额属于或有资产,而根据《企业会计准则第13号——或有事项》的规定,或有资产不予确认,因此债权人不应确认或有应收金额,不得计入重组后债权的账面价值。或有应收金额应于实际发生时,计入发生当期损益。

【例4-9】 2007年1月1日,乙上市公司从甲上市公司购入原材料50万元(含税),由于财务困难无法归还,2007年12月31日进行债务重组。经协商,乙公司在二年后支付本金40万元,利息按5%计算;同时规定,如果2008年乙公司有盈利,从2009年起则按8%计息。

根据2007年末债务重组时乙公司的生产经营情况判断,2008年乙公司很可能实现盈利;2008年末乙公司编制的利润表表明已经实现盈利。假设利息按年支付。甲公司已计提坏账准备5万元。不考虑货币的时间价值。

(1)乙公司(债务人)的会计处理：

乙公司重组债务的公允价值为40万元;对于或有应付金额,符合确认预计负债的条件,应在重组日确认为预计负债。

借:应付账款——甲公司	500 000
贷:应付账款——债务重组(甲公司)	400 000
预计负债——债务重组	12 000
营业外收入——债务重组利得	88 000

2008年12月31日支付利息：

借：财务费用　　　　　　　　　　　　　　　　　　　20 000
　　贷：银行存款　　　　　　　　　　　　　　　　　　　　20 000

2009年12月31日,还清债务

借：应付账款——债务重组(甲公司)　　　　　　　　400 000
　　财务费用　　　　　　　　　　　　　　　　　　　20 000
　　预计负债——债务重组　　　　　　　　　　　　　12 000
　　贷：银行存款　　　　　　　　　　　　　　　　　　　　432 000

(2)甲公司(债权人)的会计处理：

借：应收账款——债务重组(乙公司)　　　　　　　　400 000
　　坏账准备　　　　　　　　　　　　　　　　　　　50 000
　　营业外支出——债务重组损失　　　　　　　　　　50 000
　　贷：应收账款——乙公司　　　　　　　　　　　　　　500 000

2008年12月31日收到利息：

借：银行存款　　　　　　　　　　　　　　　　　　　20 000
　　贷：财务费用　　　　　　　　　　　　　　　　　　　　20 000

2009年12月31日,收回欠款

借：银行存款　　　　　　　　　　　　　　　　　　　432 000
　　贷：应收账款——乙公司　　　　　　　　　　　　　　400 000
　　　　财务费用　　　　　　　　　　　　　　　　　　　32 000

四、混合重组方式

企业之间的债务重组还可以通过以上三种方式的任意组合来进行。我们称之为混合重组方式。

对于债务人,债务重组以现金清偿债务、非现金资产清偿债务、债务转为资本、修改其他债务条件等方式的组合进行的,债务人应当依次以支付的现金、转让的非现金资产公允价值、债权人享有股份的公允价值冲减重组债务的账面价值,涉及延期还款的还应减去将来应付的金额,其差额计入当期损益。通俗地说,就是将重组债务的账面价值减去债务重组日抵债资产的公允价值,再减去将来应付的金额,其差额计入当期损益。同时将转让的非现金资产公允价值与其账面价值之间的差额,计入当期损益。

对于债权人应当依次以收到的现金、接受的非现金资产公允价值、债权人享有股份的公允价值冲减重组债权的账面余额,再减去将来应收金额,再减去已计提的坏账准备,其差额计入当期损益。

(一)以现金、非现金资产的组合方式清偿债务

【例4-10】 甲公司与乙公司均为增值税一般纳税人。甲公司于2009年5月18

日向乙公司销售产品一批,产品销售收入为100万元,增值税销项税为17万元,双方约定的付款日期为7月18日。债务到期,乙公司由于发生财务困难,无法偿还该项债务。甲公司未对该项债权计提坏账准备。经与乙公司协商,于2009年7月30日达成如下债务重组协议:乙公司支付现金10万元,并以一项库存商品抵偿债务,库存商品的成本为60万元,公允价值为70万元,销项税为11.9万元。要求分别编制甲、乙公司与债务重组有关的会计分录。

(1)乙公司(债务人)的会计处理:

重组收益 = 重组债务账面价值 − (支付的现金 + 转让非现金资产公允价值 + 增值税销项税)
  = 1 170 000 − (100 000 + 700 000 + 119 000)
  = 251 000(元)

转让损益 = 转让非现金资产公允价值 − 转让非现金资产账面价值
  = 700 000 − 600 000
  = 100 000(元) > 0(属于转让收益)

借:应付账款——甲公司　　　　　　　　　　　　　　　　　1 170 000
　　贷:银行存款　　　　　　　　　　　　　　　　　　　　　100 000
　　　　主营业务收入　　　　　　　　　　　　　　　　　　　700 000
　　　　应交税费——应交增值税(销项税额)　　　　　　　　 119 000
　　　　营业外收入——债务重组利得　　　　　　　　　　　　251 000
借:主营业务成本　　　　　　　　　　　　　　　　　　　　　600 000
　　贷:库存商品　　　　　　　　　　　　　　　　　　　　　600 000

(2)甲公司(债权人)的会计处理:

借:银行存款　　　　　　　　　　　　　　　　　　　　　　　100 000
　　库存商品　　　　　　　　　　　　　　　　　　　　　　　700 000
　　应交税费——应交增值税(进项税额)　　　　　　　　　　　119 000
　　营业外支出——债务重组损失　　　　　　　　　　　　　　251 000
　　贷:应收账款——乙公司　　　　　　　　　　　　　　　　1 170 000

(二)以现金与债务转为资本的组合方式清偿债务

【例4−11】 仍是【例4−10】的交易事实产生的债权债务关系,如果债务重组协议变为以下内容:乙公司支付现金10万元,并以普通股30万股抵偿债务,普通股的每股面值为1元,每股市价为2.5元。甲公司将该股票作为长期股权投资核算。要求分别编制甲、乙公司与债务重组有关的会计分录。

(1)乙公司(债务人)的会计处理:

重组收益 = 重组债务的账面价值 − (支付的现金 + 转让股票的公允价值)
  = 1 170 000 − (100 000 + 300 000 × 2.5)
  = 320 000(元)

股本溢价 = 股票公允价值 − 股票面值

$$= 300\,000 \times 2.5 - 300\,000 \times 1 = 450\,000(元)$$

借:应付账款——甲公司	1 170 000
贷:银行存款	100 000
股本	300 000
资本公积——股本溢价	450 000
营业外收入——债务重组利得	320 000

(2)甲公司(债权人)的会计处理:

借:银行存款	100 000
长期股权投资	750 000
营业外支出——债务重组损失	320 000
贷:应收账款——乙公司	1 170 000

(三)以非现金资产与债务转为资本的组合方式清偿债务

【例4-12】 仍是【例4-10】中的交易事实产生的债权债务关系,如果债务重组协议变为以下内容:乙公司以其普通股和一台设备抵偿债务,抵债设备的原价为120万元,已累计折旧为50万元,已计提的减值准备为15万元,账面价值为55万元,公允价值为60万元,用来偿债的普通股10万股,每股面值为1元,每股市价为1.5元。要求编制甲、乙公司与债务重组有关的会计分录。

(1)乙公司(债务人)的会计处理:

重组收益 = 重组债务的账面价值 - (转让非现金资产的公允价值 + 转让股票的公允价值)

$$= 1\,170\,000 - (600\,000 + 100\,000 \times 1.5)$$
$$= 420\,000(元)$$

转让损益 = 转让非现金资产的公允价值 - 转让非现金资产的账面价值

$$= 600\,000 - 550\,000$$
$$= 50\,000(元) > 0(属于转让收益)$$

股本溢价 = 股票公允价值 - 股票面值

$$= 100\,000 \times 1.5 - 100\,000 \times 1 = 50\,000(元)$$

借:固定资产清理	550 000
累计折旧	500 000
固定资产减值准备	150 000
贷:固定资产	1 200 000
借:应付账款——甲公司	1 170 000
贷:固定资产清理	550 000
股本	100 000
资本公积——股本溢价	50 000
营业外收入——债务重组利得	420 000
——处置固定资产利得	50 000

(2)甲公司(债权人)的会计处理:

借:固定资产 600 000
　　长期股权投资 150 000
　　营业外支出——债务重组损失 420 000
　　　贷:应收账款——乙公司 1 170 000

(四)以现金、非现金资产与债务转为资本的组合方式清偿债务

【例4-13】 仍是【例4-10】中的交易事实产生的债权债务关系,如果债务重组协议变为以下内容:乙公司支付现金10万元,用于抵偿债务的原材料成本为20万元,公允价值为30万元,增值税销项税额为51 000元,用来偿债的普通股10万股,每股面值1元,每股市价为1.5元。要求编制甲、乙公司与债务重组有关的会计分录。

(1)乙公司(债务人)的会计处理:

重组收益 = 重组债务的账面价值 -(支付的现金 + 转让非现金资产公允价值 +
　　　　　增值税销项税额 + 转让股票的公允价值)
　　　　= 1 170 000 -(100 000 + 300 000 + 51 000 + 100 000 × 1.5)
　　　　= 569 000(元)

转让损益 = 转让非现金资产的公允价值 - 转让非现金资产的账面价值
　　　　= 300 000 - 200 000
　　　　= 100 000(元) > 0(属于转让收益)

股本溢价 = 股票公允价值 - 股票面值
　　　　= 100 000 × 1.5 - 100 000 × 1 = 50 000(元)

借:应付账款——甲公司 1 170 000
　　贷:银行存款 100 000
　　　其他业务收入 300 000
　　　应交税费——应交增值税(销项税额) 51 000
　　　股本 100 000
　　　资本公积——股本溢价 50 000
　　　营业外收入——债务重组利得 569 000
借:其他业务成本 200 000
　　贷:原材料 200 000

(2)甲公司(债权人)的会计处理:

借:银行存款 100 000
　　原材料 300 000
　　应交税费——应交增值税(进项税额) 51 000
　　长期股权投资 150 000
　　营业外支出——债务重组损失 569 000
　　　贷:应收账款——乙公司 1 170 000

(五)以现金资产、非现金资产和将债务转为资本清偿债务的一部分,剩余债务以修改其他债务条件的组合方式清偿

【例 4 – 14】 仍是【例 4 – 10】中的交易事实产生的债权债务关系,如果债务重组协议变为以下内容:乙公司先以现金、无形资产和债务转为资本清偿该债务的一部分,然后将剩余债务再豁免 18 万元,并延期一个月付款。乙公司支付的现金为 5 万元,转让无形资产的原价为 90 万元,已累计摊销额为 70 万元,已计提的减值准备为 3 万元,公允价值为 20 万元。用来抵债的普通股为 10 万股,每股面值为 1 元,每股市价为 1.5 元,甲公司受让的该项股权作为交易性金融资产进行核算。要求分别编制甲、乙公司与债务重组有关的会计分录。

(1)乙公司(债务人)的会计处理:

剩余债务 = 重组债务的账面价值 − (支付的现金 + 转让非现金资产的公允价值 + 转让股票的公允价值)

= 1 170 000 − (50 000 + 200 000 + 100 000 × 1.5)

= 770 000(元)

重组收益 = 被豁免的债务 = 180 000(元)

转让损益 = 转让无形资产的公允价值 − 转让无形资产的账面价值

= 200 000 − (900 000 − 700 000 − 30 000)

= 30 000(元) > 0(属于转让收益)

股本溢价 = 转让股票的公允价值 − 转让股票的面值

= 150 000 − 100 000 = 50 000(元)

借:应付账款——甲公司	1 170 000
累计摊销	700 000
无形资产减值准备	30 000
贷:银行存款	50 000
无形资产	900 000
股本	100 000
资本公积——股本溢价	50 000
应付账款——债务重组(甲公司)	590 000
营业外收入——债务重组利得	180 000
——处置无形资产利得	30 000

(2)甲公司(债权人)的会计处理:

借:银行存款	50 000
无形资产	200 000
交易性金融资产	150 000
应收账款——债务重组(乙公司)	590 000
营业外支出——债务重组损失	180 000
贷:应收账款——乙公司	1 170 000

第三节 债务重组的信息披露

一、债务人应披露的信息

债务人应当在附注中披露与债务重组有关的下列信息:
(1)债务重组方式。
(2)确认的债务重组利得总额。
(3)将债务转为资本所导致的股本(或者实收资本)增加额。
(4)或有应付金额。
(5)债务重组中转让的非现金资产的公允价值、由债务转成的股份的公允价值和修改其他债务条件后债务的公允价值的确定方法及依据。

二、债权人应披露的信息

债权人应当在附注中披露与债务重组有关的下列信息:
(1)债务重组方式。
(2)确认的债务重组损失总额。
(3)债权转为股份所导致的投资增加额及该投资占债务人股份总额的比例。
(4)或有应收金额。
(5)债务重组中受让的非现金资产的公允价值、由债权转成的股份的公允价值和修改其他债务条件后债权的公允价值的确定方法及依据。

【例4-15】 沿用上述【例4-14】
(1)乙公司(债务人)在会计报表附注中应披露如下信息:
2009年7月30日与甲公司达成债务重组协议,公司以现金5万元、无形资产(原价为90万元,已累计摊销额为70万元,已计提的减值准备为3万元,公允价值为20万元)和每股面值为1元,每股市价为1.5元的普通股10万股来抵债,然后将剩余债务再豁免18万元,并延期一个月付款。公司由此获得了18万元的债务重组利得。转让无形资产获得3万元转让资产收益。债务转为资本导致股本增加10万元,资本公积增加5万元。在该债务重组中,转让的无形资产是按照评估确认的价值20万元作为公允价值。债务转成的股份的公允价值按照股票的市价每股1.5元来确定。
(2)甲公司(债权人)在会计报表附注中应披露如下信息:
2009年7月30日与乙公司达成债务重组协议。公司收到债务人乙公司偿还的5万元现金并受让一项公允价值为20万元的无形资产和10万股普通股股票,该股票每股面值为1元,每股市价为1.5元。在此基础上减免乙公司18万元,剩余的59万元于2009年8月31日收到。公司因此项债务重组发生18万元债务重组损失。公司获得的 10 万股乙公司的股票不打算长期持有,以交易性为目的,因此交易性金融资产增加了 15 万元。在该债务重组中,受让的无形资产是按照评估确认的价值 20 万元作为公允价值。债权转成的交易性金融资产的公允价值按照股票的市价每股 1.5 元来确定。

本章参考文献

1. 中华人民共和国财政部. 企业会计准则 2006. 经济科学出版社. 2006
2. 中华人民共和国财政部. 企业会计准则:应用指南 2006. 中国财政经济出版社. 2006
3. 财政部会计司编写组. 企业会计准则讲解 2006. 人民出版社. 2007
4. 刘永泽,傅荣主编. 高级财务会计. 东北财经大学出版社. 2007
5. 阎达五,耿建新,戴德明. 高级会计学. 中国人民大学出版社. 2007
6. 罗绍德. 高级财务会计. 西南财经大学出版社. 2008.12

【课后练习题】

名词解释

债务重组　　　混合重组　　　或有应收金额　　　或有应付金额

选择题

一、单项选择题

1. 债务人以非现金资产清偿某项债务,债务人应将应付债务的账面价值大于用以清偿债务的非现金资产公允价值的差额,计入(　　)科目。

　　A. 资本公积　　　　　　　　B. 营业外支出
　　C. 营业外收入　　　　　　　D. 财务费用

2. 2010 年 1 月 10 日,甲公司销售一批商品给乙公司,货款为 5 000 万元(含增值税额)。合同约定,乙公司应于 2010 年 4 月 10 日前支付上述货款。由于资金周转困难,乙公司到期不能偿付货款。经协商,甲公司与乙公司达成如下债务重组协议:乙公司以一批产品偿还全部债务。乙公司用于偿债的产品成本为 3 200 万元,公允价值和计税价格均为 4 000 万元,未计提存货跌价准备;甲公司和乙公司适用的增值税税率均为 17%。乙公司该项债务重组形成的营业外收入为(　　)万元。

　　A. 320　　　　B. 1 120　　　　C. 800　　　　D. 330

3. 2010 年 3 月 10 日,甲公司销售一批材料给乙公司,开出的增值税专用发票上注明的销售价款为 200 000 元,增值税销项税额为 34 000 元,款项尚未收到。双方约定乙公司在 5 月 1 日之前支付货款,由于乙公司资金周转困难,到期不能偿付货款。2010 年 6 月 4 日,甲公司与乙公司进行债务重组。重组协议如下:甲公司同意豁免乙公司债务 134 000 元;债务延长期间,每月按余款的 2% 收取利息(同时协议中列明:若乙公司从 7 月份起每月获利超过 20 万元,每月加收 1% 的利息),本金于 2010 年 10 月 4 日偿还。假定甲公司为该项应收账款计提坏账准备 4 000 元,整个债务重组交易没有发生相关税费。若乙公司从 7 月份开始每月获利均超过 20 万元,在债务重组日,甲公司应确认的债务重组损失为( )元。

  A. 118 000   B. 130 000   C. 134 000   D. 122 000

  4. 一般情况下,债务人以现金清偿某项债务的,则债权人应将重组债权的账面余额与收到现金之间的差额,计入( )。

  A. 营业外支出   B. 管理费用   C. 资本公积   D. 营业外收入

  5. 甲公司就应收 B 公司账款 80 万元(未计提坏账准备)与 B 公司进行债务重组,B 公司以银行存款支付 10 万元,另以一批商品抵偿债务。商品的成本为 40 万元,计税价格(公允价值)为 50 万元,增值税税率为 17%,款项和商品均已交给甲公司。则 B 公司在该债务重组中应计入营业外收入的金额为( )万元。

  A. 30   B. 20   C. 11.5   D. 21.5

  6. 2010 年 1 月 1 日,甲公司销售一批材料给乙公司,货款为 1 000 000 元(含税价)。2010 年 7 月 1 日,乙公司发生财务困难,无法按合同规定偿还债务,经双方协议,甲公司同意乙公司用产品偿还该应收账款。该产品市价为 800 000 元,增值税税率为 17%,产品成本为 500 000 元,增值税发票已开,甲公司已将该产品作为原材料入库。假定甲公司对该应收账款未计提坏账准备,则甲公司该项债务重组损失为( )元。

  A. 200 000   B. 300 000   C. 164 000   D. 64 000

  7. 债务人以现金、非现金资产、债务转为资本方式的组合清偿某项债务的一部分,并对该项债务的另一部分以修改其他债务条件进行债务重组的,对上述支付方式应考虑的前后顺序是( )。

  A. 现金、非现金资产、债务转为资本方式、修改其他债务条件
  B. 现金、非现金资产、修改其他债务条件、债务转为资本方式
  C. 现金、债务转为资本方式、修改其他债务条件、非现金资产
  D. 现金、债务转为资本方式、非现金资产、修改其他债务条件

  8. A 公司、B 公司均为一般纳税企业,增值税税率为 17%。A 公司应收 B 公司的账款 3 150 万元(未计提减值准备)已逾期,经协商双方进行债务重组。债务重组内容是:①B 公司以银行存款偿付 A 公司账款 450 万元;②B 公司以一项存货和一项股权投资偿付所欠账款的余额。B 公司该项存货的账面价值为 1 350 万元,公允价值为 1 575 万元;股权投资的账面价值为 155 万元,公允价值为 202 万元。假定不考虑除增值税以外的其他税费,A 公司的债务重组损失为( )万元。

A. 1 181.55　　B. 913.50　　C. 1 449.30　　D. 655.25

9. 2008年4月15日,甲公司销售一批材料给乙公司,开出的增值税专用发票上注明的销售价款为200 000元,增值税销项税额为34 000元,款项尚未收到。2008年7月6日,甲公司与乙公司进行债务重组。重组协议如下:甲公司同意豁免乙公司债务80 000元;延长期间,每月加收余款2%的利息,利息和本金于2008年10月6日一同偿还。假定甲公司为该项应收账款计提坏账准备2 000元,整个债务重组交易没有发生相关的税费。在债务重组日,甲公司应确认的债务重组损失为(　　)元。

A. 78 000　　B. 68 760　　C. 63 960　　D. 80 000

10. 以修改其他债务条件进行债务重组的,如果债务重组协议中附有或有应付金额的,该或有应付金额最终没有发生的,应(　　)。

A. 冲减营业外支出

B. 冲减财务费用

C. 冲减已确认的预计负债,同时确认营业外收入

D. 不作账务处理

11. 债务重组中对于债务人而言,应当将重组债务的账面价值超过抵债资产的公允价值、所转股份的公允价值、或者重组后债务账面价值之间的差额,确认为债务重组利得计入营业外收入,抵债资产公允价值与账面价值的差额,处理不正确的有(　　)。

A. 抵债资产为存货的,应当视同销售处理,根据《企业会计准则第14号——收入》按其公允价值确认商品销售收入,同时结转商品销售成本

B. 抵债资产为存货的,不作销售处理,其公允价值和账面价值的差额,计入营业外收入或营业外支出

C. 抵债资产为固定资产的,其公允价值和账面价值的差额,计入营业外收入或营业外支出

D. 抵债资产为无形资产的,其公允价值和账面价值的差额,计入营业外收入或营业外支出

二、多项选择题

1. 以非货币性资产偿还债务的债务重组中,下列说法正确的有(　　)。

A. 债务人以存货偿还债务的,视同销售该存货,应按照其公允价值确认相应的收入,同时结转存货的成本

B. 债务人以固定资产偿还债务的,固定资产公允价值与其账面价值和支付的相关税费之间的差额,计入营业外收入或营业外支出

C. 债务人以长期股权投资偿还债务的,长期股权投资公允价值与其账面价值和支付的相关税费之间的差额计入投资损益

D. 债务人以无形资产偿还债务的,无形资产公允价值与其账面价值和支付的相关税费之间的差额,计入营业外收入或营业外支出

2. 2008年6月1日,甲公司因发生财务困难无力偿还乙公司的1 200万元到期货

款,双方协议进行债务重组。按债务重组协议规定,甲公司以其普通股偿还债务。假设普通股每股面值1元,甲公司用500万股抵偿该项债务(不考虑相关税费),股权的公允价值为900万元。乙公司对应收账款计提了120万元的坏账准备。甲公司于9月1日办妥了增资批准手续,换发了新的营业执照,则下列表述正确的有(　　)。

　　A. 债务重组日为2008年6月1日
　　B. 甲公司计入"股本"的金额为500万元
　　C. 甲公司计入"资本公积——股本溢价"的金额为400万元
　　D. 甲公司计入"营业外收入"的金额为300万元

3. 对于债权人而言,有关债务重组处理正确的有(　　)。

　　A. 未对重组债权计提减值准备的,应将重组债权的账面余额与受让资产的公允价值、所转股份的公允价值、或者重组后债权的账面价值之间的差额,确认为债务重组损失计入营业外支出
　　B. 已对重组债权计提减值准备的,应先将重组债权的账面余额与受让资产的公允价值、所转股份的公允价值、或者重组后债权的账面价值之间的差额冲减减值准备,冲减后尚有余额的,作为债务重组损失计入营业外支出
　　C. 债权人收到存货、固定资产、无形资产、长期股权投资等抵债资产的,应当以账面价值的相对比例分配确定其各自入账价值
　　D. 债权人收到存货、固定资产、无形资产、长期股权投资等抵债资产的,应当以其各自的公允价值入账

4. 某股份有限公司清偿债务的下列方式中,属于债务重组的有(　　)。

　　A. 根据转换协议将应付可转换公司债券转为资本
　　B. 以公允价值低于债务金额的非现金资产清偿
　　C. 债权人延长债务偿还期限并在展期收取比原利率小的利息
　　D. 以低于债务账面价值的银行存款清偿

5. 按照债务重组准则的规定,债务重组的方式包括(　　)。

　　A. 以资产清偿债务　　　　　　B. 将债务转为资本
　　C. 修改其他债务条件　　　　　D. 以上三种方式的组合

业务题

一、2009年1月8日,A公司因购买原材料而欠B公司购货款及税款合计200 000元。由于A公司财务发生困难,短期内不能支付货款。于2010年6月18日协商,B公司同意A公司支付150 000元货款,余款不再偿还。A公司随即支付了150 000元货款。B公司对该项应收账款计提坏账准备20 000元。

　　要求:根据上述资料,对A、B公司进行债务重组日的会计处理。

二、2010年1月1日,深广公司销售一批A产品给红星公司,含税价为105 000元。2010年7月1日,红星公司发生财务困难,无法按合同规定偿还债务,经双方协议,深广公司同意红星公司用其生产的B产品抵偿该应收账款。该产品市价为80 000元,增值税税率为17%,产品成本为70 000元。深广公司为债权计提了坏账准

备 500 元。假定不考虑其他税费。7 月 1 日双方签署协议,深广公司 7 月 10 日收到红星公司发来的 B 产品及相关票据。

要求:编制双方的有关会计分录。

三、甲企业应收乙企业账款的账面余额为 208 000 元,由于乙企业无法偿付应付账款,经双方协商同意乙企业以本企业 80 000 股普通股抵偿该项债务(不考虑相关税费)。假设该普通股每股面值为 1 元,目前市价为每股 2.5 元。甲企业对应收账款提取坏账准备 10 000 元。假设股权交割手续已办妥,甲企业将债权转为股权后,长期股权投资按照成本法核算。

要求:根据上述资料,对甲、乙企业作有关会计处理。

四、深广公司销售一批商品给红星公司,价款 5 200 000 元(含增值税)。按双方协议规定,款项应于 2009 年 3 月 20 日之前付清。由于连年亏损,资金周转发生困难,红星公司不能在规定的时间内偿付深广公司。经协商,于 2009 年 3 月 20 日进行债务重组。重组协议如下:深广公司同意豁免红星公司债务 200 000 元,其余款项于重组日起一年后付清;债务延长期间,深广公司加收余款 2% 的利息,利息与债务本金一同支付。假定深广公司为债权计提的坏账准备为 520 000 元,考虑货币的时间价值,采用的贴现率为 6%。

要求:编制双方的有关会计分录。

五、甲公司共欠乙公司购货款 1 000 000 元。经双方协商决定,甲公司将其拥有的一台设备和 100 000 股丙公司股票抵偿所欠乙公司的全部货款。该设备原价为 600 000 元、已提折旧 180 000 元,经评估确定其公允价值为 460 000 元,甲公司以银行存款支付评估费 10 000 元。甲公司所持有的丙公司股票一直作为交易性金融资产进行管理,其账面价值总额为 400 000 元,当日每股市价为 4.6 元。甲公司以银行存款支付转让股票的印花税 1 000 元。乙公司也将重组所取得的丙公司股票作为交易性金融资产进行管理。此前乙公司对该应收甲公司的账款未计提坏账准备。

要求:分别为甲公司和乙公司编制与上述债务重组业务有关的会计分录。

六、A 股份有限公司(以下简称 A 公司)和 B 股份有限公司(以下简称 B 公司)均为增值税一般纳税人,适用的增值税税率均为 17%。

2008 年 4 月 18 日,A 公司向 B 公司销售材料一批,增值税专用发票上注明的价款为 6 500 000 元,增值税额为 1 105 000 元。至 2009 年 4 月 30 日尚未收到上述货款,A 公司对此项债权已计提 380 000 元坏账准备。

2009 年 5 月 30 日,B 公司鉴于财务困难,提出以其生产的甲产品一批和设备一台抵偿上述债务。经双方协商,A 公司同意 B 公司的上述偿债方案。用于抵偿债务的产品和设备的有关资料如下:

(1)B 公司为该批产品开出的增值税专用发票上注明的价款为 3 500 000 元,增值税额为 595 000 元。该批产品的成本为 2 500 000 元。

(2)该设备的公允价值为 3 000 000 元,账面原价为 4 340 000 元,至 2009 年 5 月 30 日的累计折旧为 2 000 000 元。B 公司清理设备过程中以银行存款支付清理费用

50 000 元(假定 B 公司用该设备抵偿上述债务不需要交纳增值税及其他流转税费)。

A 公司已于 2009 年 10 月收到 B 公司用于偿还债务的上述产品和设备。A 公司收到的上述产品作为存货处理,收到的设备作为固定资产处理。A 公司按增值税专用发票上注明的价款确定所收到存货的价值。B 公司按增值税专用发票上注明的价款确认收入。

要求:编制 A、B 公司 2009 年与上述业务相关的会计分录。

七、2006 年 3 月 28 日,A 公司从 B 公司采购原材料一批,A 公司因暂时无法付款,向 B 公司签发并承兑一张面值 500 000 元、年利率 10%、一年期、到期还本付息的票据。2007 年 3 月 28 日,票据到期,但 A 公司的财务状况仍没有显著改善,无法按时兑现票据。经与 B 公司协商,达成了以下债务重组协议:A 公司支付 200 000 元现金,用一辆轿车抵偿 150 000 元的债务,其余债务转作 A 公司 1% 的股权,A 公司股票面值 1 元,B 公司共拥有 A 公司股票 100 000 股。抵债的轿车原值 300 000 元,已经计提 100 000 元折旧,评估确认的公允价值为 120 000 元;用于抵债的股权的公允价值为 120 000 元。B 公司将抵债的轿车作为固定资产管理。

要求:不考虑相关税费的情况下,编制 A、B 公司相关会计分录。

第五章 借款费用

【内容简介】 借款费用是企业因借入资金所付出的代价,它包括借款利息、折价或者溢价的摊销、辅助费用以及因外币借款而发生的汇兑差额等。

借款费用的会计处理主要是解决将每期发生的借款费用资本化计入相关资产的成本,还是将有关借款费用费用化计入当期损益的问题。企业发生的借款费用,可直接归属于符合资本化条件的资产的购建或者生产的,应当予以资本化,计入相关资产成本;其他借款费用,应当在发生时根据其发生额确认为费用,计入当期损益。

在计算借款费用资本化的金额时应当区分符合资本化条件的资产在购建或者生产过程所占用的资金来源,如果所占用的资金是专门借款资金,则应当在资本化期间内,根据每期实际发生的专门借款利息费用,确定应予资本化的金额。在企业将闲置的专门借款资金存入银行取得利息收入或者进行暂时性投资获取投资收益的情况下,企业还应当将这些相关的利息收入或者投资收益从资本化金额中扣除;如果企业在购建或者生产符合资本化条件的资产时,专门借款资金不足,占用了一般借款资金的,则企业应当根据为购建或者生产符合资本化条件的资产而发生的累计资产支出超过专门借款部分的资产支出加权平均数乘以所占用一般借款的资本化率,计算确定一般借款应予资本化的利息金额。资本化率应当根据一般借款加权平均利率计算确定。

【学习目的与要求】
1. 了解借款费用的概念、借款费用产生的原因。
2. 理解借款费用资本化的资产确认范围、借款确认范围以及时间确认范围。
3. 熟练掌握借款费用资本化金额的计算及会计处理。
4. 了解借款费用披露的内容。

第一节 借款费用概述

一、借款及其分类

广义的借款,包括企业向银行或其他金融机构等借入的资金、发行的企业债券以及承担的带息债务(如因赊购而签发的带息商业汇票)。我国《企业会计准则第17号——借款费用》把借款分为两类:专门借款和一般借款。这种分类方法是为了合理确定借款费用资本化的借款范围。

(一)专门借款:专门借款应当有明确的专门用途,即为购建或者生产某项符合资本化条件的资产而专门借入的款项,通常应有标明专门用途的借款合同。

(二)一般借款:是指除专门借款之外的其他借款。一般借款在借入时,通常没有特指必须用于符合资本化条件的资产的购建和生产。

二、借款费用的定义

借款费用是企业因借入资金所付出的代价,它包括借款利息、折价或者溢价的摊销、辅助费用以及因外币借款而发生的汇兑差额等。对于企业发生的权益性融资费用,不应包括在借款费用中。但是承租人根据租赁会计准则所确认的融资租赁发生的融资费用属于借款费用。

三、借款费用的产生原因

(一)因借款而发生的利息

因借款而发生的利息,包括企业向银行或者其他金融机构等借入资金发生的利息、发行公司债券发生的利息,以及为购建或者生产符合资本化条件的资产而发生的带息债务所承担的利息等。

(二)因借款而发生的折价或溢价的摊销

因借款而发生的折价或者溢价主要是指发行债券等所发生的折价或者溢价,发行债券中的折价或者溢价,其实质是对债券票面利息的调整(即将债券票面利率调整为实际利率),属于借款费用的范畴。企业应按照实际利率法在债券的发行期间将折价或者溢价进行摊销。折价金额在实质上是用于补偿投资者在购入债券后所收到的名义利息上的损失,公司债券的实际利息=公司债的票面利息+折价摊销。溢价金额实际上是投资者对企业以后各期多付的票面利息事先进行的补偿。因此公司债券的实际利息=公司债的票面利息-溢价摊销。

(三)因外币借款而发生的汇兑差额

因外币借款而发生的汇兑差额,是指由于汇率变动导致市场汇率与账面汇率出现差异,从而对外币借款本金及其利息的记账本位币金额所产生的影响金额。由于这部分汇兑差额是和外币借款直接相联系的,因而也属于借款费用的组成部分。

(四)因借款而发生的辅助费用

因借款而发生的辅助费用,是指企业在借款过程中发生的诸如手续费、佣金、印刷费等费用,由于这些费用是因安排借款而发生的,也属于借入资金所付出的代价,是借款费用的构成部分。

第二节 借款费用的确认

借款费用的确认主要解决的是将每期发生的借款费用资本化计入相关资产的成本,还是将有关借款费用费用化计入当期损益的问题。根据借款费用准则的规定,借款费用确认的基本原则是:企业发生的借款费用,可直接归属于符合资本化条件的资产的购建或者生产的,应当予以资本化,计入相关资产成本;其他借款费用,应当在发生时根据其发生额确认为费用,计入当期损益。

一、借款费用资本化的资产范围

根据企业会计准则的规定,借款费用应予以资本化的资产范围为符合资本化条件的资产。符合资本化条件的资产是指需要经过相当长时间的购建或者生产活动才能达到预定可使用或者可销售状态的固定资产、投资性房地产和存货等资产。建造合同成本、确认为无形资产的开发支出等在符合条件的情况下,也可以认定为符合资本化条件的资产。

符合资本化条件的存货,主要包括房地产开发企业开发的用于对外出售的房地产开发产品、企业制造的用于对外出售的大型机械设备等,这类存货通常需要经过相当长时间的建造或者生产过程,才能达到预定可销售状态。其中,"相当长时间"应当是指为资产的购建或者生产所必需的时间,通常为一年以上(含一年)。

只有发生在符合资本化条件的固定资产、投资性房地产和存货的购建或者生产过程中的借款费用,才能在符合资本化条件下予以资本化。发生在其他资产上的借款费用,不能予以资本化。

二、借款费用资本化的借款范围

根据企业会计准则的规定,资本化的借款范围不仅限于专门借款,还包括企业为购建或者生产符合资本化条件的资产而占用的一般借款。

三、借款费用资本化的时间范围

借款费用应予以资本化的时间范围即为借款费用资本化期间。是指从借款费用开始资本化时点到停止资本化时点的期间,但不包括借款费用暂停资本化的期间。因此,正确把握借款费用资本化期间,必须明确三个时间点的确定条件,即借款费用开始资本化时点的确定、借款费用停止资本化时点的确定、借款费用暂停资本化时点的确定。

(一)借款费用开始资本化时点的确定

借款费用允许开始资本化必须同时满足三个条件,即资产支出已经发生、借款费用已经发生、为使资产达到预定可使用或者可销售状态所必要的购建或者生产活动已经开始。

1."资产支出已经发生"的界定

"资产支出已经发生",是指企业已经发生了支付现金、转移非现金资产或者承担带息债务形式所发生的支出。其中:

(1)企业以现金的形式发生的资产支出,是指用货币资金支付符合资本化条件的资产的购建或者生产支出。例如用银行存款购买某工程所需要的材料,支付工人的工资,向工程承包商支付工程进度款等,这些支出均属于资产支出。

(2)转移非现金资产,是指企业将自己的非现金资产直接用于符合资本化条件的资产的购建或者生产。例如某水泥生产企业为建造一幢办公大楼而领用了本公司自产的水泥。或者以本企业生产的水泥通过非货币性资产交换的形式从其他企业换回钢筋用于建造办公大楼。

(3)承担带息债务,是指企业为了购建或者生产符合资本化条件的资产所需用物资等而承担的带息应付款项(如带息应付票据)。企业以赊购方式购买这些物资所产生的债务可能带息,也可能不带息。如果企业赊购这些物资承担的是不带息债务,就不应当将购买价款计入资产支出,因为该债务在偿付前不需要承担利息,也不属于借款范围。企业只有等到实际偿付债务,发生了资源流出时,才能将其作为资产支出。如果企业赊购物资承担的是带息债务,则企业要为这笔债务,支付利息,与企业向银行借入款项用以支付资产支出在性质上是一致的。所以,企业为购建或者生产符合资本化条件的资产而承担的带息债务应当作为资产支出,当该带息债务发生时,视同资产支出已经发生。例如某船舶制造公司,为生产一艘远洋运输船于2010年6月1日购入一批钢材,开出一张20万元的带息银行承兑汇票,期限为3个月,票面年利率为4%。该船舶制造公司应当将6月1日开出承兑汇票20万元购买钢材认定为资产支出已经发生。

2."借款费用已经发生"的界定

"借款费用已经发生",是指企业已经发生了因购建或者生产符合资本化条件的资产而专门借入款项的借款费用或者所占用的一般借款的借款费用已经发生。一般而言,借款日即为借款费用发生日。如某企业于2010年3月1日为购买一条生产线而从银行借入专门借款500万元,当日开始计息。在2010年3月1日即应当认为借款费用已经发生。

3."为使资产达到预定可使用或者可销售状态所必要的购建生产活动已经开始"的界定

"为使资产达到预定可使用或者可销售状态所必要的购建或者生产活动已经开始",是指符合资本化条件的资产的实体建造或者生产工作已经开始,如主体设备的安装、厂房的实际开工建造等。它不包括仅仅持有资产但没有发生为改变资产形态而进行的实质上建造或者生产活动。如房地产企业购置建筑用地而发生的借款费用,在持有土地没有发生有关房屋建造活动期间,不能予以资本化。

注意企业只有在上述三个条件同时满足的情况下，有关借款费用才可开始资本化，只要其中有一个条件没有满足，借款费用就不能开始资本化。即上述三个条件达成的时间如果不一致，开始资本化的时点应选择以上三个时间点的最晚一个。

（二）借款费用暂停资本化时点的确定

符合资本化条件的资产在购建或者生产过程中发生非正常中断且中断时间连续超过 3 个月的，应当暂停借款费用的资本化。在中断期间发生的借款费用，应当计入当期损益，直至购建或生产活动重新开始。但是，如果中断属于正常中断的，相关借款费用仍可资本化。

非正常中断，通常是由于企业管理决策上的原因或者其他不可预见的原因等所导致的中断。比如，企业因与施工方发生了质量纠纷，或者工程、生产用料没有及时供应，或者资金周转发生了困难，或者施工、生产发生了安全事故，或者发生了与资产购建、生产有关的劳动纠纷等原因，导致资产购建或者生产活动发生中断，均属于非正常中断。

非正常中断与正常中断显著不同。正常中断通常仅限于因购建或者生产符合资本化条件的资产达到预定可使用或者可销售状态所必要的程序，或者事先可预见的不可抗力因素导致的中断。比如，某些工程建造到一定阶段必须暂停下来进行质量或者安全检查，检查通过后才可继续下一阶段的建造工作，这类中断是在施工前可以预见的，而且是工程建造必须经过的程序，属于正常中断。又如，某施工企业在工程建造期间遇到了雨季，不得不中断工程施工四个月，但这四个月的雨季是当地明显的气候特点，几乎每年都要发生，因此施工企业已经预见到在工程施工期间会有四个月的雨季需要停工。这种情况的中断也属于正常中断，所以借款费用的资本化可以继续进行，不必暂停。在实务中，企业应当依据"实质重于形式"的原则，根据企业的具体情况来判断是非正常中断还是正常中断。

（三）借款费用停止资本化时点的确定

购建或者生产符合资本化条件的资产达到预定可使用或者可销售状态时，借款费用应当停止资本化。在符合资本化条件的资产达到预定可使用或者可销售状态之后所发生的借款费用，应当在发生时根据其发生额确认为费用，计入当期损益。例如，某公司借入一笔款项，于 2008 年 2 月 1 日采用出包方式开工兴建厂房。2010 年 2 月 10 日工程全部完工，达到合同要求。4 月 30 日工程验收合格，5 月 15 日办理工程竣工结算，5 月 20 日完成全部资产移交手续，6 月 1 日厂房正式投入使用。在本例中，企业应当将 2010 年 2 月 10 日确定为工程达到预定可使用状态的时点，作为借款费用停止资本化的时点。后续的工程验收日、竣工结算日、资产移交日和投入使用日均不应作为借款费用停止资本化的时点，否则会导致资产价值和利润的高估。

购建或者生产符合资本化条件的资产达到预定可使用或者可销售状态，可从下列几个方面进行判断：

（1）符合资本化条件的资产的实体建造（包括安装）或者生产工作已经全部完成

或者实质上已经完成。

（2）所购建或者生产的符合资本化条件的资产与设计要求、合同规定或者生产要求相符或者基本相符，即使有极个别与设计、合同或者生产要求不相符的地方，也不影响其正常使用或者销售。

（3）继续发生在所购建或生产的符合资本化条件的资产上的支出金额很少或者几乎不再发生。

所购建或者生产的资产分别建造、分别完工的，企业应当区别情况界定借款费用停止资本化的时点。

所购建或者生产的符合资本化条件的资产的各部分分别完工，且每部分在其他部分继续建造或者生产过程中可供使用或者可对外销售，且为使该部分资产达到预定可使用或可销售状态所必要的购建或者生产活动实质上已经完成的，应当停止与该部分资产相关的借款费用的资本化，因为该部分资产已经达到了预定可使用或者可销售状态。

如果企业购建或者生产的资产的各部分分别完工，但必须等到整体完工后才可使用或者对外销售的，应当在该资产整体完工时停止借款费用的资本化。在这种情况下，即使各部分资产已经完工，也不能够认为该部分资产已经达到了预定可使用或者可销售状态，企业只能在所购建固定资产整体完工时，才能认为资产已经达到了预定可使用或者可销售状态，借款费用方可停止资本化。

在实务工作中，企业确定借款费用停止资本化时点需要运用职业判断。遵循实质重于形式的原则，针对具体情况，依据经济实质进行判断。

第三节 借款费用的计量

借款费用的计量主要涉及专门借款利息资本化金额的确定、一般借款利息资本化金额的确定、发行债券折价或溢价的摊销对资本化金额的影响、辅助费用资本化金额的确定、外币借款汇兑差额资本化金额的确定等几种情况。

一、专门借款利息资本化金额的确定

企业在确定每期利息资本化金额时，应当首先判断符合资本化条件的资产在购建或者生产过程所占用的资金来源，如果所占用的资金是专门借款资金，则应当在资本化期间内，根据每期实际发生的专门借款利息费用，确定应予资本化的金额。在企业将闲置的专门借款资金存入银行取得利息收入或者进行暂时性投资获取投资收益的情况下，企业还应当将这些相关的利息收入或者投资收益从资本化金额中扣除，以如实反映符合资本化条件的资产的实际成本。

专门借款利息资本化金额＝发生在资本化期间的专门借款所有利息费用－闲置专门借款派生的利息收益或投资收益

【例 5-1】 天星公司 2008 年 1 月 1 日拟建造一幢办公楼,并为建造该幢办公楼专门从银行借入了 500 万元的 3 年期借款,借款利息按年支付,到期一次性偿还本金,年利率为 6%,该幢大楼从 2008 年 4 月 1 日开工建造。工程采用出包方式,并于 2008 年 4 月 1 日支付了第一批工程进度款 300 万元。办公大楼于 2009 年 12 月 31 日完工。于完工时即 2009 年 12 月 31 日支付工程尾款 200 万元并投入使用。未动用的专门借款存在银行,每月的利率为 0.05%。请对该笔专门借款涉及的利息费用进行会计处理。

(1) 借款费用资本化开始时点以前的会计处理(2008 年 1 月—3 月):

借款费用资本化开始时点以前发生的借款费用不属于借款费用资本化的范围,发生的利息费用扣除借款闲置不用时存在银行产生的利息后的金额全部计入当期损益。

$500 \times 6\% \times 3 \div 12 - 500 \times 0.05\% \times 3 = 7.5 - 0.75 = 6.75$(万元)

借:财务费用　　　　　　　　　　　　　　　　　　　　　67 500
　　应收利息　　　　　　　　　　　　　　　　　　　　　　7 500
　　贷:应付利息　　　　　　　　　　　　　　　　　　　　75 000

(2) 2008 年 4 月 1 日为借款费用开始资本化的时点,2008 年 4 月—12 月专门借款费用资本化金额的计算如下:

$500 \times 6\% \times 9 \div 12 - (500 - 300) \times 0.05\% \times 9 = 22.5 - 0.9 = 21.6$(万元)

借:在建工程　　　　　　　　　　　　　　　　　　　　　216 000
　　应收利息　　　　　　　　　　　　　　　　　　　　　　9 000
　　贷:应付利息　　　　　　　　　　　　　　　　　　　　225 000

(3) 2009 年 12 月 31 日为借款费用停止资本化的时点,所以 2009 年全年仍为借款费用资本化期间,其资本化金额的计算如下:

$500 \times 6\% - (500 - 300) \times 0.05\% \times 12 = 30 - 1.2 = 28.8$(万元)

借:在建工程　　　　　　　　　　　　　　　　　　　　　288 000
　　应收利息　　　　　　　　　　　　　　　　　　　　　12 000
　　贷:应付利息　　　　　　　　　　　　　　　　　　　　300 000

(4) 2009 年 12 月 31 日为借款费用停止资本化的时点,2010 年全年发生的发生的利息费用全部计入当期损益。

借:财务费用　　　　　　　　　　　　　　　　　　　　　300 000
　　贷:应付利息　　　　　　　　　　　　　　　　　　　　300 000

二、一般借款利息资本化金额的确定

企业在购建或者生产符合资本化条件的资产时,如果专门借款资金不足,占用了一般借款资金的,或者企业为购建或者生产符合资本化条件的资产并没有借入专门借款,而占用的都是一般借款资金,则企业应当根据为购建或者生产符合资本化条件的资产而发生的累计资产支出超过专门借款部分的资产支出加权平均数乘以所占用一般借款的资本化率,计算确定一般借款应予资本化的利息金额。资本化率应当根据一般借款加权平均利率计算确定。如果符合资本化条件的资产的购建或者生产没有借入专门借款，则应以累计资产支出加权平均数为基础计算所占用的一般借款利息资本化金额。即企业占用一般借款资金购建或者生产符合资本化条件的资产时，一般借款的借款费用的资本化金额的确定应当与资产支出相挂钩。

在借款费用资本化期间内，为购建或者生产符合资本化条件的资产占用了一般借款的，一般借款应予资本化的利息金额应当按照下列公式计算：

一般借款利息费用资本化金额 = 累计资产支出超过专门借款部分的资产支出加权平均数 × 所占用一般借款的资本化率。

累计资产支出加权平均数 = Σ（累计资产支出额超过专门借款的部分 × 每笔资产支出实际占用的天数/会计期间涵盖的天数）

所占用一般借款的资本化率 = 所占用一般借款加权平均利率 = 所占用一般借款当期实际发生的利息之和 ÷ 所占用一般借款本金加权平均数

所占用一般借款本金加权平均数 = Σ（所占用每笔一般借款本金 × 每笔一般借款在当期所占用的天数/当期天数）

【例5-2】 新兴公司于2009年1月1日动工兴建一幢办公楼，工期为1年，新兴公司为建造办公楼发生有关借款业务如下：

(1) 专门借款有两笔，分别为：

2009年1月1日专门借款9 000万元，借款期限为3年，年利率为8%，利息按年支付；

2009年7月1日专门借款9 000万元，借款期限为5年，年利率为10%，利息按年支付。

闲置专门借款资金均存入银行，假定存款利率为6%，并按月于月末收取利息。

(2) 一般借款有两笔，分别为：

2008年12月1日向A银行借入长期借款4 500万元，期限为3年，年利率为6%，按年支付利息；

2008年1月1日发行公司债券4 500万元，期限为5年，年利率为8%，按年支付利息。（假设实际利率等于票面利率）

(3) 工程采用出包方式，2009年支出如下：

1月1日支付工程进度款6 750万元；

7月1日支付工程进度款13 500万元；

10月1日支付工程进度款4 500万元。

办公楼于2009年12月31日完工，达到预定可使用状态。按年计算资本化利息费用，为简化计算，假定全年按360天计算。要求：

(1) 计算专门借款利息费用资本化金额。

(2) 计算一般借款利息费用资本化金额及费用化金额。

(3) 计算建造办公楼应予资本化的利息费用金额。

(4) 编制有关办公楼利息费用的会计分录。

(1) 计算专门借款利息费用资本化金额

专门借款利息资本化金额 = 专门借款当期实际发生的利息费用 - 尚未动用的借款金额存入银行取得的利息收入

应付利息 = 9 000 × 8% + 9 000 × 10% × 6/12 = 1 170(万元)

存款利息 = (9 000 - 6 750) × 6% × 6/12 = 67.5(万元)

资本化金额 = 1 170 - 67.5 = 1 102.5(万元)

(2) 计算一般借款利息费用资本化金额

一般借款利息费用资本化金额 = 累计资产支出超过专门借款部分的资产支出加权平均数 × 所占用一般借款的资本化率

累计资产支出超过专门借款部分的资产支出加权平均数
 = (6 750 + 13 500 - 9 000 - 9 000) × 6/12 + 4 500 × 3/12 = 2 250(万元)

一般借款资本化率 = (4 500 × 6% + 4 500 × 8%)/(4 500 + 4 500) = 7%

一般借款利息费用资本化金额 = 2 250 × 7% = 157.5(万元)

应付利息 = 4 500 × 6% + 4 500 × 8% = 630(万元)

一般借款利息费用化金额 = 630 - 157.5 = 472.5(万元)

(3) 计算建造办公楼应予资本化的利息费用合计金额

资本化的利息费用 = 1 102.5 + 157.5 = 1 260(万元)

费用化金额 = 472.5(万元)

(4) 编制有关办公楼利息费用的会计分录

借:银行存款		675 000
在建工程		12 600 000
财务费用		4 725 000
贷:应付利息		18 000 000

三、发行债券折价或溢价的摊销对资本化金额的影响

企业筹措专门借款和一般借款都可以采用发行债券的方式进行。由于债券的票面利率和实际利率往往存在差异,因此在发行债券时就会出现以低于面值发行(折价发行)或高于面值发行(溢价发行)。按溢价发行的债券,在发行时多收了一部分款项(溢价部分),这部分多收的款项其实是因为将来要多付利息而预先得到的补偿,因此要冲减利息费用,即在每次计提利息时摊销冲减利息费用。按折价发行的债券,在发行时少收了一部分款项(折价部分),这部分少收的款项其实是因为将来要少付利息而预先付出的代价,因此要增加利息费用,即在每次计提利息时摊销增加利息费用。

债券存在折价或溢价的,应当按照实际利率法确定每一会计期间应摊销的折价或溢价金额。在实际利率法下,企业应当按照期初借款余额乘以实际利率确定每期借款的实际利息费用。实际利率是企业在借款期限内未来应支付的利息和本金折现为借款当前账面价值的利率。如果按照名义利率(票面利率)和实际利率计算的每期利息费用相差不大的,本着重要性原则,也可以按照名义利率计算确定每期借款利息。

公司债券的实际利息 = 公司债的票面利息 + 折价摊销

公司债券的实际利息 = 公司债的票面利息 - 溢价摊销

【例5-3】 2007年1月1日,万达公司发行面值为2 500万元,期限为5年,票面利率为5%的企业债券,每年付息一次,发行价格为2 000万元,债券的折价按照实际利率法进行摊销。募集到的资金全部一次性用于建造一新的生产线。该生产线自2007年1月1日开始建设,2009年12月31日完工投入使用。计算2007至2009年该项专门借款的资本化金额并进行账务处理。

(1) 采用差值法计算实际利率 r

$$20\,000 = \sum_{n=1}^{5} \frac{2\,500 \times 5\%}{(1+r)^n} + \frac{2\,500}{(1+r)^5}$$

$r = 10\%$ 时, $\sum_{n=1}^{5} \frac{2\,500 \times 5\%}{(1+10\%)^n} + \frac{2\,500}{(1+10\%)^5} = 2\,026.10$

$r = 12\%$ 时, $\sum_{n=1}^{5} \frac{2\,500 \times 5\%}{(1+12\%)^n} + \frac{2\,500}{(1+12\%)^5} = 1\,869.10$

$$\frac{12\% - 10\%}{r - 10\%} = \frac{1\,869.10 - 2\,026.10}{2\,000 - 2\,026.10}$$

$r = 10.33\%$

(2) 计算每年的折价摊销额及实际利息费用见表5-1

表5-1 单位:万元

年份	期初余额 a	支付利息 b	折价摊销 $c=d-b$	实际利息 $d=a \times r$	期末摊余金额 $e=a+c$
2007	2000	125	81.6	206.6	2081.60
2008	2081.60	125	90.3	215.3	2171.63
2009	2171.63	125	99.33	224.33	2270.96
2010	2270.96	125	109.59	234.59	2380.55
2011	2380.55	125	119.45	244.45	0

(3) 2007年的资本化利息为206.6万元

借:在建工程　　　　　　　　　　　　　　　　2 066 000
　　贷:应付利息　　　　　　　　　　　　　　　1 250 000
　　　　应付债券——利息调整　　　　　　　　　　816 000

2008年的资本化利息为215.3万元

借:在建工程　　　　　　　　　　　　　　　　2 153 000
　　贷:应付利息　　　　　　　　　　　　　　　1 250 000
　　　　应付债券——利息调整　　　　　　　　　　903 000

2009年的资本化利息为224.33万元

借:在建工程　　　　　　　　　　　　　　　　2 243 300
　　贷:应付利息　　　　　　　　　　　　　　　1 250 000
　　　　应付债券——利息调整　　　　　　　　　　993 300

四、辅助费用资本化金额的确定

辅助费用是企业为了安排借款而发生的必要费用,包括借款手续费(如发行债券手续费)、佣金等。如果企业不发生这些费用,就无法取得借款,因此辅助费用是企业借入款项所付出的一种代价,是借款费用的有机组成部分。

对于企业发生的专门借款辅助费用,在所购建或者生产的符合资本化条件的资产达到预定可使用或者可销售状态之前发生的,应当在发生时根据其发生额予以资本化;在所购建或者生产的符合资本化条件的资产达到预定可使用或者可销售状态之后发生的,应当在发生时根据其发生额确认为费用,计入当期损益。上述资本化或计入当期损益的辅助费用的发生额,是根据《企业会计准则第22号——金融工具确认和计量》,按照实际利率法所确定的金融负债交易费用对每期利息费用的调整额。借款实际利率与合同利率差异较小的,也可以采用合同利率计算确定利息费用。一般借款发生的辅助费用,也应当按照上述原则确定其发生额并进行处理。

考虑到借款辅助费用与金融负债交易费用是一致的,其会计处理也应当保持一致。根据《企业会计准则第22号——金融工具确认和计量》的规定,除以公允价值计量且其变动计入当期损益的金融负债之外,其他金融负债相关的交易费用应当计入金融负债的初始确认金额。通常都属于除以公允价值计量且其变动计入当期损益的金融负债之外的其他金融负债。因此对于这些金融负债所发生的辅助费用需要计入借款的初始确认金额,即抵减相关借款的初始金额,从而影响以后各期实际利息的计算。换句话说,由于辅助费用的发生将导致相关借款实际利率的上升,从而需要对各期利息费用作相应调整,在确定借款辅助费用资本化金额时可以结合借款利息资本化金额一起计算。

【例5-4】 鸿运公司于2009年1月1日从银行借入专门借款100万元用于购置一台机器设备,并于当天将款项全部支付。借款期限2年,年利率6%,利息每年支付一次。为了借入该款项,鸿运公司支付了财务资料鉴证费用2万元。设备于2009年12月31日投入使用。计算2009年发生的利息费用的资本化金额,2010年发生的利息费用的费用化金额。并进行账务处理如下:

2009年1月1日借款时:

借:银行存款　　　　　　　　　　　　　　　　　　　　980 000
　　长期借款——利息调整　　　　　　　　　　　　　　 20 000
　　贷:长期借款——本金　　　　　　　　　　　　　　1 000 000

2009年12月31日计算发生的利息费用的资本化金额

应付利息 = 本金 × 名义利率 × 期限 = 100 × 6% × 1 = 6(万元)

利息费用 = 长期借款摊余成本 × 实际利率 × 期限

$$\frac{6}{(1+r)} + \frac{106}{(1+r)^2} = 98$$

当 $r = 7\%$ 时

$$\frac{6}{(1+1\%)}+\frac{106}{(1+7\%)^2}=98.19$$

当 $r=8\%$ 时

$$\frac{6}{(1+8\%)}+\frac{106}{(1+8\%)^2}=98.44$$

按插值法计算实际利率:

$$\frac{r-7\%}{8\%-7\%}=\frac{98-98.19}{96.44-98.19}$$

$r=7.11\%$

计算各期的利息费用(实际利率法),见表 5-2。

表 5-2 单位:万元

项目	应付利息 ①	利息费用 ②=上一期④×r	利息调整 ③=②-①	摊余成本 ④=上一期④+③
2009.1.1				98
2009.12.31	6	6.97	0.97	98.97
2010.12.31	6	7.03	1.03	100
合计	12	14	2	

2009 年 12 月 31 日

借:在建工程　　　　　　　　　　　　　　　69 700
　　贷:应付利息　　　　　　　　　　　　　　　60 000
　　　　长期借款——利息调整　　　　　　　　　9 700

2010 年 12 月 31 日

借:财务费用　　　　　　　　　　　　　　　70 300
　　贷:应付利息　　　　　　　　　　　　　　　60 000
　　　　长期借款——利息调整　　　　　　　　　10 300

五、外币借款汇兑差额资本化金额的确定

当企业为购建或者生产符合资本化条件的资产所借入的专门借款为外币借款时,由于企业取得外币借款日、使用外币借款日和会计结算日往往并不一致,而外汇汇率又在随时发生变化,因此,外币借款会产生汇兑差额。相应地,在借款费用资本化期间内,为购建符合资本化条件的资产而专门借入的外币借款所产生的汇兑差额,是购建资产的一项代价,应当予以资本化,计入资产的成本。出于简化核算的考虑,在资本化期间内,外币专门借款本金及其利息的汇兑差额,应当予以资本化,计入符合资本化条件的资产的成本。而除外币专门借款之外的其他外币借款本金及其利息所产生的汇兑差额应当作为财务费用,计入当期损益。

【例 5-5】 运达公司于 2009 年 1 月 1 日,为建造生产车间专门以面值发行美元

公司债券2 000万元,年利率为6%,期限为2年,假定不考虑与发行债券有关的辅助费用。合同约定,债券一次性还本付息。工程于2009年1月1日开始实体建造,一次性支出2 000万元。2010年6月30日完工,达到预定可使用状态。试确定2009年和2010年此项外币专门借款利息的资本化金额和汇兑差额的资本化金额。

公司的记账本位币为人民币,外币业务采用外币业务发生时当日的市场汇率折算。相关汇率如下:

2009年1月1日市场汇率为1美元=6.65元人民币;

2009年12月31日,市场汇率为1美元=6.70元人民币;

2010年6月30日,市场汇率为1美元=6.77元人民币;

(1)计算2009年的债券利息资本化金额:

债券应付利息 = 2 000×6%×6.65 = 798 (万元)

借:在建工程　　　　　　　　　　　　　　　　　　7 980 000
　　贷:应付债券——应计利息　　　　　　　　　　　　　　7 980 000

外币债券本金及利息汇兑差额的资本化金额
= 2 000×(6.70−6.65) + 120×(6.70−6.70)
= 100(万元)

借:在建工程　　　　　　　　　　　　　　　　　　1 000 000
　　贷:应付债券——汇兑差额　　　　　　　　　　　　　　1 000 000

(2)计算2010年6月30日债券利息的资本化金额:

债券应付利息 = 2 000×6%×1/2×6.77 = 406.20(万元)

借:在建工程　　　　　　　　　　　　　　　　　　4 062 000
　　贷:应付债券——应计利息　　　　　　　　　　　　　　4 062 000

外币债券本金及利息汇兑差额的资本化金额
= 2 000×(6.77−6.70) + 120×(6.77−6.70) + 60×(6.77−6.77)
= 148.4(万元)

借:在建工程　　　　　　　　　　　　　　　　　　1 484 000
　　贷:应付债券——汇兑差额　　　　　　　　　　　　　　1 484 000

第四节　借款费用的披露

根据企业会计准则的规定,企业应当在财务报表附注中披露与借款费用有关的下列信息:

1. 当期资本化的借款费用金额
2. 当期用于计算确定借款费用资本化金额的资本化率

需要注意的是,如果当期有两项或两项以上的资本化资产,且各项资本化资产适用的资本化率不同,应按资本化资产项目分别披露。如果各项资本化资产在确定资本化金额时适用资本化率相同,则可以合并披露。

  如果对外提供财务报表的时间长于计算借款费用资本化金额的时间,且在计算借款费用资本化金额的各期,用于确定资本化金额的资本化率均不相同,应分各期披露;如果各期用于确定资本化金额的资本化率相同,则可以合并披露。例如,企业按季计算应予资本化的借款费用金额,对外提供的是年度财务报表,对于某项资本化资产而言,如果在各季确定借款费用资本化金额时所使用的资本化率不同,则在年度报告中,应分各季披露资本化率;如果各季所使用的资本化率相同,则可以合并披露。

本章参考文献

1. 中华人民共和国财政部. 企业会计准则 2006. 经济科学出版社. 2006
2. 中华人民共和国财政部. 企业会计准则:应用指南 2006. 中国财政经济出版社. 2006
3. 财政部会计司编写组. 企业会计准则讲解 2006. 人民出版社. 2007
4. 刘永泽,傅荣主编. 高级财务会计. 东北财经大学出版社. 2007
5. 黄鹏主编. 中级财务会计. 经济科学出版社. 2008
6. 中国注册会计师协会编. 会计. 中国财政经济出版社. 2010
7. 汤湘希主编. 高级财务会计. 经济科学出版社. 2010

【课后练习题】

名词解释

借款费用 辅助费用 外币借款汇兑差额 专门借款 一般借款

选择题

一、单项选择题

1. A 公司于 2008 年 2 月 1 日经临时股东大会批准,决定建造一栋办公楼,为此于 2008 年 2 月 15 日向某银行申请贷款 8 000 万元;2008 年 3 月 1 日工程动工兴建,并于当日领用自产建材一批,共计 80 万元;2008 年 4 月 1 日,上述贷款获准发放到位,并于当日开始计息;2008 年 4 月 15 日支付在建工程人员职工薪酬 95 万元。除上述专门借款外,该项工程未占用其他借款;该项工程的预计工期为 2 年。不考虑其他因素,则该项工程借款费用开始资本化的时点为( )。

  A. 2008 年 2 月 15 日   B. 2008 年 3 月 1 日
  C. 2008 年 4 月 1 日   D. 2008 年 4 月 15 日

2. A公司于2008年3月1日正式动工兴建一幢办公楼,工期预计为2年,工程采用出包方式。为建造该项工程,A公司于2008年3月1日专门从银行借入3 000万元款项,借款期限为3年,年利率为8%。A公司于2008年3月1日和2008年7月1日分别支付工程进度款600万元和800万元,均以上述借入款项支付。闲置借款资金均用于短期投资,月收益率为0.5%。2008年8月1日,该工程因发生施工安全事故而中断施工,12月1日恢复正常施工,至2008年末,该项工程尚未完工。不考虑其他因素,该项建造工程在2008年度的利息资本化金额为(　　)万元。

  A. 120   B. 134   C. 54   D. 56

3. A公司为建造厂房于20×8年4月1日从银行借入2 000万元专门借款,借款期限为2年,年利率为6%。20×8年7月1日,A公司采取出包方式委托B公司为其建造该厂房,并于当日预付1 000万元工程款,厂房实体建造工作也于当日开始。该工程因发生施工安全事故在20×8年8月1日至11月30日中断施工,12月1日恢复正常施工,至年末工程尚未完工。20×8年将未动用借款资金进行暂时性投资获得投资收益10万元(其中下半年获得收益6万元,假定每月实现的收益是均衡的),该项建造工程在20×8年度应予资本化的利息金额为(　　)万元。

  A. 18   B. 84   C. 20   D. 80

4. A公司于2008年7月1日正式动工兴建一栋办公楼,预计工期为1年零7个月,工程采用出包方式进行建造。为建造该办公楼,A公司向银行专门借款2000万元。2009年7月10日,工程按照合同要求提前全部完工。2009年7月20日工程验收合格,7月31日办理工程竣工结算,8月11日完成全部资产移交手续,9月1日办公楼正式投入使用。则A公司借款利息停止资本化的时点为(　　)。

  A. 2009年7月10日   B. 2009年7月20日
  C. 2009年7月31日   D. 2009年9月1日

5. 2008年1月1日,A公司开工建造的一座厂房,工期预计为2年,采用出包方式建造。A公司为该项工程建设于2008年1月1日向银行专门借款1 000万元;2008年工程建设期间另占用了一笔一般借款,该笔一般借款为A公司于2007年1月1日按面值发行的5年期公司债券4 000万元;A公司无其他借款。2008年有关资产支出如表5-3所示(均以上述借入款项支付):

表5-3   单位:万元

日期	1月1日	5月1日	9月1日	11月1日
资产支出金额	600	700	900	300

不考虑其他因素,则2008年所占用一般借款累计支出加权平均数为(　　)万元。

  A. 1 500   B. 125   C. 550   D. 1 416.67

6. 在资本化期间内,对于专门借款闲置资金产生的利息收入或投资收益应(　　)。

  A. 计入营业外收入   B. 计入投资收益

C. 冲减财务费用 D. 冲减借款费用资本化的金额

7. A公司为建造一栋办公楼于2008年1月1日专门从银行借入4 000万元款项，借款期限为3年，年利率为6%。2008年2月1日，A公司采用出包方式委托B公司为其建造该办公楼，并于当日预付工程款1 500万元，办公楼实体建造活动于当日开始。有关建造支出均以上述借入款项支付。该工程因发生施工安全事故于2008年3月1日中断施工，7月1日恢复正常施工；该项工程的预计工期为1年零6个月。不考虑闲置资金收益等其他因素，该项建造工程在2008年度借款费用的资本化金额为（　　）万元。

A. 160　　　　　B. 140　　　　　C. 52.5　　　　　D. 220

8. 2008年1月1日，A公司取得专门借款1 500万元直接用于当日开工建造的一栋办公楼，年利率为5%，当日另借入了一笔600万元的一般借款，年利率为6%。2008年累计发生建造支出1 400万元，2009年1月1日发生建造支出500万元。A公司的有关建造支出均以上述款项支付（A公司无其他一般借款），按季计算利息费用资本化金额。不考虑其他因素，2009年第一季度该公司应予资本化的借款利息费用为（　　）万元。

A. 6　　　　　B. 18.75　　　　　C. 24.75　　　　　D. 7.25

9. 2008年3月11日，A公司取得3年期专门借款1 500万元直接用于当日开工建造的办公楼，年利率为8%。2008年累计发生建造支出1 500万元，2009年1月1日，该公司又取得一般借款2 000万元，年利率为7%，2009年3月1日发生建造支出600万元，7月1日发生建造支出900万元，上述支出均以借入款项支付（A公司无其他一般借款）。因工程施工质量问题该项工程于2009年8月1日至11月31日停工4个月，截至2009年年底工程尚未完工。不考虑其他因素，2009年借款费用的资本化金额为（　　）万元。

A. 31.5　　　　　B. 186.5　　　　　C. 111.5　　　　　D. 66.5

10. 2008年1月1日，A公司开工建造的一座厂房，工期预计为2年。2008年工程建设期间共占用了两笔一般借款，两笔借款的具体情况如下：向某银行长期贷款1000万元，贷款期限为2007年12月1日至2009年12月1日，年利率为8%，按年支付利息；按面值发行公司债券4 000万元，于2008年7月1日发行，期限为5年，年利率为10%，按年支付利息。A企业无其他一般借款。不考虑其他因素，则该企业2008年为该厂房所占用的一般借款适用的资本化率为（　　）。

A. 8.5%　　　　　B. 10.3%　　　　　C. 9.6%　　　　　D. 9.3%

11. A公司为建造一条生产线专门于2008年1月1日按面值发行美元公司债券150万美元，年利率为8%，期限为3年，按季计提利息，按年支付利息。工程于2008年1月1日开始实体建造并于当日发生了相关资产支出，预计工期为2年。A公司的记账本位币为人民币，外币业务采用外币业务发生时当日的市场汇率折算，假定相关汇率如下：2008年1月1日，市场汇率为1美元=6.9元人民币，3月31日的市场汇率为1美元=7.1元人民币。不考虑其他因素，则第一季度外币专门借款汇兑差额的资本化金额为(　　)万元人民币。
  A. 30.6　　　　　B. 0　　　　　C. 30　　　　　D. 29.4

二、多项选择题

1. 企业应当在附注中披露与借款费用有关的信息包括(　　)。
   A. 当期资本化的借款费用金额
   B. 当期费用化的借款费用金额
   C. 当期固定资产购建项目的累计支出
   D. 当期用于计算确定借款费用资本化金额的资本化率

2. 企业为购建固定资产专门借入的款项所发生的借款费用,停止资本化的时点有(　　)。
   A. 所购建固定资产与设计要求或合同要求相符或基本相符时
   B. 固定资产的实体建造工作已经全部完成或实质上已经完成时
   C. 继续发生在所购建固定资产上的支出金额很少或者几乎不再发生时
   D. 需要试生产的固定资产在试生产结果表明资产能够正常生产出合格产品时

3. 下列专门借款费用,涉及"财务费用"科目核算的有(　　)。
   A. 符合资本化条件的资产在购建过程中发生正常中断连续超过3个月的,其中断期间发生的借款费用
   B. 符合资本化条件的资产在购建过程中发生非正常中断连续超过3个月的,其中断期间闲置资金产生的利息收入
   C. 符合资本化条件的资产完工后发生的专门借款本金及利息汇兑差额
   D. 符合资本化条件的资产在购建过程中发生非正常中断连续超过3个月的,其中断期间发生的借款费用

业务题

一、A公司于2009年1月1日从银行借入三年期借款1000万元用于生产线工程建设,年利率8%,利息按年支付。其他有关资料如下:

(1)工程于2009年1月1日开工,A公司于2009年1月1日支付给建筑承包商B公司300万元;2009年1月1日至3月末,该借款闲置的资金取得的存款利息收入为4万元,已存入银行。

(2)2009年4月1日工程因纠纷停工,直到8月1日继续施工。第二季度取得的该笔借款闲置资金存款利息收入为4万元,已存入银行。

(3)2009年8月1日又支付工程款400万元。第三季度,A公司用该借款的闲置资金300万元购入交易性金融资产,获得投资收益9万元(不含非正常中断期间),已存入银行。

(4)2009年10月1日,A公司从工商银行借入流动资金借款500万元,借期1年,年利率6%。利息按季度支付,10月1日A公司支付工程进度款500万元。

(5)至2009年末该工程尚未完工。

要求：
1. 确定专门借款在2009年的资本化期间；
2. 按季计算2009年与工程有关的利息、利息资本化金额，并进行账务处理。

二、万达公司准备在厂区内建造一栋新的车间厂房，有关资料如下：

(1) 2007年1月1日，向银行专门借款5000万元，期限为3年，年利率12%，每年1月1日付息。

(2) 除专门借款以外，公司另有两笔其他借款：一笔是2006年12月1日借入的长期借款4000万元，期限为五年，年利率为10%，每年12月1日付息；第二笔是2007年1月1日借入的长期借款6000万元，期限为五年，年利率为5%，每年12月31日付息。

(3) 由于审批、办手续等原因，车间厂房于2007年4月1日开始动工兴建，当天支付工程款2000万元，工程建设期间支出的具体情况如表5-4：

表5-4　　　　　　　　　　　　　　　　　　　　　　　　　　　　　　　　　　单位：万元

日期	每期资产支出金额
2007年4月1日	2 000
2007年6月1日	1 000
2007年7月1日	3 200
2008年1月1日	2 400
2008年4月1日	1 200
2008年7月1日	3 600

工程于2008年9月30日完工，达到预定可使用状态，其中，由于施工质量问题，工程于2007年9月1日到12月31日停工4个月。

(4) 专门借款中未支出的部分全部存入银行，假定月利率为0.5%，假定全年按照360天计算，每月按照30天计算。

要求：计算2007年和2008利息资本化和费用化的金额，并编制相应的会计分录。

第六章 所得税会计

【内容简介】 本章介绍所得税会计的处理。目前我国企业所得税会计核算方法采用资产负债表债务法。

本章的主要内容包括：

一、资产、负债的计税基础与账面价值的比较。资产的计税基础，是指企业收回资产账面价值过程中，计算应纳税所得额时按照税法规定可以自应税经济利益中抵扣的金额。负债的计税基础，是指负债的账面价值减去未来期间计算应纳税所得额时按照税法规定可予抵扣的金额。由于税法中对于资产的税务处理以及可税前扣除的费用等的规定与会计准则存在差异，造成资产、负债的计税基础与账面价值存在差异。

二、递延所得税资产和递延所得税负债的确认和计量。对于资产、负债的计税基础与账面价值存在的差异可分为两种：应纳税暂时性差异和可抵扣暂时性差异。当资产的账面价值大于其计税基础或负债的账面价值小于其计税基础产生应纳税暂时性差异。当资产的账面价值小于其计税基础或负债的账面价值大于其计税基础产生可抵扣暂时性差异。在符合规定的确认条件下应纳税暂时性差异可确认为递延所得税负债并同时增加所得税费用。可抵扣暂时性差异确认为递延所得税资产并同时减少所得税费用。

三、所得税费用的确定。利润表中的所得税费用包括当期所得税和递延所得税两个组成部分。当期所得税应在会计利润的基础上，按照适用税收法规的规定进行纳税调整，计算出当期应纳税所得额，再按照应纳税所得额与适用所得税税率计算确定。递延所得税，是指按照所得税准则规定，应予确认的递延所得税资产和递延所得税负债，在期末应有的金额相对于原已确认金额之间的差额，即递延所得税资产及递延所得税负债当期发生额的综合结果。

【学习目的与要求】

1. 了解所得税会计核算方法的历史演变。
2. 掌握资产、负债的计税基础与账面价值差异的分析与计算。
3. 理解递延所得税资产和递延所得税负债的确认原则。
4. 熟练掌握所得税费用的计算和会计处理。

第一节 所得税会计概述

一、企业所得税与所得税会计

有所得就应当依法缴纳所得税,这是市场经济下的国际惯例。企业所得税,是指对一国境内的企业和其他经济组织在一定期间内的生产经营所得和其他所得等收入,在进行法定的生产成本、费用和损失等扣除后的余额所征收的一种税。

所得税会计是企业对有关的所得税业务所进行的会计处理,包括确定一个会计期间应纳税所得额,并根据应纳税所得额适用税率计算所得税费用的数额,以及这项数额在财务报表上的反映方法。所得税会计相对独立于企业财务会计核算体系。虽然企业所得税的计税基础涉及纳税人财务会计的各个方面,与企业会计核算关系密切,但是,为了保护税基,企业所得税法对纳税人的收入总额、扣除项目等的确定以及资产的税务处理等内容均有详细的规定。因此,纳税所得额与会计上的利润总额既有联系又有区别。纳税人在缴纳企业所得税时必须按照企业所得税法的规定办理。

二、我国所得税会计核算方法的历史沿革

我国长期以来企业所得税会计处理的依据是财政部1994年发布的《企业所得税会计处理的暂行规定》。2001年财政部发布的《企业会计制度》中有关企业所得税的会计处理基本上沿用了上述文件的规定,即企业可以选择应付税款法或以利润表为基础的纳税影响会计法核算所得税。2006年2月财政部发布的《企业会计准则第18号——所得税》,取消了应付税款法,只采用纳税影响会计法中的资产负债表债务法。与原来的所得税会计处理规定相比,所得税准则无论是在理念上还是方法上都有着重大变化。

(一)应付税款法

根据我国1994年《企业所得税会计处理的暂行规定》和2001年《企业会计制度》中有关所得税的处理规定,企业在一定时期的税前会计利润与应纳税所得之间由于计算口径或计算时间不同而产生的差异可分为永久性差异和时间性差异。永久性差异是指某一会计期间,由于会计制度与税法在计算收益、费用或损失时的口径不同,所产生的税前会计利润与纳税所得之间的差异。这种差异在本期发生,不会在以后各期转回。时间性差异则是指由于税法与会计制度在确认收益、费用或损失时的时间不同而产生的企业一定时期的税前会计利润与纳税所得之间的差额。时间性差异发生于某会计期间,但在以后的一期或若干期内计算应交所得税额时可以转回。这两种不同的差异,会计核算可采用"应付税款法"或"纳税影响会计法"。

应付税款法是将本期税前会计利润与纳税所得之间的所有差异造成的对所得税

的影响金额直接计入当期损益,确认为当期的所得税费用,而不递延到以后各期。在此方法下,当期利润表中的所得税费用与按照税法计算的应交所得税一致。显然,应付税款法基于收付实现制的核算基础,不符合收入与费用的配比原则,不能正确体现会计利润与应纳税所得额不一致情况下企业实际的所得税费用,国际会计准则和美国财务会计准则早在20世纪60年代就取消了这种方法。

(二)以利润表为基础的纳税影响会计法

纳税影响会计法是将本期税前会计利润与应纳税所得之间的时间性差异造成的对所得税的影响金额,递延和分配到以后各期。有关所得税跨期分摊的程度,存在两种不同的观点:一是全面分摊法,主张将全部的时间性差异都进行跨期分摊,即无论是重复发生的还是非重复发生的时间性差异,都应确认其对未来所得税的影响金额;另一种是部分分摊法,主张只对一次性非重复发生的时间性差异才作跨期分摊,重复发生的时间性差异因其旧的差异需要转回时又会被新产生的差异所抵消,从而使原确认的时间性差异对所得税的影响数长期不需支付或不可抵减,因而会计上确认今后不能转回的时间性差异对所得税的影响没有意义,也就无须跨期分摊。如固定资产折旧,税法规定采用加速折旧法,会计上采用年限平均法,在固定资产使用初期会产生应纳税时间性差异,转回时会增加转回期间的应纳税所得,但由于又有新购进的固定资产产生新的应纳税时间性差异,抵消了原应转回的时间性差异,故无须跨期分摊。

在税率变化的情况下,以利润表为基础的纳税影响会计法又有递延法和债务法之分。递延法和债务法各自作为纳税影响会计法的一种,都是将本期由于时间性差异而产生的对所得税的影响金额保留递延到这一差异发生相反变化的以后期间予以转回。区别在于当税率变化或开征新税时是否调整由于税率变化或开征新税对递延税款余额的影响。

以利润表为基础的债务法侧重利润表,用收入费用观定义收益,强调收益是收入和费用的配比,从而注重会计和税法在收入和费用确认上的时间性差异。但随着经济的不断发展,企业合并等业务不断增多,由此产生了许多不同于时间性差异的暂时性差异,对于这类非时间性的暂时性差异,利润表债务法下无法反映和处理,如企业拥有的可供出售金融资产,期末其公允价值与账面价值变动的差额按规定计入资产负债表的资本公积项目中,由于公允价值变动的损益不计入利润表,也就不构成时间性差异,但属于暂时性差异。因为利润表债务法下不能反映所有的暂时性差异对所得税的影响,所以也就不能充分完整地提供企业所得税的会计信息,故我国2006年颁布的所得税准则亦采用由1996年国际会计准则委员会确定的资产负债表债务法进行所得税的会计处理。

(三)资产负债表债务法

资产负债表债务法基于资产负债观。资产负债观认为,企业的收益是企业期末净资产比期初净资产的净增加额。用公式表示如下:

收益=(期末资产-期末负债)-(期初资产-期初负债)

在资产负债观下,只要企业的净资产增加了,就应当作为收益确认。按资产负债观确认的收益属于经济收益,既考虑交易因素的影响,也考虑非交易因素的影响。它要求企业根据未来期间经济利益流入流出情况对相关资产、负债等进行确认与计量。在有足够证据的前提下,增加了有关所得税的预测性信息。因而,比按照收入费用观确认的收益更为全面,对使用者也更为有用,能够有助于会计信息的使用者对企业在报告日的财务状况和未来现金流量作出恰当的评价,提高预测价值。

2007年开始执行的《企业会计准则第18号——所得税》规定,所得税会计核算方法采用资产负债表债务法。要求企业从资产负债表出发,通过比较资产负债表上列示的资产、负债按照会计准则规定确定的账面价值与按照税法规定确定的计税基础,对于两者之间的差异分别应纳税暂时性差异与可抵扣暂时性差异,确认相关的递延所得税负债与递延所得税资产,并在此基础上确定每一会计期间利润表中的所得税费用。

1. 资产负债表债务法的理论基础

资产负债表债务法在所得税的会计核算方面贯彻了资产、负债的界定。从资产负债角度考虑,资产的账面价值代表的是某项资产在持续持有及最终处置的一定期间内为企业带来未来经济利益的总额,而其计税基础代表的是该期间内按照税法规定就该项资产可以税前扣除的总额。资产的账面价值小于其计税基础的,表明该项资产于未来期间产生的经济利益流入低于按照税法规定允许税前扣除的金额,产生可抵减未来期间应纳税所得额的因素,减少未来期间以所得税税款的方式流出企业的经济利益,应确认为递延所得税资产。反之,一项资产的账面价值大于其计税基础的,两者之间的差额会增加企业于未来期间应纳税所得额及应交所得税,对企业形成经济利益流出的义务,应确认为递延所得税负债。

2. 资产负债表债务法核算的一般程序

采用资产负债表债务法核算所得税的情况下,企业一般应于每一资产负债表日进行所得税的核算。发生特殊交易或事项时,如企业合并,在确认因交易或事项取得的资产、负债时即应确认相关的所得税影响,即在涉税交易或事项发生时就进行所得税的处理。企业进行所得税核算一般应遵循以下程序:

(1)按照相关会计准则规定确定资产负债表中除递延所得税资产和递延所得税负债以外的其他资产和负债项目的账面价值。其中资产、负债的账面价值,是指企业按照相关会计准则的规定进行核算后在资产负债表中列示的金额。

(2)按照2008年1月1日开始实施的最新企业所得税法中的有关规定,确定资产负债表中有关资产、负债项目的计税基础。

(3)比较资产、负债的账面价值与其计税基础。对于两者之间存在差异的,分析其性质,除准则中规定的特殊情况外,分别应纳税暂时性差异与可抵扣暂时性差异并乘以所得税税率,确定资产负债表日递延所得税负债和递延所得税资产的应有金额,并与期初递延所得税负债和递延所得税资产的余额相比,确定当期应予进一步确认的递延所得税资产和递延所得税负债金额或应予转销的金额,作为构成利润表中所得税费用的其中一个组成部分——递延所得税。

(4)按照适用的税法规定计算确定当期应纳税所得额,将应纳税所得额与适用的所得税税率相乘计算的结果确认为当期应交所得税。作为利润表中应予确认的所得税费用的另外一个组成部分——当期所得税。

(5)确定利润表中的所得税费用。利润表中的所得税费用包括当期所得税和递延所得税两个组成部分,企业在计算确定了当期所得税和递延所得税后,两者之和(或之差),是利润表中的所得税费用。

第二节 计税基础和暂时性差异

在确定资产、负债的计税基础时,应严格遵循税收法规中对于资产的税务处理以及可税前扣除的费用等的规定进行。

一、资产的计税基础与账面价值的比较

资产的计税基础,是指企业收回资产账面价值过程中,计算应纳税所得额时按照税法规定可以自应税经济利益中抵扣的金额,即某一项资产在未来期间计税时按照税法规定可以税前扣除的金额。资产所代表的未来经济利益流入企业时,有可能需要纳税,产生应税收益,而资产的计税基础就是在未来期间计算计税基础时可以抵扣的部分,即不需要纳税的金额。

企业所得税实施条例中明确规定,企业的各项资产,包括固定资产、生物资产、无形资产、长期待摊费用、投资资产、存货等,以历史成本为计税基础。这里所称历史成本,是指企业取得该项资产时实际发生的支出。企业持有各项资产期间资产增值或者减值,除国务院财政、税务主管部门规定可以确认损益外,不得调整该资产的计税基础。即资产在初始确认时,其计税基础一般为取得成本,即企业为取得某项资产支付的成本在未来期间准予税前扣除。在资产持续持有的过程中,其计税基础是指资产的取得成本减去以前期间按照税法规定已经税前扣除的金额后的余额。

资产的账面价值是按照企业会计准则的要求对资产进行初始确认、后续计量以及再确认时的价值。

(一)固定资产的计税基础与账面价值的比较

1. 固定资产初始确认时计税基础与账面价值的比较

企业所得税实施条例中规定:

(1)外购的固定资产,以购买价款和支付的相关税费以及直接归属于使该资产达到预定用途发生的其他支出为计税基础;

(2)自行建造的固定资产,以竣工结算前发生的支出为计税基础;

(3)融资租入的固定资产,以租赁合同约定的付款总额和承租人在签订租赁合同过程中发生的相关费用为计税基础,租赁合同未约定付款总额的,以该资产的公允价

值和承租人在签订租赁合同过程中发生的相关费用为计税基础;

(4)盘盈的固定资产,以同类固定资产的重置完全价值为计税基础;

(5)通过捐赠、投资、非货币性资产交换、债务重组等方式取得的固定资产,以该资产的公允价值和支付的相关税费为计税基础;

(6)改建的固定资产,以改建过程中发生的改建支出增加计税基础。

我们比较企业会计准则中固定资产初始确认方法,可以发现以各种方式取得的固定资产初始确认时按照税法规定确认的计税基础与按照企业会计准则的要求对固定资产进行初始确认的账面价值是基本一致的。也可以说按照会计准则规定确定的固定资产入账价值基本上是被税法认可的,即固定资产取得时其账面价值一般等于计税基础。

2. 固定资产持有期间的计税基础与账面价值的比较

账面价值 = 固定资产原价 - 会计累计折旧 - 固定资产减值准备

计税基础 = 固定资产原价 - 税收累计折旧

我们比较会计准则和税法的有关规定总结如下:账面价值与计税基础的差异主要产生于折旧范围、折旧方法、折旧年限的不同以及固定资产减值准备的提取。

(1)计提范围的差异

固定资产折旧的范围是对所有固定资产计提折旧,但已提足折旧仍继续使用的固定资产和单独计价入账的土地除外。而税法对非生产经营活动中使用的固定资产、原则上与取得收入无关的固定资产不得计提折旧。

【例6-1】 2008年底光明公司在与宏大公司的赔偿诉讼中获胜。按照诉讼决议,宏大公司应当向光明公司支付80万元的款项,由于宏大公司的经济效益不佳,因而最终用其产品机床十台进行赔付。该机床的市价是8万元/台。光明公司将这十台机床作为固定资产入账,按照直线法计提折旧,预计使用年限10年,无净残值。但是这种机床对光明公司来说没有任何利用价值。

该项固定资产在2009年12月31日的

账面价值 = 80 - 80 ÷ 10 = 72(万元)

计税基础 = 80(万元)

该项固定资产的账面价值72万元与其计税基础80万元之间产生的8万元差额,在未来期间会减少企业的应纳税所得额。

(2)折旧计提方法的差异

按会计准则企业应当根据与固定资产有关的经济利益的预期实现方式,合理选择固定资产折旧方法,可以采用平均年限法、工作量法、年数总和法、双倍余额递减法等,而税法对折旧费用的计算一般采取直线折旧法,对符合政策规定的加速折旧条件的固定资产,应采用双倍余额递减法或年限总和法,具体方法由企业对符合政策规定的固定资产,在申报纳税时自主选择采用加速折旧的方法,同时报主管税务机关备案,主管税务机关发现不符合固定资产加速折旧条件的应进行纳税调整。

【例6-2】 永兴公司2009年底购入甲设备,价值3 000万元,会计上采用年数总和法计提折旧,使用年限为5年。税法规定采用直线法计提折旧,使用年限也是5年,预计无残值。

2010年末:

会计折旧 = 3 000 × 5/15 = 1 000(万元)

计税折旧 = 3 000 ÷ 5 = 600(万元)

账面价值 = 3 000 - 1 000 = 2 000(万元)

计税基础 = 3 000 - 600 = 2 400(万元)

该项固定资产的账面价值2 000万元与其计税基础2 400万元之间产生的400万元差额,在未来期间会减少企业的应纳税所得额。

(3)折旧年限的差异

按会计准则企业至少应于每年年度终了,对固定资产的使用寿命、预计净残值和折旧方法进行复核。使用寿命预计数与原先估计数有差异的,应当调整固定资产使用寿命。净残值预计数与原先估计数有差异的,应当调整预计净残值。与固定资产有关的经济利益预期实现方式有重大改变的,应当改变固定资产折旧方法。固定资产使用寿命、预计净残值和折旧方法的改变应当作为会计估计变更。而税法规定:除国务院财政、税务主管部门另有规定外,固定资产计算折旧的最低年限如下:房屋、建筑物20年;飞机、火车、轮船、机器、机械和其他生产设备10年;与生产经营活动有关的器具、工具、家具等5年;飞机、火车、轮船以外的运输工具4年;电子设备为3年。企业应当根据固定资产的性质和使用情况,合理确定固定资产的预计净残值。固定资产的预计净残值一经确定,不得变更。

【例6-3】 2009年末,新华公司购入机床一台,价值4 500万元。会计和税法都规定按直线法计提折旧,但会计上预计折旧年限为10年,税法规定折旧年限为5年,预计残值为0。

会计折旧 = 4 500/10 = 450(万元)

计税折旧 = 4 500/5 = 900(万元)

账面价值 = 4 500 - 450 = 4 050(万元)

计税基础 = 4 500 - 900 = 3 600(万元)

该项固定资产的账面价值4 050万元与其计税基础3 600万元之间产生的450万元差额,将于未来期间计入企业的应纳税所得额。

(4)固定资产减值准备处理的差异

《企业会计准则第8号——资产减值》应用指南规定:"企业应在资产负债表日判断资产是否存在可能减值的迹象。资产存在减值迹象的,应当进行减值测试,估计资产的可回收金额"。当资产账面价值大于该资产可收回金额部分,应确认为资产减值损失。实施新准则的企业,固定资产减值准备计提后不能冲回,只能在处置相关资产后,再进行会计处理。而税法规定,企业所得税前允许扣除的项目,原则上必须遵循真实发生额据实扣除。除税法规定外,企业根据财务会计制度等规定提取任何形式的准备金不得在企业所得税前扣除。

【例6-4】 祥云公司于2008年末以800万元购入一项生产用固定资产,估计其使用寿命为10年,按照直线法计提折旧,预计净残值为0。假定税法规定的折旧年限、折旧方法及净残值与会计规定相同。2009年12月31日,祥云公司估计该项固定资产的可收回金额为700万元。

该项固定资产在2009年12月31日的

账面价值 = 800 - 800 ÷ 10 - 20 = 700(万元)

计税基础 = 800 - 800 ÷ 10 = 720(万元)

该项固定资产的账面价值700万元与其计税基础720万元之间产生的20万元差额,在未来期间会减少企业的应纳税所得额。

(二)无形资产的计税基础与账面价值的比较

1. 无形资产初始确认时计税基础与账面价值的比较

税法规定无形资产按照以下方法确定计税基础:

(1)外购的无形资产,以购买价款和支付的相关税费以及直接归属于使该资产达到预定用途发生的其他支出为计税基础;

(2)自行开发的无形资产,以开发过程中该资产符合资本化条件后至达到预定用途前发生的支出为计税基础;

(3)通过捐赠、投资、非货币性资产交换、债务重组等方式取得的无形资产,以该资产的公允价值和支付的相关税费为计税基础;

(4)税收优惠里规定,企业为开发新技术、新产品、新工艺发生的研究开发费用,未形成无形资产计入当期损益的,按照研究开发费用的50%加计扣除;形成无形资产的,按照无形资产成本的150%摊销。

比较企业会计准则有关无形资产的规定,我们发现除内部研究开发形成的无形资产以外,其他方式取得的无形资产,初始确认时按照会计准则规定确定的入账价值与按照税法规定确定的计税基础之间一般不存在差异。无形资产初始确认时的差异主要产生于内部研究开发形成的无形资产。

【例6-5】 利仁公司为符合税收优惠条件的"三新"企业,2009年为开发新技术发生研究开发支出共计1 000万元,其中研究阶段支出200万元,开发阶段符合资本化条件前发生的支出为400万元,符合资本化条件后至达到预定用途前发生的支出为400万元。假定开发形成的无形资产在当期期末已达到预定用途(尚未开始摊销)。

利仁公司2009年发生的研究开发支出中,按照会计准则规定应予费用化的金额为600万元,形成无形资产的成本为400万元,即期末所形成无形资产的账面价值为400万元。利仁公司2009年发生的1 000万元研究开发支出,按照税法规定可在当期税前扣除的金额为900万元。所形成无形资产在未来期间可予税前扣除的金额为600万元,其计税基础为600万元,形成差异200万元,但按照会计准则规定,如果该无形资产的确认不是产生于企业合并交易、同时在确认时既不影响会计利润也不影响应纳税所得额,按照所得税会计准则的规定,不确认该暂时性差异的所得税影响。

2. 无形资产后续计量时计税基础与账面价值的比较

无形资产在后续计量时，会计与税法的差异主要产生于是否需要摊销及无形资产减值准备的提取。会计准则规定，应根据无形资产的使用寿命情况，区分为使用寿命有限的无形资产与使用寿命不确定的无形资产。对于使用寿命不确定的无形资产，不要求摊销，但持有期间每年应进行减值测试。税法规定无形资产按照直线法计算的摊销费用，准予扣除。无形资产的摊销年限不得低于10年。作为投资或者受让的无形资产，有关法律规定或者合同约定了使用年限的，可以按照规定或者约定的使用年限分期摊销。计提的无形资产减值准备在转变为实质性损失前不允许税前扣除。

【例6-6】 明发公司于2010年1月1日购入一项市场领先的畅销产品的商标。成本为500万元，该商标按照法律规定还有5年的使用寿命，但是在保护期届满时，A公司可每10年以较低的手续费申请延期，同时A公司有充分的证据表明其有能力申请延期。此外，有关的调查表明，根据产品生命周期、市场竞争等方面情况综合判断，该商标将在不确定的期间内为企业带来现金流量。根据上述情况，该商标可视为使用寿命不确定的无形资产在持有期间内不需要进行摊销。2010年12月31日，对该项无形资产进行减值测试表明其未发生减值。税法规定，对该项无形资产按照10年的期限采用直线法摊销，摊销金额允许税前扣除。

2010年12月31日该项无形资产

账面价值＝入账价值＝500万元

计税基础＝500－50＝450万元

该项无形资产的账面价值500万元与其计税基础450万元之间的差额50万元将于未来期间计入企业的应纳税所得额。

（三）以公允价值计量且变动计入当期损益的金融资产的计税基础与账面价值比较

企业会计准则规定，以公允价值计量且变动计入当期损益的金融资产于某一会计期末的账面价值为其公允价值。税法规定，企业以公允价值计量的金融资产持有期间公允价值的变动不计入应纳税所得额，在实际处置或结算时，处置取得的价款扣除其历史成本后的差额应计入处置或结算期间的应纳税所得额。按照该规定，以公允价值计量的金融资产在持有期间市价的波动在计税时不予考虑，有关金融资产在某一会计期末的计税基础为其取得成本，从而造成在公允价值变动的情况下，以公允价值计量的金融资产账面价值与计税基础之出现差异。企业持有的可供出售金融资产计税基础的确定，与以公允价值计量且变动计入当期损益的金融资产类似，可比照处理。

【例6-7】 2009年9月6日，甲上市公司自公开市场取得一项权益性投资，支付价款100万元，作为交易性金融资产核算。2009年12月31日，该投资的市价为110万元。

2009年12月31日该项交易性金融资产

账面价值＝公允价值＝110万元

计税基础＝取得成本＝100万元

该项交易性金融资产的账面价值110万元与其计税基础100万元之间的差额10万元将于未来期间计入企业的应纳税所得额。

(四)长期股权投资的计税基础与账面价值的比较

根据所得税法及实施条例,长期股权投资可以财产转让收入或者股息、红利等权益性投资收益的形式交纳企业所得税,这是长期股权投资适用《企业会计准则第18号——所得税》的前提,并且由于长期股权投资在税法与会计核算上的差异,不可避免地会产生暂时性差异。为便于分析暂时性差异,我们将其分为与长期股权投资初始确认相关的暂时性差异和与长期股权投资后续计量相关的暂时性差异。

1. 长期股权投资初始确认时计税基础与账面价值的比较

通常长期股权投资初始确认时,其计税基础与入账价值是一致的,不产生暂时性差异。但是在以下特定情形下,存在与长期股权投资相关的暂时性差异。

(1)税收优惠产生的暂时性差异

企业所得税法第31条和实施条例第97条规定,创业投资企业从事国家需要重点扶持和鼓励的创业投资,可以按投资额的70%在股权持有满2年的当年抵扣该企业的应纳税所得额,当年不足抵扣的,可以在以后纳税年度结转抵扣。因此,如果预期创业投资企业未来将转让长期股权投资,该企业所持有的长期股权投资的计税基础不仅包括长期股权投资的初始投资额,还包括满两年后可以抵扣的投资额的70%。因此,该优惠条件增加了长期股权投资税前可扣除的金额,其计税基础大于长期股权投资账面价值,在未来期间会减少企业的应纳税所得额。

(2)同一控制下企业控股合并产生的差异

根据合并准则的规定,同一控制下企业合并中,合并方取得的长期股权投资应当按照取得被合并方所有者权益的份额确认和计量,而企业所得税法实施条例第71条规定,投资资产的计税基础是其投资成本,因此,从投资企业的角度来看,同一控制下控股合并形成的长期股权投资在初始确认时,其账面价值和计税基础是不相等的,存在差异。

【例6-8】 甲企业于2009年1月1日取得乙企业30%的股权,共支付价款3 000万元。取得投资时乙企业可辨认净资产账面价值为12 000万元,按会计准则规定甲企业按持股比例计算应享有3 600万元计入甲企业初始投资成本,支付的价款3 000万元与应享有乙企业可辨认净资产账面公允价值份额3 600万元之间的差额600万元应计入资本公积。

2009年1月1日该项长期股权投资

账面价值 = 12 000 × 30% = 3 600 万元

计税基础 = 3 000 万元

2. 与长期股权投资后续计量相关的差异

所得税法及实施条例规定,企业持有的长期股权投资,通常不能调整其计税基础;但是长期股权投资后续计量时,为了提高信息质量,其账面价值很可能调整,并导致计税基础与账面价值不等,产生以下差异。

(1) 长期股权投资由于计提减值准备产生的差异

长期股权投资计提减值准备会导致长期股权投资账面价值减少,该部分不能减少企业所得税的应纳税所得额,不被税法认可,但企业处置长期股权投资时,其允许在税前扣除的部分仍然包括已经计提的对应的减值准备。因此,在不考虑其他因素的情况下,长期股权投资的账面价值会小于其计税基础,其差额于未来期间计入企业的应纳税所得额。

(2)"权益法"核算的长期股权投资由于初始入账价值调整产生的差异

投资企业取得的对合营企业投资或对联营企业投资,当初始投资成本小于取得投资时应享有被投资单位可辨认净资产账面价值份额时,应调整增加营业外收入和长期股权投资的账面价值。税法规定如果投资企业未来转让此长期股权投资,其计税基础仍是初始投资成本,从而产生账面价值和计税基础的差异。

(3)"权益法"核算的长期股权投资由于损益调整产生的暂时性差异

"权益法"核算的长期股权投资,当被投资单位实现净利润或发生净亏损时,投资企业应按照其享有或分担的份额调整长期股权投资账面价值,但未来投资企业处置该项长期股权投资时,其允许抵扣的金额仍然是调整前的金额,从而导致账面价值和计税基础的差异。

(4)"权益法"核算的长期股权投资由于其他权益变动产生的差异

采用"权益法"核算时,投资企业对于被投资单位除净损益以外的其他所有者权益变动,应按照被投资单位除净损益以外所有者权益的其他变动中归属于本企业的部分,相应调整长期股权投资的账面价值和资本公积,这导致调整后账面价值与计税基础不相等,产生差异。

(五)投资性房地产计税基础与账面价值的比较

投资性房地产,企业持有的投资性房地产进行后续计量时,会计准则规定可以采用两种模式:一种是成本模式,采用该种模式计量的投资性房地产,其账面价值与计税基础的确定与固定资产、无形资产相同;另一种是在符合规定条件的情况下,可以采用公允价值模式对投资性房地产进行后续计量。《企业会计准则第3号——投资性房地产》规定,在有确凿证据表明其公允价值能够持续可靠取得的情况下,企业投资性房地产的后续计量可以采用公允价值计量模式,不对其计提折旧或摊销,应当以资产负债表日投资性房地产的公允价值为基础调整其账面价值,公允价值与原账面价值之间的差额计入当期损益。而税法规定,资产的持有损益在没有实现前不得调整应纳税所得额,也就是不对持有损益征税。在确认资产的计税基础时仍按照确认固定资产或者无形资产计税基础的方法进行折旧或摊销,从而导致账面价值和计税基础的差异。

【例6-9】 2009年1月1日,某企业将自行建造的写字楼对外出租,其建造成本为300万元。该写字楼预计的使用年限为30年,与税法规定期限一致。不考虑残值因素。该企业对写字楼采用公允价值进行后续计量,设2009年12月31日该写字楼的公允价值为330万元。税法要求采用直线法计提折旧。

2009年12月31日该项投资性房地产

账面价值＝公允价值＝330万元

计税基础＝建造成本－折旧＝300－300÷30＝290万元

（六）其他计提资产减值准备的各项资产的计税基础与账面价值的比较。

除上述五种资产在确认账面价值和计税基础时会产生差异。还有几种资产我们没有提到。如持有至到期投资、应收账款和存货。这些资产的会计确认方法和税法规定基本相同。只是在会计期末要对这些资产进行减值测试，根据减值测试的结果计提减值准备或对减值准备进行转回。而税法规定资产在发生实质性损失之前，不允许税前扣除，即其计税基础不会因减值准备的提取而变化，造成在计提资产减值准备以后，这些资产的账面价值与计税基础之间的差异。

【例6－10】 新星公司2009年12月31日，对存货进行减值测试，发现原值为500万元的产成品，因消费者的偏好改变而贬值。2009年资产负债表日估计该产成品的可变现净值为400万元。假定该产成品在2009年以前并未提取过减值准备。

2009年12月31日该批产成品存货

账面价值＝可变现净值＝产成品成本－存货跌价准备＝500－100＝400万元

计税基础＝产成品成本＝500万元

该存货的账面价值400万元与其计税基础500万元之间产生了100万元的差异，该差异会减少企业在未来期间的应纳税所得额。

二、负债的计税基础与账面价值的比较

负债的计税基础，是指负债的账面价值减去未来期间计算应纳税所得额时按照税法规定可予抵扣的金额。用公式表示为：

负债的计税基础＝账面价值－未来期间按照税法规定可予税前扣除的金额

负债的确认与偿还一般不会影响企业的损益，也不会影响其应纳税所得额，未来期间计算应纳税所得额时按照税法规定可予抵扣的金额为零，计税基础即为账面价值。例如企业的短期借款、应付账款等。但是，某些情况下，负债的确认导致未来经济利益流出企业时，可能会影响企业的损益，可以抵扣应纳税所得额，进而影响不同期间的应纳税所得额，使得其计税基础与账面价值之间产生差额，如按照会计准则规定确认的某些预计负债。

（一）企业因销售商品提供售后服务等原因确认的预计负债

按照或有事项准则规定，企业对于预计提供售后服务将发生的支出在满足有关确认条件时，销售当期即应确认为费用，同时确认预计负债。税法规定，与销售产品相关的支出应于发生时税前扣除。因该类事项产生的预计负债在期末的计税基础为其账面价值与未来期间可税前扣除的金额之间的差额，即为零。

其他交易或事项中确认的预计负债，应按照税法规定的计税原则确定其计税基础。某些情况下，因有些事项确认的预计负债，税法规定其支出无论是否实际发生均

不允许税前扣除,即未来期间按照税法规定可予抵扣的金额为零,账面价值等于计税基础。

【例 6 – 11】 明发公司 2009 年因销售产品承诺提供 2 年的保修服务,在当年度利润表中确认了 50 万元的销售费用,同时确认为预计负债,当年度未发生任何保修支出。

20×6 年 12 月 31 日该项预计负债

账面价值 = 50 万元

计税基础 = 账面价值 – 未来期间计算应纳税所得额时按照税法规定可予抵扣的金额
= 50 万元 – 50 万元 = 0

该预计负债账面价值 50 万元与其计税基础 0 之间产生了 50 万元的差异,该差异会减少企业在未来期间的应纳税所得额。

(二)预收账款

企业在收到客户预付的款项时,会计上按照权责发生制原则,因不符合收入确认条件,会计上将其确认为负债。税法中对于收入的确认原则一般与会计规定相同,也是按照权责发生制原则,即会计上未确认收入时,计税时一般亦不计入应纳税所得额。该部分经济利益在未来期间计税时可予税前扣除的金额为零,计税基础等于账面价值,不存在差异。

但在会计实务工作及征管实务中经常会出现这种情况。企业收到预收账款同时开具了发票。因不符合会计准则规定的收入确认条件,未确认为收入。特别是当这笔预收账款是预收跨年款项时。税务局征税时往往采用"以票控税"的方法,要求对已经开发票的预收跨年款计入当期应纳税所得额进行征税,有关预收账款的计税基础为零,即因其产生时已经计算交纳所得税,未来期间可全额税前扣除。

【例 6 – 12】 甲公司于 2009 年 12 月 20 日自客户收到一笔预付购货款,金额为 300 万元,并同时开出了发票。由于在年底前没有发出商品,不符合收入确认条件。会计将该笔款项作为预收账款核算。税务局征税时要求"以票控税",对已经开发票的预收跨年款计入当期应纳税所得额进行征税。

该预收账款在甲公司 2009 年 12 月 31 日资产负债表中的账面价值为 300 万元。

该预收账款的计税基础 = 账面价值 300 万元 – 未来期间计算应纳税所得额时按照税法规定可予抵扣的金额 300 万元 = 0

该项负债的账面价值 300 万元与其计税基础零之间产生的 300 万元差异,会减少企业于未来期间的应纳税所得额。

(三)应付职工薪酬

税法规定企业发生的合理的工资薪金支出,准予扣除。前款所称工资薪金,是指企业每一纳税年度支付给在本企业任职或者受雇的员工的所有现金形式或者非现金形式的劳动报酬,包括基本工资、奖金、津贴、补贴、年终加薪、加班工资,以及与员工任职或者受雇有关的其他支出。企业依照国务院有关主管部门或者省级人民政府规定的范围和标准为职工缴纳的基本养老保险费、基本医疗保险费、失业保险费、工伤保险费、生育保险费等基本社会保险费和住房公积金,准予扣除。企业为投资者或者职工支付的补充养老保险费、补充医疗保险费,在国务院财政、税务主管部门规定的范围和标准内,准予扣除。企业依照国家有关规定为特殊工种职工支付的人身安全保险费和国务院财政、税务主管部门规定可以扣除的其他商业保险费外,企业为投资者或者职工支付的商业保险费,不得扣除。

企业发生的职工福利费支出,不超过工资薪金总额14%的部分,准予扣除。企业拨缴的工会经费,不超过工资薪金总额2%的部分,准予扣除。除国务院财政、税务主管部门另有规定外,企业发生的职工教育经费支出,不超过工资薪金总额2.5%的部分,准予扣除;超过部分,准予在以后纳税年度结转扣除。

会计准则规定,企业为获得职工提供的服务给予的各种形式的报酬以及其他相关支出均应作为企业的成本费用,在未支付之前确认为负债。税法中对于合理的职工薪酬基本允许税前扣除,但税法中如果规定了税前扣除标准的,按照会计准则规定计入成本费用支出的金额超过规定标准部分,应进行纳税调整。因超过部分在发生当期不允许税前扣除,在以后期间也不允许税前扣除,即该部分差额对未来期间计税不产生影响,所以产生应付职工薪酬负债的账面价值等于计税基础。

【例6-13】 新气象股份有限公司2009年12月计入成本费用的职工工资总额为600万元,至2009年12月31日尚未支付。按照税法规定,当期计入成本费用的600万元工资支出中,可予税前扣除的合理部分为500万元。

2009年12月31日该项应付职工薪酬

账面价值 = 600万元。

计税基础 = 账面价值600万元 - 未来期间计算应纳税所得额时按照税法规定可予抵扣的金额0元 = 600万元

该项负债的账面价值600万元与其计税基础600万元相同,没有差异。

(四)其他负债

其他负债如企业应交的罚款和滞纳金等,在尚未支付之前按照会计规定确认为营业外支出,同时作为负债反映。税法规定,罚款和滞纳金不能税前扣除,即该部分费用无论是在发生当期还是在以后期间均不允许税前扣除,其计税基础为账面价值减去未来期间计税时可予税前扣除的金额零之间的差额,即计税基础等于账面价值。

其他交易或事项产生的负债,其计税基础的确定应当遵从税法的相关规定。

【例6-14】 某化工生产企业2009年12月因排污不当,受到环保部门的处罚,要求其支付罚款30万元。税法规定,企业因违反国家有关法律法规支付的罚款和滞纳金,计算应纳税所得额时不允许税前扣除。至2009年12月31日,该项罚款尚未支付。

2009年12月31日应支付罚款产生的负债

账面价值 = 30万元

计税基础 = 账面价值30万元 - 未来期间计算应纳税所得额时按照税法规定可予

抵扣的金额0元=30万元

该项负债的账面价值30万元与其计税基础30万元相同,没有差异。

三、暂时性差异

暂时性差异是指资产、负债的账面价值与其计税基础不同产生的差额。因资产、负债的账面价值与其计税基础不同,产生了在未来收回资产或清偿负债的期间内,应纳税所得额增加或减少并导致未来期间应交所得税增加或减少的情况,形成企业的资产和负债,在有关暂时性差异发生当期,符合确认条件的情况下,应当确认相关的递延所得税负债或递延所得税资产。

根据暂时性差异对未来期间应纳税所得额的影响,分为应纳税暂时性差异和可抵扣暂时性差异。

除因资产、负债的账面价值与其计税基础不同产生的暂时性差异以外,按照税法规定可以结转以后年度的未弥补亏损和税款抵减,也视同可抵扣暂时性差异处理。

(一)应纳税暂时性差异

应纳税暂时性差异,是指在确定未来收回资产或清偿负债期间的应纳税所得额时,将导致产生应税金额的暂时性差异。该差异在未来期间转回时,会增加转回期间的应纳税所得额,即在未来期间不考虑该事项影响的应纳税所得额的基础上,由于该暂时性差异的转回,会进一步增加转回期间的应纳税所得额和应缴所得税金额。在应纳税暂时性差异产生当期,应当确认相关的递延所得税负债。应纳税暂时性差异通常产生于以下情况:

1. 资产的账面价值大于其计税基础

一项资产的账面价值代表的是企业在持续使用或最终出售该项资产时将取得的经济利益的总额,而计税基础代表的是一项资产在未来期间可予税前扣除的金额。资产的账面价值大于其计税基础,该项资产未来期间产生的经济利益不能全部税前抵扣,两者之间的差额需要缴税,产生应纳税暂时性差异。例如,一项无形资产账面价值为200万元,计税基础如果为150万元,两者之间的差额会造成未来期间应纳税所得额和应缴所得税的增加。在其产生当期,在符合确认条件的情况下,应确认相关的递延所得税负债。

2. 负债的账面价值小于其计税基础

一项负债的账面价值为企业预计在未来期间清偿该项负债时的经济利益流出,而其计税基础代表的是账面价值在扣除税法规定未来期间允许税前扣除的金额之后的差额。因负债的账面价值与其计税基础不同产生的暂时性差异,本质上是税法规定就该项负债在未来期间可以税前扣除的金额(即与该项负债相关的费用支出在未来期间可予税前扣除的金额)。负债的账面价值小于其计税基础,则意味着就该项负债在未来期间可以税前抵扣的金额为负数,即应在未来期间应纳税所得额的基础上调增,增加应纳税所得额和应缴所得税金额,产生应纳税暂时性差异,应确认相关的递延所得税负债。

（二）可抵扣暂时性差异

可抵扣暂时性差异，是指在确定未来收回资产或清偿负债期间的应纳税所得额时，将导致产生可抵扣金额的暂时性差异。该差异在未来期间转回时会减少转回期间的应纳税所得额，减少未来期间的应缴所得税。在可抵扣暂时性差异产生当期，应当确认相关的递延所得税资产。可抵扣暂时性差异一般产生于以下情况：

1. 资产的账面价值小于其计税基础

当资产的账面价值小于其计税基础时，从经济含义来看，资产在未来期间产生的经济利益少，按照税法规定允许税前扣除的金额多，则就账面价值与计税基础之间的差额，企业在未来期间可以减少应纳税所得额并减少应缴所得税，符合有关条件时，应当确认相关的递延所得税资产。例如，一项资产的账面价值为200万元，计税基础为260万元，则企业在未来期间就该项资产可以在其自身取得经济利益的基础上多扣除60万元。从整体上来看，未来期间应纳税所得额会减少，应缴所得税也会减少，形成可抵扣暂时性差异，符合确认条件时，应确认相关的递延所得税资产。

2. 负债的账面价值大于其计税基础

当负债的账面价值大于其计税基础时，负债产生的暂时性差异实质上是税法规定就该项负债可以在未来期间税前扣除的金额。即负债产生的暂时性差异＝账面价值－计税基础＝账面价值－（账面价值－未来期间计税时按照税法规定可予税前扣除的金额）＝未来期间计税时按照税法规定可予税前扣除的金额

一项负债的账面价值大于其计税基础，意味着未来期间按照税法规定与该项负债相关的全部或部分支出可以从未来应税经济利益中扣除，减少未来期间的应纳税所得额和应缴所得税。例如，企业对将发生的产品保修费用在销售当期确认预计负债200万元，但税法规定有关费用支出只有在实际发生时才能够税前扣除，其计税基础为0；企业确认预计负债的当期相关费用不允许税前扣除，但在以后期间有关费用实际发生时允许税前扣除，使得未来期间的应纳税所得额和应缴所得税减少，产生可抵扣暂时性差异，符合有关确认条件时，应确认相关的递延所得税资产。

（三）特殊项目产生的暂时性差异

1. 未作为资产、负债确认的项目产生的暂时性差异

某些交易或事项发生以后，因为不符合资产、负债的确认条件而未体现为资产负债表中的资产或负债，但按照税法规定能够确定其计税基础的，其账面价值与计税基础之间的差异也构成暂时性差异。

【例6-15】 顺发公司2009年为进行业务宣传共支出了20万元，发生时已作为销售费用计入当期损益。税法规定，该类支出不超过当年销售收入15%的部分允许当期税前扣除，超过部分允许以后年度税前扣除。A公司2009年实现销售收入100万元。

该广告费支出因按照会计准则规定在发生时已计入销售费用，不体现为期末资产

负债表中的资产,如果将其视为资产,其账面价值为0。

按照税法规定,顺发公司当期可予税前扣除15万元,超过当期税前扣除的支出5万元可以于以后年度结转,其计税基础为5万元。

该项资产的账面价值0元与其计税基础5万元之间产生了5万元的暂时性差异,该暂时性差异在未来期间可减少企业的应纳税所得额,为可抵扣暂时性差异,符合确认条件时,应确认相关的递延所得税资产。

2. 可抵扣亏损及税款抵减产生的暂时性差异

税法规定,企业纳税年度发生的亏损,准予向以后年度结转,用以后年度的所得弥补,但结转年限最长不得超过5年。按税法规定可以结转以后年度的未弥补亏损及税款抵减,虽不是因资产、负债的账面价值与计税基础不同产生的,但本质上可抵扣亏损和税款抵减与可抵扣暂时性差异具有同样的作用,均能够减少未来期间的应纳税所得额和应缴所得税,视同可抵扣暂时性差异,在符合确认条件的情况下,应确认与其相关的递延所得税资产。

【例6-16】 红星公司于2009年度经营管理不善,发生亏损500万元,按照税法规定,该亏损可用于抵减以后5个年度的应纳税所得额。该公司预计其于未来5年期间能够产生足够的应纳税所得额弥补该亏损。

该经营亏损不是资产、负债的账面价值与其计税基础不同产生的,但从性质上可以减少未来期间企业的应纳税所得额和应交所得税,属于可抵扣暂时性差异。企业预计未来期间能够产生足够的应纳税所得额利用该可抵扣亏损时,应确认相关的递延所得税资产。

第三节 递延所得税负债及递延所得税资产的确认和计量

一、递延所得税资产的确认和计量

(一)确认递延所得税资产的一般原则

当资产的账面价值小于其计税基础或者负债的账面价值大于其计税基础时会产生可抵扣暂时性差异。可抵扣暂时性差异与所得税适用税率的乘积应确认为递延所得税资产。在确认时,应注意以下几方面:

1. 递延所得税资产的确认应以未来期间很可能取得的应纳税所得额为限。在可抵扣暂时性差异转回的未来期间内,企业无法产生足够的应纳税所得额用以抵减可抵扣暂时性差异的影响,使得与递延所得税资产相关的经济利益无法实现的,该部分递延所得税资产不应确认;企业有明确的证据表明其于可抵扣暂时性差异转回的未来期间能够产生足够的应纳税所得额,进而能够利用可抵扣暂时性差异的,则应以可能取得的应纳税所得额为限,确认相关的递延所得税资产。

在判断企业于可抵扣暂时性差异转回的未来期间是否能够产生足够的应纳税所得额时,应考虑企业在未来期间通过正常的生产经营活动能够实现的应纳税所得额以及以前期间产生的应纳税暂时性差异在未来期间转回时将增加的应纳税所得额。

考虑到可抵扣暂时性差异转回的期间内可能取得应纳税所得额的限制,因无法取得足够的应纳税所得额而未确认相关的递延所得税资产的,应在会计报表附注中进行披露。

【例6-17】 某该企业在2009年除广告费支出的会计处理与税务处理存在差异外,对于广告费支出在资产负债表中列示的账面价值0元与其计税基础500万元之间产生了500万元可抵扣暂时性差异,假定该企业使用的所得税税率为25%,不存在其他会计和税收之间的差异。估计于未来期间能够产生足够的应纳税所得额以利用该可抵扣暂时性差异,则企业应确认相关的递延所得税资产:

借:递延所得税资产　　　　　　　　　　　　　　1 250 000
　　贷:所得税费用　　　　　　　　　　　　　　　　1 250 000

2. 按照税法规定可以结转以后年度的未弥补亏损和税款抵减,应视同可抵扣暂时性差异处理。在预计可以利用可弥补亏损或税款抵减的未来期间内能够取得足够的应纳税所得额时,应当以很可能取得的应纳税所得额为限,确认相应的递延所得税资产,同时减少确认当期的所得税费用。

3. 与直接计入所有者权益的交易或事项相关的可抵扣暂时性差异,相应的递延所得税资产应计入所有者权益(资本公积)。如因可供出售金融资产公允价值下降而应确认的递延所得税资产。因为可供出售金融资产公允价值变动计入资本公积,其所得税影响也应计入资本公积,二者匹配。

【例6-18】 企业持有的某项可供出售金融资产,成本为200万元,会计期末,其公允价值为160万元,该企业适用的所得税税率为25%。

会计期末在确认40万元的公允价值变动时:

借:资本公积——其他资本公积　　　　　　　　　400 000
　　贷:可供出售金融资产　　　　　　　　　　　　　400 000

可供出售金融资产公允价值的变动导致其账面价值变动,但其计税基础不会随着公允价值的变动而变动,在计税基础仍为200万元的情况下,两者之间的差额40万元会减少企业在未来期间的应纳税所得额和应交所得税,属于可抵扣暂时性差异,应确认相关的递延所得税资产:

借:递延所得税资产　　　　　　　　　　　　　　100 000
　　贷:资本公积——其他资本公积　　　　　　　　　100 000

(二)不能确认为递延所得税资产的特殊情况

某些情况下,如果企业发生的某项交易或事项不属于企业合并,并且交易发生时既不影响会计利润也不影响应纳税所得额,且该项交易中产生的资产、负债的初始确认金额与其计税基础不同,产生可抵扣暂时性差异的,所得税会计中规定在交易或事项发生时不确认相关的递延所得税资产。

原因是如果确认递延所得税资产,则需调整资产、负债的入账价值,对实际成本进行调整将有违会计核算中的历史成本原则,影响会计信息的可靠性。因此企业会计准则规定不确认相应的递延所得税资产。

【例6-19】 某高新技术企业自行研究开发所形成的无形资产成本为600万元,因按照税法规定可予未来税前扣除的金额为900万元(600×150%),其计税基础为900万元,该项无形资产并非产生于企业合并,同时在初始确认时既不影响会计利润也不影响应纳税所得额,如果确认其账面价值与计税基础之间产生暂时性差异的所得税影响需要调整该项资产的历史成本。准则规定,因该项资产并非产生于企业合并,同时其初始计量既不影响会计利润也不影响应纳税所得额,不应确认相关的递延所得税资产。

(三)递延所得税资产计量

1. 适用税率的确定

确认递延所得税资产时,应当以预期收回该资产期间的适用所得税税率为基础计算确定。另外,无论相关的可抵扣暂时性差异转回期间如何,递延所得税资产均不要求折现。在可抵扣暂时性差异转回期间因税收法规的变化,导致企业在某一会计期间适用的所得税税率发生变化的,企业应对已确认的递延所得税资产按照新的税率进行重新计量。

2. 递延所得税资产账面价值的复核

资产负债表日,企业应当对递延所得税资产的账面价值进行复核。如果未来期间很可能无法取得足够的应纳税所得额用以利用递延所得税资产的利益,应当减记递延所得税资产的账面价值。递延所得税资产的账面价值减记以后,如果以后期间根据新的环境和情况判断能够产生足够的应纳税所得额利用可抵扣暂时性差异,使得递延所得税资产包含的经济利益能够实现的,应相应恢复递延所得税资产的账面价值。

【例6-20】 某公司2007年底购入一生产设备,成本300万元,预计净残值为0,预计使用年限5年,会计采用年数总和法计提折旧,税法规定计税时采用直线法计提折旧。假设使用期间未对设备计提减值准备。公司根据目前的经营情况预计未来5年有足够的应纳税所得额用以抵减可抵扣暂时性差异的影响,则该公司每年因固定资产账面价值与计税基础不同应予确认的递延所得税资产情况见表6-1。

表6-1   单位:万元

	2008年	2009年	2010年	2011年	2012年
实际成本	300	300	300	300	300
累计会计折旧	100	180	240	280	300
账面价值	200	120	60	20	0
累计计税折旧	60	120	180	240	300

续 表

计税基础	240	180	120	60	0
可抵扣暂时性差异	40	60	60	40	0
适用税率	25%	25%	25%	25%	25%
递延所得税资产余额	10	15	15	10	0

2008年12月31日确认递延所得税资产：

借：递延所得税资产　　　　　　　　　　　　　　　　100 000
　　贷：所得税费用　　　　　　　　　　　　　　　　　　　100 000

2009年12月31日调整递延所得税资产：15万元－10万元＝5万元

借：递延所得税资产　　　　　　　　　　　　　　　　 50 000
　　贷：所得税费用　　　　　　　　　　　　　　　　　　　 50 000

2010年12月31日不需要调整递延所得税资产

2011年12月31日调整递延所得税资产

10万元－15万元＝－5万元

借：所得税费用　　　　　　　　　　　　　　　　　　 50 000
　　贷：递延所得税资产　　　　　　　　　　　　　　　　　 50 000

2012年12月31日调整递延所得税资产

0万元－10万元＝－10万元

借：所得税费用　　　　　　　　　　　　　　　　　　100 000
　　贷：递延所得税资产　　　　　　　　　　　　　　　　　100 000

二、递延所得税负债的确认和计量

当资产的账面价值大于其计税基础或者负债的账面价值小于其计税基础时会产生应纳税暂时性差异。应纳税暂时性差异与所得税适用税率的乘积应确认为递延所得税负债。

（一）确认递延所得税负债的一般原则

除所得税准则中明确规定可不确认递延所得税负债的情况以外，企业对于所有的应纳税暂时性差异均应确认相关的递延所得税负债。除与直接计入所有者权益的交易或事项以及企业合并中取得资产、负债相关的以外，在确认递延所得税负债的同时，应增加利润表中的所得税费用。

（二）不确认递延所得税负债的特殊情况

有些情况下，虽然资产、负债的账面价值与其计税基础不同，产生了应纳税暂时性差异，但出于各方面考虑，所得税准则中规定不确认相应的递延所得税负债，主要包括：

1. 商誉的初始确认。非同一控制下的企业合并中，企业合并成本大于合并中取得的被购买方可辨认净资产公允价值份额的差额,按照会计准则规定应确认为商誉。因会计与税收的划分标准不同,会计上作为非同一控制下的企业合并,如果按照税法规定计税时作为免税合并的情况,商誉的计税基础为零,其账面价值与计税基础形成应纳税暂时性差异,准则中规定不确认与其相关的递延所得税负债。有关的会计核算参见第八章企业合并。

2. 除企业合并以外的其他交易或事项中,如果该项交易或事项发生时既不影响会计利润,也不影响应纳税所得额,则所产生的资产、负债的初始确认金额与其计税基础不同,形成应纳税暂时性差异的,交易或事项发生时不确认相应的递延所得税负债。

3. 与子公司、联营企业、合营企业投资等相关的应纳税暂时性差异,一般应确认相应的递延所得税负债,但同时满足以下两个条件的除外:一是投资企业能够控制暂时性差异转回的时间;二是该暂时性差异在可预见的未来很可能不会转回。满足上述条件时,投资企业可以运用自身的影响力决定暂时性差异的转回,如果不希望其转回,则在可预见的未来该项暂时性差异就不会转回,对未来期间计税不产生影响,从而无须确认相应的递延所得税负债。如果甲公司取得乙公司股权的目的并非为从乙公司分得利润,而是希望从乙公司持续得到原材料供应,同时与其他投资者签订协议,在被投资单位制定利润分配方案时作相同的表决意见,控制被投资单位利润分配的时间,从各方的协议情况看,不希望被投资单位在可预见的未来进行利润分配。因符合不确认递延所得税负债的条件,对该部分应纳税暂时性差异不确认相关的递延所得税负债。

(三)递延所得税负债的计量

所得税准则规定,资产负债表日,对于递延所得税负债,应当根据适用税法规定,按照预期收回该资产或清偿该负债期间的适用税率乘以应纳税暂时性差异来计量。无论应纳税暂时性差异的转回期间如何,相关的递延所得税负债不要求折现。在应纳税暂时性差异转回期间因税收法规的变化,导致企业在某一会计期间适用的所得税税率发生变化的,企业应对已确认的递延所得税负债按照新的税率进行重新计量。

【例6-21】 我们将【例6-20】稍加改动:某公司2007年底购入一生产设备,成本300万元,预计净残值为0,预计使用年限5年,会计采用直线法计提折旧,因该设备符合税法规定的税收优惠条件,计税时可以采用年数总和法计提折旧。税法规定的净残值和使用年限与会计相同。假设使用期间未对设备计提减值准备。则该公司每年因固定资产账面价值与计税基础不同应予确认的递延所得税负债情况见表6-2。

表6-2　　　　　　　　　　　　　　　　　　　　　　　　　　　单位:万元

	2008年	2009年	2010年	2011年	2012年
实际成本	300	300	300	300	300
累计会计折旧	60	120	180	240	300
账面价值	240	180	120	60	0

续表

累计计税折旧	100	180	240	280	300
计税基础	200	120	60	20	0
应纳税暂时性差异	40	60	60	40	0
适用税率	25%	25%	25%	25%	25%
递延所得税负债余额	10	15	15	10	0

2008年12月31日确认递延所得税负债：
借：所得税费用　　　　　　　　　　　　　　　　　　　　100 000
　　贷：递延所得税负债　　　　　　　　　　　　　　　　　　100 000
2009年12月31日调整所得税费用负债：
15万元 – 10万元 = 5万元
借：所得税费用　　　　　　　　　　　　　　　　　　　　 50 000
　　贷：递延所得税负债　　　　　　　　　　　　　　　　　　 50 000
2010年12月31日不需要调整递延所得税负债
2011年12月31日调整递延所得税负债
10万元 – 15万元 = –5万元
借：递延所得税负债　　　　　　　　　　　　　　　　　　 50 000
　　贷：所得税费用　　　　　　　　　　　　　　　　　　　　 50 000
2012年12月31日调整递延所得税负债
0万元 – 10万元 = –10万元
借：递延所得税负债　　　　　　　　　　　　　　　　　　100 000
　　贷：所得税费用　　　　　　　　　　　　　　　　　　　　100 000

第四节　所得税费用的确认和计量

　　所得税费用是一个会计概念，所得税是指企业所得税。根据会计基本准则规定，费用是指企业在日常活动中发生的、会导致所有者权益减少的、与向所有者分配利润无关的经济利益的总流出。费用在经济利益很可能流出从而导致企业资产减少或者负债增加，且经济利益的流出额能够可靠计量时予以确认。符合费用定义和费用确认条件的项目，应当列入利润表。所得税费用是根据会计准则确定的。
　　从会计的角度来看，企业缴纳的所得税和其他费用一样，符合费用的定义和确认的条件，所以也属于一项费用，称为所得税费用。企业核算所得税，主要是为确定当期应缴所得税以及利润表中应确认的所得税费用。按照资产负债表债务法核算所得税的情况下，利润表中的所得税费用由两个部分组成：当期所得税和递延所得税。

从税法的角度来看,所得税是一种纳税义务,而不是一项费用,企业应该不把所得税作为费用的前提下,计算应纳税所得额,缴纳所得税后,再对税后利润进行分配。《企业所得税法》第八条规定,企业实际发生的与取得收入有关的、合理的支出,包括成本、费用、税金、损失和其他支出,可以在计算应纳税所得额时扣除。《实施条例》第二十九条规定,企业所得税法第八条所称成本,是指企业在生产经营活动中发生的销售成本、销货成本、业务支出以及其他耗费。第三十条规定,企业所得税法第八条所称费用,是指企业在生产经营活动中发生的销售费用、管理费用和财务费用,已经计入成本的有关费用除外。第三十一条规定,企业所得税法第八条所称税金,是指企业发生的除企业所得税和允许抵扣的增值税以外的各项税金及其附加。《企业所得税法》第十条规定,企业所得税税款在计算应纳税所得额时不得扣除。所以,税法上没有所得税费用之说。

按照资产负债表债务法核算所得税的最终目标就是合理确定按当期应纳税所得额,将应纳税所得额与适用的所得税税率相乘计算的结果确认为当期应交所得税。同时确定利润表中的所得税费用。利润表中的所得税费用包括当期所得税和递延所得税两个组成部分,企业在计算确定了当期所得税和递延所得税后,两者之和(或之差),是利润表中的所得税费用。

一、当期所得税

企业在确定当期所得税时,对于当期发生的交易或事项,会计处理与税收处理不同的,应在会计利润的基础上,按照适用税收法规的规定进行纳税调整,计算出当期应纳税所得额,按照应纳税所得额与适用所得税税率计算确定当期应缴所得税。一般情况下,应纳税所得额可在会计利润的基础上,考虑会计与税收之间的差异,按照以下公式计算确定:

应纳税所得额 = 会计利润 + 按照会计准则规定计入利润表但计税时不允许税前扣除的费用 ± 计入利润表的费用与按照税法规定可予税前抵扣的费用金额之间的差额 ± 计入利润表的收入与按照税法规定应计入应纳税所得额的收入之间的差额 – 税法规定的不征税收入 ± 其他需要调整的因素

当期所得税 = 当期应交所得税 = 应纳税所得额 × 适用税率

二、递延所得税

递延所得税,是指按照所得税准则规定,应予确认的递延所得税资产和递延所得税负债,在期末应有的金额相对于原已确认金额之间的差额,即递延所得税资产及递延所得税负债当期发生额的综合结果。用公式表示即为:

递延所得税 = (期末递延所得税负债 – 期初递延所得税负债) – (期末递延所得税资产 – 期初递延所得税资产)

应予说明的是,企业因确认递延所得税资产和递延所得税负债产生的递延所得

税,一般应当记入所得税费用,但以下两种情况除外:

(1)某项交易或事项按照会计准则规定应计入所有者权益的,由该交易或事项产生的递延所得税资产或递延所得税负债及其变化亦应计入所有者权益,不构成利润表中的递延所得税费用(或收益)。例如:可供出售的金融资产,其会计期末账面价值和计税基础之间产生的暂时性差异所确认的递延所得税资产或递延所得税负债不计入所得税费用而是计入资本公积。

(2)企业合并中取得的资产、负债,其账面价值与计税基础不同,应确认相关递延所得税的,该递延所得税的确认影响合并中产生的商誉或是计入合并当期损益的金额,不影响所得税费用。

三、所得税费用

利润表中所得税费用的计算公式如下:
所得税费用 = 当期所得税 ± 递延所得税

【例6-22】 五环公司采用资产负债表债务法核算所得税费用,适用的所得税税率为25%。2009年1月1日递延所得税负债的期初余额5万元和递延所得税资产期初余额90万元。该公司2009年利润总额为6 000万元,假定预期未来期间五环公司适用的所得税税率不发生变化。预计未来期间能够产生足够的应纳税所得额以抵扣可抵扣暂时性差异。

当年发生的交易或事项中,会计规定与税法规定存在差异的项目如下:

1. 2009年2月1日至7月1日,五环公司研究开发一项专利技术,共发生研究开发支出500万元,其中符合资本化条件的开发支出共计360万元。7月1日,该专利技术达到预定用途,会计和税法均采用直线法按10年摊销。税法规定,企业为开发新技术、新产品、新工艺发生的研究开发费用,未形成无形资产计入当期损益的,在按照规定据实扣除的基础上,按照研究开发费用的50%加计扣除;形成无形资产的,按照无形资产成本的150%摊销。

2. 按照销售合同规定,五环公司承诺对销售的甲产品提供3年免费售后服务。五环公司2009年销售的甲产品预计在售后服务期间将发生的费用为200万元,已计入当期损益。税法规定,与产品售后服务相关的支出在实际发生时允许税前扣除。五环公司2009年实际发生售后服务支出50万元。

3. 五环公司2009年以1 000万元取得一项到期还本付息的国债投资,作为持有至到期投资核算。该投资实际利率与票面利率相差较小,五环公司采用票面利率计算确认利息收入,当年确认国债利息收入50万元,计入持有至到期投资账面价值,该国债投资在持有期间未发生减值。税法规定,国债利息收入免征所得税。

4. 2009年12月31日,五环公司对四海公司长期股权投资按权益法核算确认的投资收益为100万元,该项投资于2009年3月1日取得,取得时成本为1 000万元(税法认定的取得成本也为1 000万元),该项长期股权投资2009年持有期间除确认投资收益外,未发生其他增减变动事项。假定五环公司和四海公司适用的所得税税率相同。五环公司没有出售该长期股权投资的计划。

5. 2009年4月,五环公司自公开市场购入基金,作为交易性金融资产核算,取得成本为500万元;2009年12月31日该基金的公允价值为400万元,公允价值相对账面价值的变动已计入当期损益,持有期间基金未进行分配。税法规定,该类资产在持有期间公允价值变动不计入应纳税所得额,待处置时一并计入应纳税所得额的金额。

6. 2009年12月31日,五环公司计提了存货跌价准备10万元。该存货是年初购入的一批材料,成本价100万元。

7. 2009年1月开始计提折旧的一项固定资产,成本为1 500万元,使用年限为10年,净残值为0,会计处理按双倍余额递减法计提折旧,税收处理按直线法计提折旧。假定税法规定的使用年限及净残值与会计规定相同。没有对此项固定资产计提减值准备。

要求:

1. 确定五环公司上述交易或事项中资产、负债在2009年12月31日的计税基础,同时比较其账面价值与计税基础,计算所产生的应纳税暂时性差异或可抵扣暂时性差异的金额。
2. 计算五环公司2009年应纳税所得额、应交所得税、递延所得税和所得税费用。
3. 编制五环公司2009年确认所得税费用的会计分录。

解答:

1. 有关资产、负债的账面价值与计税基础的计算以及暂时性差异的确定

(1) 无形资产账面价值 = 360 - 360÷10×6/12 = 342万元

无形资产计税基础 = 342×150% = 513万元

注意按照会计准则规定,该项无形资产并非产生于企业合并,同时在初始确认时既不影响会计利润也不影响应纳税所得额,其账面价值与计税基础之间产生可抵扣暂时性差异不能确认为递延所得税资产。

(2) 预计负债账面价值 = 200 - 50 = 150万元

预计负债计税基础 = 150 - 150 = 0万元

预计负债形成的可抵扣暂时性差异为150万元

(3) 持有至到期投资账面价值 = 计税基础,但国债利息50万元收入免征所得税。

(4) 长期股权投资账面价值 = 1 000 + 100 = 1 100万元

长期股权投计税基础 = 1 000万元

形成的应纳税暂时性差异为100万元

(5) 交易性金融资产账面价值 = 400万元

交易性金融资产计税基础 = 500万元

形成的可抵扣暂时性差异为100万元

(6) 存货账面价值 = 90万元

存货计税基础 = 100万元

形成的可抵扣暂时性差异为10万元

(7)固定资产账面价值 = 1 500 - 1 500 × 2/10 = 1 200 万元

固定资产计税基础 = 1 500 - 1 500 × 1/10 = 1 350 万元

形成的可抵扣暂时性差异为 150 万元

我们将上面的计算结果汇总见表 6 - 3：

表 6 - 3　　　　　　　　　　　　　　　　　　　　　　　　　　　单位：万元

项目	账面价值	计税基础	差异	
			应纳税暂时性差异	可抵扣暂时性差异
无形资产	342	513		
预计负债	150	0		150
持有至到期投资	1 050	1 050		
长期股权投资	1 100	1 000	100	
交易性金融资产	400	500		100
存货	90	100		10
固定资产	1 200	1 350		150
合计			100	410

2. 五环公司 2009 年 12 月 31 日应纳税所得额、应交所得税、递延所得税和所得税费用的计算

(1)应纳税所得额

应纳税所得额 = 会计利润 + 按照会计准则规定计入利润表但计税时不允许税前扣除的费用计入利润表的费用与按照税法规定可予税前抵扣的费用金额之间的差额 ± 计入利润表的收入与按照税法规定应计入应纳税所得额的收入之间的差额 - 税法规定的不征税收入 ± 其他需要调整的因素

= 6 000 - (500 - 360) × 50% - 360 ÷ 10 × 6/12 × 50% + 150 - 50 - 100 + 100 + 10 + 150

= 6 000 - 70 - 9 + 150 - 50 - 100 + 100 + 10 + 150

= 6 181(万元)

(2)应交所得税

应交所得税 = 应纳税所得额 × 适用税率

= 6 181 万元 × 25% = 1 545.25 万元

(3)递延所得税

递延所得税资产 = 410 × 25% = 102.5(万元)

递延所得税负债 = 100 × 25% = 25(万元)

递延所得税 = (期末递延所得税负债 - 期初递延所得税负债) - (期末递延所得税资产 - 期初递延所得税资产)

= (25 - 5) - (102.5 - 90)

= 20 - 12.5

= 7.5(万元)

(4)所得税费用

所得税费用 = 当期应交所得税 + 递延所得税
= 1 545.25 + 7.5
= 1 552.75(万元)

3. 五环公司 2009 年确认所得税费用的会计分录。

借:所得税费用　　　　　　　　　　　　　　15 527 500
　　递延所得税资产　　　　　　　　　　　　 1 025 000
　　贷:应交税费——应交所得税　　　　　　 15 452 500
　　　　递延所得税负债　　　　　　　　　　　　250 000

第五节　所得税的列报

企业对所得税的核算结果,除利润表中列示的所得税费用以外,在资产负债表中形成的应交税费(应交所得税)以及递延所得税资产和递延所得税负债应当遵循准则规定列报。其中,递延所得税资产和递延所得税负债一般应当分别作为非流动资产和非流动负债在资产负债表中列示,所得税费用应当在利润表中单独列示,同时还应在附注中披露与所得税有关的下列信息:

(1)所得税费用(收益)的主要组成部分。

(2)对所得税费用(收益)与会计利润之间的关系作出解释。

(3)未确认递延所得税资产的可抵扣暂时性差异、可抵扣亏损的金额(如果存在到期日,还应披露到期日)。

(4)对每一类暂时性差异和可抵扣亏损,在列报期间确认的递延所得税资产或递延所得税负债的金额;确认递延所得税资产的依据。

(5)未确认递延所得税负债的、与对子公司、联营企业及合营企业投资相关的暂时性差异金额。

本章参考文献

1. 中华人民共和国财政部. 企业会计准则 2006. 经济科学出版社. 2006
2. 中华人民共和国财政部. 企业会计准则：应用指南 2006. 中国财政经济出版社, 2006
3. 王爱国, 郑伟主编. 高级财务会计学. 山东人民出版社. 2009
4. 刘永泽, 傅荣主编. 高级财务会计. 东北财经大学出版社. 2007
5. 闫达五, 耿建新, 戴德明编著. 高级会计学. 中国人民大学出版社. 2007
6. 中国注册会计师协会编. 税法. 经济科学出版社. 2010
7. 中国注册会计师协会编. 会计. 中国财政经济出版社. 2010
8. 汤湘希主编. 高级财务会计. 经济科学出版社. 2010
9. 梁莱歆主编. 高级财务会计. 上海财经大学出版社. 2010

【课后练习题】

名词解释

资产的计税基础　　　负债的计税基础　　　应纳税暂时性差异
可抵扣暂时性差异　　递延所得说资产　　　递延所得说负债
所得税费用

选择题

一、单项选择题

1. 某公司 2007 年 12 月 1 日购入的一项环保设备, 原价为 1 000 万元, 使用年限为 10 年, 会计处理时按照直线法计提折旧, 税收规定允许按双倍余额递减法计提折旧, 设备净残值为 0。2009 年末企业对该项固定资产计提了 80 万元的固定资产减值准备。2009 年末该项设备的计税基础是(　　)万元。

　　A. 800　　　　　　B. 720　　　　　　C. 640　　　　　　D. 560

2. 下列交易或事项中, 其计税基础不等于账面价值的是(　　)。

　　A. 企业因销售商品提供售后服务等原因于当期确认了 100 万元的预计负债

　　B. 企业为关联方提供债务担保确认了预计负债 1 000 万元

　　C. 企业当期确认应支付的职工工资及其他薪金性质支出计 1 000 万元, 尚未支付。按照税法规定的计税工资标准可以于当期扣除的部分为 800 万元

　　D. 税法规定的收入确认时点与会计准则一致, 会计确认预收账款 500 万元

3. 甲公司 2006 年 12 月 1 日购入的一项环保设备,原价为 1 000 万元,使用年限为 10 年,会计处理时按照直线法计提折旧,税收规定允许按双倍余额递减法计提折旧,设备净残值为 0。2008 年末企业对该项固定资产计提了 40 万元的固定资产减值准备,甲公司所得税税率为 33%。甲公司对该项设备 2008 年度应贷记(　　)。

  A. 递延所得税负债 39.6 万元　　　　　B. 递延所得税负债 6.6 万元
  C. 递延所得税资产 39.6 万元　　　　　D. 递延所得税资产 6.6 万元

4. 甲股份公司自 2007 年 2 月 1 日起自行研究开发一项新产品专利技术,2007 年度在研究开发过程中发生研究费用 300 万元,开发支出 600 万元(符合资本化条件),2008 年 4 月 2 日该项专利技术获得成功并申请取得专利权。甲公司发生的研究开发支出符合税法规定的条件,可税前加计扣除(即按当期实际发生的研究开发支出的 150% 加计扣除)。甲公司预计该项专利权的使用年限为 5 年,法律规定的有效年限为 10 年,预计该项专利为企业带来的经济利益会逐期递减,因此,采用年数总和法进行摊销。2008 年末该项无形资产产生的暂时性差异为(　　)万元。

  A. 105　　　　B. 400　　　　C. 450　　　　D. 675

5. 按照《企业会计准则第 18 号——所得税》的规定,下列资产、负债项目的账面价值与其计税基础之间的差额,不确认递延所得税的是(　　)。

  A. 企业自行研究开发的专利权
  B. 期末按公允价值调增可供出售金融资产的金额
  C. 因非同一控制下的企业合并初始确认的商誉
  D. 企业因销售商品提供售后服务确认的预计负债

6. 企业因下列事项所确认的递延所得税,不计入利润表所得税费用的是(　　)。

  A. 期末按公允价值调增可供出售金融资产的金额,产生的应纳税暂时性差异
  B. 期末按公允价值调减交易性金融资产的金额,产生的可抵扣暂时性差异
  C. 期末按公允价值调增交易性金融资产的金额,产生的应纳税暂时性差异
  D. 期末按公允价值调增投资性房地产的金额,产生的应纳税暂时性差异

7. 甲公司 2007 年实现利润总额为 1 000 万元,当年实际发生工资薪酬比计税工资标准超支 50 万元,由于会计采用的折旧方法与税法规定不同,当期会计比税法规定少计提折旧 100 万元。2007 年初递延所得税负债的余额为 66 万元;年末固定资产账面价值为 5 000 万元,其计税基础为 4 700 万元。除上述差异外没有其他纳税调整事项和差异。甲公司适用所得税税率为 33%。甲公司 2007 年的净利润为(　　)万元。

  A. 670　　　　B. 686.5　　　　C. 719.5　　　　D. 653.5

8. A 公司于 2007 年 7 月 1 日从证券市场上购入 B 公司发行在外 20% 的股份准备长期持有,从而对 B 公司具有重大影响,A 公司采用权益法核算对 B 公司的投资。B 公司 2007 年度实现净利润 12 750 万元,其中 1—6 月份实现净利润 4 250 万元。A 公司适用的所得税税率为 33%,B 公司适用的所得税税率为 15%。2007 年 12 月 31 日 A 公司应确认的递延所得税负债为(　　)万元。

  A. 360　　　　B. 180　　　　C. 1 800　　　　D. 306

第六章 所得税会计 ·133·

9.甲公司于 2007 年 1 月 1 日开业,2007 年和 2008 年免征企业所得税,从 2009 年开始适用的所得税税率为 33%。甲公司 2007 年开始计提折旧的一台设备,2007 年 12 月 31 日其账面价值为 6 000 元,计税基础为 8 000 元;2008 年 12 月 31 日账面价值为 3 600 元,计税基础为 6 000 元。假定资产负债表日,有确凿证据表明未来期间很可能获得足够的应纳税所得额用来抵扣可抵扣暂时性差异。2008 年应确认的递延所得税资产发生额为(　　)元。

A.0　　　　　　　　　　　　B.132(借方)
C.792(借方)　　　　　　　　D.132(贷方)

10.A 公司 2008 年实现利润总额为 1 000 万元,由于违法经营支付罚款 50 万元,由于会计采用的折旧方法与税法规定不同,当期会计比税法规定少计提折旧 100 万元。2008 年初递延所得税负债的余额为 66 万元(假定均为固定资产产生);年末固定资产账面价值为 5 000 万元,其计税基础为 4 700 万元。除上述差异外没有其他纳税调整事项和差异。A 公司采用资产负债表债务法核算所得税,从 2008 年 1 月 1 日起适用的所得税税率改为 25%。A 公司 2008 年的净利润为(　　)万元。

A.670　　　　　　　　　　　B.686.5
C.719.5　　　　　　　　　　D.753.5

11.甲公司 2007 年 12 月 7 日购入一套生产设备,原价为 2 600 万元,预计使用年限为 10 年,按照直线法计提折旧,税法规定允许按双倍余额递减法计提折旧,该设备的预计净残值为 0。2008 年末甲公司对该项固定资产计提了 148 万元的固定资产减值准备,计提减值后折旧方法、折旧年限及预计净残值不变。2009 年末该项设备累计产生(　　)。

A.应纳税暂时性差异 284.44 万元　　　B.应纳税暂时性差异 148 万元
C.可抵扣暂时性差异 274 万元　　　　D.可抵扣暂时性差异 603.5 万元

12.下列项目中,产生可抵扣暂时性差异的有(　　)。

A.期末固定资产账面价值大于其计税基础
B.可供出售金融资产期末公允价值大于取得时成本
C.持有至到期投资国债利息收入
D.期末无形资产账面价值小于其计税基础

13.下列项目中,可能会产生暂时性差异的是(　　)。

A.因担保而发生的支出(税法不允许扣除)
B.可以在税前补亏的未弥补亏损
C.取得国债利息收入
D.超过税前扣除限额的业务招待费支出

二、多项选择题

1.下列各事项中,计税基础等于账面价值的有(　　)。

A.支付的各项赞助费　　　　　　　B.购买国债确认的利息收入
C.支付的违反税收规定的罚款　　　D.支付的滞纳金

2. 采用资产负债表债务法时,调减所得税费用的项目包括(　　)。

A. 本期由于税率变动或开征新税调减的递延所得税资产或调增的递延所得税负债

B. 本期转回的前期确认的递延所得税资产

C. 本期由于税率变动或开征新税调增的递延所得税资产或调减的递延所得税负债

D. 本期转回的前期确认的递延所得税负债

3. 在发生的下列交易或事项中,会产生应纳税暂时性差异的有(　　)。

A. 企业购入固定资产,会计采用直线法计提折旧,税法规定采用年数总和法计提折旧

B. 企业购入交易性金融资产,购入当期期末公允价值小于其初始确认金额

C. 企业购入无形资产,作为使用寿命不确定的无形资产进行核算,期末没有计提减值准备

D. 企业购入可供出售金融资产,购入当期期末公允价值大于初始确认金额

4. 下列项目中,应确认递延所得税负债的有(　　)。

A. 固定资产账面价值大于其计税基础

B. 固定资产账面价值小于其计税基础

C. 可供出售金融资产账面价值大于其计税基础

D. 预计负债账面价值大于其计税基础

5. 根据我国企业会计准则的规定,下列项目中不应确认递延所得税的有(　　)。

A. 非同一控制下的企业合并中初始确认的商誉产生的应纳税暂时性差异

B. 与合营企业投资相关的应纳税暂时性差异,投资企业能够控制暂时性差异转回的时间并且在可预见的未来很可能不会转回

C. 与联营企业投资相关的应纳税暂时性差异,投资企业能够控制暂时性差异转回的时间并且在可预见的未来很可能不会转回

D. 与联营企业投资相关的应纳税暂时性差异,投资企业能够控制暂时性差异转回的时间,该暂时性差异在可预见的未来很可能转回

6. 下列项目中,会产生可抵扣暂时性差异的有(　　)。

A. 预提产品售后保修费用

B. 计提存货跌价准备

C. 会计计提的折旧大于税法规定的折旧

D. 会计计提的折旧小于税法规定的折旧

业务题

一、甲股份有限公司2008年适用的所得税税率为25%,假定税法规定,保修费在实际发生时可以在应纳税所得额中扣除。"递延所得税资产"2008年初余额为11.25万元(均为产品质量保证形成的,即 $45 \times 25\% = 11.25$)。2008年发生下列有关经济业务:

1. 2008年税前会计利润为1 000万元。
2. 2008年末甲公司对售出的A产品可能发生的三包费用,按照当期该产品销售收入的2%预计产品修理费用。甲公司从2007年1月起为售出产品提供"三包"服务,规定产品出售后一定期限内出现质量问题,负责退换或免费提供修理。假定只生产和销售A种产品。在2008年年初"预计负债——产品质量保证"账面余额为45万元,甲产品的"三包"期限为2年。2008年末实际销售收入为2 000万元,实际发生修理费用30万元,均为人工费用。

要求:
1. 根据上述业务,做出实际发生修理费的账务处理。
2. 编制2008年末确认预计负债相关的会计分录,并计算期末"预计负债"的余额。
3. 计算甲公司2008年度的所得税费用,并做出相关的账务处理。

二、大海公司2009年1月1日递延所得税资产为6万元,递延所得税负债为9万元,该公司适用的所得税税率变更为25%。

该公司2009年利润总额为4960万元,涉及所得税会计的交易或事项如下:

1. 2009年1月1日,以2 000万元自证券市场购入当日发行的一项3年期到期还本付息国债。该国债票面金额为2 000万元,票面年利率和实际利率均为5%,到期日为2011年12月31日。大海公司将该国债作为持有至到期投资核算。税法规定,国债利息收入免交所得税。

2. 2008年12月15日,大海公司购入一项管理用设备,支付购买价款、运输费、安装费等共计1 200万元。12月26日,该设备经安装达到预定可使用状态。大海公司预计该设备使用年限为10年,预计净残值为零,采用年限平均法计提折旧。税法规定,该类固定资产的折旧年限为20年。假定大海公司该设备预计净残值和采用的折旧方法符合税法规定。

3. 2009年6月20日,大海公司因废水超标排放被环保部门处以100万元罚款,罚款已用银行存款支付。税法规定,企业违反国家法规所支付的罚款不允许在税前扣除。

4. 2009年9月12日,大海公司自证券市场购入某股票,支付价款200万元(假定不考虑交易费用)。大海公司将该股票作为交易性金融资产核算。12月31日,该股票的公允价值为220万元。税法规定,交易性金融资产持有期间公允价值变动金额不计入应纳税所得额,待出售时一并计入应纳税所得额。

5. 2009年10月10日,大海公司由于为乙公司银行借款提供担保,乙公司未如期偿还借款,而被银行提起诉讼,要求其履行担保责任。12月31日,该诉讼尚未审结。大海公司预计履行该担保责任很可能支出的金额为1 000万元。税法规定,企业为其他单位债务提供担保发生的损失不允许在税前扣除。

6. 其他有关资料如下:
(1)大海公司上述交易或事项均按照企业会计准则的规定进行了处理。

（2）大海公司预计在未来期间有足够的应纳税所得额用于抵扣可抵扣暂时性差异。

要求：

1. 根据上述交易或事项，填列"大海公司 2009 年 12 月 31 日暂时性差异计算表 6-4"。

表 6-4　　　　　　　　　　　大海公司暂时性差异计算表
　　　　　　　　　　　　　　　2009 年 12 月 31 日　　　　　　　　　　　　单位：万元

项目	账面价值	计税基础	差异	
			应纳税暂时性差异	可抵扣暂时性差异
持有至到期投资				
固定资产				
交易性金融资产				
预计负债				

2. 计算大海公司 2009 年应纳税所得额和应交所得税。
3. 计算大海公司 2009 年应确认的递延所得税和所得税费用。
4. 编制大海公司 2009 年确认所得税费用的相关会计分录。

第七章　外币折算

【内容简介】　本章主要介绍了外币交易的会计处理和外币报表折算的方法。主要解决采用何种汇率折算外币交易中的外币金额以及采用何种汇率折算外币财务报表的问题。外币折算过程中产生的汇兑损益以及外币报表折算差额的会计处理也是重点内容。

主要内容包括：

一是外币交易的会计处理。我国企业会计准则要求，企业在处理外币交易时，采用两笔交易观，对外币交易汇兑损益的处理采用当期确认法进行核算。企业发生外币交易时，将外币金额按照交易日的即期汇率或即期汇率的近似汇率折算为记账本位币金额，按照折算后的记账本位币金额登记有关账户；资产负债表日，企业应当分别外币货币性项目和外币非货币性项目进行处理。对货币性项目采用结算资产负债表日即期汇率进行折算并将汇兑差额计入当期损益。结算日，将其外币结算金额按照当日即期汇率折算为记账本位币金额，并与原记账本位币金额相比较，其差额计入当期损益。

二是外币报表折算。我国的做法是采用现行汇率法，外币报表折算差额作递延处理，折算差额应当在并入后的资产负债表中作为所有者权益项目单独列示，其中属于少数股东权益部分，应当并入少数股东权益项目。企业对境外经营财务报表进行折算时应将资产负债表中的资产和负债项目，采用资产负债表日的即期汇率折算，所有者权益项目除"未分配利润"项目外，其他项目采用发生时的即期汇率折算。利润表中的收入和费用项目，采用交易发生日的即期汇率或即期汇率的近似汇率折算。产生的外币财务报表折算差额，在编制合并会计报表时，应在合并资产负债表中所有者权益项目下单独作为"外币报表折算差额"项目列示。

【学习目的与要求】

1. 了解外币业务有关的各种汇率。
2. 了解外币交易的两个观点。
3. 了解外币报表折算的四种方法。
4. 理解汇兑损益和会计报表折算差额的区别和处理方法。
5. 熟练掌握各种外币交易的会计处理。
6. 掌握我国外币报表的折算方法。

第一节 外币业务概述

在经济全球化的趋势下,资本的跨国流动和国际贸易不断扩大。外商独资企业、合资企业在我国不断增多。内资企业与国际市场之间的业务往来也不断增加。这些企业可能以不同国家的货币对发生的交易进行计价和结算。我国企业在境外的子公司、合营企业、联营企业、分支机构或者在境内的子公司、合营企业、联营企业、分支机构,也可以采用不同于企业记账本位币的货币进行记账。

一、记账本位币与外币

(一)记账本位币

记账本位币是指企业经营所处的主要经济环境中的货币。主要经济环境,通常是指企业主要产生和支出现金的环境,使用该环境中的货币最能反映企业的主要交易的经济结果。例如,我国大多数企业主要产生和支出现金的环境在国内。因此,一般以人民币作为记账本位币。企业选定记账本位币,一般应考虑下列因素:

(1)该货币主要影响商品和劳务的销售价格,通常以该货币进行商品和劳务的计价和结算。如国内甲公司为从事贸易的企业,90%以上的销售收入以人民币计价和结算。人民币是主要影响甲公司商品和劳务销售价格的货币。

(2)该货币主要影响商品和劳务所需人工、材料和其他费用,通常以该货币进行上述费用的计价和结算。如国内乙公司为工业企业,所需机器设备、厂房、人工、以及原材料等在国内采购,以人民币计价和结算。人民币是主要影响商品和劳务所需人工、材料和其他费用的货币。

实务中,企业选定记账本位币,通常应综合考虑上述两项因素,而不是仅考虑其中一项,因为企业的经营活动往往是收支并存的。

(3)融资活动获得的货币以及保存从经营活动中收取款项所使用的货币。在有些情况下,企业根据收支情况难以确定记账本位币,需要在收支基础上结合融资活动获得的资金或保存从经营活动中收取款项时所使用的货币,进行综合分析后做出判断。

【例7-1】 国内丙公司为外贸自营出口企业,超过70%的营业收入来自向欧盟各国的出口,其商品销售价格主要受欧元的影响,以欧元计价,因此,从影响商品和劳务销售价格的角度看,丙公司应选择欧元作为记账本位币。如果丙公司除厂房设施、30%的人工成本在国内以人民币采购外,生产所需原材料、机器设备及70%以上的人工成本以欧元在欧盟市场采购,则可确定丙公司的记账本位币是欧元。但是,如果丙公司的人工成本、原材料及相应的厂房设施、机器设备等95%以上在国内采购并以人民币计价,则难以判定丙公司的记账本位币应选择欧元还是人民币,还需要结合第三项因素予以确定。如果丙公司取得的欧元营业收入在汇回国内时直接换成了人民币存款,且丙公司对欧元波动产生的外币风险进行了套期保值,丙公司可以确定其记账本位币为人民币。

【例7-2】 丁公司为国内一家婴儿配方奶粉加工企业,其原材料牛奶全部来自澳大利亚,主要加工技术、机器设备及主要技术人员均由澳大利亚方面提供,生产的婴儿配方奶粉面向国内出售。企业依据第一、二项因素难以确定记账本位币。需要考虑第三项因素。假定为满足采购原材料牛奶等所需澳元的需要,丁公司向澳大利亚某银行借款10亿澳元,期限为20年,该借款是丁公司当期流动资金净额的4倍。由于原材料采购以澳元结算,且企业经营所需要的营运资金,即融资获得的资金也使用澳元,因此,丁公司应当以澳元作为记账本位币。

综上所述,企业确定本企业记账本位币时,在多种因素混合在一起、记账本位币不明显的情况下,应当优先考虑上述第1和第2项因素,然后考虑融资活动获得的货币、保存从经营活动中收取款项时所使用的货币,以确定记账本位币。需要说明的是,在确定企业的记账本位币时,上述因素的重要程度因企业具体情况不同而不同,需要企业管理层根据实际情况进行判断,但是,这并不能说明企业管理层可以根据需要随意选择记账本位币,而根据实际情况确定的记账本位币只能有一种货币。

企业记账本位币一经确定,不得随意变更,除非企业经营所处的主要经济环境发生重大变化。企业因经营所处的主要经济环境发生重大变化,确需变更记账本位币的,应当采用变更当日的即期汇率将所有项目折算为变更后的记账本位币。

(二)境外经营记账本位币的确定

1. 境外经营的含义

境外经营是指企业在境外的子公司、合营企业、联营企业、分支机构。当企业在境内的子公司、联营企业、合营企业或者分支机构,选定的记账本位币不同于企业的记账本位币时,也应当视同境外经营。

2. 企业选定境外经营的记账本位币,除考虑上述一般因素外,还应当考虑下列因素:

(1)境外经营对其所从事的活动是否拥有很强的自主性。如果境外经营所从事的活动是视同企业经营活动的延伸,该境外经营应当选择与企业记账本位币相同的货币作为记账本位币,如果境外经营所从事的活动拥有极大的自主性,境外经营不能选择与企业记账本位币相同的货币作为记账本位币。

(2)境外经营活动与企业的交易是否在境外经营活动中占有较大比重。如果境外经营与企业的交易在境外经营活动中所占的比例较高,境外经营应当选择与企业记账本位币相同的货币作为记账本位币,反之,应选择其他货币。

(3)境外经营活动产生的现金流量是否直接影响企业的现金流量,是否可以随时汇回。如果境外经营活动产生的现金流量直接影响企业的现金流量,并可随时汇回,境外经营应当选择与企业记账本位币相同的货币作为记账本位币,反之,应选择其他货币。

(4)境外经营活动产生的现金流量是否足以偿还其现有债务和可预期的债务。如果境外经营活动产生的现金流量在企业不提供资金的情况下,难以偿还其现有债务和正常情况下可预期的债务,境外经营应当选择与企业记账本位币相同的货币作为记账本位币,反之,应选择其他货币。

【例7-3】 国内甲公司以人民币作为记账本位币,该公司在欧盟国家设有一家子公司乙公司。乙公司在欧洲的经营活动拥有完全的自主权,自主决定其经营政策、销售方式、进货来源等,甲公司与乙公司除投资与被投资关系外,基本不发生业务往来。乙公司的产品主要在欧洲市场销售,其一切费用开支等均由乙公司在当地自行解决。

由于乙公司主要收、支现金的环境在欧洲,且乙公司对其自身经营活动拥有很强的自主性,乙公司与甲公司之间除了投资与被投资关系外,基本无其他业务,因此,乙公司应当选择欧元作为其记账本位币。

(三)外币

从会计的角度看,外币是指记账本位币以外的其他国家或地区的货币,从金融的角度看,外币有广义与狭义之分。狭义的外币一般指本国货币以外的其他国家和地区的货币,包括各种纸币和铸币,如美元、日元、欧元等;广义的外币是指所有以外币表示的、能用于国际结算的支付手段,既包括国外的纸币和铸币,还包括外国有价证券,如以外币表示的政府公债、公司债等,也包括外币支付凭证,如以外币表示的票据等。

(四)列报货币

列报货币,是指企业列报会计报表时所采用的货币。同一企业的记账本位币与列报货币可能一致,也可能不一致。也就是说我国企业正式的列报货币只能是人民币,而记账本位币是可以选择的,可以是人民币,也可以是人民币以外的其他货币。我国企业会计准则规定,企业通常应选择人民币为记账本位币。业务收支以人民币以外的货币为主的单位,可以选定其中一种货币作为记账本位币,但是编制的财务会计报告应当折算为人民币。

二、外币业务

企业记账本位币选定后,外币业务是指以记账本位币以外的货币进行的款项收付、往来结算等业务,具体包括外币交易和外币报表折算。

(一)外币交易

外币交易是指企业以记账本位币以外的货币进行的款项收付、往来结算、接受投资以及筹资等交易。若企业选择以人民币为记账本位币,其发生的以外国货币进行收付、结算和计价的经济业务即为外币交易;若企业选用某种外国货币作为记账本位币,则所发生的非该种外国货币(包括人民币在内)表示的收付、结算和计价业务,也属于企业的外币交易。尽管外币交易本身是以非记账本位币计价和结算的。但会计上计量和记录这些交易时必须以记账本位币进行表述。

(二)外币会计报表折算

外币报表折算,是指将以一种货币表示的会计报表折算成另一种货币表示的会计报表。它包括两种情况的折算,一种情况是将以记账本位币表示的会计报表折算为另一种货币表示的会计报表,如以人民币为记账本位币的我国企业到国外融资,必须将以人民币表示的会计报表折算为以某种规定货币表示的会计报表;另一种情况是将以某种外币表示的会计报表折算为以记账本位币表示的会计报表,如境外的子公司一般会以所在地的货币为记账本位币,境内子公司也可能采用某种外币作为记账本位币,这些子公司编制会计报表的货币单位与母公司的记账本位币不同,在编制合并会计报表时,必须将子公司以外币表示的会计报表折算为母公司记账本位币表示的会计报表。

三、与外币业务有关的汇率

(一)汇率及汇率的标价方法

1. 外汇

外汇是外币资金的总称。按照国际货币基金组织的解释,外汇是货币行政管理当局以银行存款、国库券、长短期政府债券等形式保有的在国际收支逆差时可以使用的债权。

外汇有两个基本特征:其一,必须是以外国货币表示的资产,凡用本国货币表示的有价证券、信用工具均不属于外汇;其二,它可以自由兑换成其他形式的资产或支付手段,凡不能自由兑换成其他国家货币和支付手段的外国货币不属于外汇。

根据《我国外汇管理暂行条例》的规定,外汇包括:

(1)可以自由兑换的国外货币,如纸币、铸币等;

(2)外币有价证券,如政府公债、国库券、公司债、金融债券、股票、息票等;

(3)外币支付凭证,如银行存款凭证、商业汇票、银行支票、银行支付委托书、邮政储蓄凭证等。

2. 外汇汇率又称为汇价,是以一国货币表示另一国货币的价格,即两种货币相兑换的比率。

汇率标价方法是确定两种不同货币之间的比价,先要确定用哪个国家的货币作为标准。由于确定的标准不同,于是便产生了几种不同的外汇汇率标价方法。常用的标价方法包括直接标价法和间接标价法。

1. 直接标价法

直接标价法,又叫应付标价法,是以一定单位(1、100、1 000、10 000)的外国货币为标准来计算应付出多少单位本国货币。就相当于计算购买一定单位外币所应付多少本币,所以叫应付标价法。包括中国在内的世界上绝大多数国家目前都采用直接标价法。在国际外汇市场上,日元、瑞士法郎、加元等均为直接标价法,如日元 119.05 即 1 美元兑 119.05 日元。

在直接标价法下,若一定单位的外币折合的本币数额多于前期,则说明外币币值上升或本币币值下跌,叫做外汇汇率上升;反之,如果要用比原来较少的本币即能兑换到同一数额的外币,这说明外币币值下跌或本币币值上升,叫做外汇汇率下跌,即外币的价值与汇率的涨跌成正比。

2. 间接标价法

间接标价法又称应收标价法。它是以一定单位(如1个单位)的本国货币为标准,来计算应收若干单位的外国货币。在国际外汇市场上,欧元、英镑、澳元等均为间接标价法。如欧元0.9705即1欧元兑0.9705美元。

在间接标价法中,本国货币的数额保持不变,外国货币的数额随着本国货币币值的对比变化而变动。如果一定数额的本币能兑换的外币数额比前期少,这表明外币币值上升,本币币值下降,即外汇汇率上升;反之,如果一定数额的本币能兑换的外币数额比前期多,则说明外币币值下降、本币币值上升,也就是外汇汇率下跌,即外币的价值和汇率的升跌成反比。

(二)汇率的种类

外汇汇率按不同的标准有不同的分类方法。

1. 从外汇经纪银行角度,可分为买入汇率、卖出汇率和中间汇率。

买入汇率又叫做买入价,是外汇银行向客户买进外汇时使用的价格。一般地,外币折合本币数较少的那个汇率是买入汇率,它表示买入一定数额的外汇需要付出多少本国货币。

卖出汇率又称外汇卖出价,是指银行向客户卖出外汇时所使用的汇率。一般地,外币折合本币数较多的那个汇率是卖出汇率,它表示银行卖出一定数额的外汇需要收回多少本国货币。

中间汇率它是买入价与卖出价的平均数。

我们通常在银行见到的汇率有三种表示方式:买入价、卖出价和中间价。无论买入价,还是卖出价均是立即交付的结算价格,都是即期汇率。为方便核算,企业会计准则中规定,企业用于记账的即期汇率一般指当日中国人民银行公布的人民币汇率的中间价。但是,在企业发生单纯的货币兑换交易或涉及货币兑换的交易时,仅用中间价不能反映货币买卖的损益,需要使用买入价或卖出价折算。

2. 按固定与否,可分为固定汇率和浮动汇率。

固定汇率是指一国货币同另一国货币的汇率基本固定,汇率波动幅度很小。在金本位制度下,固定汇率决定于两国金铸币的含金量,波动的界限是引起黄金输出、输入的汇率水平,波动的幅度是在两国之间运送黄金的费用。在第二次世界大战后到七十年代初的布雷顿森林货币制度下,对国际货币基金组织成员国的货币规定含金量和对美元的汇率,汇率的波动严格限制在官方汇率的上下各百分之一的幅度内。由于汇率波动幅度很小,所以也是固定汇率。

浮动汇率是指一国货币当局不规定本国货币对其他货币的官方汇率,也无任何汇率波动幅度的上下限,本币听认外汇市场的供求关系决定,自由涨落。外币供过于求时,外币贬值,本币升值,外汇汇率下跌;相反,外汇汇率上涨。本国货币当局在外汇市场上进行适当的干预,使本币汇率不致波动过大,以维护本国经济的稳定和发展。

3. 按外汇买卖成交期,可分为即期汇率和远期汇率。

(1) 即期汇率

即期汇率也称现汇率,是交易双方达成外汇买卖协议后,在两个工作日以内办理交割的汇率。这一汇率一般就是现时外汇市场的汇率水平。即期汇率是由当场交货时货币的供求关系情况决定的。一般在外汇市场上挂牌的汇率,除特别标明远期汇率以外,一般指即期汇率。在我国即期汇率,通常是指中国人民银行公布的当日人民币外汇牌价的中间价。

(2) 远期汇率

远期汇率是相对于近期汇率而言的,是在未来某一时日交付时的结算价格。远期汇率是交易双方达成外汇买卖协议,约定在未来某一时间进行外汇实际交割所使用的汇率。

远期汇率是远期外汇买卖所使用的汇率。所谓远期外汇买卖,是指外汇买卖双方成交后并不立即交割,而是到约定的日期再进行交割的外汇交易。这种交易在交割时,双方按原来约定的汇率进行交割,不受汇率变动的影响。

远期汇率到了交割日期,由协议双方按预订的汇率、金额进行交割。远期外汇买卖是一种预约性交易,是由于外汇购买者对外汇资金需要的时间不同,以及为了避免外汇风险而引进的。

远期汇率是以即期汇率为基础的,即用即期汇率的"升水"、"贴水"、"平价"来表示。

在直接标价法下:

远期汇率 = 即期汇率 + 升水

远期汇率 = 即期汇率 − 贴水

在间接标价法下:

远期汇率 = 即期汇率 − 升水

远期汇率 = 即期汇率 + 贴水

(3) 即期汇率的近似汇率

在汇率变动不大时,为简化核算,企业在外币交易日或外币报表的某些项目进行折算时,也可以选择即期汇率的近似汇率折算。即期汇率的近似汇率是"按照系统合理的方法确定的、与交易发生日即期汇率近似的汇率",通常是指当期平均汇率或加权平均汇率等。加权平均汇率需要采用外币交易的外币金额作为权重进行计算。

确定即期汇率的近似汇率的方法应在前后各期保持一致。如果汇率波动使得采用即期汇率的近似汇率折算不适当时,应当采用交易发生日的即期汇率折算。至于何时不适当,需要企业根据汇率变动情况及计算近似汇率的方法等进行判断。

4. 按管制的程度不同,可分为官方汇率和市场汇率。

官方汇率主要是指官方(如财政部、中央银行或经指定的外汇专业银行)所规定的汇率。在外汇管制比较严格的国家禁止自由市场的存在,法定汇率就是实际汇率,没有市场汇率。

市场汇率是指在自由外汇市场上买卖外汇的实际汇率,外汇管制较松的国家,法定汇率往往只是形式,有价无市,实际外汇交易均按市场汇率进行。

5. 按会计处理角度,还可以分为现行汇率、历史汇率、平均汇率。

"现行"汇率和"历史"汇率只是相对的术语。在记录原始交易时的折算汇率是现行汇率,但是第二天就成为历史汇率了。所以,现汇行率和历史汇率一般是相对于会计报表或已入账的会计记录而言的。现行汇率是指会计报表日期的汇率,而历史汇率则是指最初取得外币资产或承担外币债务时日的汇率。平均汇率是将现行汇率或历史汇率按简单算术平均数或加权平均数计算出的汇率。

第二节 外币交易的会计处理

一、外币交易汇兑损益

外币交易产生的汇兑损益是在将外币交易折合为记账本位币记账时,由于业务发生的时间不同,所采用的汇率不同而产生的记账本位币的差额,或者是不同货币兑换,由于两种货币所采用的汇率不同而产生的折合为记账本位币的差额,简单地说,外币交易汇兑损益是在各种外币交易业务的会计处理过程中或在期末采用现行汇率对外币项目进行折算时,因采用不同的汇率而产生的会计记账本位币金额的差异。

如果外币交易在资产负债表日前已经完成,即结算日在资产负债表日之前,那么外币交易产生汇兑损益在资产负债表日就已经实现,是已实现汇兑损益。由于交易已经完成,这种损益一般不会再随汇率的变化而变化,是已经确定的收益或损失。如果外币交易在资产负债表日后才完成,即结算日在资产负债表日之后,则在资产负债表日外币交易产生的汇兑损益尚未真正实现,是未实现汇兑损益。如果在结算日之前汇率发生新的变化,这部分汇兑损益还会随之变化,与此有关的损益尚未最终确定。企业在正常的生产经营条件下外币交易产生的汇兑损益包括以下三种:

(1)交易结算汇兑损益:指在发生以外币计价的交易业务时,因收回债权或偿付债务而产生的汇兑损益。

(2)外币兑换汇兑损益:指在发生外币与记账本位币或一种外币与另一种外币进行兑换时产生的汇兑损益。

(3)账户调整汇兑损益:指在现行汇率制下,会计期末将所有外币性债权、债务和外币性货币资金账户,按期末即期汇率进行调整而产生的汇兑损益。

交易结算汇兑损益和外币兑换汇兑损益通常是已实现汇兑损益,账户调整汇兑损益是未实现汇兑损益。

二、外币交易会计处理的两种观点

外币交易的会计处理方法取决于企业记录外币交易业务时采用的两种不同的观点,即一笔交易观点和两笔交易观点。

(一)一笔交易观

按照这种观点,购货付款或销货收款,结算时产生的差额来自于以前发生的交易业务,所以应追溯调整以前业务所涉及的会计科目,不单独确认当期损益。在此过程中,由汇率变动而产生的折合为记账本位币的差额应调整该项交易的成本或收入和相应的资产、负债,而不应另作当期汇兑损益处理。

一笔交易观下会计处理的要点是:

1. 在交易发生日,按当日汇率将交易发生的外币金额折合为记账本位币入账;

2. 在资产负债表日,如果交易尚未结算,应按资产负债表日规定的汇率将交易发生额折算为记账本位币金额,并对有关外币资产、负债、收入、成本账户进行调整;

3. 在交易结算日,应按结算日汇率将交易发生额折算为记账本位币金额,并对有关外币资产、负债、收入、成本账户再进行调整。

【例7-4】 甲公司2008年12月20日对美国出口商品,货款双方约定按美元结算,金额5 000美元,款项结算日为2009年1月24日。甲公司以人民币作为记账本位币。美元对人民币汇率变动情况2008年12月20日为1美元=6.90元人民币;2008年12月31日为1美元=6.80元人民币;2009年1月24日为1美元=6.84元人民币。

2008年12月20日甲公司出口商品时,一般以当日汇率对美元进行折合。因此5 000(美元)=5 000×6.90=34 500(元)。会计处理为:

借:应收账款——美元　　　　　　　　　　　　　　　　34 500
　　贷:主营业务收入　　　　　　　　　　　　　　　　　　　34 500

2008年12月31日,年末汇率变动,应按照现行汇率调整相关账户。期末应收账款账户金额应为5 000×6.80=34 000(元),因此,在原记录基础上调减应收账款34 500-34 000=500(元),对应科目不作为当期损益,直接冲减收入。即:

借:主营业务收入　　　　　　　　　　　　　　　　　　　500
　　贷:应收账款——美元　　　　　　　　　　　　　　　　　500

2009年1月24日,按结算日汇率进行折算时,应收账款账户金额应为5 000×6.84=34 200(元),因此,在原记录基础上调增应收账款34 200-34 000=200(元)。

借:应收账款——美元　　　　　　　　　　　　　　　　200
　　贷:主营业务收入　　　　　　　　　　　　　　　　　　　200

实际收款5 000美元,按照当日汇率进行折合时:

借:银行存款——美元(5 000×6.84)　　　　　　　　34 200
　　贷:应收账款——美元(5 000×6.84)　　　　　　　　　34 200

(二)两笔交易观

两笔交易观点,是指对企业发生的购货或销货业务,将交易的发生和以后的款项结算视为两项交易。在这种观点下,购货成本或销售收入均按照交易日的汇率确定,而与结算日的汇率无关。在交易中形成的外币债权债务将承受汇率变动风险,即确定的购货成本或销售收入取决于交易日的汇率。

在两笔交易观点下,对于已实现的汇兑损益的会计处理不存在争议,全部计入当期损益,列入利润表。对于未实现的汇兑损益,有两种处理方法:

1. 当期确认法：将未实现汇兑损益作为已实现汇兑损益处理，计入当期损益。

为了反映汇率变动跨越两个会计期间的实际过程，应在每期期末即资产负债表日按期末汇率将外币应收、应付账户的外币金额折合为记账本位币，并在当期确认汇兑损益。在实际结算日再确认由于上期期末和结算日之间的汇率变动所形成的汇兑损益。将汇兑损益计入"财务费用——汇兑差额"账户。

【例7-5】 承例题【例7-4】2008年12月20日甲公司出口商品时，会计处理与两笔交易观相同，以当日汇率对美元进行折合。因此，5 000（美元）= 5 000×6.90 = 34 500（元）。会计处理为：

借：应收账款——美元　　　　　　　　　　　　　　　　　　34 500
　　贷：主营业务收入　　　　　　　　　　　　　　　　　　　34 500

2008年12月31日，年末汇率变动，按照现行汇率调整应收账款账户。期末应收账款账户金额为5 000×6.80 = 34 000（元）。因此，在原记录基础上调减应收账款500元，对应科目作为当期损益，计入"汇兑损益"或"财务费用"。即：

借：财务费用——汇兑差额　　　　　　　　　　　　　　　　500
　　贷：应收账款——美元　　　　　　　　　　　　　　　　　500

2009年1月24日，按结算日汇率进行折合，应收账款账户金额为34 200元。因此，在原记录基础上调增应收账款200元。

借：应收账款——美元　　　　　　　　　　　　　　　　　　200
　　贷：财务费用——汇兑差额　　　　　　　　　　　　　　　200

实际收款5 000美元，按照当日汇率进行折合：

借：银行存款——美元（5 000×6.84）　　　　　　　　　　　34 200
　　贷：应收账款——美元（5 000×6.84）　　　　　　　　　　34 200

2. 递延法：对于未实现汇兑损益作递延处理，列入资产负债表，待到结算日再作为已实现的汇兑损益入账。

在会计期末按期末汇率将外币应收、应付款项账户的外币金额调整为记账本位币时，由于汇率变动而产生的未实现汇兑损益不应直接计入当期损益，而应将它递延到下一个会计期间的结算日。

【例7-6】 承例题【例7-4】2008年12月20日甲公司出口商品时，仍和当期确认法一样会计处理为：

借：应收账款——美元　　　　　　　　　　　　　　　　　　34 500
　　贷：主营业务收入　　　　　　　　　　　　　　　　　　　34 500

2008年12月31日，年末汇率变动，调整应收账款账户。在原记录基础上调减应收账款500元，对应科目不作为当期损益，计入"递延收益"。即：

借：递延收益　　　　　　　　　　　　　　　　　　　　　　500
　　贷：应收账款——美元　　　　　　　　　　　　　　　　　500

2009年1月24日，按结算日汇率进行折合，应收账款账户金额为34 200元，因此，调增应收账款200元。

借：应收账款——美元 200
　　贷：递延收益 200
实际收款 5 000 美元，按照当日汇率进行折合时：
借：银行存款——美元(5 000×6.84) 34 200
　　贷：应收账款(5 000×6.84) 34 200
同时将递延汇兑损益转入当期损益：
借：财务费用——汇兑差额 300
　　贷：递延收益 300

一笔交易观较两笔交易观存在以下缺点：将折合差额追溯调整原账户，特别是跨年度、期限较长的账户，难度较大；不单独设置汇兑损益，而将折合差额反映在资产、负债、收入、成本等账户中，不能清晰地反映汇率变动对企业的影响，不能集中反映外币风险程度和提供对使用者有用的信息。因此一笔交易观已被两项交易观点所取代。

我国企业会计准则要求，企业在处理外币交易时，采用两笔交易观，对外币交易汇兑损益的处理采用当期确认法进行核算。

三、外币交易的记账方法

(一)外币统账制

外币统账制是指企业在发生外币交易时，即折算为记账本位币入账。资产负债表日，分别货币性项目和非货币性项目进行调整：货币性项目按资产负债表日即期汇率折算，非货币性项目按交易日即期汇率折算；产生的汇兑差额计入当期损益。从我国目前的情况看，绝大多数企业采用外币统账制。

外币统账制方法下，对外币交易的核算不单独设置科目，对外币交易金额因汇率变动而产生的差额可在"财务费用"科目下设置二级科目"汇兑差额"反映。该科目借方反映因汇率变动而产生的汇兑损失，贷方反映因汇率变动而产生的汇兑收益。期末余额结转入"本年利润"科目后一般无余额。

注意：本章中介绍具体的外币交易的会计处理时采用的都是外币统账制的记账方法。

(二)外币分账制

外币分账制是指企业在发生外币交易时，直接按照外币原币记账，不需要按照一定的汇率折算成记账本位币。会计期末所有外币原币的发生额按照一定的汇率折算成记账本位币，并确认汇兑损益。采用这种方法记账需要按币种分设账户，分币种核算损益。这种方法减少了日常会计核算的工作量，又可及时、准确地反映外币交易情况。目前我国的银行等少数金融企业由于外币交易频繁，涉及外币币种较多，可以采用分账制记账方法进行日常核算。

无论是采用分账制记账方法，还是采用统账制记账方法，只是账务处理程序不同，但产生的结果应当相同，即计算出的汇兑差额相同；相应的会计处理也相同，即均计入当期损益。

(三)外币统账制下会计核算的基本程序

1. 将外币金额按照交易日的即期汇率或即期汇率的近似汇率折算为记账本位币金额,按照折算后的记账本位币金额登记有关账户;在登记有关记账本位币账户的同时,按照外币金额登记相应的外币账户。

2. 期末,企业应当分别外币货币性项目和外币非货币性项目进行处理。

(1)货币性项目

将所有外币货币性项目的外币余额,按照期末即期汇率折算为记账本位币金额,并与原记账本位币金额相比较,其差额计入"财务费用——汇兑差额"科目。货币性项目是企业持有的货币和将以固定或可确定金额的货币收取的资产或者偿付的负债。货币性项目分为货币性资产和货币性负债,货币性资产包括现金、银行存款、应收账款、其他应收款、长期应收款等,货币性负债包括应付账款、其他应付款、短期借款、应付债券、长期借款、长期应付款等。

(2)非货币性项目

非货币性项目是货币性项目以外的项目,如:存货、长期股权投资、交易性金融资产(股票、基金)、固定资产、无形资产等。

①对于以历史成本计量的外币非货币性项目,已在交易发生日按当日即期汇率折算,资产负债表日不应改变其原记账本位币金额,不产生汇兑差额。

②对于以成本与可变现净值孰低计量的存货,如果其可变现净值以外币确定,则在确定存货的期末价值时,应先将可变现净值折算为记账本位币,再与以记账本位币反映的存货成本进行比较。

③对于以公允价值计量的股票、基金等非货币性项目,如果期末的公允价值以外币反映,则应当先将该外币按照公允价值乘以当日的即期汇率折算为记账本位币金额,再与原记账本位币金额进行比较,其差额作为公允价值变动损益,计入当期损益。

3. 结算外币货币性项目时,将其外币结算金额按照当日即期汇率折算为记账本位币金额,并与原记账本位币金额相比较,其差额计入"财务费用——汇兑差额"科目。

四、各种外币交易的会计处理

(一)外币销售业务

【例7-7】 国内力明公司以人民币为记账本位币。2010年6月5日,向国外某公司出口销售商品一批,根据销售合同,货款共计100 000美元,当日的即期汇率为1美元=6.77元人民币。6月30日的汇率1美元=6.70元人民币。货款于7月20收到100 000美元后直接存入银行,当日的即期汇率为1美元=6.67元人民币,假定不考虑增值税等相关税费。请作出相应的账务处理如下:

(1)交易日

2010年6月5日应采用交易日的即期汇率将销售货款折算成记账本位币。即:

100 000 × 6.77 = 677 000元

借:应收账款——美元 677 000
　　贷:主营业务收入 677 000

(2)月末

2010年6月30日的即期汇率为1美元=6.70元人民币,则对该笔交易产生的外币货币性项目"应收账款",采用期末汇率折算为记账本位币为670 000元人民币(100 000×6.70),与其交易日折算为记账本位币的金额677 000元人民币的差额为7 000元人民币,应当计入当期损益,同时调整货币性项目的原记账本位币金额。相应的账务处理为:

借:财务费用——汇兑差额 7 000
　　贷:应收账款——美元 7 000

(3)结算日

2010年7月20日收到上述货款100 000美元直接存入银行,汇率是1美元=6.67元人民币,折算成记账本位币。即100 000×6.67=667 000元,与6月30日的应收账款余额670 000元的差额为3 000元人民币,应当计入当期损益。

相应的账务处理如下:

借:银行存款——美元 667 000
　　财务费用——汇兑差额 3 000
　　贷:应收账款——美元 670 000

(二)外币采购业务

【例7-8】 国内某公司的记账本位币为人民币,2009年4月10日,从国外市场购入国内市场没有的甲产品1 000件,每件50欧元,共计50 000欧元,当日的即期汇率为1欧元=8.80元人民币,假定不考虑增值税等相关税费。货款尚未支付。该公司相关账务处理如下:

借:库存商品 440 000
　　贷:应付账款——欧元(50 000×8.80) 440 000

【例7-9】 承例题【例7-8】2009年4月30日,1 000件甲商品尚未销售出去,国内市场仍无甲商品供应,上述采购甲产品在国际市场的价格大幅度下降,降为每件40欧元,当日的即期汇率为1欧元=8.85元人民币。

对货币性项目应付账款进行期末调整,并将外币差额50 000×8.85-50 000×8.80=2 500元应当计入当期损益。

借:财务费用——汇兑差额 2 500
　　贷:应付账款——美元 2 500

对非货币性项目存货,应先将可变现净值折算为记账本位币,再与以记账本位币反映的存货成本进行比较。

可变现净值下跌为:1 000×40×8.85=354 000元

应计提存货跌价准备:440 000-354 000=86 000元

借:资产减值损失 86 000

　　　　贷：存货跌价准备　　　　　　　　　　　　　　　　　　　　　　86 000

　　【例7-10】　承例题【例7-8】假设2009年5月25日，偿还了上述50 000欧元的货款。当日的即期汇率为1欧元=8.88元人民币。

　　　　借：应付账款——美元　　　　　　　　　　　　　　　　　　　442 500
　　　　　　财务费用——汇兑差额　　　　　　　　　　　　　　　　　　1 500
　　　　贷：银行存款　　　　　　　　　　　　　　　　　　　　　　　444 000

（三）外币兑换业务

　　外币兑换业务，是指企业从银行买入外币或将外币卖给银行以及将一种外币兑换为另一种外币的经济业务。企业发生的外币交易属外币兑换业务或涉及外币兑换的交易事项，应当以交易实际采用的汇率，即银行买入价或卖出价折算。

1. 企业将外币卖给银行

　　企业按规定将持有的外币卖给银行，即结汇业务。按当日的外汇买入价折算应从银行换回的人民币金额，并按实际收到的人民币金额借记"银行存款——人民币"账户，同时按即期汇率或即期汇率的近似汇率将卖出的外币折算为人民币金额并贷记"银行存款——外币"，将两者之间的差额计入"财务费用——汇兑差额"账户。

　　【例7-11】　2010年6月4日，红人公司将其所持有的8 000美元卖给银行，当天银行买入价为1美元=6.68人民币，实收人民币53 440元。该公司按当日的即期汇率1美元=6.70人民币，作为折合汇率，该公司作如下账务处理。

　　　　借：银行存款——人民币（8 000×6.68）　　　　　　　　　　　53 440
　　　　　　财务费用——汇兑差额　　　　　　　　　　　　　　　　　　160
　　　　贷：银行存款——美元（8 000×6.70）　　　　　　　　　　　　53 600

2. 企业从银行买入外币

　　因业务需要从银行买入外币时，银行按其卖出价向企业计算收取人民币。企业按交易当天的即期汇率或即期汇率的近似汇率将买入的外币折算成人民币金额并借记"银行存款——外币户"账户，按当日的外汇卖出价折算应向银行付出的人民币金额并贷记"银行存款——人民币"账户，将两者之间的差额计入"财务费用——汇兑差额"账户。

　　【例7-12】　2010年7月4日，红人公司从银行买入美元6 000美元，当天银行卖出价为1美元=6.70人民币，实付人民币40 200元；该公司按当日即期汇率作为折算汇率，即期汇率为1美元=6.65人民币，该公司作如下账务处理。

　　　　借：银行存款——美元（6 000×6.65）　　　　　　　　　　　　39 900
　　　　　　财务费用——汇兑差额　　　　　　　　　　　　　　　　　　300
　　　　贷：银行存款——人民币（6 000×6.70）　　　　　　　　　　　40 200

3. 企业将一种外币兑换成另一种外币

　　企业因为外汇支付币种的需要，将一种外币向银行兑换成另一种外币。企业将一种外币兑换成另一种外币的的业务实际上是外币卖出业务和外币买入业务的合并。其会计处理程序和方法如下：

(1)按银行当日的外汇买入价折算卖出外币实际能收到的人民币。

(2)根据卖出外币实际能收到的人民币和兑换日银行另一种外币的卖出价,计算可换入的另一种外币的原币数额。

(3)将可换入的另一种外币的原币数额按即期汇率或者即期汇率的近似汇率折算为人民币金额并登记入账。

(4)将可换出外币额按即期汇率或者即期汇率的近似汇率折算为人民币金额并登记入账。

(5)可换出外币额按即期汇率或者即期汇率的近似汇率折算为人民币金额与换入外币按即期汇率或者即期汇率的近似汇率折算为人民币金额的差额作为当期汇兑损益处理。

【例7-13】 大华公司2009年11月10日将10 000美元向中国银行兑换港币。当日银行的美元买入价为1美元=6.80元人民币,港币的银行卖出价为1港币=0.89元人民币。中国人民银行当日公布的人民币汇率的中间价是1美元=6.85元人民币,1港币=0.85元人民币。请作出有关外币兑换的账务处理。企业卖出美元能换回的人民币=10 000×6.80=68 000元人民币。

企业用68 000元人民币能买入的港币=68 000÷0.89=76 404.49元港币

换出美元按即期汇率折算为人民币=10 000×6.85=68 500元人民币

换入港币按即期汇率折算为人民币=76 404.49×0.85=64 943.82元人民币

汇兑损失=68 500-64 943.82=3 556.18元人民币

借:银行存款——港币(76 404.49×0.85)　　　　　　　　　64 943.82

　　财务费用——汇兑差额　　　　　　　　　　　　　　　3 556.18

　　贷:银行存款——美元(10 000×6.85)　　　　　　　　　68 500

(四)外币借款业务

企业外币借款是企业外币筹资的重要方式。企业应将借入的外币按当日或当期期初的市场汇率折合为记账本位币入账。借记"银行存款——外币账户",贷记"短期借款"或"长期借款"等账户。到会计期末计算利息,确认为财务费用并调整货币性项目短期借款或长期借款。将货币性项目的外币余额,按照期末即期汇率折算为记账本位币金额,并与原记账本位币金额相比较,其差额计入"财务费用——汇兑差额"。还款日偿还本金和利息。

【例7-14】 利民公司2009年7月1日从银行借入一年期贷款10 000美元,年利率为5%,到期一次性还本付息。借款当天的即期汇率为1美元=6.77元人民币;2009年12月31日的即期汇率为1美元=6.80元人民币;2010年7月1日偿还贷款本金,还款当天的即期汇率为1美元=6.85元人民币。其账务处理程序如下:

(1)2009年7月1日,将借入的外币按当天的即期汇率折合为人民币入账,该公司作如下账务处理。

借:银行存款——美元户(10 000×6.77)　　　　　　　　　67 700

　　贷:短期借款——美元户(10 000× ×6.77)　　　　　　　67 700

(2)2009年12月31日,计提2009年下半年应付利息。

应付利息 = 10 000 × 5% × 6/12 × 6.80 = 1 700 元人民币

根据以上计算结果,该公司作如下账务处理。

借:财务费用——利息支出　　　　　　　　　　　　　　1 700
　　贷:应付利息　　　　　　　　　　　　　　　　　　　　　　1 700

(3)2009年12年31日,对货币性项目"短期借款"按期末即期汇率进行调整,10 000 × (6.80 - 6.77) = 300 元人民币,其差额确认为汇兑损益,该公司作如下账务处理。

借:财务费用——汇兑差额　　　　　　　　　　　　　　300
　　贷:短期借款——美元　　　　　　　　　　　　　　　　　　300

(4)2010年7月1日,计算全年利息并偿还本金。

借款利息总额 = 10 000 × 5% × 6.85 = 3 425 元人民币,其中:

2010年下半年的应付利息 = 10 000 × 5% × 6/12 × 6.85 = 1 712.5 元人民币

2009年上半年应付利息中由于汇率变化所形成的汇兑损益
 = 10 000 × 5% × 6/12 × (6.85 - 6.80) = 12.5 元人民币;

短期借款产生的汇兑损益 = 10 000 × (6.85 - 6.80) = 500 元人民币。二者合计汇兑损益 = 12.5 + 500 = 512.5 元人民币。根据以上计算结果,该公司作如下账务处理。

借:应付利息　　　　　　　　　　　　　　　　　　　　1 700
　　财务费用——利息支出　　　　　　　　　　　　　　1 712.5
　　　　　　——汇兑差额　　　　　　　　　　　　　　　512.5
　　短期借款——美元(10 000 × 6.80)　　　　　　　　68 000
　　贷:银行存款——美元(10 500 × 6.85)　　　　　　　　71 925

(五)接受外币资本业务

企业收到投资者以外币投入的资本,无论是否有合同约定汇率,均不再采用合同约定汇率和即期汇率的近似汇率折算,而是采用交易日即期汇率折算。这样,外币投入资本与相应的货币性项目的记账本位币金额相等,不产生外币资本折算差额。

根据《关于外商投资的公司审批登记管理法律适用若干问题的执行意见》(工商外企字[2006]81号)的规定,外商投资公司的注册资本只能采用收到出资当日的即期汇率,不再使用合同汇率,也不使用与即期汇率近似的汇率。与其相对应的资产类科目也不使用与即期汇率近似的汇率,这样,外币投入资本不会产生汇兑差额,资产类科目在期末仍分别货币性项目与非货币性项目处理。

虽然"实收资本"账户的金额不能反映股权比例,但并不改变企业分配和清算的约定比例,这一约定比例通常已经包括在合同当中。

【例7 - 15】　大发公司的记账本位币为人民币。2009年12月12日,该公司与某外商签订投资合同,当日收到外商投入资本50 000美元,当日的即期汇率为1美元 = 6.80元人民币,假定投资合同约定汇率为1美元 = 6.75元人民币。大发公司应进行以下会计处理:

借:银行存款——美元(50 000×6.80)　　　　　　　　　　　　340 000
　　　　贷:实收资本　　　　　　　　　　　　　　　　　　　　　340 000

(六)外币投资业务

外币投资业务可以形成交易性金融资产、可供出售金融资产、持有至到期投资以及长期股权投资等项目。我们以购买交易性金融资产为例进行说明,其他不再赘述。会计准则规定资产负债表日,对于以公允价值计量的股票等非货币性项目,如果期末的公允价值以外币反映,则应当先将该外币金额按照公允价值确定日的即期汇率折算为记账本位币金额,再与原记账本位币金额进行比较,其差额作为公允价值变动损益记入当期损益。

【例7-16】 国内的名人公司记账本位币为人民币。2009年12月5日,名人公司以每股3.5港币的价格购入甲公司H股10 000股作为交易性金融资产,当日汇率为1港币=0.87元人民币,款项已支付。2009年12月31日,当月购入的甲公司H股的市价变为每股3港币,当日汇率为1港币=0.85元人民币。假定不考虑相关税费的影响。2009年12月5日,该公司对上述交易应进行以下账务处理:

　　借:交易性金融资产(3.5×10 000×0.87)　　　　　　　　　30 450
　　　　贷:银行存款——港币　　　　　　　　　　　　　　　　30 450

根据《企业会计准则第22号——金融工具》,交易性金融资产以公允价值计量。由于该项交易性金融资产是以外币计价,在资产负债表日,不仅应考虑港元股票市价的变动,还应一并考虑港元与人民币之间汇率变动的影响,上述交易性金融资产在资产负债表日应按25 500元人民币(3×10 000×0.85)入账,与原账面价值30 450元的差额为4 950元人民币,应计入公允价值变动损益。相应的账务处理如下:

　　借:公允价值变动损益　　　　　　　　　　　　　　　　　　4 950
　　　　贷:交易性金融资产　　　　　　　　　　　　　　　　　4 950

这4 950元人民币既包含甲公司所购乙公司H股公允价值变动的影响,又包含人民币与港元之间汇率变动的影响。

2010年2月27日,名人公司将所购甲公司H股按当日市价每股4港币全部售出,所得价款为40 000港元,按当日汇率1港币=0.88元人民币折算为35 200元人民币(4×10 000×0.88),与其原账面价值25 500元人民币的差额为9 700元人民币,对于汇率的变动和股票市价的变动不进行区分,均作为投资收益进行处理。因此,售出当日,甲公司应进行账务处理如下:

　　借:银行存款——港币　　　　　　　　　　　　　　　　　　35 200
　　　　贷:交易性金融资产　　　　　　　　　　　　　　　　　25 500
　　　　　　投资收益　　　　　　　　　　　　　　　　　　　　9 700
　　借:投资收益　　　　　　　　　　　　　　　　　　　　　　　4 950
　　　　贷:公允价值变动损益　　　　　　　　　　　　　　　　4 950

第三节 外币报表折算概述

外币财务报表折算是指将以外币表示的财务报表折算为以某一特定货币表示的财务报表。编制合并报表的前提条件是母公司和子公司的报表要使用统一的列报货币。通常是以母公司的报告货币作为同一货币计量单位,将不同的货币金额换算成同一货币计量单位来重新表述。

一、外币报表折算的意义

(一)在母公司拥有境外经营子公司的情况下,在编制合并报表之前,需对纳入合并范围的境外经营子公司以外币表示的财务报表折算为以母公司记账本位币表示的财务报表。

(二)为了向国外股东和其他报表使用者提供适合他们使用的报表,就需要将以本国货币表示的财务报表折算为以某一外国货币表示的财务报表。

(三)为了在国外证券市场上发行股票和债券,就需要将以本国货币表示的财务报表折算为以某种外国货币表示的财务报表。

企业的境外经营通过合并、权益法核算等纳入到企业的合并财务报表中时,需要将企业境外经营的财务报表折算为以企业记账本位币反映的财务报表。本章主要讲解这一过程的外币财务报表的折算。

二、外币报表折算方法

在外币报表折算中主要解决两个问题,其一是折算如何选择折算标准即外币报表中的各个项目按什么汇率进行折算,折算汇率选择的方法主要有现行汇率法、流动性与非流动性与项目法、货币性非货币项目法和时态法四种。其二是折算差额的处理。折算方法的选择也会影响折算差额的处理。在会计实务中,由于汇率的变动,资产负债表各项目的计量属性不同,各项目承担汇率风险的程度也不尽相同,折算后的财务报表会存在一定数额的折算差额。那么,折算差额是作为损益列入损益表还是作为权益列入资产负债表也是外币报表折算要解决的重要问题。

(一)流动性与非流动性项目法

这种方法是将资产负债表项目按其流动性划分为流动项目和非流动项目两类。

流动项目包括流动资产和流动负债,流动资产项目主要有现金、银行存款、应收帐款和存货等;流动负债项目主要有应付账款、应付票据等。

非流动项目是指除了流动项目以外的资产、负债项目,主要有长期股权投资、固定资产、无形资产、递延资产、长期负债和所有者权益等。

具体折算方法是:对于流动资产和流动负债项目按报表编制日的现行汇率折算;

对于非流动项目按资产取得或负债发生时的历史汇率折算；对于利润表项目，除了折旧费和摊销费用按其相关资产取得时的历史汇率折算外，其他收入和费用项目均按会计报告期内的平均汇率折算。

美国注册会计师协会的会计程序委员会在20世纪30年代末曾推荐使用流动性与非流动性项目法。但这一方法有着明显的缺陷，即它对流动性项目采用现行汇率折算，对非流动性项目采用历史汇率折算，这样处理缺乏足够的理论支持；它对存货与现金、应收账款一样采用现行汇率折算，意味着存货与现金、应收账款一样承受汇率风险，这样未能反映出存货的实际情况；它对长期应收款、长期应付款、长期借款、应付债券等项目采用历史汇率折算，没有反映这些项目承受的汇率风险。此外，这一方法与外币交易会计处理方法未能协调一致。从世界范围来看，这种方法是一种逐步被淘汰的方法，目前只有少数国家采用。

（二）货币性与非货币性项目法

货币性与非货币性项目法是美国学者赫普华斯于1956年在改进流动性与非流动性项目法的基础上提出来的。采用这一方法应将资产负债表上的资产、负债项目划分为货币性项目与非货币性项目，分别采用不同汇率折算。

货币性项目，是指货币性资产和负债。货币性资产主要有现金、银行存款、应收账款、应收票据等；货币性负债主要有应付账款、应付票据和长期负债等。

非货币性项目，是指除了货币性项目以外的资产、负债和所有者权益项目。

具体折算方法是：对于货币性项目，按现行汇率折算；对于非货币性项目，按其取得或发生时的历史汇率折算；对于利润表项目，除了折旧费和摊销费用按其相关资产取得时的历史汇率折算外，其他收入和费用项目均按会计报告期内的平均汇率折算。

这种方法与第一种方法的主要区别在于存货的折算，在第一种方法下，存货是按现行汇率折算的，而采用这种方法对存货则按历史汇率折算。

由于货币性项目或者是现在收到或支付的金额固定的现金，或者是将来收到或支付的金额固定的现金，因此它会直接受到汇率变动的影响，而且这种折算方法与外币交易会计处理方法是协调一致的。所以说，这种方法的理论依据是比较充分且逻辑性较强的。但是这种方法在理论上也有一定的缺陷，即外币折算涉及的是计量而不是分类，因此，合理的折算方法不一定与资产、负债的分类有关，非货币性项目并不一定都按历史汇率折算才合理，当某项非货币性项目是以历史成本计价的，按历史汇率折算是合理的，但当某项非货币性项目是以现行成本计价的，按历史汇率折算就不合理了。此外，如果设置于国外的子公司或分支机构独立性很强，很少使用母公司货币进行收付，那么按照货币性与非货币性项目法，将由于汇率变动导致的折算差额计入当期损益，会降低利润和利润分配表反映利润的真实性。因此，这一方法的应用是有条件的，即它只适用于国外子公司或分支机构与国内母公司依赖性强、业务往来频繁，从而对母公司经营活动现金流量影响较大的情况，即通常所说的母公司经营活动在国外的延伸这样一种情况。

（三）时态法

时态法的理论依据是：外币折算只是一个计量变换程序，是对既定价值的重新表述，报表折算只能改变计量的单位，而不能改变计量项目的属性。既然这样，就需要根据折算项目的计量属性来选择所适用的折算汇率。

具体折算方法是：对于现金、应收和应付项目，不论是按原始成本，还是按现行成本计价，均按现行汇率折算；对于其他资产负债项目，如果在子公司报表上以历史成本计价，则按历史汇率折算，如果在子公司报表上以现行成本计价，则按现行汇率折算；对于所有者权益项目，按发生时的历史汇率折算；对于利润表项目，除了折旧费和摊销费按历史汇率折算外，其他项目均按平均汇率折算。外币资产负债表和利润表项目在折算过程中形成的折算损益均应确认为当期损益。

采用时态法进行折算时，在采用历史成本计量属性的情况下，它和货币与非货币性项目法的折算程序实质是相同的。但如果采用其他计量基础，如重置成本、公允价值或现值时，其折算程序就不同了。目前，国际上通行的是历史成本计量模式，但它已不再是纯粹的历史成本计量模式，而是有条件地吸收了一些现行成本计量模式的优点，如对部分资产按重置成本、现值、公允价值计价、对存货采用成本与可变现净值孰低的原则来计价等。因此，时态法和货币性与非货币性项目法是不同的，如存货项目，在时态法下，则按现行汇率折算。

时态法的优点在于它克服了外币会计报表计量上的矛盾，以与计量属性相符合的汇率来折算外币。由于时态法以会计的计量基础作为折算汇率的选择依据，因而能够适用于任何一种会计模式，具有较大的灵活性。目前是国际上广泛采用的一种方法。

（四）现行汇率法

又称单一汇率法，这种方法是采用资产负债表日的现行汇率，将外币财务报表中的所有资产和负债、收入和费用项目都以现行汇率进行折算，实收资本、资本公积等所有者权益项目以历史汇率进行折算。利润和利润分配表各项目按交易或事项发生日汇率折算。实际上，现行汇率法就是将外币报表上的所有项目都乘以一个常数，因而它的最大优点就是简便易行，同时它不改变子公司原外币报表的财务结果和财务关系，便于对子公司进行业务评价，能够揭示汇率变动时对母公司在国外子公司的投资净额的影响。

按照现行汇率法，外币资产负债表中的所有资产、负债项目均按照资产负债表日的现行汇率折算；所有者权益中的未分配利润项目按照利润和利润分配表的年末未分配利润项目折算后的金额填列，其他项目如实收资本（股本）、资本公积、盈余公积等按照交易或事项发生日的历史汇率折算；因折算汇率不同而形成的外币报表折算差额作为一个单独项目列示于所有者权益中，并作递延处理；利润和利润分配表各项目按照交易或事项发生日的汇率折算。根据这一方法的原则，为了简化核算，收入、费用类项目可以采用会计期间的平均汇率（简单平均汇率或加权平均汇率)折算。

这种方法的缺点是,将外币报表中按历史成本表示的资产项目按编表日现行汇率折算,其折算结果既不是资产的历史成本,也不是资产的现行市价,而是外币资产的历史成本与资产负债日现行汇率两个不同时点数字的乘积。此外,现行汇率法假设所有的外币资产都将受汇率变动的影响,这显然与实际情况不符。

尽管现行汇率法存在着种种不足,但在会计实务中是应用的较为广泛的一种方法。美国财务会计准则委员会在《财务会计准则公告第 52 号——外币折算》(SFAS No.52)中也肯定了这一方法。

对于上述四种方法,按照国际会计准则委员会的要求,各国可从后两种方法中选择一种应用。各种外币报表的折算方法的比较如表 7-1 所示:

表 7-1　　　　　　　　　　外币财务报表折算方法比较表

项目	流动与非流动	货币性与非货币性	时态法	现行汇率法
现金	P	P	P	P
应收账款	P	P	P	P
存货				
按成本	P	H	H	P
按市价	P	P	P	P
投资				
按成本	H	H	H	P
按市价	H	H	H	P
固定资产	H	H	H	P
其他资产	H	H	H	P
应付账款	P	P	P	P
长期负债	H	P	P	P
股本	H	H	H	H
留存利润	*	*	*	*

注:P——现行汇率法
　　H——历史汇率法

*折算的平衡数字,其中在现行汇率法下,该数字为利润分配表折算的结果,再通过轧算平衡计算出的折算调整数。即留存利润 = 折算后的资产总额 - 折算后的负债总额 - 折算后的股本。

三、外币报表折算差额的处理方法

会计期末为了合并会计报表或为了重新表述会计记录和会计报表金额,而把一种货币表述的报表转化成另一种货币表述的报表,在此过程中产生的汇兑损益,称为外币报表折算差额。影响外币会计报表折算差额大小的因素:所采用的折算方法、汇率变动的方向和程度、外币资产和负债的比例。外币会计报表折算差额不同于外币交易汇兑损益。外币交易汇兑损益是在交易过程中或在期末采用现行汇率对外币项目进行折算时产生的,汇兑损益既可能是已实现损益,也可能是未实现损益;而外币会计折算损益是在外币会计报表折算中产生的;它一般不在账簿中反映,只反映在报表中。外币会计报表折算差额属于未实现损益。外币报表折算差额的会计处理大致有三种方法:

1. 递延处理。在递延法下,将折算差额列入所有者权益,并单列项目反映。递延处理有利于保持会计报表有关项目原有的比例关系,便于进行财务比率分析。

2. 计入当期损益。折算差额计入损益,列入利润表。这样做的优点是能真实反映企业所承受的汇率风险,但是将未实现的损益记入当期损益,有可能引起对会计报表的误解。

3. 将折算差额借方发生额,即折算损失,计入损益;将折算差额贷方发生额,即折算收益,加入递延,计入所有者权益。

折算汇率的选择方法和折算差额处理方法的结合方式见表 7-2:

表 7-2

	流动与非流动项目法	货币性与非货币性项目法	时态法	现行汇率法
全部递延计入所有者权益				√
全部计入当期损益		√	√	
折算损失计当期损益,折算利得递延	√			

第四节 我国现行的外币报表折算方法

我国的做法是采用现行汇率法,外币报表折算差额作递延处理,折算差额应当在并入后的资产负债表中作为所有者权益项目单独列示,其中属于少数股东权益部分,应当并入少数股东权益项目。

一、我国的外币报表折算方法

在将企业的境外经营通过合并、权益法核算等纳入企业的财务报表中时,需要将企业境外经营的财务报表折算为以企业记账本位币反映的财务报表,这一过程就是外币财务报表的折算。

在对企业境外经营财务报表进行折算前,应当调整境外经营的会计期间和会计政策,使之与企业会计期间和会计政策相一致,根据调整后会计政策及会计期间编制相应货币(记账本位币以外的货币)的财务报表,再按照以下方法对境外经营财务报表进行折算:

1. 资产负债表中的资产和负债项目,采用资产负债表日的即期汇率折算,所有者权益项目除"未分配利润"项目外,其他项目采用发生时的即期汇率折算。

2. 利润表中的收入和费用项目,采用交易发生日的即期汇率或即期汇率的近似汇率折算。

3. 产生的外币财务报表折算差额,在编制合并会计报表时,应在合并资产负债表中所有者权益项目下单独作为"外币报表折算差额"项目列示。

4. 按照《企业会计准则第31号——现金流量表》,外币现金流量以及境外子公司的现金流量,应当采用现金流量发生日的即期汇率或按照系统合理的方法确定的、与现金流量发生日即期汇率近似的汇率折算。汇率变动对现金的影响额应当作为调节项目,在现金流量表中单独列报。

二、我国外币报表折算综合案例分析

【例7-17】 我国的宏发公司以人民币为记账本位币,拥有一家境外全资控股的子公司,该子公司的记账本位币是美元,2009年12月31日,为了编制合并会计报表,需要将该子公司外币会计报表折算为人民币表示的会计报表,该子公司以美元表示的会计报表及资料见表7-3、表7-4和表7-5:

表7-3 利润表
2009年 单位:万美元

项目	期末数
一、营业收入	30 000
减:营业成本	24 500
营业税金及附加	500
管理费用	400
财务费用	200
销售费用	600
加:投资收益	300
二、营业利润	4 100
加:营业外收入	200
减:营业外支出	1 500
三、利润总额	2 800
减:所得税费用	700
四、净利润	2 100
加:年初未分配利润	100
五、可供分配的利润	2 200
减:提取盈余公积	400
六、未分配利润	1 800

表 7-4 所有者权益变动表
2009 年   单位：万美元

	实收资本	盈余公积	未分配利润	股东权益合计
一、本年年初余额	1 700	500	100	
二、本年增减变动金额				
（一）净利润			2 100	
（二）直接计入所有者权益的利得和损失				
其中：外币报表折算差额				
（三）利润分配				
提取盈余公积		400	-400	
三、本年年末余额	1 700	900	1 800	4 400

表 7-5 资产负债表
2009 年 12 月 31 日   单位：万美元

资产	期末数	负债和股东权益	期末数
流动资产：		流动负债：	
货币资金	400	短期借款	400
应收账款	1 600	应付账款	300
存货	1 700	其他流动负债	300
其他流动资产	100	流动负债合计	1 000
流动资产合计	3 800	非流动负债：	
非流动资产：		长期借款	400
长期应收款	700	应付债券	1 000
固定资产	300	其他非流动负债	600
在建工程	500	非流动负债合计	2 000
无形资产	1 600	负债合计	3 000
其他非流动资产	500	股东权益：	
非流动资产合计	3 600	股本	1 700
		盈余公积	900
		未分配利润	1 800
		外币报表折算差额	
		股东权益合计	4 400
资产总计	7 400	负债和股东权益总计	7 400

该子公司的有关资料如下：

2009年12月31日的汇率为1美元=6.7元人民币,2009年的平均汇率为1美元=6.6元人民币,股本按发生日的即期汇率为1美元=6.8元人民币,2008年12月31日的股本为1 700万美元,折算为人民币为11 560万元；累计盈余公积为500万美元,折算为人民币为3 350万元,累计未分配利润为100万美元,折算为人民币为672万元,甲、乙公司均在年末提取盈余公积,乙公司当年提取的盈余公积为400万美元。

宏发公司按照现行会计准则的要求采用现行汇率法对该全资控股子公司的外币报表进行折算,对资产负债表项目中的资产负债项目全部采用资产负债表日的即期汇率折算。所有者权益项目中：股本采用按发生日的即期汇率折算,当期计提的盈余公积采用当期平均汇率计算,对于子公司利润表的有关项目,按当期平均汇率折算。外币报表折算差额作递延处理,在折算后的资产负债表中作为所有者权益项目单独列示。折算后的三张报表见表7-6、表7-7和表7-8：

表7-6　　　　　　　　　　　　　利润表
2009年　　　　　　　　　　　　　　　　　　　　单位：万元

项目	期末数（美元）	折算汇率	人民币金额
一、营业收入	30 000	6.6	198 000
减：营业成本	24 500	6.6	161 700
营业税金及附加	500	6.6	3 300
管理费用	400	6.6	2 640
财务费用	200	6.6	1 320
销售费用	600	6.6	3 960
加：投资收益	300	6.6	1 980
二、营业利润	4 100		27 060
加：营业外收入	200	6.6	1 320
减：营业外支出	1 500	6.6	9 900
三、利润总额	2 800		18 480
减：所得税费用	700	6.6	4 620
四、净利润	2 100		13 860
加：年初未分配利润	100		672
五、可供分配的利润	2 200		14 532
减：提取盈余公积	400	6.6	2 640
六、未分配利润	1 800		11 892

表 7-7　　　　　　　　　　　　　　　　所有者权益变动表
　　　　　　　　　　　　　　　　　　　　2009 年　　　　　　　　　　　　　　　　　　　单位:万元

项目	实收资本			资本公积			未分配利润		折算差额	股东权益合计美人民币
	美元	汇率	人民币	美元	汇率	人民币	美元	人民币		
一、本年年初余额	1 700	6.8	11 560	500		3 350	100	672		15 582
二、本年增减变动金额										
(一)净利润							2 100	13 860		
(二)直接计入所有者权益的利得和损失										38
其中:外币报表折算差额									38	38
(三)利润分配										
提取盈余公积				400	6.6	2 640	−400	−2 640		
三、本年年末余额	1 700	6.8	11 560	900		5 990	1 800	11 892	38	29 480

表 7-8　　　　　　　　　　　　　　　　资产负债表
　　　　　　　　　　　　　　　　　　　2009 年 12 月 31 日　　　　　　　　　　　　　　单位:万元

资产	期末数(美元)	折算汇率	折算为人民币金额	负债和股东权益	期末数(美元)	折算汇率	折算为人民币金额
流动资产:				流动负债:			
货币资金	400	6.7	2 680	短期借款	400	6.7	2 680
应收账款	1 600	6.7	10 720	应付账款	300	6.7	2 010
存货	1 700	6.7	11 390	其他流动负债	300	6.7	2 010
其他流动资产	100	6.7	670	流动负债合计	1 000		6 700
流动资产合计	3 800		25 460	非流动负债:			
非流动资产:				长期借款	400	6.7	2 680
长期应收款	700	6.7	4 690	应付债券	1 000	6.7	6 700
固定资产	300	6.7	2 010	其他非流动负债	600	6.7	4 020
在建工程	500	6.7	3 350	非流动负债合计	2 000		13 400
无形资产	1 600	6.7	10 720	负债合计	3 000		20 100
其他非流动资产	500	6.7	3 350	股东权益:			
非流动资产合计	3 600		24 120	股本	1 700	6.8	11 560

续表

				盈余公积	900	5 990
				未分配利润	1 800	11 892
				外币报表折算差额		38
				股东权益合计	4 400	29 480
资产总计		7 400	49 580	负债和股东权益总计	7 400	49 580

外币报表折算差额为以记账本位币反映的净资产减去以记账本位币反映的实收资本、累计盈余公积及累计未分配利润后的余额。

三、恶性通货膨胀经济情况下外币财务报表的折算

(一)恶性通货膨胀经济的判定

当一个国家经济环境显示出(但不局限于)以下特征时,应当判断该国处于恶性通货膨胀经济中:

1. 三年累计通货膨胀率接近或超过100%;
2. 利率、工资和物价与物价指数挂钩;物价指数是物价变动趋势和幅度的相对数;
3. 一般公众不是以当地货币而是以相对稳定的外币为单位作为衡量货币金额的基础;
4. 一般公众倾向于以非货币性资产或相对稳定的外币来保存自己的财富,持有的当地货币立即用于投资以保持购买力;
5. 即使信用期限很短,赊销、赊购交易仍按补偿信用期预计购买力损失的价格成交。

(二)处于恶性通货膨胀经济中境外经营财务报表的折算

企业在通过合并或权益法核算将处于恶性通货膨胀经济中境外经营的财务报表纳入本企业财务报表时,需要先对其财务报表进行重述;对资产负债表项目运用一般物价指数予以重述,对利润表项目运用一般物价指数变动予以重述,然后,按照重述后的财务报表进行折算。在境外经营不再处于恶性通货膨胀经济中时,应当停止重述,按照停止之日的价格水平重述的财务报表进行折算。

1. 资产负债表项目的重述。在对资产负债表项目进行重述时,由于现金、应收账款、其他应收款等货币性项目已经以资产负债表日的计量单位表述,因此不需要对其进行重述;通过协议与物价变动挂钩的资产和负债,应根据协议约定进行调整;非货币性项目中,有些是以资产负债表日的计量单位列示的,如存货如果已经以可变现净值列示,资产负债表日就不需要进行重述。其他非货币性项目,如固定资产、无形资产等,应自购置日起以一般物价指数变动予以重述。

2. 利润表项目的重述。在对利润表项目进行重述时,所有项目金额都需要自其初

始确认之日起，以一般物价指数变动进行重述，以使利润表的所有项目都以资产负债表日的计量单位表述。由于上述重述而产生的差额计入当期净利润。

对资产负债表和利润表项目进行重述后，在按资产负债表日的即期汇率对资产负债表项目和利润表项目折算为记账本位币报表。

在境外经营不再处于恶性通货膨胀经济中时，应当停止重述，按照停止之日的价格水平重述的财务报表进行折算。

四、境外经营的处置

企业可能通过出售、清算、返还股本或放弃全部或部分权益等方式处置其在境外经营中的利益。在包含境外经营的财务报表中，将已列入所有者权益的外币报表折算差额中与该境外经营相关部分，自所有者权益项目中转入处置当期损益；如果是部分处置境外经营，应当按处置的比例计算处置部分的外币报表折算差额，转入处置当期损益。

五、外币折算的披露

企业应当在附注中披露与外币折算有关的下列信息：

（一）企业及其境外经营采用的记账本位币及选定的原因；记账本位币发生变更的，说明变更理由。

（二）采用近似汇率的，近似汇率的确定方法。

（三）当期损益中的汇兑差额。

（四）处置境外经营对外币财务报表折算差额的影响。

本章参考文献

1. 中华人民共和国财政部. 企业会计准则 2006. 经济科学出版社. 2006
2. 中华人民共和国财政部. 企业会计准则：应用指南 2006. 中国财政经济出版社. 2006
3. 王爱国，郑伟主编. 高级财务会计学. 山东人民出版社, 2009
4. 刘永泽，傅荣主编. 高级财务会计. 东北财经大学出版社. 2007
5. 闫达五，耿建新，戴德明编著. 高级会计学. 中国人民大学出版社. 2007
6. 中国注册会计师协会编. 会计. 中国财政经济出版社. 2010
7. 汤湘希主编. 高级财务会计. 经济科学出版社. 2010

8. 梁莱歆主编. 高级财务会计. 上海财经大学出版社. 2010

【课后练习题】

名词解释

即期汇率　　历史汇率　　境外经营　　两笔交易观　　外币统账制
外币分账制　　货币性项目　　非货币性项目　　汇兑损益

选择题

一、单项选择题

1. 下列说法中正确的是（　　）。
   A. 企业记账本位币一经确定,不得随意变更,除非企业经营所处的主要经济环境发生重大变化
   B. 企业记账本位币一经确定,不得变更
   C. 我国企业的记账本位币一定是人民币
   D. 我国企业的编报货币可以是人民币以外的币种

2. 某公司进口工业原料10吨,每吨价格1 000美元,货到当日的即期汇率为1美元=8.1元人民币,另用人民币支付进口关税为12 450元人民币,支付进口增值税16 227元人民币,货款尚未支付,该项存货的入账价值为（　　）元。
   A. 81 000　　　　B. 109 677　　　　C. 93 450　　　　D. 13 461

3. 甲公司以人民币为记账本位币。2007年11月20日以每台2 000美元的价格从美国某供货商手中购入国际最新型号H商品10台,并于当日支付了相应货款(假定甲公司有美元存款)。2007年12月31日,已售出H商品2台,国内市场仍无H商品供应,但H商品在国际市场价格已降至每台1950美元。11月20日的即期汇率是1美元=7.8元人民币,12月31日的汇率是1美元=7.9元人民币。假定不考虑增值税等相关税费,甲公司2007年12月31日应计提的存货跌价准备为（　　）元人民币。
   A. 3 120　　　　B. 1 560　　　　C. 0　　　　D. 3 160

4. 某股份有限公司对外币业务采用业务发生日的市场汇率进行折算,按月计算汇兑差额。20×8年6月20日从境外购买零配件一批,价款总额为500万美元,货款尚未支付,当日的市场汇率为1美元=7.21元人民币。6月30日的市场汇率为1美元=7.22元人民币。7月31日的市场汇率为1美元=7.23元人民币。该外币债务7月份所发生的汇兑损失为（　　）万元人民币。
   A. -10　　　　B. -5　　　　C. 5　　　　D. 10

5. 某企业采用人民币作为记账本位币。下列项目中,不属于该企业外币业务的是（　　）。
   A. 与外国企业发生的以人民币计价结算的购货业务
   B. 与国内企业发生的以美元计价的销售业务
   C. 与外国企业发生的以美元计价结算的购货业务
   D. 与中国银行之间发生的美元与人民币的兑换业务

6. 某企业对外币业务采用发生当日的即期汇率进行折算,按月计算汇兑损益。1月20日销售价款为20万美元产品一批,货款尚未收到,当日的市场汇率为1美元=8.25元人民币。1月31日的市场汇率为1美元=8.28元人民币。2月28日市场汇率为1美元=8.23元人民币,货款于3月2日收回。该外币债权2月份发生的汇兑收益为(　　)万元。

A. 0.60　　　　B. 0.40　　　　C. -1　　　　D. -0.40

7. 甲公司外币业务采用发生时的即期汇率折算,季度末计提利息和计算汇兑损益,本期7月1日甲公司从金融机构借入美元100万元,期限为6个月,年利率6%,到期还本付息,借入时即期汇率为1美元=8.06元人民币,9月30日即期汇率为1美元=8.07元人民币,则甲公司9月30日该项短期借款的汇兑收益为(　　)万元人民币。

A. 1　　　　B. -1　　　　C. -1.03　　　　D. -1.015

8. 甲公司2006年12月2日以50 000港元购入某H股20 000股作为交易性金融资产,当日汇率为1港元=1.2元人民币,2006年12月31日,由于股票市价变动,当月购入的H股公允价值为54 000港元,当日汇率为1港元=1.1元人民币。对该项交易性金融资产企业应确认(　　)元人民币。

A. 汇兑损益5 000(损失)

B. 公允价值变动损益4 400(收益)

C. 公允价值变动损益600(损失)

D. 汇兑损益600(收益)

9. 某公司一境外子公司记账本位币为美元,期初汇率为1美元=8.2元人民币,期末汇率为1美元=8.4元人民币,该企业利润表采用中间汇率折算,资产负债表盈余公积期初数为50万美元,折合人民币405万元,本期提取盈余公积70万美元,则本期该企业资产负债表盈余公积的期末数额应该是人民币(　　)万元。

A. 581　　　　B. 1 008　　　　C. 996　　　　D. 986

10. 某外商投资企业银行存款(美元)账户上期期末余额30 000美元,市场即期汇率为1美元=8.06元人民币,该企业本月12日将其中10 000美元在银行兑换为人民币,银行当日美元买入价为1美元=8.00元人民币,当日即期汇率为1美元=8.10元人民币,该企业本期没有其他涉及外币账户的业务,期末即期汇率1美元=8.08元人民币,则该企业本期计入财务费用的汇兑损益金额是(　　)元人民币。

A. 800　　　　B. -800　　　　C. 200　　　　D. 300

11. 某中外合资经营企业注册资本为400万美元,合同约定分两次投入,约定折算汇率为1:8.0。中、外投资者分别于2008年1月1日和3月1日投入300万美元和100万美元。2008年1月1日、3月1日、3月31日和12月31日美元对人民币的汇率分别为1:7.20、1:7.25、1:7.24和1:7.30。假定该企业采用人民币作为记账本位币,外币业务采用业务发生日的汇率折算。该企业2008年年末资产负债表中"实收资本"项目的金额为人民币(　　)万元。

A. 3 200 B. 2 885 C. 3 285 D. 2 880

12. 某企业外币业务的记账汇率采用当日的市场汇率核算。该企业本月月初持有 10 000 美元,月初市场汇率为 1 美元 = 7.30 元人民币。本月 15 日将其中的 3 000 美元售给中国银行,当日中国银行美元买入价为 1 美元 = 7.20 元人民币,卖出价为 1 美元 = 7.24 元人民币,当日市场汇率为 1 美元 = 7.22 元人民币。企业售出该笔美元时应确认的汇兑损失为( )元人民币。

A. 60 B. 200 C. 140 D. 0

13. 甲公司外币业务采用业务发生时的汇率进行折算,按月计算汇兑损益。5 月 20 日对外销售产品发生应收账款 1 000 万欧元,当日的市场汇率为 1 欧元 = 10.30 元人民币。5 月 31 日的市场汇率为 1 欧元 = 10.28 元人民币;6 月 1 日的市场汇率为 1 欧元 = 10.26 元人民币;6 月 30 日的市场汇率为 1 欧元 = 10.21 元人民币。7 月 10 日收到该应收账款,当日市场汇率为 1 欧元 = 10.20 元人民币。该应收账款 6 月份应当确认的汇兑损失为( )万元人民币。

A. -20 B. 30 C. 50 D. 70

14. 某外商投资企业收到外商作为实收资本投入的固定资产一台,协议作价 100 万美元,当日的市场汇率为 1 美元 = 7.50 元人民币。投资合同约定汇率为 1 美元 = 8.00 元人民币。另发生运杂费 2 万元人民币,进口关税 5 万元人民币,安装调试费 3 万元人民币。该设备的入账价值为( )万元人民币。

A. 760 B. 750 C. 810 D. 800

15. 按我国会计准则的规定,外币财务报表折算为人民币报表时,所有者权益变动表中的"未分配利润"项目应当( )。

A. 按资产负债表日即期汇率折算
B. 按历史汇率折算
C. 根据折算后所有者权益变动表中的其他项目的数额计算确定
D. 按年初和年末汇率的算术平均数折算

16. 交易性金融资产,采用公允价值确定日的即期汇率折算,折算后的记账本位币金额与原记账本位币金额的差额,计入( )。

A. 营业外支出 B. 资本公积
C. 财务费用 D. 公允价值变动损益

二、多项选择题

1. 企业对境外经营的财务报表进行折算时,下列项目中可用资产负债表日的即期汇率折算的有( )。

A. 应收及预付款项 B. 交易性金融负债
C. 持有至到期投资 D. 盈余公积

2. 以下关于记账本位币的使用,正确的有( )。

A. 企业通常应选择人民币作为记账本位币
B. 当业务收支以人民币以外的货币为主时,企业可以按规定选定某种外币作为

记账本位币

C. 当业务收支以人民币以外的货币为主时,企业可以按规定选定某种外币作为记账本位币并编报财务报表

D. 当以某种外币作为记账本位币时,编报财务报表应当折算为人民币

3. 企业发生各类外币业务形成的折算差额,根据不同业务内容有可能计入的科目有( )。

  A. 公允价值变动损益   B. 长期待摊费用
  C. 财务费用   D. 在建工程

4. 外币报表折算业务中,下列项目应采用发生时即期汇率折算的有( )。

  A. 固定资产   B. 长期股权投资
  C. 实收资本   D. 盈余公积

5. 下列项目中,属于境外经营或视同境外经营的有( )。

  A. 企业在境外的子公司

  B. 企业在境外的合营企业

  C. 企业在境外的子公司分支机构

  D. 采用相同于企业记账本位币的,在境内的子公司

6. 外币交易应当在初始确认时将外币金额折算为记账本位币金额,可以采用的汇率有( )。

  A. 交易发生日的即期汇率

  B. 按照系统合理的方法确定的、与交易发生日即期汇率近似的汇率

  C. 与交易发生日即期汇率相差较大的汇率

  D. 当汇率波动较大时,当年1月1日的汇率

7. 企业在资产负债表日,应当按照准则规定对外币货币性项目和外币非货币性项目进行处理,下列说法中正确的有( )。

  A. 外币货币性项目,采用资产负债表日即期汇率折算

  B. 外币货币性项目,资产负债表日即期汇率与初始确认时或者前一资产负债表日即期汇率不同而产生的汇兑差额,计入当期损益

  C. 外币货币性项目,因资产负债表日即期汇率与初始确认时或者前一资产负债表日即期汇率不同而产生的汇兑差额,计入递延损益

  D. 以历史成本计量的外币非货币性项目,仍采用交易发生日的即期汇率折算,不改变其记账本位币金额

业务题

一、甲股份有限公司(本题下称"甲公司")为增值税一般纳税人,适用的增值税税率为17%。甲公司以人民币作为记账本位币,外币业务采用业务发生时的市场汇率折算,按月计算汇兑损益。

1. 甲公司有关外币账户2007年2月28日的余额如表7-9所示。

表 7-9

项目	外币账户余额(万美元)	汇率	人民币账户余额(万元人民币)
银行存款	800	8.0	6 400
应收账款	400	8.0	3 200
应付账款	200	8.0	1 600
长期借款	1 000	8.0	8 000

2. 甲公司2007年3月份发生的有关外币交易或事项如下：

(1)3月3日,将100万美元兑换为人民币,兑换取得的人民币已存入银行。当日市场汇率为1美元=8.0元人民币,当日银行买入价为1美元=7.9元人民币。

(2)3月10日,从国外购入一批原材料,货款总额为400万美元。该原材料已验收入库,货款尚未支付。当日市场汇率为1美元=7.9元人民币。另外,以银行存款支付该原材料的进口关税500万元人民币,增值税537.2万元人民币。

(3)3月14日,出口销售一批商品,销售价款为600万美元,货款尚未收到。当日市场汇率为1美元=7.9元人民币。假设不考虑相关税费。

(4)3月20日,收到应收账款300万美元,款项已存入银行。当日市场汇率为1美元=7.8元人民币。该应收账款系2月份出口销售发生的。

(5)3月25日,以每股10美元的价格(不考虑相关税费)购入美国杰拉尔德公司发行的股票10000股作为交易性金融资产,当日市场汇率为1美元=7.8元人民币。

(6)3月31日,计提长期借款第一季度发生的利息。该长期借款系2007年1月1日从中国银行借入的外币专门借款,用于购买建造某生产线的专用设备,借入款项已于当日支付给该专用设备的外国供应商。该生产线的土建工程已于2006年10月开工。该外币借款金额为1 000万元,期限2年,年利率为4%,按季计提借款利息,到期一次还本付息。该专用设备于2月20日验收合格并投入安装。至2007年3月31日,该生产线尚处于建造过程中。

(7)3月31日,美国杰拉尔德公司发行的股票的市价为11美元。

(8)3月31日,市场汇率为1美元=7.7元人民币。

要求：

1. 编制甲公司3月份与外币交易或事项相关的会计分录。

2. 填列甲公司2007年3月31日外币账户发生的汇兑差额(请将汇兑差额金额填入给定的表7-10中;汇兑收益以"+"表示,汇兑损失以"-"表示),并编制汇兑差额相关的会计分录。

表 7-10 单位:万元人民币

外币账户	3月31日汇兑差额
银行存款(美元户)	
应收账款(美元户)	
应付账款(美元户)	
长期借款(美元户)	

3. 计算交易性金融资产 3 月 31 日应确认的公允价值变动损益并编制相关会计分录。

二、国内甲公司的记账本位币为人民币，该公司在境外有一子公司乙公司，乙公司确定的记账本位币为美元。根据合同约定，甲公司拥有乙公司 70% 的股权，并能够对乙公司的财务和经营政策施加重大影响。甲公司采用当期平均汇率折算乙公司利润表项目。乙公司的有关资料如下：

20×7 年 12 月 31 日的汇率为 1 美元 = 7.7 元人民币，20×7 年的平均汇率为 1 美元 = 7.6 元人民币，实收资本、资本公积发生日的即期汇率为 1 美元 = 8 元人民币，20×6 年 12 月 31 日的股本为 500 万美元，折算为人民币为 4 000 万元；累计盈余公积为 50 万美元，折算为人民币为 405 万元，累计未分配利润为 120 万美元，折算为人民币为 972 万元，甲、乙公司均在年末提取盈余公积，乙公司当年提取的盈余公积为 70 万美元。当期计提的盈余公积采用当期平均汇率折算，期初盈余公积为以前年度计提的盈余公积按相应年度平均汇率折算后金额的累计，期初未分配利润记账本位币金额为以前年度未分配利润记账本位币金额的累计。以美元编制的外币报表数据见表 7-11、表 7-12 和表 7-13。

要求将这三张外币报表折算成以记账本位币为人民币表示的会计报表，并将有关数据填入表格。

表 7-11 利润表

20×7 年 单位：万元

项目	期末数（美元）	折算汇率	人民币金额
一、营业收入	2 000		
减：营业成本	1 500		
营业税金及附加	40		
管理费用	100		
财务费用	10		
销售费用	30		
加：投资收益	380		
二、营业利润	40		
加：营业外收入	20		
减：营业外支出	400		
三、利润总额	120		
减：所得税费用	280		
四、净利润			
加：年初未分配利润			
五、可供分配的利润			
减：提取盈余公积			
六、未分配利润			

表 7-12　　　　　　　　　　　　　　资产负债表
20×7 年 12 月 31 日　　　　　　　　　　　　　单位：万元

资产	期末数（美元）	折算汇率	折算为人民币金额	负债和股东权益	期末数（美元）	折算汇率	折算为人民币金额
流动资产：				流动负债：	45		
货币资金	190			短期借款	285		
应收账款	190			应付账款	110		
存货	240			其他流动负债	440		
其他流动资产	200			流动负债合计			
流动资产合计	820			非流动负债：	140		
非流动资产：				长期借款	80		
长期应收款	120			应付债券	90		
固定资产	550			其他非流动负债	310		
在建工程	80			非流动负债合计	750		
无形资产	100			负债合计			
其他非流动资产	30			股东权益：	500		
非流动资产合计	880			股本	120		
				盈余公积	330		
				未分配利润			
				外币报表折算差额	950		
				股东权益合计	1 700		
资产总计	1 700			负债和股东权益总计			

表 7-13　　　　　　　　　　　　所有者权益变动表
20×7 年　　　　　　　　　　　　　　　　　　单位：万元

项目	实收资本			资本公积			未分配利润		折算差额	股东权益合计人民币
	美元	汇率	人民币	美元	汇率	人民币	美元	人民币		
一、本年年初余额	500			50			120			
二、本年增减变动金额										
（一）净利润							280			
（二）直接计入所有者权益的利得和损失										
其中：外币报表折算差额										
（三）利润分配										
提取盈余公积				70			-70			
三、本年年末余额	500			120			330			

第八章　企业合并

【内容简介】　本章的主要内容包括企业合并概述、同一控制下企业合并的会计处理和非同一控制下企业合并的会计处理三部分。企业合并是将两个或者两个以上单独的企业合并形成一个报告主体的交易或事项。我国企业会计准则中按照参并企业合并前后是否由同一家企业控制将企业合并分为同一控制下的企业合并和非同一控制下的企业合并。准则针对不同的企业合并方式规范了相应的会计选择：同一控制下的企业合并主要依据权益结合法进行会计处理，非同一控制下的企业合并主要依据购买法进行会计处理。

购买法的主要特点有：(1)企业合并成本应为购并企业为了使企业合并得以成功而发生的各种必要的支出。(2)企业合并中，购并企业获得的各项可辨认资产和承担的各项负债应当依据其公允价值予以计量。(3)企业合并成本与购并企业获得的可辨认资产和承担的负债公允价值净额之间的差异应确认为商誉或负商誉。(4)合并日，合并后留存收益仅包括合并前购并企业自己的留存收益，不包括被并企业合并前的留存收益。

权益结合法的主要特点有：(1)这种方法下，参并企业的资产和负债均应维持其原始账面价值，不会产生商誉等新的资产。(2)不论企业合并发生在报告期的哪个时点，参并企业全年度的损益都应包括在合并后的企业集团之中。同样，参并企业的留存收益也应全部转入合并后的企业集团之中。(3)若购并企业作为合并对价支付的资产、承担的负债或发行的证券的公允价值与被并企业的股本和资本公积之和之间存在差额，则应调整资本公积，若购并企业的资本公积不足冲减，再按照被并公司盈余公积与未分配利润的比例分别冲减合并的被并公司的盈余公积和未分配利润。(4)企业合并时发生的相关费用，无论是直接的还是间接的均应记入当期损益。此外，企业为发行作为合并对价的证券而支付的手续费、佣金、税金等相关税费，应当分别依据发行权益性证券或债券的相关规定进行会计处理。(5)若企业合并前参并企业选用了不同的会计政策，则应先对被并企业的会计政策予以追溯调整，然后再进行合并。

【学习目的与要求】
1. 了解企业合并的概念以及分类。
2. 熟练掌握同一控制下企业吸收合并和控股合并的会计处理。
3. 熟练掌握非同一控制下企业吸收合并和控股合并的会计处理。

第一节 企业合并概述

所谓企业合并会计，是指对实施合并的企业购并其他企业的业务进行账务处理和报告的一整套方法和程序。它主要涉及对被并企业净资产的计价(如按账面价值还是按公允价值计价)、确认商誉、负商誉、合并费用(资本化还是费用化)、留存利润、合并前利润的处理等方面内容。依据我国企业会计准则，我国企业合并会计主要采用购买法和权益结合法两种会计处理方法，由于企业合并按照法律形式不同可以分为吸收合并、新设合并和控股合并三类，这就使得两种不同的会计处理方法不仅影响着企业合并时的会计处理，而且还会影响到企业控股合并后合并会计报表的编制。

一、企业合并的概念

根据我国2006年颁布的《企业会计准则第20号——企业合并》的相关规定，所谓企业合并是指将两个或者两个以上单独的企业合并形成一个报告主体的交易或事项。

为了正确把握企业合并的含义，我们需要从以下几个方面进行理解：

(一)企业合并成立与否的关键是看交易或事项发生前后是否引起了报告主体的变化。

依据企业合并的定义，是否形成企业合并，关键是看交易或事项发生前后是否引起了报告主体的变化。即由发生前的两个或两个以上的报告主体，是否形成了发生后的各合并方的统一报告主体。

但是，需要注意的是，报告主体并不等同于法律主体。一般而言，法律主体即为报告主体，但是，报告主体未必是法律主体，报告主体的范畴较法律主体更宽泛一些。例如，在控股合并情况下，母公司及其能够实施控制的子公司就是形成了基于合并财务报告意义的报告主体，而不是法律主体。由此可见，企业合并成立与否的判断标准是该交易或事项的发生能否形成一个统一的报告主体，企业合并并不意味着参与合并的两个或者两个以上企业必然合并成一个具有独立法人资格的企业。

(二)判断企业合并是否形成统一报告主体的标准是交易或者事项的发生是否导致了参并企业控制权的变化。

如果交易或事项发生前后参并企业的控制权发生改变，这就会导致形成一个统一报告主体，从而完成一个企业合并行为。反之，如果交易或事项发生前后参并企业控制权没有发生变化，则不能将其作为企业合并行为处理。例如，甲公司在对乙公司实施控制以后，为了增加其在乙公司的持股比例，再次购买了乙公司的股权，此事项没有改变甲、乙两公司的控制权关系，从而不应将其作为企业合并行为处理。此处的控制权是指一个企业拥有决定另外一个或几个企业的生产经营决策的权力，并能据以从该生产经营决策中获取经济利益。

（三）无论交易还是事项，只要发生以后能够形成一个统一报告主体就是发生了企业合并。

企业合并表现为一项交易或是一个事项，这是关于企业合并的性质问题。但是无论表现为交易还是事项，只要发生以后能够形成一个统一报告主体就是发生了企业合并。不过，发生交易形成的企业合并与发生事项形成的企业合并在会计处理上存在较大的差异。

二、企业合并的分类

企业合并可以按照不同的标准进行分类，对会计有影响的分类方式主要有以下三种。

（一）按照法律形式分类

按照合并后主体的法律形式不同，可以将企业合并分为吸收合并、新设合并和控股合并。

1. 吸收合并

所谓吸收合并，是指两个或两个以上的企业合并后，其中一个企业（主并企业）继续存在，其他企业（被并企业）的法律主体资格被注销的企业合并。通过吸收合并，主并企业取得被并企业的全部净资产，被并企业的企业法人资格被注销，被并企业原持有的资产、负债，在合并后成为主并企业的资产、负债。吸收合并方式可以用公式表示为："A + B = A"。即此类合并后，B 企业成为 A 企业的一部分，A 企业继续进行持续经营，B 企业不复存在。

吸收合并可以通过以下两种方式实现：

（1）主并企业以货币资金等资产购买被并企业的全部资产或股份，被并企业以所得货币资金等资产支付给原有公司股东，被并企业的股东因此失去其股东资格。

（2）主并企业发行新股以换取被并企业的全部资产或股份，被并企业的股东获得主并企业的股份，从而成为主并企业的股东之一。

吸收合并后，主并企业仍保持原有的公司名称，并对被并企业的全部资产和负债实施控制，被并企业不再存在。

2. 新设合并

所谓新设合并，是指两个或者两个以上企业通过合并创立一家新企业，新企业接受原有各参并企业的资产和负债，而参与合并的原有各企业均丧失原有法律地位的企业合并。新设合并方式可以用公式表示为："A + B = C"。即在此类合并中，A、B 两企业通过合并形成了一家全新的 C 企业，C 企业接受了 A、B 两企业的全部资产和负债，同时 A、B 两企业均丧失原有法律地位。

新设合并与吸收合并相比，主要区别在于吸收合并后存在的持续经营企业是参与合并行为的主并企业，而新设合并无法区分主并企业和被并企业，参与合并企业都不复存在。相同点则在于两类合并后被合并方均失去法人资格，合并方都不会形成对被合并方的股权投资,合并的结果都是只存在一个单独的法律实体持续经营。

在新设合并中,新成立的企业通过发行普通股或以其他方式给参并企业股东以补偿,换取参并企业的全部资产或者参并企业的有投票表决权的股票。同时将参并企业进行解散和清算。

3. 控股合并

所谓控股合并,是指主并企业在企业合并中通过购买被并企业一定份额的有投票表决权的股票而取得对被合并方的控制权,但是被合并方在合并后仍保持其独立的法人资格并继续经营,合并方确认企业合并形成的对被合并方投资的合并行为。

控股合并方式可以用公式表示为:"$A + B = A + B$"。在控股合并行为中,A企业(假设A为主并企业)在取得B企业(假设B为被并企业)的控制权之后并没有改变A、B两企业原有的法律地位,双方依然按照各自的独立形态持续经营。所以说,控股合并并不是严格法律意义上的合并,但是控股合并后合并各方会形成控制与被控制的关系,这就使得控股企业与被控股企业事实上形成一个统一报告主体。

企业通过收购其他企业的股份或相互交换股票取得对方股份,可以达到对其他企业进行控制,实现企业的控股合并。

(二)按照合并的性质分类

按照合并的性质可以将企业合并分为:购买性质合并和股权联合性质合并。

1. 购买性质合并

所谓购买性质合并,是指合并企业通过转让资产、承担负债或者发行股票等方式购买被并企业的净资产或股权以获得相应控制权的合并方式。这种合并方式的本质是一种资产买卖交易行为。如果是吸收合并,则是购买方一揽子买进被并企业的全部资产,并承担全部负债,被并企业丧失其独立的法律地位成为购并公司的组成部分;如果是控股合并,则是合并方购买了被并方净资产的控制权,形成以购并企业为母公司被并企业为子公司的企业集团。

2. 股权联合性质合并

所谓股权联合性质合并,是指参并企业各方通过股权交换联合控制它们的全部净资产或经营活动的合并方式。这种合并方式下,参并企业签订的是平等协议,共同控制其全部或实际上是全部的净资产或经营活动。从而,股权联合性质合并方式下,对于参并企业而言,难以区分和辨别购并企业与被并企业,所有参并企业的股东共同对合并后的实体分享利益和承担风险。

(三)按照参并企业合并前后是否由同一家企业控制分类

按照参并企业合并前后是否由同一家企业控制可将企业合并分为:同一控制下的企业合并和非同一控制下的企业合并。

1. 同一控制下的企业合并

同一控制下的企业合并,是指参与合并的企业在合并前后均受同一方或相同的多方最终控制,且该控制并非暂时性的。

同一控制下企业合并发生后，最终控制方在企业合并前及合并后能够控制的资产并没有发生变化。最终控制方可以是其控股股东，也可以是控股股东的股东。也就是说，这种类型的企业合并主要发生在企业集团内部，例如，企业集团甲拥有A、B、C三个子公司，即A、B、C三个子公司均受甲企业集团的最终控制，如果其中的A公司对B公司进行了企业合并行为，合并后B公司成为A公司的子公司并且受到A公司的控制，但是由于合并后A和B公司的最终控制人没有改变，仍旧是企业集团甲，且该控制并非暂时性的。这样我们就可以认为A公司对B公司进行的企业合并是同一控制下的企业合并。

从本质上讲，同一控制下的企业合并不属于企业之间的交易行为，这种企业合并往往是集团内部企业之间资产或权益的转移，是集团内部资产和权益的重新整合，并没有改变集团整体的资产结构和控制权。因此，对于同一控制下的企业合并，在合并日取得对其他参与合并企业控制权的一方，我们称其为合并方，反之，参与合并的其他企业我们称其为被合并方。

2. 非同一控制下的企业合并

非同一控制下的企业合并，是指参与合并的企业在合并前后不受同一方或相同的多方最终控制，或者虽然受同一方或相同的多方最终控制，但是这种控制是暂时性的。

非同一控制下企业合并发生后，被并企业合并前及合并后的最终控制方发生了改变。这种类型的企业合并主要发生在不同企业集团之间，例如，企业集团甲拥有A、B、C三个子公司，企业集团乙拥有D、E两个子公司，如果其中的A公司对D公司进行了企业合并行为，合并后D公司成为A公司的子公司并且受到A公司的控制。这样，合并后D公司的最终控制人就由合并前的企业集团乙改变为企业集团甲，即合并后最终控制方发生了改变。这样我们就可以认为A公司对D公司进行的企业合并是非同一控制下的企业合并。

非同一控制下的企业合并属于企业之间的交易行为。与同一控制下的企业合并相比，这种企业合并改变了被并企业的最终控制权。因此，对于非同一控制下的企业合并，在合并日取得对其他参与合并企业控制权的一方，我们称其为购买方，反之，参与合并的其他企业我们称其为被购买方。

三、企业合并的会计处理方法

目前，在国际上企业合并会计主要采用购买法和权益结合法两种会计处理方法。由于企业合并会计的关键是主并方的会计处理，被合并方的会计处理比较简单。例如，在吸收合并中，被合并方只需反方向销账即可；在控股合并中，合并方从被合并方其他股东处取得其股权，对被合并方而言并无实质性的影响，只是具体的股东名称发生变化，因此被合并方无须进行专门的账务处理。所以，下面我们就从合并方的角度，分别购买法和权益结合法两种情况来阐述合并方的会计处理原则与方法。

（一）购买法

所谓购买法，是将企业合并视为购并企业购买被并企业净资产的一项交易，这一交易与企业购买机器设备、存货等资产没有任何实质性区别。

关于购买法的特点主要表现在以下几个方面：

1. 合并的实质。购买法认为企业合并是购并企业购买被并企业净资产的一项买卖交易。

2. 计量基础的确定。企业合并中，购并企业获得的各项可辨认资产和承担的各项负债应当依据其公允价值予以计量。

3. 合并成本的确定。企业合并成本应为购并企业为了使企业合并得以实现而发生的各种必要的支出。它包括所支付对价的公允价值和为进行企业合并发生的各项直接相关费用两部分。其中，为进行企业合并发生的各项直接相关费用主要指为进行企业合并而支付的审计费用、评估费用、法律费用、咨询费用等。

4. 合并商誉。企业合并成本与购并企业获得的可辨认资产和承担负债的公允价值净额之间的差额形成正商誉或负商誉。

其中：商誉 = 合并成本 − 购并企业获得的可辨认净资产公允价值

可辨认净资产的公允价值 = Σ 可辨认资产的公允价值 − Σ 负债及或有负债的公允价值

5. 合并对当年损益的影响。购并企业合并当年的损益包括购并企业自身当年实现的损益加上被并企业自合并日后当年实现损益中购并企业应享有的份额。

6. 合并对留存损益的影响。在合并日，合并后留存收益仅包括合并前购并企业自己的留存收益，不包括被并企业合并前的留存收益。

（二）权益结合法

权益结合法，也称权益联合法，是将企业合并视为两个或两个以上企业之间进行的一种权益联合事项。它认为企业合并只是参并企业权益的重新整合，本质上并没有进行资产交易行为。

关于权益结合法的特点主要表现在以下几个方面：

1. 合并的实质。权益结合法将企业合并视为参并企业间权益的重新整合，而不是资产买卖交易。

2. 计量基础的确定。权益结合法认为企业合并没有产生新的计价基础，即参与合并企业的资产和负债均应维持其原来的账面价值。同时，企业合并行为也没有产生新的资产和负债项目。如果是吸收合并，则只需将被合并企业的资产和负债按照其原有的科目以及账面价值记账。如果是控股合并，则合并方应在合并日按取得被合并方所有者权益账面价值的份额，计入企业的长期股权投资。

3. 合并费用的处理。企业合并过程中发生的相关费用，无论是直接的还是间接的均应计入当期损益。

但是，企业为发行作为合并对价的证券而支付的手续费、佣金、税金等相关税费，应当分别依据发行权益性证券或债券的相关规定进行会计处理。若发行的为权益性证券，则应当冲减购并企业的资本公积，若购并企业的资本公积不足冲减时，再依次冲减其盈余公积和未分配利润。若发行的为债券，则将其作为债券利息调整，在债券存

4. 合并商誉。权益结合法认为企业合并过程中不形成商誉或者负商誉。

5. 合并对当年损益的影响。无论企业合并发生在会计年度的哪个时点,参与合并企业全年度的损益都全部转入合并后企业的损益中,如同在年度初始日就已经合并在一起一样。

6. 所有者(股东)权益的调整。合并方取得的净资产账面价值与支付的合并对价账面价值(或发行股份面值总额)的差额,应调整股东权益。同时将被并企业的留存收益转入合并企业的留存收益,使得参与合并企业的年度留存收益全部转入合并企业。

7. 合并前后会计政策的延续。若企业合并前参并企业选用了不同的会计政策,则应先对被并企业的会计政策予以追溯调整,然后再进行合并。

综上,企业合并按合并方式可划分为控股合并、吸收合并和新设合并;按参与合并的企业在合并前后是否受同一方或相同多方的共同控制,企业合并分为同一控制下的企业合并和非同一控制下的企业合并。其中新设合并由于其会计处理与一般企业的设立并无太大区别,无须加以特别规范。因此,我国企业会计准则所阐述的主要是同一控制下的吸收合并与控股合并以及非同一控制下的吸收合并与控股合并的会计处理原则与方法,并且,准则中所规范的主要是合并方的会计处理。下面,依据我国企业会计准则就上述四种情况从合并方的角度分类加以阐述。

第二节 同一控制下企业合并的会计处理

依据我国2006年颁布的《企业会计准则第20号——企业合并》,同一控制下企业合并实质上是采用的权益结合法会计处理原则。即合并方在企业合并中取得的资产和负债,应当按照合并日在被合并方的账面价值计量。合并方取得的净资产账面价值与支付的合并对价账面价值(或发行股份面值总额)之间的差额,不确认商誉。

一、同一控制下企业吸收合并的会计处理

所谓企业合并日,是指合并方实际取得被合并方可辨认资产和负债的日期。在同一控制下企业吸收合并的合并日,吸收合并方需要解决的主要问题在于:合并日取得的被合并方资产、负债如何入账、合并方支付的合并对价如何记录,以及合并中取得有关净资产的入账价值与支付的合并对价账面价值之间的差额如何处理。

(一)同一控制下企业吸收合并的处理原则

1. 合并方在合并中确认取得的被合并方的资产、负债仅限于被合并方账面上原已确认的资产和负债,合并中不产生新的资产和负债。合并方在合并中取得的被合并方各项资产、负债应维持其在被合并方的原账面价值不变。

同一控制下的企业吸收合并,从最终控制方的角度来看,其在企业合并发生前后能够控制的净资产价值量并没有发生变化,也不产生新的资产。因此,对于合并方取得的被合并方资产、负债,合并方应当按照取得被合并企业资产和负债的原有科目名称以及账面价值入账。

2. 对作为合并对价所支付的资产、发生或承担的负债,合并方也按照账面价值记账,发行的股份则按照面值记录。

3. 合并方在合并中取得的净资产的入账价值相对于为进行企业合并支付的对价账面价值之间的差额,不作为资产的处置损益,不影响合并当期利润表,有关差额应调整所有者权益相关项目。

在合并日,将合并方取得的净资产账面价值与支付的合并对价账面价值(或发行股份面值)之间的差额,首先调整资本公积(资本溢价);如果是借差冲减资本公积的,则以合并方的资本公积(资本溢价)贷方余额为限,即资本公积(资本溢价)不足冲减的,不足部分依次冲减盈余公积及未分配利润。

合并方为进行企业合并发生的各项直接相关费用,包括为进行企业合并而支付的审计费用、评估费用、法律服务费用等,应当于发生时计入当期损益。而对于企业合并的间接费用,如企业专设购并部门发生的日常管理费用,由于企业专设购并部门的目的是为了寻找相关的购并机会,而不是与某项企业合并直接相关,因此维持该部门日常运转发生的各种费用不属于企业合并直接费用,也应当在发生时直接计入当期损益。

(二)同一控制下企业吸收合并的会计处理

合并方需要根据取得的被合并方资产的账面价值借记有关资产科目;根据承担的被合并方负债的账面价值贷记有关负债科目;按照实际支付资产的账面价值贷记有关资产科目或者按照发行权益证券的面值贷记"股本";它们之间的差额借记或贷记"资本公积——资本溢价"科目,如果合并方的"资本公积——资本溢价"贷方余额不足冲减的,继续依次冲减合并方的留存收益,即首先借记"盈余公积",盈余公积仍不足冲减,则借记"利润分配——未分配利润"。合并方为进行企业合并发生的审计费用、评估费用、法律服务费用等,按照实际发生额计入"管理费用"。

【例8-1】 光明公司和A股份公司同受甲企业最终控制。假设光明公司于20×9年1月1日采取吸收合并方式,以账面价值50万元、公允价值70万元的库存商品和10万元银行存款收购了A股份公司。此次合并属于同一控制下的企业合并。假定光明公司的120万元的资本公积中,全部为资本溢价。此次合并过程中,光明公司发生了与该合并相关的审计费用1万元,法律服务费1万元,咨询费5 000元。假设20×9年1月1日企业合并前,光明公司和A公司有关资产、负债情况如表8-1所示。

表8-1　　　　　　　　　　　　　资产负债表(简表)
20×9年1月1日　　　　　　　　　　　　　　　　　单位:元

账面价值	光明公司 账面价值	A公司 账面价值	公允价值
资产:			
货币资金	300 000	100 000	100 000
应收账款	500 000	500 000	500 000
存货	2 350 000	1 050 000	1 100 000
长期股权投资	2 550 000	900 000	950 000
固定资产	2 800 000	1 100 000	1 250 000
无形资产	1 500 000	200 000	300 000
商誉	0	0	0
资产总计	10 000 000	3 850 000	4 200 000
负债和股东权益:			
短期借款	1 500 000	1 000 000	1 000 000
应付账款	900 000	500 000	500 000
其他负债	2 100 000	1 500 000	1 500 000
负债合计	4 500 000	3 000 000	3 000 000
股本	1 300 000	50 000	
资本公积	1 200 000	50 000	
盈余公积	1 800 000	450 000	
未分配利润	1 200 000	300 000	
股东权益合计	5 500 000	850 000	1 200 000
负债和股东权益总计	10 000 000	3 850 000	4 200 000

光明公司应编制如下会计分录:
(1)光明公司合并日的会计处理
借:货币资金　　　　　　　　　　　　　　　　　　　　　　　　100 000
　　应收账款　　　　　　　　　　　　　　　　　　　　　　　　500 000
　　存货　　　　　　　　　　　　　　　　　　　　　　　　　1 050 000
　　长期股权投资　　　　　　　　　　　　　　　　　　　　　　900 000
　　固定资产　　　　　　　　　　　　　　　　　　　　　　　1 100 000
　　无形资产　　　　　　　　　　　　　　　　　　　　　　　　200 000
　　贷:短期借款　　　　　　　　　　　　　　　　　　　　　　1 000 000
　　　　应付账款　　　　　　　　　　　　　　　　　　　　　　　500 000

其他负债	1 500 000
银行存款	100 000
库存商品	500 000
资本公积——资本溢价	250 000

(2)光明公司支付的合并直接相关费用

借:管理费用	25 000
贷:银行存款	25 000

【例8-2】 资料见例8-1,假设光明公司于20×9年1月1日对A股份公司的吸收合并,是以发行股票作为合并对价进行的。光明公司发行股票165万股,每股面值1元,收购了A股份公司。假定光明公司的120万元的资本公积中,全部为资本溢价。光明公司和A股份公司同受甲企业最终控制,此次合并属于同一控制下的企业合并。

光明公司应编制如下会计分录:

(1)光明公司合并日的会计处理

借:货币资金	100 000
应收账款	500 000
存货	1 050 000
长期股权投资	900 000
固定资产	1 100 000
无形资产	200 000
资本公积——资本溢价	800 000
贷:短期借款	1 000 000
应付账款	500 000
其他负债	1 500 000
股本	1 650 000

(2)光明公司支付的合并直接相关费用

借:管理费用	25 000
贷:银行存款	25 000

【例8-3】 接例8-2,假设光明公司于20×9年1月1日对A股份公司的吸收合并,共发行了股票210万股,每股面值1元。

光明公司应编制如下会计分录:

(1)光明公司合并日的会计处理

借:货币资金	100 000
应收账款	500 000
存货	1 050 000
长期股权投资	900 000
固定资产	1 100 000

无形资产	200 000
资本公积——资本溢价	1 200 000
盈余公积	50 000
贷：短期借款	1 000 000
应付账款	500 000
其他负债	1 500 000
股本	2 100 000

（2）光明公司支付的合并直接相关费用

借：管理费用	25 000
贷：银行存款	25 000

综上可见，按照目前我国企业会计准则的规定，同一控制下企业吸收合并本质上是采用了权益结合法的会计处理原则，但又有所不同，主要表现在参并企业的留存收益不需结转。

二、同一控制下企业控股合并的会计处理

（一）同一控制下企业控股合并的处理原则

1. 对于同一控制下进行的企业控股合并，合并方应当按照取得的被合并方所有者权益账面价值的份额作为其初始投资成本，计入长期股权投资账户。

2. 对作为合并对价所支付的资产、发生或承担的负债，合并方也按照账面价值记账，发行的股份则按照面值记录。

3. 如果合并方取得的长期股权投资的账面价值与支付的合并对价账面价值（或发行股份面值）之间有差额，应当调整资本公积（资本溢价）；如果是借差冲减资本公积，则以资本溢价为限，即资本公积（资本溢价）不足冲减的，不足部分依次冲减盈余公积及未分配利润。

在合并日，对于被合并方合并日以前实现的留存收益，合并方不需将其自"资本公积"转入留存收益来进行账务处理。也就是说，控股合并日母公司的个别资产负债表中的留存收益并未包括合并前子公司已实现的留存收益，合并前子公司的这部分留存收益体现在长期股权投资成本中。相反，这一调整在合并日合并资产负债表中予以反映。

同一控制下企业控股合并关于合并费用的处理与其吸收合并一致。

（二）同一控制下企业控股合并的会计处理

同一控制下的企业控股合并，合并方应在合并日按取得被合并方所有者权益账面价值的份额，借记"长期股权投资"科目，按应享有被投资企业已宣告但尚未发放的现金股利或利润，借记"应收股利"科目，按支付的合并对价的账面价值，贷记有关资产或负债科目，若以发行权益性证券作为合并对价，则应按权益性证券的面值，贷记"股本"科目，它们之间的差额借记或贷记"资本公积——资本溢价"科目，如果合并方的

"资本公积——资本溢价"贷方余额不足冲减的,继续冲减合并方的留存收益,即借记"盈余公积"、"利润分配——未分配利润"科目。

合并方为进行企业合并发生的审计费用、评估费用、法律服务费用等,按照实际发生额计入"管理费用"。

【例 8-4】 资料见例 8-1,假设光明公司于 20×9 年 1 月 1 日采取控股合并方式,以账面价值 50 万元、公允价值 70 万元的库存商品和 10 万元的银行存款收购了 A 股份公司 100% 股权。

光明公司应编制如下会计分录:

(1)光明公司合并日的会计处理

借:长期股权投资	850 000
贷:银行存款	100 000
库存商品	500 000
资本公积——资本溢价	250 000

(2)光明公司支付的合并直接相关费用

借:管理费用	25 000
贷:银行存款	25 000

【例 8-5】 接例 8-4,假设光明公司于 20×9 年 1 月 1 日采取控股合并方式,以账面价值 50 万元、公允价值 70 万元的库存商品和 10 万元的银行存款收购了 A 股份公司 60% 股权,假设其他条件不变。

光明公司应编制如下会计分录:

(1)光明公司合并日的会计处理

借:长期股权投资	510 000
资本公积——资本溢价	90 000
贷:银行存款	100 000
库存商品	500 000

(2)光明公司支付的合并直接相关费用

借:管理费用	25 000
贷:银行存款	25 000

【例 8-6】 接例 8-4,假设光明公司于 20×9 年 1 月 1 日对 A 股份公司的控股合并,是以发行股票作为合并对价进行的。光明公司发行股票 410 万股,每股面值 1 元,收购了 A 股份公司 60% 股权。

光明公司应编制如下会计分录:

(1)光明公司合并日的会计处理

借:长期股权投资	510 000
资本公积——资本溢价	1 200 000
盈余公积	1 800 000
利润分配——未分配利润	590 000

贷：股本　　　　　　　　　　　　　　　　　　　4 100 000
（2）光明公司支付的合并直接相关费用
借：管理费用　　　　　　　　　　　　　　　　　　　25 000
　　贷：银行存款　　　　　　　　　　　　　　　　　　25 000

第三节　非同一控制下企业合并的会计处理

依据我国2006年颁布的《企业会计准则第20号——企业合并》规定，非同一控制下企业合并实质上是采用的购买法。在购买法下，企业合并日又称为购买日，是指购买方实际取得被购买方可辨认资产和负债的日期。其中，在购买日取得对其他参与合并企业控制权的一方，我们称其为购买方，反之，参与合并的其他企业我们称其为被购买方。

一、非同一控制下企业合并成本的确定

与同一控制下企业合并全部采用账面价值计量不同，在非同一控制下企业合并的购买日，购买方需要解决的主要问题在于：购买日取得的被购买方资产、负债如何计量，购买方支付的合并对价如何计量，以及它们之间的差额如何处理。

（一）企业合并中购买方的支出

在企业合并过程中，购并企业发生的支出主要包括三种类型：合并对价的公允价值、发行作为支付对价的证券而发生的相关费用以及合并费用。

1. 合并对价的公允价值

合并对价的公允价值是指购并企业为了获得被并企业的控制权所支付资产、承担负债或发行证券的公允价值。

2. 发行作为支付对价的证券而发生的相关费用

若企业以发行权益性证券或债券作为企业合并支付对价，企业在发行权益性证券或债券时会支付手续费、佣金、税金等相关税费。这些费用是为了发行权益性证券或债券而发生的。

3. 合并费用

合并费用又可分为：合并直接费用和合并间接费用。其中，合并直接费用是指在非同一控制下的企业合并中，购买方发生的审计、法律服务、评估咨询等中介费用。合并间接费用是指不能与某项企业合并直接相关的合并费用。例如，企业专设的购并部门发生的日常管理费用等。企业专设购并部门的目的是为了寻找相关的购并机会，而不是与某项企业合并直接相关，因此维持该部门日常运转发生的各种费用不能作为企业合并直接费用，而是形成企业合并间接费用。

在上述三个类型的支出中，只有合并对价的公允价值构成企业合并成本。关于发

行作为支付对价的证券而发生的相关费用,不应将其作为企业合并成本的组成部分,而应将其作为所发行权益性证券或债券发行溢价的抵减。对于合并费用,无论是合并直接费用[①],还是合并间接费用,都不再作为企业合并成本的组成部分进行资本化,而是在发生时计入当期损益。

(二)非同一控制下企业合并成本的确定

1. 通过一次交换交易实现的企业合并,其合并成本为购买方为取得对被购买方的控制权而付出的资产、发生或承担的负债以及发行的权益性证券的公允价值。

2. 通过多次交换交易分步实现的企业合并,其合并成本为每一单项交换交易的成本之和。

3. 在合并合同或协议中对可能影响合并成本的未来事项做出约定的,购买日如果估计未来事项很可能发生且对合并成本的影响金额能够可靠计量的,购买方应当将其计入合并成本。

【例 8-7】 光明公司 2010 年 6 月 1 日与 A 公司原投资者甲签订协议,光明公司以新型专利技术换取甲公司持有的 A 公司股权,2010 年 7 月 1 日(购买日)A 公司可辨认净资产公允价值为 10 000 万元,光明公司取得 A 公司 80% 的表决权资本。光明公司投出无形资产账面成本为 8 000 万元,累计摊销为 1 000 万元,公允价值为 10 000 万元。企业合并合同或协议中规定,如果被购买方连续两年净利润超过 400 万元,购买方需支付额外的对价 300 万元,在购买日预计被购买方的盈利水平很可能会达到合同规定的标准。假定光明公司、A 公司和甲公司无关联方关系。

要求:计算光明公司此次企业合并的合并成本。

依据《企业会计准则解释第 4 号》的规定,企业合并成本包括购买方为取得对被购买方的控制权而付出的资产、发生或承担的负债以及发行的权益性证券的公允价值以及应该计入合并成本的预计负债。因此,

企业合并成本 = 作为合并对价付出资产的公允价值 + 预计负债
= 10 000 万元 + 300 万元
= 10 300 万元

【例 8-8】 2010 年 1 月 1 日,光明公司为了取得昌华公司的净资产定向发行面值 1 元的普通股股票 100 000 股,该股票的市场价值为每股 15 元。光明公司为发行股票支付了相关税费 12 000 元。此外,光明公司还发生了与该合并相关的审计费用 10 000 元,法律服务费 10 000 元,咨询费 5 000 元和为专设的购并部人员支付工资 20 000 元。

要求:计算光明公司该项企业合并的合并成本。

企业合并成本 = 作为支付对价而发行的权益性证券的公允价值
= 15 × 100 000 = 1 500 000(元)

---

① 注意,根据 2006 年颁布的《企业会计准则》,购买方为进行企业合并发生的各项直接相关费用应当计入企业合并成本。根据《企业会计准则解释第 4 号》的规定:非同一控制下的企业合并中,购买方发生的审计、法律服务、评估咨询等中介费用,应当于发生时计入当期损益,企业于 2010 年 1 月 1 日以后期间发生的非同一控制下的企业合并交易,适用于本规定。

二、非同一控制下企业吸收合并的会计处理

(一)非同一控制下企业吸收合并的处理原则

1. 购买方取得被购买方可辨认净资产的入账。

非同一控制下的企业吸收合并,购买方取得的被购买方各项可辨认资产和承担的被购买方负债,均采用公允价值计量、入账。

2. 购买方合并对价的会计处理。

对作为合并对价所支付的资产,视同按公允价值进行的销售处理。对于合并对价为发生或承担负债以及发行权益性证券的,购买方对合并成本的会计处理等同于发行权益性证券及发行债券的会计处理方式。

3. 企业合并成本与合并中取得的被购买方可辨认净资产公允价值差额的处理。

在吸收合并情况下,购买方对于企业合并成本与确认的可辨认净资产公允价值之间的差额,是购买方在其账簿及个别财务报表中应确认的商誉。分别情况处理如下:如果企业合并成本大于合并中取得的被购买方可辨认净资产公允价值,则该差额应作为"正商誉"予以确认入账;如果企业合并成本少于合并中取得的被购买方可辨认净资产公允价值,则该差额作为"负商誉"直接计入购买方合并当期的"营业外收入"。

商誉在确认以后,持有期间不要求摊销,企业应当按照《企业会计准则第8号——资产减值》的规定对其进行减值测试,对于可收回金额低于账面价值的部分,应计提减值准备。

(一)非同一控制下企业吸收合并的会计处理

购买方应在购买日按照取得的被购买方资产的公允价值借记"有关资产"科目,按照承担的被购买方负债的公允价值贷记"相关负债"科目,如果作为合并对价所支付的资产是存货,则视同按公允价值出售存货进行会计处理。即按照存货的公允价值贷记"营业收入"、按照应交增值税额贷记"应交税费——应交增值税(销项税额)",按照它们之间的差额,贷记"营业外收入"或借记"商誉"科目。同时结转存货成本。

合并方为进行企业合并发生的审计费用、评估费用、法律服务费用等,按照实际发生额计入"管理费用"。

【例8-9】 假设光明公司和A股份公司为非同一控制下的两个企业。光明公司于20×9年1月1日采取吸收合并方式,以账面价值50万元、公允价值70万元的库存商品和10万元银行存款收购了A股份公司。此次合并属于非同一控制下的企业合并。此次合并过程中,光明公司发生了与该合并相关的审计费用1万元,法律服务费1万元,咨询费5 000元。假设20×9年1月1日企业合并前,光明公司和A公司有关资产、负债情况如表8-2所示。

表8-2 资产负债表(简表)
20×9年1月1日　　　　　　　　　　　　　　　单位:元

	光明公司	A公司	
	账面价值	账面价值	公允价值
资产:			
货币资金	300 000	100 000	100 000
应收账款	500 000	500 000	500 000
存货	2 350 000	1 050 000	1 100 000
长期股权投资	2 550 000	900 000	950 000
固定资产	2 800 000	1 100 000	1 250 000
无形资产	1 500 000	200 000	300 000
商誉	0	0	0
资产总计	10 000 000	3 850 000	4 200 000
负债和股东权益:			
短期借款	1 500 000	1 000 000	1 000 000
应付账款	900 000	500 000	500 000
其他负债	2 100 000	1 500 000	1 500 000
负债合计	4 500 000	3 000 000	3 000 000
股本	1 300 000	50 000	
资本公积	1 200 000	50 000	
盈余公积	1 800 000	450 000	
未分配利润	1 200 000	300 000	
股东权益合计	5 500 000	850 000	1 200 000
负债和股东权益总计	10 000 000	3 850 000	4 200 000

光明公司应编制如下会计分录:
(1)光明公司购买日的会计处理

借:货币资金　　　　　　　　　　　　　　　　　　　　　　　　100 000
　　应收账款　　　　　　　　　　　　　　　　　　　　　　　　500 000
　　存货　　　　　　　　　　　　　　　　　　　　　　　　　1 100 000
　　长期股权投资　　　　　　　　　　　　　　　　　　　　　　950 000
　　固定资产　　　　　　　　　　　　　　　　　　　　　　　1 250 000
　　无形资产　　　　　　　　　　　　　　　　　　　　　　　　300 000
　贷:短期借款　　　　　　　　　　　　　　　　　　　　　　　1 000 000
　　　应付账款　　　　　　　　　　　　　　　　　　　　　　　500 000
　　　其他负债　　　　　　　　　　　　　　　　　　　　　　1 500 000
　　　银行存款　　　　　　　　　　　　　　　　　　　　　　　100 000
　　　营业收入　　　　　　　　　　　　　　　　　　　　　　　700 000

应交税费——应交增值税(销项税额)	119 000
营业外收入	281 000

结转存货成本

借:营业成本	500 000
贷:库存商品	500 000

(2)光明公司支付的合并直接相关费用

借:管理费用	25 000
贷:银行存款	25 000

【例8-10】 接例8-9,假设光明公司于20×9年1月1日对A股份公司进行的吸收合并,是以账面价值50万元、公允价值70万元的库存商品和100万元银行存款作为合并对价的。其他条件不变。

光明公司应编制如下会计分录:

(1)光明公司购买日的会计处理

借:货币资金	100 000
应收账款	500 000
存货	1 100 000
长期股权投资	950 000
固定资产	1 250 000
无形资产	300 000
商誉	619 000
贷:短期借款	1 000 000
应付账款	500 000
其他负债	1 500 000
银行存款	1 000 000
营业收入	700 000
应交税费——应交增值税(销项税额)	119 000

结转存货成本

借:营业成本	500 000
贷:库存商品	500 000

(2)光明公司支付的合并直接相关费用

借:管理费用	25 000
贷:银行存款	25 000

如果作为合并对价所支付的资产是固定资产、无形资产等,则视同按公允价值处置这些资产来进行会计处理。同时,按照取得的被购买方资产的公允价值借记"有关资产"科目,按照承担的被购买方负债的公允价值贷记"相关负债"科目,按照它们之间的差额,贷记"营业外收入"或借记"商誉"科目。

【例8-11】 接例8-9,假设光明公司于20×9年1月1日对A股份公司进行的吸收合并,是以账面价值 50 万元、公允价值 70 万元的固定资产和 100 万元银行存款作为合并对价的。其中,固定资产原值为 100 万元,已经计提折旧 40 万元,计提减值准备 10 万元。假设企业合并直接费用忽略不计,其他条件不变。

光明公司应编制如下会计分录:

借:固定资产清理	500 000
累计折旧	400 000
固定资产减值准备	100 000
贷:固定资产	1 000 000
借:货币资金	100 000
应收账款	500 000
存货	1 100 000
长期股权投资	950 000
固定资产	1 250 000
无形资产	300 000
商誉	500 000
贷:短期借款	1 000 000
应付账款	500 000
其他负债	1 500 000
银行存款	1 000 000
固定资产清理	500 000
营业外收入	200 000

如例 8-11 所示,营业外收入 20 万元是处置固定资产的利得,而商誉 50 万元,是企业合并过程中取得子公司的可辨认净资产公允价值与合并成本之间的差额。

三、非同一控制下企业控股合并的会计处理

(一)非同一控制下企业控股合并的处理原则

1. 购买方取得长期股权投资的入账。

非同一控制下的企业控股合并,购买方应在购买日按确定的企业合并成本计入长期股权投资。实际支付的价款或对价中包含的已宣告但尚未发放的现金股利或利润,不包含在企业合并成本中,因而应作为应收项目处理,而不是计入长期股权投资的成本。

2. 购买方合并对价的会计处理。

对作为合并对价所支付的资产,视同按公允价值进行的销售处理。对于合并对价为发生或承担负债以及发行权益性证券的,购买方对合并成本的会计处理等同于发行权益性证券及发行债券的会计处理方式。

3. 长期股权投资的成本与购买日按照持股比例计算确定应享有被购买方可辨认

净资产公允价值份额之间差额的处理。

在控股合并情况下,购买企业并不需要把该差额作为商誉或者负商誉直接入账,而是将其记入所取得的长期股权投资成本,只有在编制合并会计报表时才加以确认。

(二)非同一控制下企业控股合并的会计处理

购买方应在购买日按确定的企业合并成本,借记"长期股权投资"科目,按享有被投资企业已宣告但尚未发放的现金股利或利润,借记"应收股利"科目,按支付合并对价的资产账面价值(存货资产除外),贷记有关资产等科目,按其差额,贷记"营业外收入"或借记"营业外支出"等科目。

【例 8-12】 接例 8-11,假设光明公司于 20×9 年 1 月 1 日,以账面价值 50 万元、公允价值 70 万元的固定资产和 10 万元银行存款作为合并对价,取得 A 股份公司 80% 的股权,进行非同一控制下的控股合并。其中,固定资产原值为 100 万元,已经计提折旧 40 万元,计提减值准备 10 万元。

光明公司应编制如下会计分录:

光明公司的企业合并成本 = 作为合并对价付出资产的公允价值
= 700 000 + 100 000 = 800 000(元)

借:固定资产清理	500 000
累计折旧	400 000
固定资产减值准备	100 000
贷:固定资产	1 000 000
借:长期股权投资	800 000
贷:银行存款	100 000
固定资产清理	500 000
营业外收入	200 000

【例 8-13】 假设光明公司和 A 股份公司为非同一控制下的两个企业。光明公司于 20×9 年 1 月 1 日采取控股合并方式,以账面价值 50 万元、公允价值 70 万元的库存商品和 10 万元银行存款收购了 A 股份公司 80% 的股权。此次合并属于非同一控制下的企业合并。此次合并过程中,光明公司发生了与该合并相关的审计费用 1 万元,法律服务费 1 万元,咨询费 5 000 元。假设 20×9 年 1 月 1 日企业合并前,光明公司和 A 公司有关资产、负债情况如表 8-1 所示。假设不考虑增值税。

光明公司应编制如下会计分录:

光明公司的企业合并成本 = 作为合并对价付出资产的公允价值
= 700 000 + 100 000 = 800 000(元)

(1)光明公司购买日的会计处理

借:长期股权投资	800 000
贷:银行存款	100 000
营业收入	700 000

结转存货成本
借:营业成本　　　　　　　　　　　　　　　　　　500 000
　　贷:库存商品　　　　　　　　　　　　　　　　　　500 000
(2)光明公司支付的合并直接相关费用
借:管理费用　　　　　　　　　　　　　　　　　　 25 000
　　贷:银行存款　　　　　　　　　　　　　　　　　　25 000

第四节　企业合并的披露

一、同一控制下企业合并的披露

企业合并发生当期的期末,合并方应当在附注中披露与同一控制下企业合并有关的下列信息:

(一)参与合并企业的基本情况。

(二)属于同一控制下企业合并的判断依据。

(三)合并日的确定依据。

(四)以支付现金、转让非现金资产以及承担债务作为合并对价的,所支付对价在合并日的账面价值;以发行权益性证券作为合并对价的,合并中发行权益性证券的数量及定价原则,以及参与合并各方交换有表决权股份的比例。

(五)被合并方的资产、负债在上一会计期间资产负债表日及合并日的账面价值;被合并方自合并当期期初至合并日的收入、净利润、现金流量等情况。

(六)合并合同或协议约定将承担被合并方或有负债的情况。

(七)被合并方采用的会计政策与合并方不一致所作调整情况的说明。

(八)合并后已处置或准备处置被合并方资产、负债的账面价值、处置价格等。

二、非同一控制下企业合并的披露

企业合并发生当期的期末,购买方应当在附注中披露与非同一控制下企业合并有关的下列信息:

(一)参与合并企业的基本情况。

(二)购买日的确定依据。

(三)合并成本的构成及其账面价值、公允价值及公允价值的确定方法。

(四)被购买方各项可辨认资产、负债在上一会计期间资产负债表日及购买日的账面价值和公允价值。

(五)合并合同或协议约定将承担被购买方或有负债的情况。

(六)被购买方自购买日起至报告期期末的收入、净利润和现金流量等情况。

（七）商誉的金额及其确定方法。

（八）因合并成本小于合并中取得的被购买方可辨认净资产公允价值的份额计入当期损益的金额。

（九）合并后已处置或准备处置被购买方资产、负债的账面价值、处置价格等。

本章参考文献

1. 中华人民共和国财政部. 企业会计准则 2006. 经济科学出版社. 2006
2. 中华人民共和国财政部. 企业会计准则：应用指南 2006. 中国财政经济出版社. 2006
3. 财政部会计司编写组. 企业会计准则讲解 2006. 人民出版社. 2007
4. 刘永泽，傅荣主编. 高级财务会计. 东北财经大学出版社. 2007
5. 阎达五，耿建新，戴德明. 高级会计学. 中国人民大学出版社. 2007
6. 罗绍德. 高级财务会计. 西南财经大学出版社. 2008. 12
7. 张志凤编著. 注册会计师考试——会计. 北京大学出版. 2010

【课后练习题】

名词解释

企业合并　　同一控制下企业合并　　非同一控制下企业合并　　商誉
购买法　　权益结合法

选择题

一、单项选择题

1. 新设合并是指两个或者两个以上企业通过合并创立一家新企业，用新企业的股份交换原来各公司的股份。通过合并(　　)。

A. 原有的企业均失去法人资格，全部解散

B. 只有一个企业保留法人资格

C. 企业对市场增加了控制力

D. 企业减少了竞争风险

2. 下列各项中,(　　)不属于企业合并购买法的特点。

A. 购买企业在合并日资产负债表中以公允价值确定被购买企业可辨认资产和负债

B. 购买企业将购买成本与取得的被购买企业可辨认净资产的公允价值的差额作商誉处理

C. 被购买企业合并前的收益与留存收益不纳入合并后主体的报表中

D. 被购买企业合并前的收益与留存收益纳入合并后主体的报表中

3. 下列关于同一控制下企业合并费用,说法不正确的是(　　)。

A. 同一控制下企业合并过程中发生的各项直接相关费用,应于发生时借记"管理费用"等科目,贷记"银行存款"等科目

B. 以发行债券方式进行的企业合并,与发行有关的佣金、手续费等应计入负债的初始计量金额中

C. 以发行权益性证券作为合并对价的,与发行有关的佣金、手续费等,一律从溢价收入中冲减

D. 为进行企业合并支付的审计费用、评估费、法律咨询费用等属于为进行企业合并发生的有关费用

4. 同一控制下的企业合并,合并方在企业合并中取得的资产和负债,应当按照合并日在被合并方的(　　)计量。

A. 账面价值　　　　B. 公允价值　　　　C. 市场价值　　　　D. 现值

二、多项选择题

1. 按照合并后主体的法律形式不同,可以将企业合并分为(　　)。

A. 吸收合并　　　　　　　　　　B. 控股合并

C. 横向合并　　　　　　　　　　D. 混合合并

E. 新设合并

2. 合并价差由两部分构成,包括(　　)。

A. 子公司净资产账面价值与公允价值的差额

B. 合并商誉

C. 母公司投资收益与投资成本的差额

D. 母公司净资产账面价值与公允价值的差额

3. (　　)完成后,企业成为一个单一的会计主体,合并后会计报表的编制与一般企业相同。

A. 吸收合并　　　　　　　　　　B. 控股合并

C. 新设合并　　　　　　　　　　D. 横向合并

业务题

一、甲、乙公司同为 A 集团公司的两个全资子公司,于 20×0 年 1 月 31 日,甲公司发行 100 万股普通股,每股面值为 1 元,市价为 2.5 元,对乙公司进行吸收合并。该项合并中参与合并的甲乙公司在合并前及合并后均为 A 集团公司最终控制。假设合并前乙公司的资产账面价值合计 3 300 000 元,其中:银行存款 100 000 元,应收票据 400 000 元,库存商品 400 000 元,长期股权投资 700 000 元,固定资产 1 450 000 元,累计折旧 450 000 元,无形资产 900 000 元,累计摊销 200 000 元。负债合计 1 030 000 元,其中:短期借款 200 000 元,应付账款 360 000 元,长期借款 470 000 元。所有者权益 2 270 000 元,其中:实收资本 1 000 000 元,资本公积 970 000 元,盈余公积 200 000

元,未分配利润 100 000 元。

假定乙公司除已确认的资产及负债外,不存在其他需要确认的资产及负债。

要求:根据有关资料编制甲公司企业合并的会计分录。

二、B 公司与 A 公司属于同一母公司下的两个子公司。20×9 年 1 月 1 日,B 公司与 A 公司达成协议,B 公司以账面原值为 650 万元,累计摊销为 150 万元的一项专利权和 100 万元的银行存款作为合并对价,换取 A 公司 100% 的股权。20×9 年 3 月 10 日,B 公司获得对 A 公司的实际控制权,当日,A 公司的所有者权益的账面价值为 700 万元。B 公司"资本公积——资本溢价"科目余额为 80 万元。同时在两公司的合并中,B 公司支付了审计费、法律服务费用共计 5 万元。

要求:进行 B 公司合并 A 公司的账务处理。

三、假设甲公司于 20×0 年 1 月 1 日,以账面价值 100 万元、公允价值 90 万元的固定资产和 20 万元银行存款作为合并对价,取得 A 股份公司 80% 的股权,进行非同一控制下的控股合并。其中,固定资产原值为 150 万元,已经计提折旧 40 万元,计提减值准备 10 万元。

要求:

四、甲、乙公司 2009 年 12 月 31 日的资产负债表分别如表 8-3 和表 8-4 所示。2010 年 1 月 1 日,甲公司对乙公司进行企业合并,合并日经评估乙公司固定资产的公允价值为 21 000 万元,其他各项可辨认资产和负债公允价值等于 2009 年 12 月 31 日的账面价值。甲公司支付的合并对价为银行存款 4 500 万元、账面价值为 4 000 万元的库存商品(公允价值为 5 600 万元)。

表 8-3　　　　　　　　　　　资产负债表(简表)

编制单位:甲公司　　2009 年 12 月 31 日　　　　　　　　单位:万元

资产		负债与所有者权益	
项目	期末数	项目	期末数
货币资金	10 000	短期借款	2 500
应收账款	500	应付账款	1 800
存货	3 500	其他应付款	1 400
固定资产原价	40 000	长期借款	20 000
累计折旧	6 000	股本	16 000
固定资产净值	34 000	资本公积(其中资本溢价 1 500)	4 300
无形资产	500	盈余公积	1 500
		未分配利润	1 000
资产总计	48 500	负债与所有者权益合计	48 500

表8-4　　　　　　　　　　　资产负债表(简表)

编制单位：乙公司　　2009年12月31日　　　　　　　　　单位：万元

资产		负债与所有者权益	
项目	期末数	项目	期末数
货币资金	5 000	短期借款	700
应收账款	1 500	应付账款	3 100
存货	3 500	其他应付款	2 100
固定资产原价	24 000	长期借款	14 100
累计折旧	4 000	股本	6 000
固定资产净值	20 000	资本公积	1 000
无形资产	0	盈余公积	500
		未分配利润	2 500
资产总计	30 000	负债与所有者权益合计	30 000

要求：

1. 假定此项合并为同一控制下的吸收合并，进行甲公司吸收合并乙公司的账务处理。

2. 假定此项合并为非同一控制下的吸收合并，进行甲公司吸收合并乙公司的账务处理。

3. 假定此项合并为同一控制下的控股合并，进行甲公司控股合并乙公司的账务处理。（控股比率90%）

4. 假定此项合并为非同一控制下的控股合并，进行甲公司控股合并乙公司的账务处理。（控股比率90%）

第九章 合并财务报表(上)

【内容简介】 本章的主要内容包括合并财务报表概述、合并报表的范围及编制程序、控制权取得日合并财务报表、控制权取得日后合并财务报表四部分,在详细介绍了相关概念和原理以后,针对同一控制和非同一控制两种不同的企业合并方式,分别讲解在合并日及其合并日后(购买日及其购买日后)母公司合并财务报表的编制方法。

对于同一控制下的企业合并,投资公司不需要考虑其实际投资成本,仅仅按照其在被投资公司中享有的所有者权益的账面价值确认长期股权投资。因此,母公司在编制合并财务报表工作底稿时,只需对合并方与被合并方的资产、负债按照一致会计政策下的账面价值予以合并。即将母公司按照其在子公司中享有所有者权益账面价值份额确认的长期股权投资与子公司的所有者权益账面价值相抵消,同时按照少数股东享有子公司所有者权益账面价值份额确认少数股东权益,不存在合并商誉。

对于非同一控制下的企业合并,购买方应按确定的企业合并成本记入长期股权投资。因此,对于非同一控制下的企业合并,母公司合并财务报表工作底稿的编制要点如下:

(一)被购买方各项可辨认净资产以购买时公允价值列示(对于子公司各资产、负债项目的公允价值与账面价值之间的差额,全部确认)。(二)少数股东权益要按照少数股东所占子公司可辨认净资产公允价值的份额确定。(三)合并商誉只考虑属于母公司的份额。

可见,合并商誉是指购买企业的合并成本(母公司取得长期股权投资的入账价值)与其在子公司的所有者权益(按公允价值计量)之间的差额。按照我国现行企业会计准则的规定,编制合并财务报表时,对于正合并商誉确认为"商誉",对于负合并商誉则在购买日合并资产负债表中冲减母公司的留存收益。

【学习目的与要求】
1. 了解合并财务报表的概念、内容以及合并报表的范围。
2. 掌握同一控制下企业合并控制权取得日合并财务报表的编制。
3. 掌握非同一控制下企业合并控制权取得日合并财务报表的编制。
4. 掌握同一控制下合并日后合并财务报表的编制。
5. 掌握非同一控制下购买日后合并财务报表的编制。

第一节 合并财务报表概述

一、合并财务报表的含义

(一)合并财务报表的概念

合并财务报表,是指由母公司编制的,将母子公司形成的企业集团作为一个会计主体,反映母公司和其全部子公司形成的企业集团整体财务状况、经营成果和现金流量的财务报表。其中,母公司是指有一个或一个以上子公司的企业(或主体,下同)。子公司,是指被母公司控制的企业。

如上章所述,企业合并按照合并后主体的法律形式不同可以分为吸收合并、新设合并和控股合并。其中,对于吸收合并和新设合并而言,由于它们合并后都形成了一个单独的法律主体,而且该法律主体和报告主体相统一。这就使得合并后财务报表的编制将与一般企业报表的编制完全相同。对于企业控股合并而言,由于企业合并后各参并企业都仍然是独立的法律主体,但这些独立的法律主体由于企业控股合并行为的完成,又形成了一个新的统一报告主体,这就使得参并企业在分别编制披露自身财务信息的个别财务报表之外,还要由合并企业编制披露合并后形成的新统一报告主体——企业集团整体的合并财务报表。由此可见,编制合并财务报表是针对企业控股合并形成的企业集团而言的,吸收合并与新设合并后编制的财务报表并不是企业的合并财务报表。

(二)合并财务报表的特点

与单独企业编制的个别财务报表[①]相比,企业合并财务报表具有以下特点:

1. 合并财务报表的编制主体不同。

个别财务报表编制主体是既属于会计主体又属于独立法律主体的单个企业自身;而合并财务报表的编制主体则是企业集团中具有控制权的母公司。

2. 合并财务报表反映的对象不同。

个别财务报表反映的是单个法律主体的财务状况和经营成果等会计信息;而合并财务报表所反映的是财务意义上的"报告主体"的会计信息,该报告主体并不构成法律实体。因此,合并财务报表本身并不反映任何现存企业(法律主体)的财务状况和经营成果等信息。

换句话讲,企业合并财务报表是以整个企业集团为单位,体现企业集团整体财务信息的报表。对于企业集团内部的母公司及各个子公司而言,它们均是单独核算、各自独立的财务与经营体系,并可以独立对其股东出具会计报告的法律实体。即集团内

---

① 为了与合并财务报表相区别,我们把单独企业编制的财务报表称为个别财务报表。

的母公司及各个子公司等均可以有效地支配着各自报表所展示的资源,并运用各自报表所披露的资源来取得各自的财务成果。相反,对于企业集团而言,整个集团内部的母公司与子公司之间以股权关系为纽带有机地联系在一起。但是,并不存在一个支配合并报表所列示的资源、并通过对着这种资源的有效运用或支配来谋求经济利益的"集团"这一法律主体。

3. 合并财务报表的编制依据不同。

个别财务报表是以独立法律主体的各类账簿为依据予以编制的;而为了避免工作量的重复,合并财务报表则以母、子公司的个别财务报表为基础,结合具体的交易资料,抵消有关交易事项对个别财务报表的影响之后编制的。

对于单独企业编制的个别财务报表而言,报表与账簿、凭证以及实物等有"可验证性"的对应关系,报表编制的正确与否,可以通过这种"可验证性"来检验。但是,在合并报表条件下,由于在编制过程中集团内部交易的抵消,合并报表与分散在企业集团各个企业的账簿、凭证以及实物不可能存在个别财务报表的那种"可验证性"关系,合并报表的正确性也仅仅具有逻辑关系正确与否的意义。

二、合并财务报表的内容

依据我国 2006 年颁布的《企业会计准则第 33 号——合并财务报表》的规定,合并财务报表至少应当包括下列组成部分:合并资产负债表、合并利润表、合并现金流量表、合并所有者权益(或股东权益,下同)变动表、附注。

(一)合并资产负债表应当以母公司和子公司的资产负债表为基础,在抵消母公司与子公司、子公司相互之间发生的内部交易对合并资产负债表的影响后,由母公司合并编制。

(二)合并利润表应当以母公司和子公司的利润表为基础,在抵消母公司与子公司、子公司相互之间发生的内部交易对合并利润表的影响后,由母公司合并编制。

(三)合并现金流量表应当以母公司和子公司的现金流量表为基础,在抵消母公司与子公司、子公司相互之间发生的内部交易对合并现金流量表的影响后,由母公司合并编制。

(四)合并所有者权益变动表应当以母公司和子公司的所有者权益变动表为基础,在抵消母公司与子公司、子公司相互之间发生的内部交易对合并所有者权益变动表的影响后,由母公司合并编制。

(五)企业应当在附注中披露下列信息:

1. 子公司的清单,包括企业名称、注册地、业务性质、母公司的持股比例和表决权比例。

2. 母公司直接或通过子公司间接拥有被投资单位表决权不足半数但能对其形成控制的原因。

3. 母公司直接或通过其他子公司间接拥有被投资单位半数以上的表决权但未能对其形成控制的原因。

4. 子公司所采用的与母公司不一致的会计政策,编制合并财务报表的处理方法及其影响。

5. 子公司与母公司不一致的会计期间,编制合并财务报表的处理方法及其影响。

6. 本期增加子公司,按照《企业会计准则第20号——企业合并》的规定进行披露。

7. 本期不再纳入合并范围的原子公司,说明原子公司的名称、注册地、业务性质、母公司的持股比例和表决权比例,本期不再成为子公司的原因,其在处置日和上一会计期间资产负债表日资产、负债和所有者权益的金额以及本期期初至处置日的收入、费用和利润的金额。

8. 子公司向母公司转移资金的能力受到严格限制的情况。

9. 需要在附注中说明的其他事项。

三、合并财务报表的理论依据

编制合并财务报表要以一定的理论为依据。目前,国际上关于编制合并财务报表的合并理论主要有三种:实体理论、所有权理论和母公司理论。不同的合并理论对非全资母公司编制的合并财务报表披露的会计信息有着重要的影响。

(一)实体理论

所谓实体理论,是指一种站在由母公司及其子公司组成的统一实体的角度,来看待母子公司间的控股合并关系的合并理论。

实体理论强调企业集团为一个独立的经济实体,将母公司股东与少数股东同时视为该企业集团的投资者,两者都对该集团公司的净资产和净收益具有要求权。因此,在编制合并财务报表时,应将组成该企业集团的母公司和子公司的资产与负债同时反映在合并资产负债表中,将子公司净资产区分为控股股东权益与少数股东权益,即合并主体的所有者权益包括少数股东权益。在编制合并利润表时,将子公司的全部收入、费用予以合并。将少数股东对企业集团中子公司净收益的要求权也作为企业集团净利润的一部分,即合并净利润包括子公司少数股东享有的份额。

(二)母公司理论

所谓母公司理论,是指一种站在母公司股东的角度,来看待母子公司间的控股合并关系的合并理论。

母公司理论强调母公司股东的利益,不将子公司作为独立的法人看待。在编制合并资产负债表时,用所有子公司的资产、负债来代替母公司个别资产负债表上的对子公司的长期股权投资。但是,合并主体的所有者权益只反映母公司的所有者权益,将少数股东权益视为整个集团的负债。在编制合并利润表时,用子公司的各收入、费用项目代替母公司个别利润表中的"投资收益——对子公司投资收益"项目,合并净利润中不包括子公司少数股东享有的份额,而是将其视为合并主体的一项费用。

(三)所有权理论

所谓所有权理论,是指一种着眼于母公司在子公司所持有的所有权角度,来看待母子公司间的控股合并关系的合并理论。

所有权理论认为合并财务报表的会计主体是母公司的终极所有者财富的存在载体,从而,该会计主体下应反映的资产和负债为母公司的终极所有者所拥有的资产和应承担的负债,同样道理,该会计主体下应反映的收入和费用应为母公司的终极所有者所获得的收入和发生的费用。因此,所有权理论下,对子公司的资产、负债、收入、费用只按母公司持有股权的份额计入合并财务报表,不反映少数股东权益和少数股东收益。

应该指出,不论国际财务报告准则、美国财务会计准则、还是我国的企业会计准则,它们对母公司编制合并财务报表的规定往往都不是完全按照上述的某一合并理论,而是根据实际情况综合运用三种合并理论的结果。

(四)关于我国企业合并财务报表的理论依据

按照我国2006年颁布的《企业会计准则第33号——合并财务报表》的有关规定。子公司所有者权益中不属于母公司的份额,应当作为少数股东权益,在合并资产负债表中所有者权益项目下以"少数股东权益"项目列示;子公司当期净损益中属于少数股东权益的份额,应当在合并利润表中净利润项目下以"少数股东损益"项目列示。从此规定可以看出,我国企业会计准则在对合并财务报表中少数股东在子公司中的权益披露进行规定时,采用了"实体理论",将少数股东对子公司净资产和净损益的要求权视为集团公司股东对集团公司净资产和净损益要求权的组成部分,即分别作为集团公司所有者权益和净利润的组成部分。但是,《企业会计准则第33号——合并财务报表》第十五条规定:在购买日,母公司对子公司的长期股权投资与母公司在子公司所有者权益中所享有份额的差额,应当在商誉项目中列示。可见,集团公司在对合并商誉的计量上,仅仅考虑了母公司拥有所有权的部分,体现了母公司合并理论的要求。然而,在合并母子公司资产、负债时,依据企业合并准则的相关规定,则不需要将资产、负债的公允价值变动部分区分为属于母公司还是少数股东所有,只需依据"实体理论"将子公司的各资产、负债按照企业合并日的公允价值计入合并财务报表的资产、负债即可。

可见,按照我国企业会计准则的规定,我国企业编制合并财务报表的合并理论依据介于母公司理论和实体理论之间。

四、编制合并财务报表的作用

编制合并财务报表的作用在于可以为母公司的管理层、投资者、债权人等信息使用者提供决策有用的会计信息,以弥补母公司个别财务报表的不足。

(一)合并财务报表可以为母公司的最高管理层等内部信息使用者提供把握集团整体经营情况的会计信息。

为了扩大市场份额,实现资源的整合,将市场交易内部化从而降低交易费用,越来越多的企业寻求合并之路。从企业合并之日起,母公司便通过对企业集团的控制,以其整体实力参与市场竞争。因此,母公司的最高管理层为了把握集团的整体经营情况,客观上需要将母公司与子公司的财务报表进行合并,以合并财务报表反映企业集团的财务状况和经营成果。

(二)合并财务报表可以为母公司的股东、债权人等信息使用者提供决策有用信息。

母公司的财务状况和经营成果与其子公司的财务状况和经营成果密切相关,并很大程度上受到子公司经营情况的影响。为了能够对母公司的财务信息有一个全面的了解,从而合理地进行投资决策。母公司的股东、债权人等投资者客观上也需要将母公司与子公司的财务报表进行合并,以合并财务报表来反映企业集团的财务状况和经营成果。

需要注意的是,由于母公司的债权人没有对子公司资产的直接要求权,从而,母公司的短期债权人可能更加关注母公司自身的流动性而不是企业集团的流动性,因此,母公司并不能放弃其个别财务报表的编制。

(三)合并财务报表可以避免一些企业集团利用其控制权进行粉饰财务报表情况的发生。

随着集团内部交易日益频繁和集团资源整合效应的发挥,一些企业集团常常利用其控制权进行母公司财务报表的粉饰行为。这使得母公司的外部利益相关者意识到母公司的单独财务报表不能充分反映其财务信息,他们开始要求提供企业集团的合并财务报表。与此同时,为了限制母公司利用其对子公司的控制权,运用内部转移价格等手段,向子公司或者母公司转移利润,从而人为地进行企业集团内部利润调整。税务、证券交易机构等有关政府部门也要求母公司提供合并财务报表,以公允地反映企业集团的财务状况和经营成果。

第二节 合并报表的范围及编制程序

依据我国《企业会计准则第33号——合并财务报表》的规定,母公司应当将其全部子公司纳入合并财务报表的合并范围。所谓母公司是指能够控制另一个或几个企业的财务和经营政策,并有据以从另一个或几个企业的经营活动中获取利益的权利的企业或主体。相应地,子公司则为被母公司控制的企业或主体。

一、合并报表范围的界定

所谓合并报表的范围是指应纳入母公司合并财务报表的子公司的范围。根据我国企业会计准则的规定,母公司应当将其全部子公司纳入合并财务报表的合并范围。而所谓子公司是指被母公司控制的企业或主体。由此可见,企业合并报表范围的确定基础是控制,即合并报表的范围包括母公司能够实施控制的全部企业或者主体。

所谓控制,是指一个企业能够决定另一个企业的财务和经营政策,并能据以从另一个企业的经营活动中获取利益的权力。以控制为基础确定合并报表范围,应该强调实质重于形式原则。

下列被投资单位,应当认定为子公司,并且纳入合并财务报表的合并范围。

1. 母公司拥有50%以上(不含50%,下同)表决权资本的子公司

一般认为,当母公司拥有被投资企业50%以上的表决权资本,则母公司就能够拥有对该被投资企业的控制权。从而,母公司就应该将该被投资企业作为子公司纳入其合并报表的范围。其中,母公司拥有子公司50%以上表决权资本可以分为直接拥有、间接拥有或者直接和间接合计拥有三种情况。

(1)投资单位直接拥有被投资单位半数以上的表决权资本。例如,A 企业直接拥有 B 企业60%的表决权(如图9-1所示)。

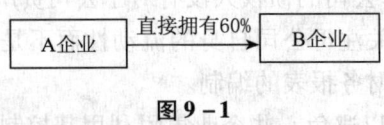

图 9-1

(2)投资单位间接拥有被投资单位半数以上的表决权资本,即投资单位通过其子公司而间接拥有某被投资单位半数以上表决权资本。例如,A 企业直接拥有 B 企业80%的表决权,而 B 企业直接拥有 C 企业65%的表决权,此时,可以说 A 企业间接拥有 C 企业65%的表决权资本(如图9-2所示)。

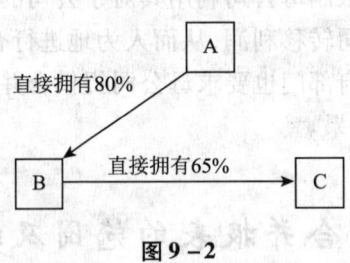

图 9-2

(3)投资单位直接和间接合计拥有被投资单位半数以上的表决权资本。如:A 企业分别拥有 B 企业80%的表决权,C 企业30%的表决权,而 B 企业又拥有 C 企业35%的表决权,从而 A 企业直接和间接合计拥有 C 企业65%的表决权资本(如图9-3所示)。

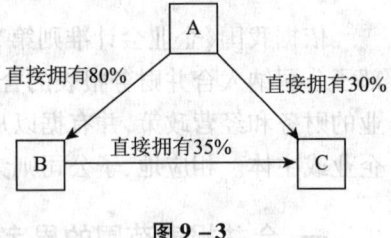

图 9-3

综上,无论投资单位直接拥有、间接拥有还是直接和间接合计拥有了被投资单位50%以上的表决权资本,都可以认为该投资单位能够控制被投资单位,从而将被投资单位作为子公司纳入其合并报表的范围。但是有足够证据表明投资单位不能控制被投资单位的除外。

2. 实质上被母公司控制的其他被投资公司

尽管投资单位拥有被投资单位半数以下的表决权资本,但是投资单位在实质上拥有被投资单位的控制权,主要表现为以下四种情况。

(1)投资单位通过与被投资单位的其他投资者签订协议,协议拥有了被投资单位半数以上的表决权资本。比如:A企业与B企业同时投资C企业,其中A企业拥有C企业40%的表决权资本,B企业拥有C企业20%的表决权资本,这时,A企业与B企业签订协议,代替B企业行使其所拥有的20%表决权。这种情况下,A企业在实质上拥有C企业半数以上的表决权资本,从而拥有了C企业的控制权。

(2)根据公司章程或者协议,投资单位能够控制被投资单位的财务经营决策。能够控制企业的财务经营决策就等于控制了整个企业的日常生产经营活动。从而,这种情况下,即使投资单位没有取得半数以上的表决权资本,但是依据被投资单位的公司章程或协议,投资单位已经控制了被投资单位的日常生产经营活动,即获取了被投资单位的控制权。

(3)投资单位有权任免被投资单位的董事会或类似机构的多数成员。董事会或类似机构是企业的日常经营决策机构,如果投资单位有权任免被投资单位该机构中的多数成员实际上就是控制了被并企业日常生产经营活动,获取了被投资企业的控制权。

(4)投资单位在被投资单位的董事会或类似机构占有多数席位。与上一情况类似,获取了董事会或类似机构半数以上的席位,相当于取得了被投资单位日常生产经营活动的控制权,获取了被并企业的控制权。

如果投资单位拥有被投资单位半数以下的表决权,但满足上述四个条件之一,则表明该投资单位能够控制被投资单位。从而,投资单位应该将该被投资单位作为子公司纳入其合并报表的范围。

二、编制合并财务报表的基础工作

(一)统一母子公司所采用的会计政策

会计政策是指企业在会计确认、计量和报告中所采用的原则、基础和会计处理方法,是编制财务报表的基础。只有母子公司采用相同的会计政策才能保证母子公司的个别财务报表反映的财务内容相一致,进而编制合并财务报表。从而,按照母公司采用的会计政策对子公司的个别财务报表进行必要的调整,统一母子公司所采用的会计政策也是编制合并财务报表必要的基础工作之一。

(二)统一母子公司的会计期间

为了编制合并财务报表,必须统一母子公司的会计期间。以会计期间不同的个别财务报表为基础编制的合并财务报表将无法恰当地反映企业集团的财务状况、经营成果、现金流量以及所有者权益各组成部分变动情况,将使合并财务报表变得毫无意义。从而,按照母公司的会计期间对子公司的财务报表进行调整,统一母子公司的会计期间也是编制合并财务报表必要的基础工作之一。

(三)统一母子公司的记账本位币

财务主体在进行会计确认、计量和报告时应以货币计量,母公司和子公司只有采用相同的记账本位币才能将其个别财务报表进行合并。当子公司是境外企业或者外币业务比较多的境内企业时,它会选择某一外币作为记账本位币,这样,母公司在编制合并财务报表时就应当首先统一母子公司的记账本位币。从而统一母子公司的记账本位币也是编制合并财务报表必要的基础工作之一。

三、编制合并财务报表的程序

(一)编制合并工作底稿

合并财务报表的编制程序与个别财务报表的编制程序有着明显的差异。合并财务报表是依据纳入合并范围的个别财务报表数据进行汇总调整抵消编制而成的。从而,合并财务报表的编制基础与个别财务报表也不同,母公司不需要再单独设置相应的账簿,而要通过编制合并工作底稿进行调整、汇总和抵消,作为合并财务报表的编制基础。合并工作底稿的基本格式如表9-1。依据合并工作底稿的基本格式,可以看出编制合并工作底稿的基本步骤包括四步。

1. 过数

将母子公司的个别财务报表的数据过入合并工作底稿,值得注意的是,这里过入的母公司资产包含母公司在企业合并当日按照成本法编制的"长期股权投资"的入账价值。

表9-1　　　　　　　　　合并财务报表工作底稿(简表)　　　　　　　　单位:元

项目	单独报表		合计数	抵消与调整分录		合并数
	母公司	子公司		借	贷	
资产负债表项目						
货币资金						
应收账款						
存货						
固定资产						
……						
利润表项目						
营业收入						
营业成本						
……						
所有者权益变动表项目						
……						

2. 编制调整和抵消分录

1)合并财务报表要反映企业集团整体的财务状况,为了避免重复反映企业集团的所有者权益,应将母公司对子公司的长期股权投资与子公司的所有者权益相抵消。

长期股权投资的核算方法有成本法和权益法两种。权益法下,长期股权投资的账面价值反映投资单位在被投资单位享有的可辨认净资产公允价值份额,这种方法下更加有利于合并财务报表的编制。然而，在《企业会计准则第2号——长期股权投资》中规定，投资企业能够对被投资单位实施控制的长期股权投资应当采用成本法进行会计核算。因此，母公司应该在企业合并当日按照成本法编制"长期股权投资"的记账分录。

按照权益法调整对子公司的长期股权投资。如果该"长期股权投资"的入账价值小于取得投资时应享有被投资企业可辨认净资产公允价值份额，则将按成本法核算的对子公司的长期股权投资调整为权益法。即编制调整分录，把两者之间的差额计入当期的营业外收入，同时调增长期股权投资。需要注意的是，母公司编制的这一调整分录并不改变母公司"长期股权投资"的账簿记录。反之，如果该"长期股权投资"的入账价值大于取得投资时应享有被投资企业可辨认净资产公允价值份额，在此则不需要编制调整分录。

2）对于非同一控制下的企业合并，如果出现子公司的各项资产与负债的账面价值与公允价值不相等的情况，在合并工作底稿中需要编制调整分录，使得调整以后子公司的各项可辨认资产、负债以在购买日的公允价值列示。

3）为了将个别财务报表各项目的加总金额中重复的因素予以抵消，如：母公司对子公司的投资，集团内部交易、内部债权债务以及子公司进行利润分配等。这就需要在合并工作底稿中编制相应的抵消分录。但需要注意的是，在调整和抵消分录中，其借记或贷记的均为财务报表项目而不是具体的会计科目。比如：在涉及调整坏账准备时，应当通过"应收账款"这一财务报表项目，而不是"坏账准备"科目；在涉及调整或抵消固定资产折旧、固定资产减值准备时，均应当通过固定资产项目，而不是"累计折旧"、"固定资产减值准备"等会计科目。

3. 汇总

将过入的母子公司个别财务报表的各项目数据加总计入"合计金额"。

4. 合并

将"合计金额"栏的数据依据调整分录和抵消分录计算得出"合并金额"。对于资产类和费用类项目，将其合计金额加上该项目抵消分录的借方发生额，减去该项目抵消分录的贷方发生额计算确定；对于负债类、所有者权益类以及收入类项目，将其合计金额加上该项目抵消分录的贷方发生额，减去该项目抵消分录的借方发生额计算确定。

（二）编制合并财务报表

根据合并工作底稿计算出的各资产、负债、所有者权益、收入、费用的合并金额，填列形成合并财务报表。

第三节　控制权取得日合并财务报表的编制

合并财务报表可以按照编制时间的不同，分为控制权取得日合并报表和控制权取得日后合并报表两类。其中，控制权取得日合并财务报表是指在取得控制权的当天编制的合并报表。同一控制下的企业合并，母公司在合并日需要编制的财务报表有合并资产负债表、合并利润表和合并现金流量表;非同一控制下的企业合并,母公司在购买日只需要编制合并资产负债表。

一、非同一控制下企业合并购买日合并报表编制

如前所述,非同一控制下企业合并形成母子公司关系的,母公司应当在购买日编制合并资产负债表,不需要编制购买日的合并利润表和合并现金流量表。而在实际工作中,为了便于编制合并报表,一般先编制合并报表工作底稿。

在购买日,母公司合并财务报表工作底稿的编制要点如下:

第一,被购买方各项可辨认净资产以公允价值列示(即对于子公司各资产、负债项目的公允价值与账面价值之间的差额,全部确认)。

第二,少数股东权益要按照少数股东所占子公司可辨认净资产公允价值的份额确定。

第三,合并商誉只确认属于母公司的份额。

所谓合并商誉是指母公司的合并成本(即母公司取得长期股权投资的入账价值)与其在子公司的所有者权益(按公允价值计量)之间的差额。如果母公司取得长期股权投资的入账价值大于其在子公司按公允价值计量的所有者权益中享有的份额,即差额为正,则称为正合并商誉。反之,如果母公司取得长期股权投资的入账价值小于其在子公司按公允价值计量的所有者权益中享有的份额,即差额为负,则称为负合并商誉。按照我国现行企业会计准则的规定,编制合并财务报表时,对于正合并商誉确认为"商誉",对于负合并商誉则在购买日合并资产负债表中冲减母公司的留存收益。

应该指出的是,合并商誉并不等于合并价差,合并价差包括合并商誉和被购买方可辨认净资产的增值两部分。具体如图9-4所示:

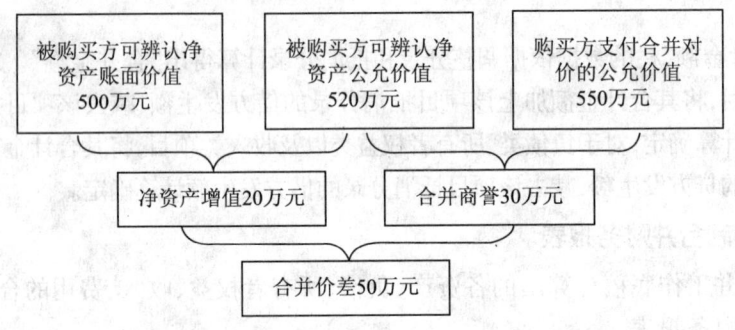

图9-4 合并价差与合并商誉关系示意图

进行企业合并且形成母子公司关系时,母公司就形成了对子公司的长期股权投资。首先,在编制合并报表工作底稿前,先将母公司按成本法核算的对子公司的长期股权投资调整为权益法核算。然后,在编制合并资产负债表工作底稿时,需要将母公司对子公司的长期股权投资份额与子公司的股东权益中归属于母公司的份额予以抵消,并确认被投资公司的少数股东权益。下面分别就母公司持有子公司全部股权与母

公司持有子公司部分股权两种情况,讨论在控制权取得日,母公司合并资产负债表工作底稿的编制方法。

(一)子公司为母公司的全资子公司

若子公司为母公司的全资子公司,则母公司对子公司的长期股权投资就是子公司所收到的全部投资,即为子公司的全部所有者权益。为了避免重复计算,合并资产负债表需要将全资子公司股东权益各项目余额与母公司对该子公司的长期股权投资余额相抵消。

如果子公司可辨认净资产的账面价值与公允价值不等,在编制抵消分录以前需要先将子公司可辨认净资产按公允价值报告。具体分如下两步完成。

1)进行子公司净资产公允价值计量的调整分录:

借:子公司资产　　　　　　　　　　〔公允价值与账面价值之差〕
　贷:子公司负债　　　　　　　　　　〔公允价值与账面价值之差〕
　　　资本公积　　　　　　　　　　〔子公司净资产公允价值与账面价值之差〕

2)母子公司的相关抵消分录如下:

借:股本　　　　　　　　　　　　〔子公司股本的账面余额〕
　　资本公积　　　　　　　　　　〔子公司调整后的资本公积余额〕
　　盈余公积　　　　　　　　　　〔子公司盈余公积的账面余额〕
　　未分配利润　　　　　　　　　〔子公司未分配利润的账面余额〕
　　商誉①　　　　　　　　　　　〔正合并商誉〕
　贷:长期股权投资　　　　　　　　〔合并成本〕

1. 母公司的投资成本等于子公司可辨认净资产公允价值

【例9-1】 光明公司和A公司于2010年1月1日签订合约,光明公司用90万元银行存款购买A公司全部股份。假设光明公司和A公司的合并为非同一控制下的企业合并。合并前光明公司和A公司的个别财务报表简表见表9-2。

表9-2　　　　　　　　　　资产负债表(简表)
2010年1月1日　　　　　　　　　　　　　　单位:元

	光明公司	A公司	
	账面价值	账面价值	公允价值
资产:			
货币资金	1 000 000	150 000	150 000
应收账款	100 000	150 000	150 000
存货	200 000	140 000	240 000
长期股权投资	50 000	60 000	60 000

---

① 依据《企业会计准则第2号——长期股权投资》,如果合并形成的是负合并商誉,则在将母公司的长期股权投资由成本法调整为权益法时确认为营业外收入。在母子公司的抵消分录中不会出现负商誉。

续表

固定资产	750 000	600 000	700 000
资产总计	2 100 000	1 100 000	1 300 000
负债和所有者权益:			
短期借款	250 000	200 000	200 000
应付账款	250 000	200 000	200 000
负债合计	500 000	400 000	400 000
股本		200 000	200 000
资本公积		300 000	300 000
盈余公积	600 000	100 000	
未分配利润	500 000	100 000	
所有者权益合计	1 600 000	700 000	900 000
负债和所有者权益总计	2 100 000	1 100 000	

在合并报表工作底稿中,光明公司编制调整分录使得调整以后子公司的各项可辨认资产、负债以在购买日的公允价值列示。

借:存货　　　　　　　　　　　　　　　　　　　　　　　100 000
　　固定资产　　　　　　　　　　　　　　　　　　　　　　100 000
　　贷:资本公积(子)　　　　　　　　　　　　　　　　　　　　200 000

然后,光明公司作为母公司在购买日编制合并报表工作底稿时应当作抵消分录如下:

借:股本(子)　　　　　　　　　　　　　　　　　　　　　200 000
　　资本公积(子)　　　　　　　　　　　　　　　　　　　　500 000
　　盈余公积(子)　　　　　　　　　　　　　　　　　　　　100 000
　　未分配利润(子)　　　　　　　　　　　　　　　　　　　100 000
　　贷:长期股权投资(母)　　　　　　　　　　　　　　　　　900 000

本例的合并工作底稿详见表9－3。

表9－3　　　　　　　购买日合并财务报表工作底稿(简表)

2010年1月1日　　　　　　　　　　　　　　　　　　　　单位:元

项目	单独报表		抵消与调整分录		合并数
	母公司	子公司	借	贷	
货币资金	100 000	150 000			250 000
应收账款	100 000	150 000			250 000
存货	200 000	140 000	(1)100 000		440 000
长期股权投资	950 000	60 000		(2)900 000	110 000
固定资产	750 000	600 000	(1)100 000		1 450 000
商誉					

续表

资产合计	2 100 000	1 100 000			2 500 000
短期借款	250 000	200 000			450 000
应付账款	250 000	200 000			450 000
负债合计	500 000	400 000			900 000
股本	200 000	200 000	(2)200 000		200 000
资本公积	300 000	300 000	(2)500 000	(1)200 000	300 000
盈余公积	600 000	100 000	(2)100 000		600 000
未分配利润	500 000	100 000	(2)100 000		500 000
权益合计	1 600 000	700 000			1 600 000
负债权益合计	2 100 000	1 100 000			2 500 000

2. 母公司的投资成本大于子公司可辨认净资产公允价值

【例9-2】 续例9-1,假如光明公司用950 000元银行存款购买A公司的全部股份。则光明公司在其个别财务报表中需要编制取得长期股权投资的会计分录如下:
　　借:长期股权投资　　　　　　　　　　　　　　　　　　　950 000
　　　　贷:银行存款　　　　　　　　　　　　　　　　　　　　　　950 000

由于母公司的投资成本95万元大于子公司可辨认净资产公允价值90万元,母公司取得长期股权投资时采用成本法核算的结果与权益法核算的结果相同。这里不需要进行调整分录。

在合并工作底稿中,光明公司编制调整分录使得调整以后子公司的各项可辨认资产、负债以在购买日的公允价值列示。

　　借:存货　　　　　　　　　　　　　　　　　　　　　　　100 000
　　　　固定资产　　　　　　　　　　　　　　　　　　　　　100 000
　　　　贷:资本公积(子)　　　　　　　　　　　　　　　　　　　200 000

光明公司作为母公司在购买日编制合并报表工作底稿时应当作抵消分录如下:

　　借:股本(子)　　　　　　　　　　　　　　　　　　　　200 000
　　　　资本公积(子)　　　　　　　　　　　　　　　　　　500 000
　　　　盈余公积(子)　　　　　　　　　　　　　　　　　　100 000
　　　　未分配利润(子)　　　　　　　　　　　　　　　　　100 000
　　　　商誉　　　　　　　　　　　　　　　　　　　　　　　50 000
　　　　贷:长期股权投资(母)　　　　　　　　　　　　　　　　　950 000

本例的合并工作底稿详见表9-4。

表 9-4　　　　　　　　购买日合并财务报表工作底稿(简表)
2010 年 1 月 1 日　　　　　　　　　　　　　　　单位:元

项目	单独报表		抵消与调整分录		合并数
	母公司	子公司	借	贷	
货币资金	50 000	150 000			200 000
应收账款	100 000	150 000			250 000
存货	200 000	140 000	(1)100 000		440 000
长期股权投资	1 000 000	60 000		(2)950 000	110 000
固定资产	750 000	600 000	(1)100 000		1 450 000
商誉			(2)50 000		50 000
资产合计	2 100 000	1 100 000			2 500 000
短期借款	250 000	200 000			450 000
应付账款	250 000	200 000			450 000
负债合计	500 000	400 000			900 000
股本	200 000	200 000	(2)200 000		200 000
资本公积	300 000	300 000	(2)500 000	(1)200 000	300 000
盈余公积	600 000	100 000	(2)100 000		600 000
未分配利润	500 000	100 000	(2)100 000		500 000
权益合计	1 600 000	700 000			1 600 000
负债权益合计	2 100 000	1 100 000			2 500 000

3. 母公司的投资成本小于子公司可辨认净资产公允价值

【例 9-3】 续例 9-1,假如光明公司用 850 000 元银行存款购买了 A 公司的全部股份。则光明公司在其个别财务报表中需要编制取得长期股权投资的会计分录如下:

借:长期股权投资　　　　　　　　　　　　　　　850 000
　　贷:银行存款　　　　　　　　　　　　　　　　　850 000

由于母公司的投资成本 85 万元小于子公司可辨认净资产公允价值 90 万元,所以,母公司应该按照权益法调整对子公司的长期股权投资。即编制调整分录,把两者之间的差额计入当期的营业外收入,同时调增长期股权投资。假设光明公司按照净利润的 10% 提取盈余公积。则 5 万元的差额应按 10% 和 90% 的比例调整盈余公积和未分配利润。

光明公司作为母公司在购买日编制合并报表工作底稿时应当作抵消分录如下:

借:长期股权投资　　　　　　　　　　　　　　　50 000
　　贷:盈余公积　　　　　　　　　　　　　　　　　5 000

未分配利润　　　　　　　　　　　　　　　　　　　　450 000①

　　在合并工作底稿中,光明公司编制调整分录使得调整以后子公司的各项可辨认资产、负债以在购买日的公允价值列示。

　　借:存货　　　　　　　　　　　　　　　　　　　　　100 000
　　　　固定资产　　　　　　　　　　　　　　　　　　　100 000
　　　　贷:资本公积(子)　　　　　　　　　　　　　　　　　200 000

　　光明公司作为母公司在购买日编制合并报表工作底稿时应当作抵消分录如下:

　　借:股本(子)　　　　　　　　　　　　　　　　　　　200 000
　　　　资本公积(子)　　　　　　　　　　　　　　　　　500 000
　　　　盈余公积(子)　　　　　　　　　　　　　　　　　100 000
　　　　未分配利润(子)　　　　　　　　　　　　　　　　100 000
　　　　贷:长期股权投资(母)　　　　　　　　　　　　　　　900 000

本例的合并工作底稿详见表9-5。

表9-5　　　　　　　购买日合并财务报表工作底稿(简表)
2010年1月1日　　　　　　　　　　　　　　　　　　单位:元

项目	单独报表		抵消与调整分录		合并数
	母公司	子公司	借	贷	
货币资金	150 000	150 000			300 000
应收账款	100 000	150 000			250 000
存货	200 000	140 000	(2)100 000		440 000
长期股权投资	900 000	60 000	(1)50 000	(3)900 000	110 000
固定资产	750 000	600 000	(2)100 000		1 450 000
商誉					
资产总计	2 100 000	1 100 000			2 550 000
短期借款	250 000	200 000			450 000
应付账款	250 000	200 000			450 000
负债合计	500 000	400 000			900 000
股本	200 000	200 000	(3)200 000		200 000
资本公积	300 000	300 000	(3)500 000	(2)200 000	300 000
盈余公积	600 000	100 000	(3)100 000	(1)5 000	605 000
未分配利润	500 000	100 000	(3)100 000	(1)45 000	545 000
权益合计	1 600 000	700 000			1 650 000
负债权益合计	2 100 000	1 100 000			2 550 000

---

　　① 此处贷方差额应该是计入营业外收入的,但由于在购买日不编制合并利润表,无法反映出来,所以就换成了盈余公积和未分配利润反映在合并资产负债表中。

(二)子公司为母公司的非全资子公司

子公司为母公司的非全资子公司情况下,如果子公司可辨认净资产的账面价值与公允价值不等,在编制抵消分录以前仍然需要将子公司可辨认净资产按公允价值报告。具体作分录如下:

1)进行子公司净资产公允价值计量的调整分录:

借:子公司资产　　　　　　　　　[公允价值与账面价值之差]
　　贷:子公司负债　　　　　　　　　[公允价值与账面价值之差]
　　　　资本公积　　　　　　　[子公司净资产公允价值与账面价值之差]

若母公司仅持有子公司的部分股权,则一方面,将按公允价值反映的子公司股东权益各项目余额与母公司对该子公司的长期股权投资余额相抵消,同时确认母公司的合并商誉;另一方面,按照少数股东在子公司享有的可辨认净资产公允价值份额确认少数股东权益。

2)母子公司的相关抵消分录如下:

借:股本　　　　　　　　　　　　[子公司股本的账面余额]
　　资本公积　　　　　　　　　　[子公司调整后的资本公积余额]
　　盈余公积　　　　　　　　　　[子公司盈余公积的账面余额]
　　未分配利润　　　　　　　　　[子公司未分配利润的账面余额]
　　商誉①　　　　　　　　　　　　　　　　　　[正合并商誉]
　　贷:长期股权投资　　　　　　　　　　　　　　　[合并成本]
　　　　少数股东权益　　　　[少数股东享有可辨认净资产公允价值份额]

1. 母公司的投资成本等于所购子公司可辨认净资产公允价值

【例9-4】 假设光明公司用72万元银行存款购买A公司80%股份。其他条件同例9-1。

首先光明公司在其个别财务报表中编制长期股权投资的会计分录,并入账。

借:长期股权投资　　　　　　　　　　　　　720 000
　　贷:银行存款　　　　　　　　　　　　　　　　720 000

由于母公司的投资成本72万元等于所购子公司可辨认净资产公允价值90×80%=72万元,母公司取得长期股权投资时采用成本法核算的结果与权益法核算的结果相同。这里不需要进行调整分录。

与母公司持有子公司全部股权相同,此种情况下,母公司也应当首先在合并工作底稿中调整购买日A公司账面价值与公允价值之间的差异以及对其资本公积的影响20万元。因此,在合并工作底稿中,光明公司编制调整分录如下:

借:存货　　　　　　　　　　　　　　　　　100 000
　　固定资产　　　　　　　　　　　　　　　100 000

---

① 依据《企业会计准则第2号——长期股权投资》,如果合并形成的是负合并商誉,则在将母公司的长期股权投资由成本法调整为权益法时确认为营业外收入。在母子公司的抵消分录中不会出现负商誉。

贷：资本公积(子)　　　　　　　　　　　　　　　　　　　　200 000

　　同时,光明公司作为母公司在购买日抵消其长期股权投资与 A 公司调整后的所有者权益,同时确认少数股东权益 180 000 元[(200 000+500 000+100 000+100 000)×20%]。相关抵消分录如下：

　　借：股本(子)　　　　　　　　　　　　　　　　　　　　　　200 000
　　　　资本公积(子)　　　　　　　　　　　　　　　　　　　　500 000
　　　　盈余公积(子)　　　　　　　　　　　　　　　　　　　　100 000
　　　　未分配利润(子)　　　　　　　　　　　　　　　　　　　100 000
　　　贷：长期股权投资(母)　　　　　　　　　　　　　　　　　720 000
　　　　　少数股东权益　　　　　　　　　　　　　　　　　　　180 000

本例的合并工作底稿详见表 9-6。

表 9-6　　　　　　　　购买日合并财务报表工作底稿(简表)
2010 年 1 月 1 日　　　　　　　　　　　　　　　　　　　　单位：元

项目	单独报表		抵消与调整分录		合并数
	母公司	子公司	借	贷	
货币资金	280 000	150 000			430 000
应收账款	100 000	150 000			250 000
存货	200 000	140 000	(1)100 000		440 000
长期股权投资	770 000	60 000		(2)720 000	110 000
固定资产	750 000	600 000	(1)100 000		1 450 000
商誉					
资产合计	2 100 000	1 100 000			2 680 000
短期借款	250 000	200 000			450 000
应付账款	250 000	200 000			450 000
负债合计	500 000	400 000			900 000
股本	200 000	200 000	(2)200 000		200 000
资本公积	300 000	300 000	(2)500 000	(1)200 000	300 000
盈余公积	600 000	100 000	(2)100 000		600 000
未分配利润	500 000	100 000	(2)100 000		500 000
少数股东权益				(2)180 000	180 000
权益合计	1 600 000	700 000			1 780 000
负债权益合计	2 100 000	1 100 000			2 680 000

2. 母公司的投资成本大于所购子公司可辨认净资产公允价值

【例 9-5】　假设光明公司用 82 万元银行存款购买 A 公司 80% 股份。其他条件同例 9-1。

光明公司在其个别财务报表中编制长期股权投资的会计分录,并入账。

借:长期股权投资	820 000	
贷:银行存款		820 000

由于母公司的投资成本 82 万元大于所购子公司可辨认净资产公允价值 72 万元,母公司取得长期股权投资时采用成本法核算的结果与权益法核算的结果也是相同的。这里不需要进行调整分录。

与母公司持有子公司全部股权相同,此种情况下,母公司也应当首先在合并工作底稿中调整购买日 A 公司账面价值与公允价值之间的差异以及对资本公积的影响 20 万元。因此,在合并工作底稿中,光明公司编制调整分录如下。

借:存货	100 000	
固定资产	100 000	
贷:资本公积(子)		200 000

同时,光明公司作为母公司在购买日抵消其长期股权投资与 A 公司调整后的所有者权益,同时确认少数股东权益 180 000 元[(200 000 + 500 000 + 100 000 + 100 000)× 20%]。相关抵消分录如下:

借:股本(子)	200 000	
资本公积(子)	500 000	
盈余公积(子)	100 000	
未分配利润(子)	100 000	
商誉	100 000	
贷:长期股权投资(母)		820 000
少数股东权益		180 000

本例的合并工作底稿详见表 9 – 7。

表 9 – 7　　　　　　　　购买日合并财务报表工作底稿(简表)
2010 年 1 月 1 日　　　　　　　　　　　　　　　　单位:元

项目	单独报表		抵消与调整分录		合并数
	母公司	子公司	借	贷	
货币资金	180 000	150 000			330 000
应收账款	100 000	150 000			250 000
存货	200 000	140 000	(1)100 000		440 000
长期股权投资	870 000	60 000		(2)820 000	110 000
固定资产	750 000	600 000	(1)100 000		1 450 000
商誉			(2)100 000		100 000
资产合计	2 100 000	1 100 000			2 680 000
短期借款	250 000	200 000			450 000
应付账款	250 000	200 000			450 000
负债合计	500 000	400 000			900 000
股本	200 000	200 000	(2)200 000		200 000

续 表

资本公积	300 000	300 000	(2)500 000	(1)200 000	300 000
盈余公积	600 000	100 000	(2)100 000		600 000
未分配利润	500 000	100 000	(2)100 000		500 000
少数股东权益				(2)180 000	180 000
权益合计	1 600 000	700 000			1 780 000
负债权益合计	2 100 000	1 100 000			2 680 000

3. 母公司的投资成本小于所购子公司可辨认净资产公允价值

【例9-6】 假设光明公司用62万元银行存款购买A公司80%股份。其他条件同例9-3。

则光明公司在其个别财务报表中需要编制取得长期股权投资的会计分录如下：

借：长期股权投资　　　　　　　　　　　　　　　　620 000
　　贷：银行存款　　　　　　　　　　　　　　　　　　620 000

由于母公司的投资成本62万元小于子公司可辨认净资产公允价值72万元，所以，母公司应该按照权益法调整对子公司的长期股权投资。即编制调整分录，把两者之间的差额计入当期的营业外收入，同时调增长期股权投资。由于在购买日不编制合并利润表，无法反映出来，所以就换成调整盈余公积和未分配利润反映在合并资产负债表中。假设光明公司按照净利润的10%提取盈余公积。则10万元的差额应按10%和90%的比例调整盈余公积和未分配利润。

光明公司作为母公司在购买日编制合并报表工作底稿时应当作抵消分录如下：

借：长期股权投资　　　　　　　　　　　　　　　　100 000
　　贷：盈余公积　　　　　　　　　　　　　　　　　　10 000
　　　　未分配利润　　　　　　　　　　　　　　　　　90 000

在合并工作底稿中，光明公司编制调整分录使得调整以后子公司的各项可辨认资产、负债以在购买日的公允价值列示。

借：存货　　　　　　　　　　　　　　　　　　　　100 000
　　固定资产　　　　　　　　　　　　　　　　　　100 000
　　贷：资本公积(子)　　　　　　　　　　　　　　　200 000

光明公司作为母公司在购买日编制合并报表工作底稿时应当作抵消分录如下：

借：股本(子)　　　　　　　　　　　　　　　　　　200 000
　　资本公积(子)　　　　　　　　　　　　　　　　500 000
　　盈余公积(子)　　　　　　　　　　　　　　　　100 000
　　未分配利润(子)　　　　　　　　　　　　　　　100 000
　　贷：长期股权投资(母)　　　　　　　　　　　　　720 000
　　　　少数股东权益　　　　　　　　　　　　　　　180 000

本例的合并工作底稿详见表9-8。

表9-8　　　　　　　　购买日合并财务报表工作底稿(简表)

2010年1月1日　　　　　　　　　　　　　　单位:元

项目	单独报表		抵消与调整分录		合并数
	母公司	子公司	借	贷	
货币资金	380 000	150 000			530 000
应收账款	100 000	150 000			250 000
存货	200 000	140 000	(2)100 000		440 000
长期股权投资	670 000	60 000	(1)100 000	(3)720 000	110 000
固定资产	750 000	600 000	(2)100 000		1 450 000
商誉					
资产合计	2 100 000	1 100 000			2 780 000
短期借款	250 000	200 000			450 000
应付账款	250 000	200 000			450 000
负债合计	500 000	400 000			900 000
股本	200 000	200 000	(3)200 000		200 000
资本公积	300 000	300 000	(3)500 000	(2)200 000	300 000
盈余公积	600 000	100 000	(3)100 000	(1)10 000	610 000
未分配利润	500 000	100 000	(3)100 000	(1)90 000	590 000
少数股东权益				(3)180 000	180 000
权益合计	1 600 000	700 000			1 880 000
负债权益合计	2 100 000	1 100 000			2 780 000

二、同一控制下企业合并日合并报表编制

同一控制下企业合并形成母子公司关系的,母公司应当编制合并日的合并资产负债表、合并利润表及合并现金流量表。

(一)同一控制合并日合并资产负债表的编制

在合并日,母公司合并财务报表工作底稿的编制要点如下:

同一控制下企业合并日编制合并财务报表工作底稿,应对合并方与被合并方的资产、负债按照一致会计政策下的账面价值予以合并。如果被合并方采用的会计政策与合并方不一致,应按照合并方采用的会计政策进行调整,以调整后的账面价值计量。

下面分别就母公司持有子公司全部股权与母公司持有子公司部分股权两种情况,讨论在控股权取得日,母公司合并资产负债表工作底稿的编制方法。

1. 子公司为母公司的全资子公司

在合并资产负债表中,应将合并方对被合并方的长期股权投资与被合并方的股东权益相互抵消。母子公司的相关抵消分录如下:

借:股本　　　　　　　　　　　　　　[子公司股本的账面余额]

资本公积　　　　　　　　　　[子公司资本公积的账面余额]
盈余公积　　　　　　　　　　[子公司盈余公积的账面余额]
未分配利润　　　　　　　　　[子公司未分配利润的账面余额]
　　贷:长期股权投资　　　[母公司对该子公司的长期股权投资账面价值]

同时,对于被合并方在企业合并前实现的留存收益中归属于合并方的部分,应以合并方的资本公积贷方余额为限,将被合并方合并日以前实现的留存收益自资本公积转入留存收益。即在编制合并工作底稿时,借记"资本公积"项目,贷记"盈余公积"和"利润分配——未分配利润"项目。

借:资本公积
　　贷:盈余公积
　　　　利润分配——未分配利润

值得注意的是,因合并方资本公积贷方余额不足,导致被合并方在合并前实现的留存收益中归属于合并方的部分尚未全额恢复的,合并方应当在会计报表附注中对这一情况予以说明。

【例9-7】 假设光明公司和A公司于2010年1月1日签订合约,光明公司用75万元银行存款购买A公司全部股份。假设光明公司和A公司的合并为同一控制下的企业合并。合并前光明公司和A公司的个别财务报表简表见表9-9。

表9-9　　　　　　　　　　　资产负债表(简表)
2010年1月1日　　　　　　　　　　　　　　　　　　　　　　　单位:元

	光明公司	A公司
	账面价值	账面价值
资产:		
货币资金	1 000 000	150 000
应收账款	100 000	150 000
存货	200 000	140 000
长期股权投资	50 000	60 000
固定资产	750 000	600 000
资产总计	2 100 000	1 100 000
负债和所有者权益:		
短期借款	250 000	200 000
应付账款	250 000	200 000
负债合计	500 000	400 000
股本	200 000	200 000
资本公积	300 000	300 000
盈余公积	600 000	100 000
未分配利润	500 000	100 000
所有者权益合计	1 600 000	700 000
负债和所有者权益总计	2 100 000	1 100 000

首先,光明公司需要在其个别财务报表中编制其取得长期股权投资的会计分录。由于光明公司和A公司的合并为同一控制下的企业合并,因而,光明公司应当按照取得被合并方A公司所有者权益账面价值的份额作为长期股权投资的入账价值。即编

制相应的会计分录为:
借:长期股权投资　　　　　　　　　　　　　　　700 000
　　资本公积　　　　　　　　　　　　　　　　　 50 000
　　　贷:银行存款　　　　　　　　　　　　　　　750 000

然后,光明公司在合并工作底稿中应作抵消分录如下:
借:股本(子)　　　　　　　　　　　　　　　　　200 000
　　资本公积(子)　　　　　　　　　　　　　　　300 000
　　盈余公积(子)　　　　　　　　　　　　　　　100 000
　　未分配利润(子)　　　　　　　　　　　　　　100 000
　　　贷:长期股权投资(母)　　　　　　　　　　　700 000

同时,调整 A 公司合并前留存收益中光明公司应享有的份额。
借:资本公积　　　　　　　　　　　　　　　　　200 000
　　　贷:盈余公积　　　　　　　　　　　　　　 100 000
　　　　　利润分配——未分配利润　　　　　　　 100 000

本例的合并工作底稿详见表 9-10。

表 9-10　　　　合并日合并财务报表工作底稿(简表)
2010 年 1 月 1 日　　　　　　　　　　　　　　　　单位:元

项目	单独报表		抵消与调整分录		合并数
	母公司	子公司	借	贷	
货币资金	250 000	150 000			400 000
应收账款	100 000	150 000			250 000
存货	200 000	140 000			340 000
长期股权投资	750 000	60 000		(1)700 000	110 000
固定资产	750 000	600 000			1 350 000
商誉					
资产合计	2 050 000	1 100 000			2 450 000
短期借款	250 000	200 000			450 000
应付账款	250 000	200 000			450 000
负债合计	500 000	400 000			900 000
股本	200 000	200 000	(1)200 000		200 000
资本公积	250 000	300 000	(1)300 000 (2)200 000		50 000
盈余公积	600 000	100 000	(1)100 000	(2)100 000	700 000
未分配利润	500 000	100 000	(1)100 000	(2)100 000	600 000
权益合计	1 550 000	700 000			1 550 000
负债权益合计	2 050 000	1 100 000			2 450 000

2. 子公司为母公司的非全资子公司

当子公司为母公司的非全资子公司时,在合并资产负债表中,应将合并方对被合并方的长期股权投资与被合并方的股东权益相互抵消,同时确认少数股东权益。在同一控制企业合并情况下,少数股东权益等于子公司可辨认净资产的账面价值乘以少数股东持股比例。母子公司的相关抵消分录如下:

借:股本　　　　　　　　　　　　　[子公司股本的账面余额]
　　资本公积　　　　　　　　　　　[子公司资本公积的账面余额]
　　盈余公积　　　　　　　　　　　[子公司盈余公积的账面余额]
　　未分配利润　　　　　　　　　　[子公司未分配利润的账面余额]
　　贷:长期股权投资　　[子公司股东权益账面价值×母公司持股比例]
　　　　少数股东权益　　[子公司股东权益账面价值×少数股东持股比例]

同时,对于被合并方在企业合并前实现的留存收益中归属于合并方的部分,应以合并方的资本公积贷方余额为限,将被合并方合并日以前实现的留存收益自资本公积转入留存收益。即在编制合并工作底稿时,借记"资本公积"项目,贷记"盈余公积"和"利润分配——未分配利润"项目。

借:资本公积
　　贷:盈余公积
　　　　利润分配——未分配利润

【例9-8】 沿用例9-7资料。假设2010年1月1日,光明公司发行面值1元,市价2.5元的普通股30万股换取了A公司90%的股权。假设光明公司和A公司的合并为同一控制下的企业合并。合并前光明公司和A公司的个别财务报表简表见表9-9。

则光明公司需要按照其享有的A子公司所有者权益的账面价值确认长期股权投资,编制会计分录如下:

借:长期股权投资　　　　　　　　　　　　　　　　630 000
　　贷:股本　　　　　　　　　　　　　　　　　　300 000
　　　　资本公积　　　　　　　　　　　　　　　　330 000

然后,光明公司在合并工作底稿中应作抵消分录如下:

借:股本(子)　　　　　　　　　　　　　　　　　200 000
　　资本公积(子)　　　　　　　　　　　　　　　300 000
　　盈余公积(子)　　　　　　　　　　　　　　　100 000
　　未分配利润(子)　　　　　　　　　　　　　　100 000
　　贷:长期股权投资(母)　　　　　　　　　　　630 000
　　　　少数股东权益　　　　　　　　　　　　　 70 000

同时,由于A公司合并前盈余公积100 000元中归属于光明公司的部分为90 000元,A公司合并前未分配利润100 000元中归属于光明公司的部分为90 000元。应以光明公司的资本公积贷方余额为限,将A公司合并日以前实现的留存收益归属于光明公司的部分自资本公积转入留存收益。

  借:资本公积　　　　　　　　　　　　　　　　180 000
　　贷:盈余公积　　　　　　　　　　　　　　　　　　90 000
　　　　利润分配——未分配利润　　　　　　　　　　90 000

本例的合并工作底稿详见表9-11。

表9-11　　　　　　　合并日合并财务报表工作底稿(简表)
2010年1月1日　　　　　　　　　　　　　　　单位:元

项目	单独报表		抵消与调整分录		合并数
	母公司	子公司	借	贷	
货币资金	1 000 000	150 000			1 150 000
应收账款	100 000	150 000			250 000
存货	200 000	140 000			340 000
长期股权投资	680 000	60 000		(1)630 000	110 000
固定资产	750 000	600 000			1 350 000
商誉					
资产合计	2 730 000	1 100 000			3 200 000
短期借款	250 000	200 000			450 000
应付账款	250 000	200 000			450 000
负债合计	500 000	400 000			900 000
股本	500 000	200 000	(1)200 000		500 000
资本公积	630 000	300 000	(1)300 000 (2)180 000		450 000
盈余公积	600 000	100 000	(1)100 000	(2)90 000	690 000
未分配利润	500 000	100 000	(1)100 000	(2)90 000	590 000
少数股东权益				(1)70 000	70 000
权益合计	2 230 000	700 000			2 300 000
负债权益合计	2 730 000	1 100 000			3 200 000

(二)同一控制合并日合并利润表、合并现金流量表的编制

合并方在编制合并日的合并利润表时,应包含合并方及被合并方自合并当期期初至合并日实现的净利润;双方在当期发生的交易,应当按照合并财务报表的有关原则进行抵消;合并方在合并利润表中的"净利润"项目下应单列"其中:被合并方在合并前实现的净利润"项目,反映合并当期期初至合并日自被合并方带入的损益。

合并方在编制合并日的合并现金流量表时,应包含合并方及被合并方自合并当期期初至合并日的现金流量;双方在当期发生的交易,应当按照合并财务报表的有关原则进行抵消。

由于在合并日编制的合并利润表和合并现金流量表基本上是将合并双方自合并

当期期初至合并日的利润表和现金流量表分别汇总,所以本书将合并日的合并利润表和合并现金流量表编制的例题省略。

第四节 控制权取得日后合并财务报表的编制

控股权取得日合并财务报表的编制仅限于介绍在企业合并时点如何编制合并财务报表的问题,而合并财务报表编制中更为重要的内容为控制权取得日后合并财务报表的编制。其中,控制权取得日后合并财务报表的编制又可以按照编制时间不同分为合并当年的合并财务报表编制与合并以后年度的合并财务报表编制两类。按照参并企业合并前后是否由同一家企业控制,分为同一控制下合并日后的合并财务报表编制与非同一控制下购买日后的合并财务报表编制。

一、非同一控制下购买日后合并财务报表编制

(一)对子公司个别财务报表进行调整

对于非同一控制下购买日后的合并财务报表,在编制以前需要对取得的子公司个别财务报表进行如下调整:一方面,如果子公司与母公司会计政策和会计期间等不一致,对子公司的个别财务报表进行调整;另一方面,如果购买日子公司的可辨认净资产公允价值与账面价值不一致,则需要将子公司的个别财务报表反映为在购买日公允价值基础上确定的可辨认资产、负债及或有负债在本期资产负债表日的金额。

即根据备查簿资料,将购买日子公司可辨认净资产账面价值调整到公允价值。具体作分录如下:

进行子公司净资产公允价值计量的调整分录:
借:子公司资产　　　　　　　　　　　　[公允价值与账面价值之差]
　　贷:子公司负债　　　　　　　　　　[公允价值与账面价值之差]
　　　　资本公积　　　　　　　　[子公司净资产公允价值与账面价值之差]

(二)按照权益法调整对子公司的长期股权投资

按照长期股权投资权益法核算的特点,投资企业按照其占被投资企业的投资份额,将被投资企业所实现的净利润或净亏损确认为投资收益或者投资损失。值得注意的是,此处的被投资企业所实现的净利润或净亏损是指按照取得投资时被投资企业可辨认净资产的公允价值为计量基础核算得出的损益结果。对于被投资企业宣告或发放现金股利,应该作为投资企业对被投资企业的部分清算。

因此,在控制权取得会计年度,按照权益法调整母公司对子公司的长期股权投资时,需要按照以下三个步骤进行:

1.调整被投资公司当期净利润对投资公司长期股权投资的影响
借或贷:长期股权投资

贷或借：投资收益　　　　　　［应享有子公司当期实现净利润的份额］

2. 调整被投资公司当期发放现金股利对成本法下投资公司长期股权投资和投资收益的影响

借：投资收益
　　贷：长期股权投资　　　　［当期取得子公司分派的现金股利或利润］

3. 调整当期被投资公司其他所有者权益变化对投资公司长期股权投资的影响

借：长期股权投资
　　贷：资本公积　　［当期母公司应享有子公司所有者权益其他变动份额］

在控制权取得以后会计年度，合并财务报表编制当期被投资公司所有者权益发生变化而对其长期股权投资的调整同样适用上述调整分录

需要注意的是，合并财务报表的编制是以当期的个别财务报表为基础的，从而当连续编制合并财务报表时，上期依据权益法对长期股权投资的调整并没有体现在当期的个别财务报表之中，那应当如何调整被投资公司前期所有者权益发生的变化呢？依据被投资公司上期所有者权益的变化额中母公司所占份额，借记"长期股权投资"，根据被投资公司上期未分配利润的变化额中母公司所占份额，贷记"未分配利润"，根据被投资公司上期其他所有者权益变化额中母公司所占份额，贷记"资本公积"。即相关财务分录为：

借：长期股权投资
　　贷：未分配利润——年初　　［母公司享有子公司上期未分配利润变化额］
　　　　资本公积　　［母公司应享有子公司上期所有者权益其他变动份额］

可以注意到，被投资公司获得利润或发生亏损和分配现金股利当期，投资公司调整的是长期股权投资和当期的投资收益。而连续编制合并财务报表，调整被投资公司上期所获得利润或发生亏损和分配现金股利对投资公司的影响时，调整的则为长期股权投资和年初未分配利润。这是因为，投资收益是损益类科目，期末已经结转到"未分配利润"之中，即连续编制合并财务报表时，上期对投资收益的影响，应当调整本期的"未分配利润——年初"。

（三）母公司长期股权投资与子公司所有者权益的抵消

在控制权取得日后编制合并财务报表时依然需要抵消母公司的长期股权投资和子公司所有者权益。相关抵消分录与控股权取得日相同：

借：股本　　　　　　　　　　　［子公司股本的期末账面余额］
　　资本公积　　　　　　　　　［子公司调整后的期末资本公积余额］
　　盈余公积　　　　　　　　　［子公司盈余公积的期末账面余额］
　　未分配利润　　　　　　　　［子公司调整后的未分配利润账面余额］
　　贷：长期股权投资　　　　　［母公司对该子公司长期股权投资账面价值］
　　　　少数股东权益　　　　　［少数股东享有子公司股东权益公允价值］

当母公司的投资成本大于子公司可辨认净资产的公允价值的份额时，相关抵消分录为：

第九章 合并财务报表(上)　　·223·

　　借:股本　　　　　　　　　　　　［子公司股本的期末账面余额］
　　　资本公积　　　　　　　　　　［子公司调整后的期末资本公积余额］
　　　盈余公积　　　　　　　　　　［子公司盈余公积的期末账面余额］
　　　未分配利润　　　　　　　　　［子公司调整后的未分配利润账面余额］
　　　商誉　　　［合并成本与取得可辨认净资产公允价值份额的差额］
　　　贷:长期股权投资　　　［母公司对该子公司长期股权投资账面价值］
　　　　　少数股东权益　　　　　［少数股东享有子公司股东权益公允价值］

当母公司的投资成本小于子公司可辨认净资产的公允价值的份额时,相关抵消分录为:

　　借:股本　　　　　　　　　　　　［子公司股本的期末账面余额］
　　　资本公积　　　　　　　　　　［子公司调整后的期末资本公积余额］
　　　盈余公积　　　　　　　　　　［子公司盈余公积的期末账面余额］
　　　未分配利润　　　　　　　　　［子公司调整后的未分配利润账面余额］
　　　贷:长期股权投资　　　［母公司对该子公司长期股权投资账面价值］
　　　　　少数股东权益　　　　　［少数股东享有子公司股东权益公允价值］
　　　　　营业外收入　　　　　　　　　　　　　　　　　　［负差额］

(四)母公司投资收益与子公司利润分配的抵消

抵消母公司的投资收益与子公司的利润分配,同时按照少数股东应在子公司中享有的净利润的份额确认少数股东损益。其中,少数股东损益 =(子公司利润表净利润 - 购买日子公司可辨认净资产公允价值高于账面价值本期的摊销额)×少数股东持股比例。其抵消分录为:

　　借:投资收益
　　　少数股东损益
　　　未分配利润——年初
　　　贷:提取盈余公积
　　　　　对所有者(或股东)的分配
　　　　　未分配利润——年末

【例9-9】 光明公司和A公司于20×0年1月1日签订合约,光明公司用70万元银行存款购买A公司80%股份。假设光明公司和A公司的合并为非同一控制下的企业合并。合并前光明公司和A公司的个别财务报表简表见表9-12。假设A公司固定资产为管理用固定资产,剩余使用年限为5年,残值忽略不计,按直线法计提折旧。

A公司20×0年4月1日,派发现金股利为30万元,20×0年度实现账面利润为40万元。A公司因持有可供出售金融资产的公允价值变动增加资本公积5万元。两家公司均按照净利润的10%提取盈余公积。

A公司20×1年4月1日,派发现金股利为20万元。20×1年度实现账面利润为60万元,两家公司均按照净利润的10%提取盈余公积。

要求：

（一）完成光明公司20×0年取得长期股权投资、分配现金股利的会计分录，并编制合并当年的相关调整抵消分录。

（二）完成光明公司20×1年分配现金股利的会计分录，并编制光明公司合并以后年度的相关调整抵消分录。

表9-12　　　　　　　　　　　资产负债表（简表）
20×0年1月1日　　　　　　　　　　　　　　　单位：元

	光明公司	A公司	
	账面价值	账面价值	公允价值
资产：			
货币资金	1 000 000	150 000	150 000
应收账款	100 000	150 000	150 000
存货	200 000	140 000	140 000
可供出售金融资产		250 000	250 000
长期股权投资	50 000	60 000	60 000
固定资产	750 000	600 000	700 000
资产总计	2 100 000	1 350 000	1 450 000
负债和所有者权益：			
短期借款	250 000	200 000	200 000
应付账款	250 000	450 000	450 000
负债合计	500 000	650 000	650 000
股本	200 000	200 000	
资本公积	300 000	300 000	
盈余公积	600 000	100 000	
未分配利润	500 000	100 000	
所有者权益合计	1 600 000	700 000	800 000
负债和所有者权益总计	2 100 000	1 350 000	

（一）合并当年母公司对子公司投资有关的会计分录以及编制合并报表的相关调整抵消分录

首先，光明公司20×0年1月1日取得A公司股份时。编制相应的会计分录如下：

借：长期股权投资　　　　　　　　　　　　　　　　　　　700 000
　　贷：银行存款　　　　　　　　　　　　　　　　　　　　　700 000

由于母公司的投资成本70万元大于子公司可辨认净资产公允价值80×80%＝64万元，母公司取得长期股权投资时采用成本法核算的结果与权益法核算的结果相同。这里不需要作长期股权投资的调整分录。

20×0年4月1日,A公司派发现金股利30万元时,光明公司作会计分录如下:
借:银行存款   240 000
　　贷:投资收益   240 000
20×0年12月31日,光明公司在合并财务报表工作底稿中,应编制如下调整与抵消分录:

1. 对子公司个别财务报表进行调整,使得调整以后子公司的各项可辨认资产、负债以在购买日的公允价值列示。
借:固定资产   100 000
　　贷:资本公积(子)   100 000

调整合并时A公司固定资产公允价值的变化对其20×0年度计提折旧的影响额20 000元(100 000/5)。相应的调整分录为:
借:管理费用   20 000
　　贷:固定资产   20 000

2. 按照权益法调整对子公司的长期股权投资
(1) 调整被投资公司当期净利润对投资公司长期股权投资的影响,调整金额为:$(400\,000 - 20\,000) \times 80\% = 304\,000$元
借:长期股权投资   304 000
　　贷:投资收益   304 000

(2) 调整被投资公司当期发放现金股利对成本法下投资公司长期股权投资和投资收益的影响,调整金额为:$300\,000 \times 80\% = 240\,000$元
借:投资收益   240 000
　　贷:长期股权投资   240 000

(3) 调整当期被投资公司因持有可供出售金融资产的公允价值变动而导致的其他所有者权益变化对投资公司长期股权投资的影响,调整金额为:$50\,000 \times 80\% = 40\,000$元
借:长期股权投资   40 000
　　贷:资本公积   40 000

3. 母公司长期股权投资与子公司所有者权益的抵消
在控制权取得日后编制合并财务报表时依然需要抵消母公司的长期股权投资$(700\,000 + 304\,000 - 240\,000 + 40\,000) = 804\,000$元和子公司所有者权益。其中,子公司股本为200 000元不变,资本公积 $= 300\,000 + 100\,000 + 50\,000 = 450\,000$元,盈余公积 $= 100\,000 + 400\,000 \times 10\% = 140\,000$元,未分配利润 $= 100\,000 + 400\,000 \times 90\% - 300\,000 - 20\,000 = 140\,000$元,少数股东权益 $= (200\,000 + 450\,000 + 140\,000 + 140\,000) \times 20\% = 186\,000$元,商誉 $= 700\,000 - (700\,000 + 100\,000) \times 80\% = 60\,000$元。

相关抵消分录如下:
借:股本(子)   200 000
　　资本公积(子)   450 000

盈余公积(子)		140 000
未分配利润(子)		140 000
商誉		60 000
贷:长期股权投资(母)		804 000
少数股东权益		186 000

4. 母公司投资收益与子公司利润分配的抵消

抵消光明公司的投资收益与 A 公司的利润分配,同时按照少数股东应在子公司中享有的净利润的份额确认少数股东损益,其中,少数股东损益 =(400 000 - 20 000)× 20% = 76 000。投资收益 =(400 000 - 20 000)× 80% + 240 000 - 240 000 = 304 000 元。其抵消分录为:

借:投资收益		304 000
少数股东损益		76 000
未分配利润——年初		10 000
贷:提取盈余公积		40 000
对所有者(或股东)的分配		300 000
未分配利润——年末		140 000

(二)合并以后年度母公司对子公司投资有关的会计分录以及编制合并报表的相关调整抵消分录

首先,20×1 年 4 月 1 日,A 公司派发现金股利 20 万元时,光明公司作会计分录如下:

借:银行存款		160 000
贷:投资收益		160 000

20×1 年 12 月 31 日,光明公司在合并财务报表工作底稿中,应编制如下调整与抵消分录:

1. 对子公司个别财务报表进行调整,使得调整以后子公司的各项可辨认资产、负债以在购买日的公允价值列示。

借:固定资产		100 000
贷:资本公积(子)		100 000

合并时 A 公司固定资产公允价值的变化对其 20×0 年度计提折旧的影响额为 20 000 元(100 000/5),因此,应调整 20×1 年的期初未分配利润。相应的调整分录为:

借:未分配利润——年初		20 000
贷:固定资产		20 000

2. 按照权益法调整对子公司的长期股权投资

(1)按照权益法调整上一年度母公司对子公司的长期股权投资的相关分录。在连续编制合并财务报表时,上期对投资收益的影响为 304 000 - 240 000 = 64 000 元,应当调整本期的"未分配利润——年初"。

借:长期股权投资		104 000
贷:未分配利润——年初		64 000

资本公积　　　　　　　　　　　　　　　　　　　　　　　　　　40 000

　　（2）调整被投资公司当期净利润对投资公司长期股权投资的影响，调整金额为：（600 000 – 20 000）×80% = 464 000 元

　　借：长期股权投资　　　　　　　　　　　　　　　　　　　　464 000
　　　　贷：投资收益　　　　　　　　　　　　　　　　　　　　　　464 000

　　（3）调整被投资公司当期发放现金股利对成本法下投资公司长期股权投资和投资收益的影响，调整金额为：200 000×80% = 160 000 元

　　借：投资收益　　　　　　　　　　　　　　　　　　　　　　160 000
　　　　贷：长期股权投资　　　　　　　　　　　　　　　　　　　　160 000

　　3. 母公司长期股权投资与子公司所有者权益的抵消

　　20×1 年编制合并财务报表时，依然需要抵消母公司的长期股权投资（804 000 + 464 000 – 160 000）= 1 108 000 元和子公司所有者权益。其中，子公司股本为 200 000 元不变，资本公积为 450 000 元不变，盈余公积 = 140 000 + 600 000×10% = 200 000 元，未分配利润 = 140 000 + 600 000×90% – 200 000 – 20 000 = 460 000 元，少数股东权益 =（200 000 + 450 000 + 200 000 + 460 000）×20% = 262 000 元，商誉 = 700 000 –（700 000 + 100 000）×80% = 60 000 元。

　　相关抵消分录如下：

　　借：股本（子）　　　　　　　　　　　　　　　　　　　　　200 000
　　　　资本公积（子）　　　　　　　　　　　　　　　　　　　450 000
　　　　盈余公积（子）　　　　　　　　　　　　　　　　　　　200 000
　　　　未分配利润（子）　　　　　　　　　　　　　　　　　　460 000
　　　　商誉　　　　　　　　　　　　　　　　　　　　　　　　 60 000
　　　　贷：长期股权投资（母）　　　　　　　　　　　　　　　　1 108 000
　　　　　　少数股东权益　　　　　　　　　　　　　　　　　　　 262 000

　　4. 母公司投资收益与子公司利润分配的抵消

　　抵消光明公司的投资收益与 A 公司的利润分配，同时按照少数股东应在子公司中享有的净利润的份额确认少数股东损益，其中，少数股东损益 =（600 000 – 20 000）×20% = 116 000 元。投资收益 =（600 000 – 20 000）×80% + 160 000 – 160 000 = 464 000 元。其抵消分录为：

　　借：投资收益　　　　　　　　　　　　　　　　　　　　　　464 000
　　　　少数股东损益　　　　　　　　　　　　　　　　　　　　116 000
　　　　未分配利润——年初　　　　　　　　　　　　　　　　　140 000
　　　　贷：提取盈余公积　　　　　　　　　　　　　　　　　　　 60 000
　　　　　　对所有者（或股东）的分配　　　　　　　　　　　　　200 000
　　　　　　未分配利润——年末　　　　　　　　　　　　　　　　460 000

二、同一控制下合并日后合并财务报表编制

对于同一控制下合并日后的合并财务报表,除非子公司与母公司会计政策和会计期间等不一致,否则,在编制合并财务报表以前不需要对取得的子公司个别财务报表进行调整。因此,对于同一控制下合并日后的合并财务报表的编制主要分为以下几个方面:

(一)对于子公司在企业合并前实现的留存收益中归属于母公司的部分,应以合并方的资本公积贷方余额为限,将子公司合并日以前实现的留存收益自资本公积转入留存收益。即:

借:资本公积
　　贷:盈余公积
　　　　利润分配——未分配利润

(二)按照权益法调整对子公司的长期股权投资

在控制权取得会计年度,按照权益法调整母公司对子公司的长期股权投资时,需要按照以下三个步骤进行:

1. 调整被投资公司当期净利润对投资公司长期股权投资的影响

借或贷:长期股权投资
　　　　贷或借:投资收益　　　[应享有子公司当期实现净利润的份额]

2. 调整被投资公司当期发放现金股利对成本法下投资公司长期股权投资和投资收益的影响

借:投资收益
　　贷:长期股权投资　　　　[当期取得子公司分派的现金股利或利润]

3. 调整当期被投资公司其他所有者权益变化对投资公司长期股权投资的影响

借:长期股权投资
　　贷:资本公积　　　[当期母公司应享有子公司所有者权益其他变动份额]

注意,上述按照权益法调整对子公司长期股权投资的三个分录,无论是在合并当年,还是在合并以后年度,只要是在合并财务报表编制当期被投资公司所有者权益发生变化而对其长期股权投资的调整,都适用上述调整分录。而且,与非同一控制不同,对于同一控制下按照权益法对子公司长期股权投资进行调整时,其子公司实现的净利润就是子公司个别财务报表中的净利润,不需要进行调整。

4. 合并以后年度按照权益法调整上一年度母公司对子公司的长期股权投资

依据被投资公司上期所有者权益的变化额中母公司所占份额,借记"长期股权投资",根据被投资公司上期未分配利润的变化额中母公司所占份额,贷记"未分配利润",根据被投资公司上期其他所有者权益变化额中母公司所占份额,贷记"资本公积"。即相关财务分录为:

借:长期股权投资
　　贷:未分配利润——年初　[母公司享有子公司上期未分配利润变化额]

　　　　资本公积　　　　　　　[母公司应享有子公司上期所有者权益其他变动份额]

(三)母公司长期股权投资与子公司所有者权益的抵消

　　在控制权取得日后编制合并财务报表时依然需要抵消母公司的长期股权投资和子公司所有者权益。相关抵消分录与控股权取得日相同：

　　借：股本　　　　　　　　　[子公司股本的期末账面余额]
　　　　资本公积　　　　　　　[子公司调整后的期末资本公积余额]
　　　　盈余公积　　　　　　　[子公司盈余公积的期末账面余额]
　　　　未分配利润　　　　　　[子公司调整后的未分配利润账面余额]
　　　贷：长期股权投资　　　　[母公司对该子公司长期股权投资账面价值]
　　　　　少数股东权益　　　　[少数股东享有子公司股东权益公允价值]

(四)母公司投资收益与子公司利润分配的抵消

　　抵消母公司的投资收益与子公司的利润分配，同时按照少数股东应在子公司中享有的净利润的份额确认少数股东损益。其中，少数股东损益 =（子公司利润表净利润 - 购买日子公司可辨认净资产公允价值高于账面价值本期的摊销额）× 少数股东持股比例。其抵消分录为：

　　借：投资收益
　　　　少数股东损益
　　　　未分配利润——年初
　　　贷：提取盈余公积
　　　　　对所有者(或股东)的分配
　　　　　未分配利润——年末

【例9-10】　沿用例9-9资料。光明公司和A公司于20×0年1月1日签订合约，光明公司用70万元银行存款购买A公司80%股份。假设光明公司和A公司的合并为同一控制下的企业合并。合并前光明公司和A公司的个别财务报表简表见表9-13。其他条件同例9-9。

　　要求：

　　(一)完成光明公司20×0年取得长期股权投资、分配现金股利的会计分录，并编制合并当年的相关调整抵消分录。

　　(二)完成光明公司20×1年分配现金股利的会计分录，并编制光明公司合并以后年度的相关调整抵消分录。

表9-13　　　　　　　　　　　资产负债表(简表)
　　　　　　　　　　　　　　　20×0年1月1日　　　　　　　　　　　　　　单位：元

	光明公司	A公司
	账面价值	账面价值
资产：		
货币资金	1 000 000	150 000

续 表

应收账款	100 000	150 000
存货	200 000	140 000
可供出售金融资产		250 000
长期股权投资	50 000	60 000
固定资产	750 000	600 000
资产总计	2 100 000	1 350 000
负债和所有者权益:		
短期借款	250 000	200 000
应付账款	250 000	450 000
负债合计	500 000	650 000
股本	200 000	200 000
资本公积	300 000	300 000
盈余公积	600 000	100 000
未分配利润	500 000	100 000
所有者权益合计	1 600 000	700 000
负债和所有者权益总计	2 100 000	1 350 000

(一)合并当年母公司对子公司投资有关的会计分录以及编制合并报表的相关调整抵消分录

首先,光明公司20×0年1月1日取得A公司股份时。编制相应的会计分录如下:

借:长期股权投资　　　　　　　　　　　　　　　　　　560 000
　　资本公积　　　　　　　　　　　　　　　　　　　　140 000
　　贷:银行存款　　　　　　　　　　　　　　　　　　　　　700 000

20×0年4月1日,A公司派发现金股利30万元时,光明公司作会计分录如下:

借:银行存款　　　　　　　　　　　　　　　　　　　　240 000
　　贷:投资收益　　　　　　　　　　　　　　　　　　　　　240 000

20×0年12月31日,光明公司在合并财务报表工作底稿中,应编制如下调整与抵消分录:

1.对于A公司在企业合并前实现的留存收益中归属于光明公司的部分,以合并方的资本公积贷方余额为限,将子公司合并日以前实现的留存收益自资本公积转入留存收益。即:

借:资本公积　　　　　　　　　　　　　　　　　　　　160 000
　　贷:盈余公积　　　　　　　　　　　　　　　　　　　　　80 000
　　　　利润分配——未分配利润　　　　　　　　　　　　　　80 000

2. 按照权益法调整对子公司的长期股权投资

(1) 调整被投资公司当期净利润对投资公司长期股权投资的影响,调整金额为: 400 000×80% = 320 000 元

借:长期股权投资　　　　　　　　　　　　　　320 000
　　贷:投资收益　　　　　　　　　　　　　　　　320 000

(2) 调整被投资公司当期发放现金股利对成本法下投资公司长期股权投资和投资收益的影响,调整金额为:300 000×80% = 240 000 元

借:投资收益　　　　　　　　　　　　　　　　240 000
　　贷:长期股权投资　　　　　　　　　　　　　　240 000

(3) 调整当期被投资公司因持有可供出售金融资产的公允价值变动而导致的其他所有者权益变化对投资公司长期股权投资的影响,调整金额为:50 000×80% = 40 000元

借:长期股权投资　　　　　　　　　　　　　　40 000
　　贷:资本公积　　　　　　　　　　　　　　　　40 000

3. 母公司长期股权投资与子公司所有者权益的抵消

在控制权取得日后编制合并财务报表时依然需要抵消公司的长期股权投资 (560 000 + 320 000 - 240 000 + 40 000) = 680 000 元和子公司所有者权益。其中,子公司股本为200 000 元,资本公积 = 300 000 + 50 000 = 350 000 元,盈余公积 = 100 000 + 400 000×10% = 140 000 元,未分配利润 = 100 000 + 400 000×90% - 300 000 = 160 000 元,少数股东权益 = (200 000 + 350 000 + 140 000 + 160 000)×20% = 170 000 元。

相关抵消分录如下:

借:股本(子)　　　　　　　　　　　　　　　　200 000
　　资本公积(子)　　　　　　　　　　　　　　　350 000
　　盈余公积(子)　　　　　　　　　　　　　　　140 000
　　未分配利润(子)　　　　　　　　　　　　　　160 000
　　贷:长期股权投资(母)　　　　　　　　　　　　680 000
　　　　少数股东权益　　　　　　　　　　　　　　170 000

4. 母公司投资收益与子公司利润分配的抵消

抵消光明公司的投资收益与A公司的利润分配,同时按照少数股东应在子公司中享有的净利润的份额确认少数股东损益,其中,少数股东损益 = 400 000×20% = 80 000。投资收益 = 400 000×80% + 240 000 - 240 000 = 320 000 元。其抵消分录为:

借:投资收益　　　　　　　　　　　　　　　　320 000
　　少数股东损益　　　　　　　　　　　　　　　80 000
　　未分配利润——年初　　　　　　　　　　　100 000
　　贷:提取盈余公积　　　　　　　　　　　　　　40 000
　　　　对所有者(或股东)的分配　　　　　　　　300 000
　　　　未分配利润——年末　　　　　　　　　　160 000

(二)合并以后年度母公司对子公司投资有关的会计分录以及编制合并报表的相关调整抵消分录

首先,20×1年4月1日,A公司派发现金股利20万元时,光明公司作会计分录如下:

借:银行存款 160 000
　　贷:投资收益 160 000

20×1年12月31日,光明公司在合并财务报表工作底稿中,应编制如下调整与抵消分录:

1. 对于A公司在企业合并前实现的留存收益中归属于光明公司的部分,以合并方的资本公积贷方余额为限,将子公司合并日以前实现的留存收益自资本公积转入留存收益。即:

借:资本公积 160 000
　　贷:盈余公积 80 000
　　　　利润分配——未分配利润 80 000

2. 按照权益法调整对子公司的长期股权投资

(1)按照权益法调整上一年度母公司对子公司的长期股权投资的相关分录。在连续编制合并财务报表时,上期对投资收益的影响为320 000 - 240 000 = 80 000元,应当调整本期的"未分配利润——年初"。

借:长期股权投资 120 000
　　贷:未分配利润——年初 80 000
　　　　资本公积 40 000

(2)调整被投资公司当期净利润对投资公司长期股权投资的影响,调整金额为:600 000×80% = 480 000元

借:长期股权投资 480 000
　　贷:投资收益 480 000

(3)调整被投资公司当期发放现金股利对成本法下投资公司长期股权投资和投资收益的影响,调整金额为:200 000×80% = 160 000元

借:投资收益 160 000
　　贷:长期股权投资 160 000

3. 母公司长期股权投资与子公司所有者权益的抵消

20×1年编制合并财务报表时,依然需要抵消母公司的长期股权投资(680 000 + 480 000 - 160 000) = 1 000 000元和子公司所有者权益。其中,子公司股本为200 000元不变,资本公积为350 000元不变,盈余公积 = 140 000 + 600 000×10% = 200 000元,未分配利润 = 160 000 + 600 000×90% - 200 000 = 500 000元,少数股东权益 = (200 000 + 350 000 + 200 000 + 500 000)×20% = 250 000元。

相关抵消分录如下:

借:股本(子) 200 000
　　资本公积(子) 350 000

盈余公积(子)　　　　　　　　　　　　　　200 000
　　未分配利润(子)　　　　　　　　　　　　　500 000
　　贷:长期股权投资(母)　　　　　　　　　　　　　1 000 000
　　　　少数股东权益　　　　　　　　　　　　　　250 000

　　4. 母公司投资收益与子公司利润分配的抵消

　　抵消光明公司的投资收益与A公司的利润分配,同时按照少数股东应在子公司中享有的净利润的份额确认少数股东损益,其中,少数股东损益 = 600 000 × 20% = 120 000。投资收益 = 600 000 × 80% + 160 000 - 160 000 = 480 000元。其抵消分录为:

　　借:投资收益　　　　　　　　　　　　　　　480 000
　　　　少数股东损益　　　　　　　　　　　　　120 000
　　　　未分配利润——年初　　　　　　　　　　160 000
　　贷:提取盈余公积　　　　　　　　　　　　　　　60 000
　　　　对所有者(或股东)的分配　　　　　　　　　200 000
　　　　未分配利润——年末　　　　　　　　　　　　500 000

本章参考文献

1. 中华人民共和国财政部. 企业会计准则 2006. 经济科学出版社. 2006
2. 中华人民共和国财政部. 企业会计准则:应用指南 2006. 中国财政经济出版社. 2006
3. 王爱国,郑伟主编. 高级财务会计学. 山东人民出版社. 2009
4. 刘永泽,傅荣主编. 高级财务会计. 东北财经大学出版社. 2007
5. 闫达五,耿建新,戴德明编著. 高级会计学. 中国人民大学出版社. 2007
6. 罗绍德. 高级财务会计. 西南财经大学出版社. 2008.12
7. 张志凤编著. 注册会计师考试——会计. 北京大学出版. 2010

【课后练习题】

名词解释

合并商誉　　母公司理论　　实体理论

选择题

一、单项选择题

1. 合并会计报表的主体为(　　)。
   A. 母公司　　　　　　　　　　　B. 母公司和子公司组成的企业集团
   C. 总公司　　　　　　　　　　　D. 总公司和分公司组成的企业集团

2. 如果购买方的企业合并成本大于合并中取得的被购买方可辨认净资产公允价值,则两者之间的差额应该在合并会计报表中(　　)。
   A. 借记"商誉"　　　　　　　　　B. 贷记"合并价差"
   C. 借记"合并价差"　　　　　　　D. 贷记"商誉"

3. 少数股东权益项目反映除母公司以外的其他投资者在子公司的权益,根据我国合并会计报表的有关规定,少数股东权益在合并资产负债表中应当(　　)。
   A. 在所有者权益类项目中列示　　B. 在流动负债类项目中列示
   C. 在长期负债类项目中列示　　　D. 作为少数股东权益单独列示

4. 甲公司拥有乙公司60%的股份,拥有丙公司30%的股份,乙公司拥有丙公司25%的股份,在这种情况下,甲公司编制合并会计报表时,应当将(　　)纳入合并会计报表的合并范围。
   A. 乙公司　　　　　　　　　　　B. 丙公司
   C. 乙公司和丙公司　　　　　　　D. 两家都不是

5. 下列情况中,必须纳入 A 公司合并范围的情况是(　　)。
   A. A 公司拥有 B 公司60%的权益性资本,通过 B 公司拥有 C 公司55%的权益性资本
   B. A 公司拥有甲公司49%的权益性资本
   C. A 公司拥有丙公司48%的权益性资本,通过丙公司拥有 J 公司40%的权益性资本
   D. A 公司拥有乙公司45%的权益性资本

6. 乙公司是甲公司的全资子公司,年末甲公司股权长期投资帐面余额为420万元;乙公司实收资本账面价值为120万元,没有盈余公积和未分配利润。则甲、乙公司合并会计报表上"长期股权投资"项目的金额为(　　)。
   A. 300 万元　　　B. 400 万元　　　C. 320 万元　　　D. 420 万元

7. 在合并报表工作底稿中编制抵消分录的目的是(　　)。
   A. 将母子个别会计报表各项加总
   B. 将个别会计报表各项加总数据中集团内部经济业务的重复因素予以抵消
   C. 代替设置账簿、登记账簿的核算程序
   D. 反映全部内部投资、内部交易、内部债权债务等会计事项

二、多项选择题

1. 编制合并会计报表时必须做好的前提准备事项主要有(　　)
   A. 统一母子公司所采用的会计政策　　B. 统一母子公司的会计期间

C. 统一母子公司的经营业务　　　　D. 统一母子公司的记账本位币

2. 目前,国际上关于编制合并财务报表的合并理论主要有(　　)。

A. 实体理论　　　　　　　　　　B. 所有权理论

C. 母公司理论　　　　　　　　　D. 购买理论

E. 权益结合理论

3. 与个别会计报表比较,合并会计报表(　　)。

A. 反映的是母公司和子公司组成的企业集团整体的财务状况和经营成果

B. 由企业集团中对其他企业有控制权的控股公司或母公司编制

C. 以个别会计报表为基础编制

D. 有独特的编制方法

4. 合并会计报表主要包括(　　)。

A. 合并资产负债表　　　　　　　B. 合并利润表和合并利润分配表

C. 合并现金流量表　　　　　　　D. 合并会计报表附注

业务题

一、同一控制下企业合并日合并财务报表的编制

资料:光明公司和A公司于2010年3月1日签订合约,光明公司用50万元银行存款取得A公司80%股份。假设光明公司和A公司的合并为同一控制下的企业合并。合并前光明公司和A公司的个别财务报表简表见表9-14。

表9-14　　　　　　　　　资产负债表(简表)

2010年3月1日　　　　　　　　　　　　　　　　　　单位:元

	光明公司	A公司
货币资金	5 000 000	150 000
应收账款	100 000	150 000
存货	200 000	140 000
长期股权投资	50 000	60 000
固定资产	1 750 000	700 000
资产总计	7 100 000	1 200 000
负债和所有者权益:		
短期借款	1 250 000	200 000
应付账款	1 250 000	300 000
负债合计	2 500 000	500 000
股本	1 200 000	100 000
资本公积	1 300 000	100 000
盈余公积	600 000	200 000
未分配利润	1 500 000	300 000
所有者权益合计	4 600 000	700 000
负债和所有者权益总计	7 100 000	1 200 000

要求:1)为光明公司编制企业合并的分录；
2)为编制合并日的合并资产负债表,编制必要的抵消和调整分录。

二、非同一控制下企业合并日合并财务报表的编制

资料:光明公司和A公司于2010年3月1日签订合约,光明公司用85万元银行存款购买A公司80%全部股份。光明公司和A公司的合并为非同一控制下的企业合并。合并前光明公司和A公司的个别财务报表简表见表9-14。假设在合并日A公司的固定资产公允价值为90万元,存货公允价值为24万元,其他各项资产和负债的账面价值均等于其公允价值。

要求:1)为光明公司编制企业合并的分录；
2)为编制合并日的合并资产负债表,编制必要的抵消和调整分录。

三、购买日后的合并资产负债表编制

资料:光明公司和A公司于20×0年1月1日签订合约,光明公司用90万元银行存款购买A公司100%的股份。假设光明公司和A公司的合并为非同一控制下的企业合并。合并前光明公司和A公司的个别财务报表简表见表9-12。假设A公司固定资产为管理用固定资产,剩余使用年限为5年,残值忽略不计,按直线法计提折旧。

A公司20×0年4月1日,派发现金股利为30万元,20×0年度实现账面利润为40万元。A公司因持有可供出售金融资产的公允价值变动增加资本公积5万元。两家公司均按照净利润的10%提取盈余公积。

A公司20×1年4月1日,派发现金股利为20万元。20×1年度实现账面利润为60万元,两家公司均按照净利润的10%提取盈余公积。

要求：

(1)完成光明公司20×0年取得长期股权投资、分配现金股利的会计分录,并编制合并当年的相关调整抵消分录。

(2)完成光明公司20×1年分配现金股利的会计分录,并编制光明公司合并以后年度的相关调整抵消分录。

四、合并日后的合并资产负债表编制

资料:假设甲公司于20×0年2月1日用90万元银行存款取得了乙公司的全部股份。当时乙公司的股东权益账面价值100万元,其中,股本为40万元,资本公积为10万元,盈余公积为20万元,未分配利润为30万元。假设甲公司和乙公司的合并为同一控制下的企业合并,甲公司的资本公积贷方余额为60万元。

乙公司20×0年实现净利润为10万元,20×0年5月1日派发现金股利为5万元。乙公司20×1年实现净利润为20万元,20×1年5月1日派发现金股利为10万元。两家公司均按照净利润的10%提取盈余公积。

要求：

(1)完成甲公司20×0年取得长期股权投资、分配现金股利的会计分录,并编制合并当年的相关调整抵消分录。

(2)完成甲公司20×1年分配现金股利的会计分录,并编制光明公司合并以后年度的相关调整抵消分录。

五、接【例9-10】,假设已知光明公司和A公司20×0年12月31日的个别财务报表简表见表9-15、表9-16、表9-17。

要求:编制光明公司20×0年合并当年的合并财务报表。

表9-15 利润表(简表)
20×0年度 单位:元

利润表:	光明公司	A公司
营业收入	5 026 000	652 000
减:营业成本	4 200 000	250 000
减:管理费用	100 000	2 000
加:投资收益——A公司	240 000	
加:少数股东损益		
净利润	966 000	400 000

表9-16 股东权益变动表(简表)
20×0年12月31日 单位:元

股东权益变动表	光明公司	A公司
未分配利润年初	500 000	100 000
加:净利润	966 000	400 000
减提取盈余公积	75 000	40 000
减:已分配利润	725 000	300 000
未分配利润年末	666 000	160 000

表9-17 股东权益变动表(简表)
20×0年12月31日 单位:元

资产负债表:	光明公司	A公司
货币资金	300 000	300 000
应收账款	100 000	150 000
存货	416 000	140 000
长期股权投资	610 000	60 000
固定资产	775 000	600 000
商誉		

续　表

资产合计	2 201 000	1 250 000
短期借款	250 000	200 000
应付账款	250 000	200 000
负债合计	500 000	400 000
股本	200 000	200 000
资本公积	160 000	350 000
盈余公积	675 000	140 000
未分配利润	666 000	160 000
少数股东权益		
权益合计	1 701 000	850 000
负债权益合计	2 201 000	1 250 000

第十章 合并财务报表(下)

【内容简介】 本章主要介绍了集团公司内部交易对合并会计报表的影响。编制合并会计报表时需要从企业集团整体出发,消除内部交易对资产、负债、利润等报表项目的影响。重点是各种类型内部交易在交易当期及以后各期的抵消处理。

主要内容包括:

一、集团公司内部存货交易抵消的处理。销售企业已将其销售收入和销售成本计入当期损益,列示在利润表中。购买企业对这些内部购入的存货要么对外销售,确认销售收入和销售成本计入当期损益,列示在利润表中;要么留在企业内部,存货以销售企业的售价计价,列示在资产负债表中。在编制合并会计报表时,应将内部交易确认的营业收入、营业成本以及存货中包含的未实现内部损益全部予以抵消。连续编制合并报表时要注意存货中包含的未实现损益对期初未分配利润的影响。

二、集团公司内部非流动资产交易抵消的处理。当集团内部资产转让价格不等于资产成本时,卖方确认资产出售损益,买方以卖方售价确认固定资产、无形资产的价值,这部分价值中就包含了未实现内部损益。但从集团公司角度看,只是资产与现金的内部转移。所以在编制合并报表时,应消除卖方确认的资产出售损益、买方确认的资产中包含的未实现损益。与内部存货交易的抵消不同的是,由于固定资产按原价计提折旧,在固定资产原价中包含未实现内部销售损益的情况下,每期计提的折旧费中也必然包含着未实现内部销售损益的金额,由此也需要对该内部交易形成的固定资产每期计提的折旧费进行相应的抵消处理。

三、企业集团内部债权债务的抵消处理。内部债权债务产生时,在个别资产负债表中,债权方以资产列示,债务方以债务列示,合并财务报表中只应反映企业集团对外的债权债务,因此,应抵消内部交易产生的债权债务以及所计提的坏账准备。

【学习目的与要求】

1. 了解集团公司内部交易事项的含义和内部交易事项的类型。
2. 掌握集团公司内部存货交易抵消的会计处理。
3. 掌握集团公司内部固定资产、无形资产交易抵消的会计处理。
4. 掌握集团公司内部债权债务抵消的会计处理。
5. 理解集团内部交易对合并财务报表的影响。

第一节 集团公司内部交易事项概述

一、集团公司内部交易事项的含义

集团公司内部交易事项是指集团公司内部母公司与其所属的子公司之间以及各子公司之间发生的除股权投资以外的各种往来业务及交易事项。

在第九章合并财务报表(上)中,我们在编制控制权取得日后合并财务报表时主要讨论了母公司对子公司的长期股权投资与母公司在子公司所有者权益中所享有份额的相互抵消,本章我们主要讨论母公司与子公司之间除了股权投资及其因投资所引起的利润分配以外的其他内部交易事项的发生。这些内部交易事项发生后,已经分别反映在母公司或子公司的个别会计报表中。从企业集团的角度看,其会计报表中不应包括这类内部交易事项。因而应将反映在个别会计报表中内部交易事项对合并会计报表的影响予以抵消,以避免虚列资产、负债和虚增利润。

二、集团公司内部交易事项的类型

(一)按内部交易事项是否涉及损益分类

1. 涉及损益的内部交易事项

涉及损益的内部交易事项是指集团公司内部母公司与子公司及子公司之间发生的与损益有关的内部交易的事项。如母公司将其生产的产品出售给所属的子公司,导致母公司营业收入和营业成本增加。

涉及损益的内部交易事项按其损益是否实现,又可以分为已实现集团公司内部损益的交易事项和未实现集团公司内部损益的交易事项两种。前者是指集团公司内部母公司与子公司及各子公司之间发生了涉及损益的内部交易事项后,其购买方已于当期全部向集团外销售。如母公司将其生产产品出售给所属的子公司后,子公司在当期将其从母公司购进的存货全部出售给集团公司以外的其他公司。后者是指集团公司内部母公司与子公司及各子公司之间发生涉及损益的内部交易事项后,其购买方在当期尚未向集团外销售。如母公司将其生产的产品出售给所属的子公司后,子公司存放在仓库尚未对集团公司以外销售。形成期末存货或固定资产等事项。就出售方的个别会计报表来说,已经反映销售收入和销售成本,并形成销售利润,但由于购买方尚未对外销售,在其个别会计报表中表现为存货或固定资产,因此对于集团公司来说,销售利润并未真正实现。

2. 不涉及损益的内部交易事项

不涉及损益的内部交易事项是指集团公司内部母公司与子公司及子公司之间发生的交易只与资产负债表项目相关,与各公司的损益确定无关的事项。如集团公司内部的无息贷款业务等。

(二)按内部交易事项的具体内容分类

1. 内部存货交易
2. 内部固定资产交易
3. 内部无形资产交易
4. 内部债权债务
5. 其他内部交易

三、内部交易事项在合并财务报表中的抵消内容

(一)内部交易事项在合并资产负债表中的抵消内容

1. 母公司与子公司、子公司相互之间的债权与债务项目应当相互抵消,同时抵消应收款项的坏账准备和债券投资的减值准备。母公司与子公司、子公司相互之间的债券投资与应付债券相互抵消后,产生的差额应当计入投资收益项目。

2. 母公司与子公司、子公司相互之间销售商品(或提供劳务,下同)或其他方式形成的存货、固定资产、工程物资、在建工程、无形资产等所包含的未实现内部销售损益应当抵消。

对存货、固定资产、工程物资、在建工程和无形资产等计提的跌价准备或减值准备与未实现内部销售损益相关的部分应当抵消。

3. 母公司与子公司、子公司相互之间发生的其他内部交易对合并资产负债表的影响应当抵消。

4. 子公司所有者权益中不属于母公司的份额,应当作为少数股东权益,在合并资产负债表中所有者权益项目下以"少数股东权益"项目列示。

(二)内部交易事项在合并利润表中的抵消内容

1. 母公司与子公司、子公司相互之间销售商品所产生的营业收入和营业成本应当抵消。

母公司与子公司、子公司相互之间销售商品,期末全部实现对外销售的,应当将购买方的营业成本与销售方的营业收入相互抵消;母公司与子公司、子公司相互之间销售商品,期末未实现对外销售而形成存货、固定资产、工程物资、在建工程、无形资产等资产的,在抵消销售商品的营业成本和营业收入的同时,应当将各项资产所包含的未实现内部销售损益予以抵消。

2. 在对母公司与子公司、子公司相互之间销售商品形成的固定资产或无形资产所包含的未实现内部销售损益进行抵消的同时,也应当对固定资产的折旧额和无形资产的摊销额与未实现内部销售损益相关的部分进行抵消。

3. 母公司与子公司、子公司相互之间持有对方债券所产生的投资收益,应当与其相对应的发行方利息费用相互抵消。

4. 母公司与子公司、子公司相互之间发生的其他内部交易对合并利润表的影响应当抵消。

子公司当期净损益中属于少数股东权益的份额,应当在合并利润表中净利润项目下以"少数股东损益"项目列示。

四、内部交易事项的抵消方法

通常情况下,集团公司内部购销事项按其销售方向,可以分为顺销、逆销和平销。顺销是指母公司对子公司的销售;逆销是指子公司对母公司的销售;平销是指子公司之间的销售。

1. 母公司拥有子公司全部股权

当母公司拥有子公司全部股权时,顺销和逆销所形成的集团公司内部未实现损益都应予以全部消除。

2. 母公司拥有子公司部分股权

顺销所形成的集团公司内部未实现损益体现在母公司的会计报表中,应予以全部消除;逆销所形成的集团公司内部未实现损益体现在子公司会计报表中,有全部消除法和部分消除法两种消除方法。

全部消除法是指对集团公司内部由于逆销而发生的未实现损益全部予以消除,使得合并后的净利润中不包含内部未实现损益。

部分消除法是指对集团公司内部由于逆销而发生的未实现损益按母公司持股比例予以消除。

五、内部交易事项的所得税问题

在编制合并财务报表时,特别是涉及集团内部交易的情况下,所得税是一个需要考虑的重要问题。在合并财务报表工作底稿上,对所得税的处理取决于企业集团的所得税申报方式,即合并申报与分别申报。前者是指母公司与其子公司合在一起申报所得税,后者是指母公司与其子公司各自分别申报所得税。对于企业而言,合并申报所得税的好处是:第一,母子公司间如果一方有净损失,可与另一方的净利润相抵,从而减少所得税税负;第二,集团内部交易所产生的未实现利润可以冲销,从而减少所得税税负;第三,合并申报所产生的所得税抵减数,可能比分别申报时大。例如,在分别申报所得税的情况下,子公司以前年度的净损失,可能会由于该子公司连续亏损,超过规定的年限,而失去抵减所得税的权利;而如果采用合并申报的方式,则子公司的以前年度净损失可抵减母公司的净利润,从而减少整个企业集团的所得税税负。但在企业集团有多家公司的情况下,合并申报比较复杂。

我国的所得税法规对企业集团合并申报所得税有较为严格的规定。而在有些国家,税法对合并纳税的规定较为宽松,允许企业集团在符合一定条件的情况下,合并申报所得税。无论企业集团是合并申报还是分别申报所得税,都需要编制合并报表。但在不同的所得税申报方式下,合并报表工作底稿上的调整与抵消分录有所不同。为简化合并会计报表的抵消处理,本章中我们假定企业集团采用合并申报所得税的方式。

第二节 集团公司内部存货交易的抵消处理

母公司与子公司、子公司相互之间发生的内部存货交易主要是指商品或产品(以下均称为产品)的销售业务。集团公司内部销售存货是比较普遍的现象。销售企业已将其销售收入和销售成本计入当期损益,列示在利润表中。购买企业则把这些内部购入的产品中当期实现对企业集团外部销售部分作为销售收入和销售成本计入当期损益,列示在利润表中;对于当期未实现对企业集团外部销售的部分,购买企业则按销售企业的售价(销售企业的成本与毛利之和)计入存货,列示在资产负债表中。当然,购买企业也有可能将销售企业卖给的存货作为固定资产使用,按期计提折旧,分别列示在资产负债表的固定资产项目和利润表的费用项目中。对于这种情况,我们把它作为集团公司内部固定资产交易,在第三节中讨论。

如果购买企业到了会计期末还未将存货销售给企业集团之外的第三方。则从企业集团整体的角度看,企业集团内部的产品购销业务只是属于产品调拨活动,使存货的存放地点发生了变动,既不能实现销售收入,也不能发生销售成本,因而并不能形成利润。凡是未实现对企业集团外部销售的产品,其成本只能是集团内销售该产品的销售企业原来的成本,不能因为产品存放地点的变动就发生增值。这一增值即销售企业的毛利,它只有在产品对企业集团外部销售时才能实现,故将其称为未实现内部销售利润。存货内部交易产生的全部未实现内部损益需要进行抵消。

如果购买企业将存货全部或部分销售给企业集团外的第三方,只是实现了一次销售,其销售收入只是购买该产品的企业对集团外销售所形成的销售收入,其销售成本只是集团内销售该产品的企业的销售成本,其利润则是这两者之间的差额,这部分利润是已经实现的利润应在合并利润表中予以确认。但未卖出的部分存货里仍然含有未实现内部损益在编制合并报表时需要抵消。

在将母公司与子公司、子公司相互之间发生的内部销售业务的项目相抵消时,既要抵消重复反映的销售收入和销售成本,即将销售企业的销售收入与购买企业的销售成本相抵消;也要抵消存货中包含的未实现内部销售利润,即将集团内购买企业包含销售企业毛利的存货成本还原为销售企业销售该存货的原始成本,以消除虚增的存货成本。

一、购买企业购入的存货于当期全部对外出售

【例10-1】 花卉公司为玫瑰公司的母公司,玫瑰公司为其全资子公司。2008年发生的内部存货交易是:花卉公司销售给玫瑰公司A产品10 000元,其成本为8 000元,款项已存入银行,玫瑰公司在当年将该产品全部对外销售,销售价格为12 000元。

母公司和子公司各自对这笔内部交易编制会计分录如下:

母公司——花卉公司:

借:银行存款　　　　　　　　　　　　　　　　　　　　10 000
　　贷:主营业务收入　　　　　　　　　　　　　　　　　　　10 000
借:主营业务成本　　　　　　　　　　　　　　　　　　　8 000
　　贷:存货　　　　　　　　　　　　　　　　　　　　　　　8 000

子公司——玫瑰公司:
借:存货　　　　　　　　　　　　　　　　　　　　　　10 000
　　贷:银行存款　　　　　　　　　　　　　　　　　　　　10 000
借:银行存款　　　　　　　　　　　　　　　　　　　　12 000
　　贷:主营业务收入　　　　　　　　　　　　　　　　　　　12 000
借:主营业务成本　　　　　　　　　　　　　　　　　　　10 000
　　贷:存货　　　　　　　　　　　　　　　　　　　　　　10 000

从整个集团来看,这笔交易相当于集团将成本为 8 000 元的存货转移到子公司的仓库,然后以 12 000 元的价格出售并收到货款,销售利润是 4 000 元,且这部分利润已经实现,应在合并利润表中确认。从上述母子公司的会计处理中,我们可以看出该项内部交易使母公司多计了 10 000 元收入,子公司多计了 10 000 元成本。因此需要抵消掉这一影响,如同这笔内部交易没发生一样。换言之合并利润表中的营业收入是集团公司从外界取得的收入,合并利润表中的营业成本是集团公司最初取得该存货的成本。该内部交易对合并资产负债表不产生影响。因此需要编制抵消分录如下:

(1)借:营业收入　　　　　　　　　　　　　　　　　　　10 000
　　　贷:营业成本　　　　　　　　　　　　　　　　　　　　10 000

表 10-1　　　　　　　　　合并工作底稿(部分)

单位:元

	花卉公司	玫瑰公司	抵消分录		合并数
			借方	贷方	
利润表					
营业收入	10 000	12 000	(1)10 000		12 000
营业成本	8 000	10 000		(1)10 000	8 000
营业利润	2 000	2 000			4 000

注意:购买企业购入的存货于当期全部对外出售的情况下只影响当期的合并财务报表。对下一会计期间的合并会计报表没有影响。下期在编制合并财务报表时不需要再考虑此笔内部交易的影响了。

二、购买企业购入的存货于当期全部未对外出售

【例 10-2】花卉公司为玫瑰公司的母公司。2008 年发生的内部存货交易是:花卉公司销售给玫瑰公司 A 产品 10 000 元,其成本为 8 000 元,款项已存入银行,玫瑰公司在当年全部未对外销售。

母公司和子公司各自对这笔内部交易编制会计分录如下：

母公司——花卉公司：

借：银行存款　　　　　　　　　　　　　　　　　　　　10 000

　　贷：主营业务收入　　　　　　　　　　　　　　　　　　10 000

借：主营业务成本　　　　　　　　　　　　　　　　　　 8 000

　　贷：存货　　　　　　　　　　　　　　　　　　　　　　 8 000

子公司——玫瑰公司：

借：存货　　　　　　　　　　　　　　　　　　　　　　10 000

　　贷：银行存款　　　　　　　　　　　　　　　　　　　　10 000

（一）内部交易发生当期编制合并财务报表时的会计处理

这种情况从企业集团整体的角度来理解仅仅是将存货从母公司的仓库转移到了子公司的仓库中存储，企业集团作为一个整体没有任何收入和成本，它的存货还应是最初母公司的存货成本价8 000元。而期末时子公司的存货成本因该笔内部交易而虚增了2 000元。这2 000元即为存货中包含的未实现内部损益。这些影响都需要进行抵消。因此需要编制抵消分录如下：

(1) 按内部交易价格抵消本期发生的内部交易，视同合并主体没有发生一样

借：营业收入　　　　　　　　　　　　　　　　　　　　10 000

　　贷：营业成本　　　　　　　　　　　　　　　　　　　　10 000

(2) 抵消存货中的未实现内部损益，同时减少合并主体的利润

借：营业成本　　　　　　　　　　　　　　　　　　　　 2 000

　　贷：存货　　　　　　　　　　　　　　　　　　　　　　 2 000

也可以将上述两笔分录合在一起成一笔抵消分录：

借：营业收入　　　　　　　　　　　　　　　　　　　　10 000

　　贷：营业成本　　　　　　　　　　　　　　　　　　　　 8 000

　　　　存货　　　　　　　　　　　　　　　　　　　　　　 2 000

表10-2　　　　　　　　　　合并工作底稿（部分）

单位：元

	花卉公司	玫瑰公司	抵消分录		合并数
			借方	贷方	
利润表					
营业收入	10 000		(1)10 000		0
营业成本	8 000		(2)2 000	(1)10 000	0
营业利润	2 000				0
资产负债表					
存货		10 000		(2)2 000	8 000

(二)连续编制合并会计报表时内部存货交易的会计处理

【例 10 - 3】 承接【例 10 - 2】假设 2009 年玫瑰公司将 A 产品以 12 000 元的价格全部对外销售。

子公司——玫瑰公司编制会计分录如下：

借:银行存款 12 000
  贷:主营业务收入 12 000
借:主营业务成本 10 000
  贷:存货 10 000

在编制第二期合并会计报表时,仍然以母公司和子公司的第二期的个别会计报表为基础,而这些个别会计报表并没有反映首期抵消业务的影响。个别会计报表所有者权益变动表中的期初未分配利润合计数要大于首期合并所有者权益变动表中的期末未分配利润数额,这两者的差额即为首期期末存货中包含的未实现内部销售利润。在编制第二期合并财务报表时需要先抵消首期未实现内部销售利润对第二期期初未分配利润合并数额的影响,调整第二期期初未分配利润的合并数额。编制抵消分录如下：

(1)抵消 2009 年年初的影响

借:未分配利润——期初 2 000
  贷:存货 2 000

(2)抵消 2009 年子公司由于虚增存货而导致多结转的成本

借:存货 2 000
  贷:营业成本 2 000

同样也可以将上述两笔分录合成一笔。

借:未分配利润——期初 2 000
  贷:营业成本 2 000

即直接抵消母公司的期初未分配利润和子公司的营业成本,因为子公司期初虚增的存货成本在本期的对外交易完全后已经结转为营业成本。

表 10 - 3   合并工作底稿(部分)

单位:元

	花卉公司	玫瑰公司	抵消分录		合并数
			借方	贷方	
利润表					
营业收入		12 000			12 000
营业成本		10 000		(2)2 000	8 000
营业利润		2 000			4 000
所有者权益变动表					
未分配利润——期初			(1)2 000		
资产负债表					
存货			(2)2 000	(1)2 000	0

如果2009年玫瑰公司仍然没有将A产品对外销售,这时在第二期编制合并会计报表时只需要编制调整分录(1)即抵消2009年年初的影响。

三、购买企业购入的存货于当期部分对外出售,部分保留

【例10-4】 花卉公司为玫瑰公司的母公司。玫瑰公司为其全资子公司。2008年发生的内部存货交易是:花卉公司销售给玫瑰公司A产品100件,单价100元,共10 000元,其单位成本为80元,款项已存入银行,玫瑰公司在当年将A产品的50件对外销售,单位销售价格为120元,共6 000元,货款已收到。其余50件仍未售出。

2008年母公司和子公司各自对这笔内部交易编制会计分录如下:

母公司——花卉公司:

借:银行存款　　　　　　　　　　　　　　　　　　　　　10 000
　　贷:主营业务收入　　　　　　　　　　　　　　　　　　10 000
借:主营业务成本　　　　　　　　　　　　　　　　　　　　8 000
　　贷:存货　　　　　　　　　　　　　　　　　　　　　　8 000

子公司——玫瑰公司:

借:存货　　　　　　　　　　　　　　　　　　　　　　　　10 000
　　贷:银行存款　　　　　　　　　　　　　　　　　　　　10 000
借:银行存款　　　　　　　　　　　　　　　　　　　　　　6 000
　　贷:主营业务收入　　　　　　　　　　　　　　　　　　6 000
借:主营业务成本　　　　　　　　　　　　　　　　　　　　5 000
　　贷:存货　　　　　　　　　　　　　　　　　　　　　　5 000

(一)内部交易发生当期编制合并财务报表时的会计处理

这种情况从企业集团整体的角度来理解50件,存货从母公司的仓库转移到了子公司的仓库中存储,这50件存货还是应以最初母公司的存货单位成本80元,共计4 000元列示在合并资产负债表上;另外50件存货对外销售,单位售价120元,单位成本80元。收入6 000元,成本4 000元列示在合并利润表上;因此需要编制抵消分录如下:

(1)借:营业收入　　　　　　　　　　　　　　　　　　　10 000
　　　贷:营业成本　　　　　　　　　　　　　　　　　　　8 000
　　　　　存货　　　　　　　　　　　　　　　　　　　　　2 000
(2)借:存货　　　　　　　　　　　　　　　　　　　　　　1 000
　　　贷:营业成本　　　　　　　　　　　　　　　　　　　1 000

表10-4　　　　　　　　　合并工作底稿(部分)　　　　　　　　　单位:元

	花卉公司	玫瑰公司	抵消分录		合并数
			借方	贷方	
利润表					
营业收入	10 000	6 000	(1)10 000		6 000

续 表

营业成本	8 000	5 000	(1)8 000 (2)1 000		4 000
营业利润	2 000	1 000			2 000
资产负债表					
存货		5 000	(2)1 000	(1)2 000	4 000

（二）连续编制合并会计报表时内部存货交易的会计处理

【例 10-5】 承接【例 10-4】假设 2009 年玫瑰公司将剩余 A 产品 50 件以单价 120 元的价格全部对外销售。

子公司——玫瑰公司编制会计分录如下：

借：银行存款　　　　　　　　　　　　　　　　　　6 000
　　贷：主营业务收入　　　　　　　　　　　　　　　　　6 000
借：主营业务成本　　　　　　　　　　　　　　　　　5 000
　　贷：存货　　　　　　　　　　　　　　　　　　　　5 000

在编制第二期合并会计报表时，仍然以母公司和子公司的第二期的个别会计报表为基础，而这些个别会计报表并没有反映首期抵消业务的影响。个别会计报表所有者权益变动表中的期初未分配利润合计数要大于首期合并所有者权益变动表中的期末未分配利润数额，这两者的差额即为首期期末存货中包含的未实现内部销售利润1 000 元。在编制第二期合并财务报表时需要先抵消首期未实现内部销售利润对第二期期初未分配利润合并数额的影响，调整第二期期初未分配利润的合并数额。编制抵消分录如下：

(1) 抵消 2009 年年初的影响

借：未分配利润——期初　　　　　　　　　　　　　1 000
　　贷：存货　　　　　　　　　　　　　　　　　　　　1 000

(2) 抵消 2009 年子公司由于虚增存货而导致多结转的成本

借：存货　　　　　　　　　　　　　　　　　　　　1 000
　　贷：营业成本　　　　　　　　　　　　　　　　　　1 000

同样也可以将上述两笔分录合成一笔。

借：未分配利润——期初　　　　　　　　　　　　　1 000
　　贷：营业成本　　　　　　　　　　　　　　　　　　1 000

即直接抵消母公司的期初未分配利润和子公司的营业成本，因为子公司期初虚增的存货成本在本期的对外交易后已经结转为营业成本。

表 10-5　　　　　　　　　　合并工作底稿（部分）　　　　　　　　单位：元

	花卉 公司	玫瑰 公司	抵消分录		合并数
			借方	贷方	
利润表					
营业收入		6 000			6 000

续　表

营业成本	5 000		(2) 1 000		4 000
营业利润	1 000				2 000
所有者权益变动表					
未分配利润——期初		(1) 1 000			
资产负债表					
存货		(2) 1 000	(1) 1 000		0

四、内部交易形成的存货跌价准备的处理

企业会计准则规定：资产负债表日，存货应当按照成本与可变现净值孰低法进行计量。这里所说的存货既包括从集团外部购进形成的存货，也包括从集团内部购进形成的存货。当企业本期计提或结转的存货跌价准备中包括对内部交易形成的存货计提或结转的跌价准备时，内部交易中的存货本身包括了一部分未实现的内部销售利润，因此存货跌价准备按如下的公式计算：

个别会计报表计提的存货跌价准备 =（内部交易存货实际成本 + 内部交易存货价值中包括的未实现内部销售利润）- 内部交易存货可变现净值

如果从企业集团的角度来看，这部分未实现内部销售利润虚增了存货成本，多计提了存货跌价准备，减少了合并报表利润，在合并会计报表时应作抵减处理：

合并报表期末应计提的存货跌价准备 = 内部交易存货实际成本 - 内部交易存货可变现净值

合并报表期末应计提的存货跌价准备 = 个别会计报表计提的存货跌价准备 - 内部交易存货价值中包括的未实现内部销售利润

（一）计提存货跌价准备当期的会计处理

【例 10 - 6】 2008 年母公司花卉公司将 2 000 元的存货按 2 400 元的价格销售给子公司玫瑰公司，玫瑰公司当年并未将该批存货售出企业集团。2008 年底，玫瑰公司的该批存货可变现净值为 1 900 元，为此计提了 500 元的存货跌价准备。

2008 年母公司和子公司各自对这笔内部交易编制会计分录如下：

母公司——花卉公司：

借：银行存款　　　　　　　　　　　　　　　　　　2 400
　　贷：主营业务收入　　　　　　　　　　　　　　　　2 400
借：主营业务成本　　　　　　　　　　　　　　　　2 000
　　贷：存货　　　　　　　　　　　　　　　　　　　2 000

子公司——玫瑰公司：

借：存货　　　　　　　　　　　　　　　　　　　　2 400
　　贷：银行存款　　　　　　　　　　　　　　　　　　2 400
借：资产减值损失　　　　　　　　　　　　　　　　500

           贷:存货跌价准备   500
期末母公司编制的有关抵消分录为：
    （1）借:营业收入   2 400
           贷:营业成本   2 400
    （2）借:营业成本   400
           贷:存货   400
上述抵消分录的结果是：合并资产负债表中"存货"项目数额为1500元（2400 - 500 - 400），"存货"项目的合并数实际上应为1900元（1900元的可变现净值低于2000元的成本），同时，合并利润表中"资产减值损失"项目的数额应为100元。因此，对子公司多计提的400元跌价准备应当予以抵消。编制抵消分录为：
    （3）借:存货——存货跌价准备   400
           贷:资产减值损失   400

表10 - 6　　　　　　　　　　合并工作底稿（部分）　　　　　　　　　　单位:元

	花卉公司	玫瑰公司	抵消分录		合并数
			借方	贷方	
利润表					
营业收入	2 400	0	(1)2 400		0
营业成本	2 000	0	(2)400	(1)2 400	0
资产减值损失		500		(3)400	100
营业利润	400	0			-100
资产负债表					
存货		1 900	(3)400	(2)400	1 900

（二）连续编制合并会计报表时存货跌价准备的会计处理

【例10 - 7】　承接【例10 - 6】2009年花卉公司将该批存货按2500元的价格卖企业集团之外的另一个企业。

子公司——玫瑰公司编制会计分录如下：
    借:银行存款   2 500
       贷:主营业务收入   2 500
    借:主营业务成本   1 900
       贷:存货   1 900
    借:存货跌价准备   500
       贷:资产减值损失   500

由于内部交易存货计提的存货跌价准备的抵消与抵消当期的资产减值损失相对应，上期计提的存货跌价准备的数额，即是上期资产减值损失的数额，也是上期合并会计报表净利润减少的数额。在连续编制合并会计报表的情况下，本期编制合并会计报表是以本期母公司和子公司当期的个别会计报表为基础编制的，因此，合计得出的期初未分配利润与前一会计期间合并会计报表的未分配利润数额之间就存在差额。在本期仅有内部交易存货计提的存货跌价准备这一因素的情况下,合计得出的期初未分配利润的数额与上期合并未分配利润的数额之间的差额就是上期内部交易存货计提的跌价准备的抵消数额。为了使合并所有者权益变动表中未分配利润的本期期初数额与上期期末数额一致,就必须将上期内部交易存货计提的跌价准备对本期期初未分配利润的影响予以抵消,调整本期期初未分配利润数。2009年末母公司编制的有关抵消分录为:

(1) 借:存货——存货跌价准备　　　　　　　　　　　400
　　　贷:未分配利润——期初　　　　　　　　　　　　400
(2) 借:资产减值损失　　　　　　　　　　　　　　　400
　　　贷:存货——存货跌价准备　　　　　　　　　　400

表10-7　　　　　　　　　　合并工作底稿(部分)　　　　　　　　　　单位:元

	花卉公司	玫瑰公司	抵消分录		合并数
			借方	贷方	
利润表					
营业收入		2 500			2 500
营业成本		1 900			1 900
资产减值损失		-500	(2)400		-100
营业利润		1 100			700
所有者权益变动表					
未分配利润——期初				(1)400	-400
资产负债表					
存货			(1)400	(2)400	0

第三节　集团公司内部非流动资产交易的抵消处理

集团内部非流动资产交易主要是指企业集团内部固定资产、无形资产交易。当集团内部资产转让价格不等于资产成本时,卖方确认资产出售损益,买方确认资产增(减)值;但从集团公司角度看,只是资产与现金的内部转移。所以在编制合并报表时,应消除卖方确认的资产出售损益、买方确认的资产增(减)值。

一、集团公司内部固定资产交易及其类型

集团公司内部固定资产交易是指企业集团内部发生交易的一方与固定资产有关的购销业务。在企业集团内部固定资产购销活动中,销售方将集团内部销售作为收入

确认并计算销售利润,而购买方以支付的价款作为固定资产成本入账。因此,购买方固定资产原价包括两部分内容:一部分为固定资产销售成本(即销售方销售该商品的成本);另一部分为销售方的销售毛利(即其销售收入减去销售成本的差额)。从整个企业集团来看,集团内部企业之间的固定资产购销活动属于企业内部物资调拨活动,既不会实现利润,也不会增加固定资产价值。根据《合并财务报表准则》第十五条(三)"母公司与子公司、子公司相互之间销售商品(或提供劳务,下同)或其他方式形成的存货、固定资产、工程物资、在建工程、无形资产等所包含的未实现内部销售损益应当抵消"的规定,编制合并资产负债表时应将固定资产原价中包含的未实现内部销售损益予以抵消。与存货的情况不同,固定资产的使用寿命较长,往往要跨越几个会计年度。对于内部交易形成的固定资产,不仅在该内部固定资产交易发生的当期需要进行抵消处理,而且在以后使用该固定资产的期间也需要进行抵消处理。固定资产在使用过程中是通过折旧的方式将其价值转移到产品价值之中,由于固定资产按原价计提折旧,在固定资产原价中包含未实现内部销售损益的情况下,每期计提的折旧费中也必然包含着未实现内部销售损益的金额,由此也需要对该内部交易形成的固定资产每期计提的折旧费进行相应的抵消处理。同样,如果购买企业对该项固定资产计提了固定资产减值准备,由于固定资产减值准备是按原价为基础进行计算确定的,在固定资产原价中包含未实现内部销售损益的情况下,对该项固定资产计提的减值准备中也必然包含着未实现内部销售损益的金额,由此也需要对该内部交易形成的固定资产计提的减值准备进行相应的抵消处理。集团公司内部固定资产交易有以下三种类型:

(一)一方将自己生产或经销的商品销售给另一方作为固定资产使用

第一种类型的内部固定资产交易发生后,卖方按照售价确认为营业收入,并将销售成本结转至营业成本,从而确认为当期损益,对于企业集团来讲这项损益是未实现内部销售损益;买方按照购买价确认为固定资产,其固定资产入账价值中包含着上述未实现内部销售损益,并按入账价值计提折旧。

(二)一方将自己的固定资产销售给另一方作为固定资产使用

第二种类型的内部固定资产交易发生后,卖方将出售固定资产原价、累计折旧和相应的减值准备转入固定资产清理,出售固定资产的价款计入固定资产清理,清理完毕后净损益结转至营业外收入或营业外支出计入当期损益,对于企业集团来讲这项损益也是未实现内部销售损益;买方按照购买价确认为固定资产,其固定资产入账价值中包含着上述未实现内部损益,并按入账价值计提折旧。由于固定资产使用寿命较长,所以第一种类型和第二种类型的内部固定资产交易不仅对交易当期有影响,而且对以后使用该固定资产的各期都会产生影响。

(三)一方将自己的固定资产销售给另一方作为普通商品销售

第三种类型的内部固定资产交易发生后,卖方的处理和第二种类型一样,买方按照购买价格确认为商品存货,如果买方将其在当期销售出去,会确认营业收入和营业成本,从企业集团来讲卖方确认的损益就是当期已实现损益;如果买方当期没有销售出去,从企业集团来讲卖方确认的损益就是未实现内部损益,体现在买方的期末存货价值中。所以第三种类型的内部固定资产交易影响时间,取决于买方购入后何时销售出去,可能只影响当期,也可能还会影响下期。编制合并财务报表必须将内部固定资产交易的影响抵消。

第三种类型的固定资产交易,在企业集团内部发生很少,所以我们重点讲解前两种类型的内部固定资产交易。

二、第一种类型的内部固定资产交易的抵消处理

(一)内部交易形成的固定资产在购入当期的抵消处理

在这种情况下,企业集团内部将自产的产品销售给企业集团内部其他企业作为固定资产使用。对于销售企业来说,应将销售商品取得的收入和相应的成本计入当期损益。对于购买企业来说,购进的固定资产,在其个别资产负债表中以支付的价款作为该固定资产的原价列示。但从整个企业集团角度出发,这一种固定资产内部交易相当于自建固定资产然后交付使用,销售企业既不应确认销售收入也不应结转成本,因此首先将销售企业的销售收入和成本以及固定资产原价中包含的未实现内部销售损益予以抵消。其次,购买企业对该固定资产计提了折旧,折旧费计入相关资产的成本或当期损益。由于购买企业是以该固定资产的取得成本作为原价计提折旧,取得成本中包含未实现内部销售损益,在相同的使用寿命下,各期计提的折旧费要大于(或小于,下同)不包含未实现内部销售损益时计提的折旧费,因此还必须将当期多计提(或少计提,下同)的折旧额从该固定资产当期计提的折旧费中予以抵消。其抵消处理程序如下:

(1)将与内部交易形成的固定资产相关的销售收入、销售成本以及原价中包含的未实现内部销售损益予以抵消。

(2)将内部交易形成的固定资产当期多计提的折旧费和累计折旧予以抵消。从单个企业来说,对计提折旧进行会计处理时,一方面增加当期的费用或计入相关资产的成本,另一方面形成累计折旧。因此,对内部交易形成的固定资产当期多计提的折旧费抵消时,应按当期多计提的折旧额,借记"固定资产——累计折旧"项目,贷记"管理费用"等项目(为便于理解,本节有关内部交易形成的固定资产多计提折旧费的抵消,均假定该固定资产为购买企业的管理用固定资产,通过"管理费用"项目进行抵消)。

【例10-8】 花卉公司为玫瑰公司的母公司。花卉公司以300万元的价格将其生产的产品销售给玫瑰公司,其销售成本为250万元,因该内部固定资产交易实现的销售利润为50万元。玫瑰公司购买该产品作为管理用固定资产使用,按300万元入账。假设玫瑰公司对该固定资产按5年的使用寿命采用年限平均法计提折旧,预计净残值为0。该固定资产交易时间为2006年1月1日,本章为简化抵消处理,假定玫瑰公司该内部交易形成的固定资产在2006年按12个月计提折旧。

2006年母公司和子公司各自对这笔内部交易编制会计分录如下:

母公司——花卉公司:

借:银行存款　　　　　　　　　　　　　　　3 000 000
　　贷:主营业务收入　　　　　　　　　　　　　3 000 000
借:主营业务成本　　　　　　　　　　　　　2 500 000
　　贷:存货　　　　　　　　　　　　　　　　2 500 000
子公司——玫瑰公司:
借:固定资产　　　　　　　　　　　　　　　3 000 000
　　贷:银行存款　　　　　　　　　　　　　　3 000 000
借:管理费用　　　　　　　　　　　　　　　　600 000
　　贷:累计折旧　　　　　　　　　　　　　　　600 000

2006年有关抵消分录如下:

(1)与该固定资产相关的销售收入、销售成本以及固定资产原价中包含的未实现内部销售损益的抵消:

借:营业收入　　　　　　　　　　　　　　　3 000 000
　　贷:营业成本　　　　　　　　　　　　　　2 500 000
　　　　固定资产——原价　　　　　　　　　　　500 000

(2)该固定资产当期多计提折旧额的抵消:

该固定资产折旧年限为5年,原价为300万元。预计净残值为0,当年计提的折旧额为60万元,而按抵消其原价中包含的未实现内部销售损益后的原价计提的折旧额为50万元,当期多计提的折旧额为10万元。本例中应当按10万元分别抵消管理费用和累计折旧。

借:固定资产——累计折旧　　　　　　　　　　100 000
　　贷:管理费用　　　　　　　　　　　　　　　100 000

表10-8　　　　　　　　　合并工作底稿(部分)　　　　　　　单位:万元

	花卉公司	玫瑰公司	抵消分录		合并数
			借方	贷方	
利润表					
营业收入	300	0	(1)300		0
营业成本	250	0		(1)250	0
管理费用		60		(2)10	50
营业利润	50	0			-50
资产负债表					
固定资产		240	(2)10	(1)50	200

(二)连续编制合并会计报表时内部交易形成的固定资产的抵消处理

首先,在以后会计期间该内部交易形成的固定资产仍然以原价减去折旧在购买企业的个别资产负债表中列示,因此必须将原价中包含的未实现内部销售损益的金额予以抵消;相应地销售企业以前会计期间由于该内部交易实现销售利润,形成销售当期的净利润的一部分并结转到以后会计期间,在其个别所有者权益变动表中列示,由此必须将期初未分配利润中包含的该未实现内部销售损益予以抵消,以调整期初未分配利润的金额。即按照原价中包含的未实现内部销售损益的金额,借记"未分配利润——期初"项目,贷记"固定资产——原价"项目。

其次,对于该固定资产在以前会计期间计提折旧而形成的期初累计折旧,由于将以前会计期间按包含未实现内部销售损益的原价为依据而多计提折旧的抵消,一方面必须按照以前会计期间累计多计提的折旧额抵消期初累计折旧;另一方面由于以前会计期间累计折旧抵消而影响到期初未分配利润,因此还必须调整期初未分配利润的金额。即按以前会计期间抵消该内部交易形成的固定资产多计提的累计折旧额,借记"固定资产——累计折旧"项目,贷记"未分配利润——期初"项目。

最后,该内部交易形成的固定资产在本期仍然计提了折旧,由于多计提折旧导致本期有关资产或费用项目增加并形成累计折旧,为此,一方面必须将本期多计提折旧而计入相关资产的成本或当期损益的金额予以抵消;另一方面将本期多计提折旧而形成的累计折旧额予以抵消。即按本期该内部交易形成的固定资产多计提的折旧额,借记"固定资产——累计折旧"项目,贷记"管理费用"等项目。

【例10-9】 承接【例10-8】假设玫瑰公司在固定资产的未来四年的使用期间内每年计提折旧60万,计入管理费用。不存在固定资产减值的情况。

1. 2007年编制合并会计报表时:
(1)将固定资产原价中包含的未实现内部销售利润进行抵消

借:未分配利润——期初　　　　　　　　　　　　　　　500 000
　　贷:固定资产——原价　　　　　　　　　　　　　　　　　500 000

(2)将2006年多计提的折旧予以抵消

借:固定资产——累计折旧　　　　　　　　　　　　　　100 000
　　贷:未分配利润——期初　　　　　　　　　　　　　　　　100 000

(3)将2007年多计提的折旧予以抵消

借:固定资产——累计折旧　　　　　　　　　　　　　　100 000
　　贷:管理费用　　　　　　　　　　　　　　　　　　　　　100 000

2. 2008年编制合并会计报表时:
(1)将固定资产原价中包含的未实现内部销售利润进行抵消

借:未分配利润——期初　　　　　　　　　　　　　　　500 000
　　贷:固定资产——原价　　　　　　　　　　　　　　　　　500 000

(2)将2006、2007两年累计多计提的折旧予以抵消

借:固定资产——累计折旧　　　　　　　　　　　　　　200 000
　　贷:未分配利润——期初　　　　　　　　　　　　　　　　200 000

(3)将2008年多计提的折旧予以抵消

借:固定资产——累计折旧　　　　　　　　　　　　　　100 000
　　贷:管理费用　　　　　　　　　　　　　　　　　　　　　100 000

3.2009年编制合并会计报表时:
(1)将固定资产原价中包含的未实现内部销售利润进行抵消
借:未分配利润——期初　　　　　　　　　　　　　　500 000
　　贷:固定资产——原价　　　　　　　　　　　　　　　　　500 000
(2)将2006、2007、2008三年累计多计提的折旧予以抵消
借:固定资产——累计折旧　　　　　　　　　　　　　300 000
　　贷:未分配利润——期初　　　　　　　　　　　　　　　　300 000
(3)将2009年多计提的折旧予以抵消
借:固定资产——累计折旧　　　　　　　　　　　　　100 000
　　贷:管理费用　　　　　　　　　　　　　　　　　　　　　100 000
4.2010年编制合并会计报表时:
(1)将固定资产原价中包含的未实现内部销售利润进行抵消
借:未分配利润——期初　　　　　　　　　　　　　　500 000
　　贷:固定资产——原价　　　　　　　　　　　　　　　　　500 000
(2)将2006、2007、2008、2009四年累计多计提的折旧予以抵消
借:固定资产——累计折旧　　　　　　　　　　　　　400 000
　　贷:未分配利润——期初　　　　　　　　　　　　　　　　400 000
(3)将2010年多计提的折旧予以抵消
借:固定资产——累计折旧　　　　　　　　　　　　　100 000
　　贷:管理费用　　　　　　　　　　　　　　　　　　　　　100 000

表10-9　　　　　　　　　　　合并工作底稿(部分)　　　　　　　　　　　单位:万元

	花卉公司	玫瑰公司	抵消分录		合并数
			借方	贷方	
2007年利润表					
管理费用		60		(3)10	50
资产负债表					
固定资产		180	(2)10 (3)10	(1)50	150
所有者权益变动表					
未分配利润——期初			(1)50	(2)10	
2008年利润表					
管理费用		60		(3)10	50
资产负债表					
固定资产		120	(2)20 (3)10	(1)50	100
所有者权益变动表					
未分配利润——期初			(1)50	(2)20	
2009年利润表					

续表

管理费用	60		(3)10	50
资产负债表				
固定资产	60	(2)30 (3)10	(1)50	50
所有者权益变动表				
未分配利润——期初		(1)50	(2)30	
2010年利润表				
管理费用	60		(3)10	50
资产负债表				
固定资产	0	(2)40 (3)10	(1)50	0
所有者权益变动表				
未分配利润——期初		(1)50	(2)40	

三、第二种类型的内部固定资产交易的抵消处理

（一）内部交易形成的固定资产在购入当期的抵消处理

在第二种类型的内部固定资产交易的情况下，即企业集团内部企业将其自用的固定资产出售给集团内部的其他企业。对于销售企业来说，在其个别资产负债表中表现为固定资产的减少，同时在其个别利润表中表现为固定资产处置损益，当处置收入大于该固定资产账面价值时，表现为本期营业外收入；当处置收入小于固定资产账面价值时，则表现为本期营业外支出。对于购买企业来说，在其个别资产负债表中则表现为固定资产的增加，其固定资产原价中既包含该固定资产在原销售企业中的账面价值，也包含销售企业因该固定资产出售所实现的损益。但从整个企业集团来看，这一交易属于集团内部固定资产调拨性质。它既不能产生收益，也不会发生损失，固定资产既不能增值也不会减值。因此，必须将销售企业因该内部交易所实现的固定资产处置损益予以抵消，同时将购买企业固定资产原价中包含的未实现内部销售损益的金额予以抵消。通过抵消后，使其在合并财务报表中该固定资产原价仍然以销售企业的原账面价值反映。同时对固定资产内部交易产生的未实现损益在当年多计提或少计提的折旧额进行抵消。

【例10-10】 2006年1月1日花卉公司将一项使用寿命7年，已使用2年，残值为0，平均年限法计提折旧的固定资产卖给玫瑰公司。该固定资产原价210万元，已提折旧60万元，账面价值为150万元，以200万元的价格出售给玫瑰公司仍作为管理用固定资产使用。花卉公司因该内部固定资产交易发生处置收益50万元。玫瑰公司以200万元作为该项固定资产的成本入账，玫瑰公司对该固定资产按5年的使用寿命采用年限平均法计提折旧，预计净残值为0。本章为简化抵消处理，假定玫瑰公司在

2006年该内部交易形成的固定资产按12个月计提折旧。

2006年母公司和子公司各自对这笔内部交易编制会计分录如下：

母公司——花卉公司：

借：固定资产清理　　　　　　　　　　　　　1 500 000
　　累计折旧　　　　　　　　　　　　　　　　600 000
　　　贷：固定资产　　　　　　　　　　　　　　　　2 100 000
借：银行存款　　　　　　　　　　　　　　　2 000 000
　　　贷：固定资产清理　　　　　　　　　　　　　　2 000 000
借：固定资产清理　　　　　　　　　　　　　　500 000
　　　贷：营业外收入　　　　　　　　　　　　　　　　500 000

子公司——玫瑰公司：

借：固定资产　　　　　　　　　　　　　　　2 000 000
　　　贷：银行存款　　　　　　　　　　　　　　　　2 000 000
借：管理费用　　　　　　　　　　　　　　　　400 000
　　　贷：累计折旧　　　　　　　　　　　　　　　　　400 000

2006有关抵消分录如下：

（1）抵消出售企业该固定资产的处置收益与购买企业固定资产原价中包含的未实现内部销售收益的抵消。

借：营业外收入　　　　　　　　　　　　　　　500 000
　　　贷：固定资产　　　　　　　　　　　　　　　　　500 000

（2）企业集团应计提折旧为 210÷7 = 30 万元，玫瑰公司当年计提折旧为 200÷5 = 40 万元，编制合并报表时应抵消该固定资产2006年多计提折旧额10万。

借：固定资产——累计折旧　　　　　　　　　　100 000
　　　贷：管理费用　　　　　　　　　　　　　　　　　100 000

表 10 - 10　　　　　　　　　合并工作底稿（部分）　　　　　　　　单位：万元

	花卉公司	玫瑰公司	抵消分录		合并数
			借方	贷方	
利润表					
营业外收入	50	0	(1)50		0
管理费用		40		(2)10	30
资产负债表					
固定资产		160	(2)10	(1)50	120

（二）连续编制合并会计报表时内部交易形成的固定资产的抵消处理

【例10-11】 承接【例10-10】假设玫瑰公司在固定资产未来四年的使用期间内每年计提折旧40万，计入管理费用。不存在固定资产减值的情况。

1. 2007 年编制合并会计报表时：
(1) 将固定资产原价中包含的未实现内部销售利润进行抵消
借：未分配利润——期初　　　　　　　　　　　　　500 000
　　贷：固定资产——原价　　　　　　　　　　　　　　　500 000
(2) 将 2006 年多计提的折旧予以抵消
借：固定资产——累计折旧　　　　　　　　　　　100 000
　　贷：未分配利润——期初　　　　　　　　　　　　　100 000
(3) 将 2007 年多计提的折旧予以抵消
借：固定资产——累计折旧　　　　　　　　　　　100 000
　　贷：管理费用　　　　　　　　　　　　　　　　　　100 000

2. 2008 年编制合并会计报表时：
(1) 将固定资产原价中包含的未实现内部销售利润进行抵消
借：未分配利润——期初　　　　　　　　　　　　　500 000
　　贷：固定资产——原价　　　　　　　　　　　　　　　500 000
(2) 将 2006、2007 两年累计多计提的折旧予以抵消
借：固定资产——累计折旧　　　　　　　　　　　200 000
　　贷：未分配利润——期初　　　　　　　　　　　　　200 000
(3) 将 2008 年多计提的折旧予以抵消
借：固定资产——累计折旧　　　　　　　　　　　100 000
　　贷：管理费用　　　　　　　　　　　　　　　　　　100 000

3. 2009 年编制合并会计报表时：
(1) 将固定资产原价中包含的未实现内部销售利润进行抵消
借：未分配利润——期初　　　　　　　　　　　　　500 000
　　贷：固定资产——原价　　　　　　　　　　　　　　　500 000
(2) 将 2006、2007、2008 三年累计多计提的折旧予以抵消
借：固定资产——累计折旧　　　　　　　　　　　300 000
　　贷：未分配利润——期初　　　　　　　　　　　　　300 000
(3) 将 2009 年多计提的折旧予以抵消
借：固定资产——累计折旧　　　　　　　　　　　100 000
　　贷：管理费用　　　　　　　　　　　　　　　　　　100 000

4. 2010 年编制合并会计报表时：
(1) 将固定资产原价中包含的未实现内部销售利润进行抵消
借：未分配利润——期初　　　　　　　　　　　　　500 000
　　贷：固定资产——原价　　　　　　　　　　　　　　　500 000
(2) 将 2006、2007、2008、2009 四年累计多计提的折旧予以抵消
借：固定资产——累计折旧　　　　　　　　　　　400 000
　　贷：未分配利润——期初　　　　　　　　　　　　　400 000

(3) 将2010年多计提的折旧予以抵消

借：固定资产——累计折旧　　　　　　　　　　　　100 000

　　贷：管理费用　　　　　　　　　　　　　　　　　　　　100 000

表10-11　　　　　　　　　　合并工作底稿（部分）　　　　　　　　　　单位：万元

	花卉公司	玫瑰公司	抵消分录		合并数
			借方	贷方	
2007年利润表					
管理费用	40			(3)10	30
资产负债表					
固定资产	120		(2)10 (3)10	(1)50	90
所有者权益变动表					
未分配利润——期初			(1)50	(2)10	
2008年利润表					
管理费用	40			(3)10	30
资产负债表					
固定资产	80		(2)20 (3)10	(1)50	60
所有者权益变动表					
未分配利润——期初			(1)50	(2)20	
2009年利润表					
管理费用	40			(3)10	30
资产负债表					
固定资产	40		(2)30 (3)10	(1)50	30
所有者权益变动表					
未分配利润——期初			(1)50	(2)30	
2010年利润表					
管理费用	40			(3)10	30
资产负债表					
固定资产	0		(2)40 (3)10	(1)50	0
所有者权益变动表					
未分配利润——期初			(1)50	(2)40	

四、内部交易形成的固定资产计提减值准备的抵消处理

（一）购买当期内部交易固定资产的抵消处理

首先，将内部交易固定资产相关收入以及固定资产原价中包含的未实现内部销售

利润予以抵消。

第一种类型的情况下：
借：营业收入
　　贷：营业成本
　　　　固定资产——原价

第二种类型的情况下：
借：营业外收入
　　贷：固定资产——原价

其次，将内部交易固定资产当期多计提的折旧费用予以抵消。
借：累计折旧
　　贷：管理费用（当期多计提的折旧）

再次，应将内部交易固定资产当期期末多计提的减值准备予以抵消。
借：固定资产减值准备
　　贷：资产减值损失（当期期末多计提的减值准备）

由于固定资产内部交易产生的未实现内部销售利润，抬高了集团内该项固定资产的账面原价，也随之抬高了该项固定资产的账面净值，因固定资产账面原价的提高而造成各期多计提的折旧，又反过来不断抵减其抬高的部分账面净值。随着累计多计提折旧的不断增加，被抬高的部分账面净值不断减少，至该固定资产使用期满时，其抬高的部分账面净值被抵减为零。在各期期末，内部交易固定资产抬高的部分账面净值（被抵减后的剩余金额）等于未实现内部销售利润减去各期末累计多计提折旧的差额。因此，在计提折旧的情况下：

单项内部交易固定资产各期期末多计提的减值准备＝该项内部交易固定资产未实现的内部销售利润－期末该资产累计多计提折旧的差额与该期末该项资产减值准备余额两者孰低的金额

全部内部交易固定资产各期期末多计提的减值准备＝Σ同期期末各单项内部交易固定资产多计提减值准备

（二）以后会计期间的内部交易固定资产的抵消处理

首先，将内部交易固定资产原价中包含的未实现内部销售利润抵消。
借：未分配利润——期初
　　贷：固定资产——原价

其次，将以前会计期间内部交易固定资产多计提的累计折旧抵消。
借：固定资产——累计折旧
　　贷：期初未分配利润（以前期间累计多计提的折旧）

第三，将本期多计提的折旧费用予以抵消。
借：固定资产——累计折旧
　　贷：管理费用（本期多计提的折旧）

第四，应将内部交易固定资产上期期末多计提的减值准备对期初未分配利润的影响予以抵消。

  借:固定资产减值准备
    贷:未分配利润——期初(上期期末多计提的减值准备)

  第五,在以下两种情况下,还应分别作以下抵消分录。

  (1)当内部交易固定资产本期期末多计提的减值准备大于上期期末多计提的减值准备时,则还应按其差额补抵多计提的减值准备:

  借:固定资产减值准备
    贷:资产减值损失(本期期末多计提的减值准备 – 上期期末多计提的减值准备)

  (2)当内部交易固定资产本期期末多计提的减值准备小于上期期末多计提的减值准备时,则还应按其差额恢复多抵消的减值准备:

  借:资产减值损失
    贷:固定资产减值准备(上期期末多计提的减值准备 – 本期期末多计提的减值准备)

  【例10 – 12】 母公司花卉公司于2007年1月1日将一全新未使用的固定资产以100 000元出售给其全资控股公司玫瑰公司使用,固定资产的原值为75 000元,使用年限5年,预期无残值,采用直线法计提折旧。购买当年该固定资产没有任何减值迹象。玫瑰公司于2008年末对该资产进行减值测试,预计该固定资产的可收回金额为45 000元。2009年末对该资产进行减值测试,预计该固定资产的可收回金额为20 000元。2010年没有减值。

  2007年内部交易当年的抵消处理

  (1)抵消出售企业该固定资产的处置收益与购买企业固定资产原价中包含的未实现内部销售收益的抵消。

  借:营业外收入   25 000
    贷:固定资产   25 000

  (2)企业集团应计提折旧为75 000 ÷ 5 = 15 000元,玫瑰公司当年计提折旧为100 000 ÷ 5 = 20 000元,编制合并报表时应抵消该固定资产2007年多计提折旧额5 000元。

  借:固定资产——累计折旧   5 000
    贷:管理费用   5 000

  2008年的抵消处理

  玫瑰公司固定资产的账面价值是100 000——20 000 × 2 = 60 000元,可收回金额为45 000元,因此需要计提减值准备15 000元,就合并主体看,固定资产的账面价值是75 000——15 000 × 2 = 45 000元,不需要计提减值准备。因此应将子公司多计提的减值准备全部予以抵消。

  (1)将固定资产原价中包含的未实现内部销售利润进行抵消

  借:未分配利润——期初   25 000
    贷:固定资产——原价   25 000

(2)将2007年多计提的折旧予以抵消

借:固定资产——累计折旧　　　　　　　　　　　　　　　　5 000
　　贷:未分配利润——期初　　　　　　　　　　　　　　　　　5 000

(3)将2008年多计提的折旧予以抵消

借:固定资产——累计折旧　　　　　　　　　　　　　　　　5 000
　　贷:管理费用　　　　　　　　　　　　　　　　　　　　　　5 000

(4)将2008内部交易固定资产当期期末多计提的减值准备予以抵消

借:固定资产——减值准备　　　　　　　　　　　　　　　　15 000
　　贷:资产减值损失(当期期末多计提的减值准备)　　　　　　15 000

2009年的抵消处理

玫瑰公司固定资产的账面价值是45 000－45 000÷3＝30 000元,可收回金额为20 000元,因此需要计提减值准备10 000元,就合并主体看,固定资产的账面价值是45 000－45 000÷3＝30 000元,需要计提减值准备10 000元。因此本期子公司没有多计提的减值准备,不需要对本期的减值准备予以抵消。但需要抵消上期固定资产减值准备对本期的影响。本期合并主体和子公司计提折旧额也相同,不需要抵消本期多提的折旧。

(1)将固定资产原价中包含的未实现内部销售利润进行抵消

借:未分配利润——期初　　　　　　　　　　　　　　　　25 000
　　贷:固定资产——原价　　　　　　　　　　　　　　　　　25 000

(2)将2007、2008年多计提的折旧予以抵消

借:固定资产——累计折旧　　　　　　　　　　　　　　　10 000
　　贷:未分配利润——期初　　　　　　　　　　　　　　　　10 000

(3)将2008年期末多计提的减值准备对本期期初的影响抵消

借:固定资产——减值准备　　　　　　　　　　　　　　　15 000
　　贷:未分配利润——期初　　　　　　　　　　　　　　　　15 000

2010年、2011年的抵消处理与2009年抵消分录完全相同。

表10－12　　　　　　　　　　　合并工作底稿(部分)　　　　　　　　　　　单位:元

	花卉公司	玫瑰公司	抵消分录		合并数
			借方	贷方	
2007年利润表					
管理费用		20 000		(2)5 000	15 000
营业外收入	25 000		(1)25 000		0
资产负债表					
固定资产		80 000	(2)5 000	(1)25 000	60 000
2008年利润表					
管理费用		20 000		(3)5 000	15 000
资产减值损失		15 000		(4)15 000	0
资产负债表					

				续 表
固定资产	45 000	(2) 5 000 (3) 5 000 (4) 15 000	(1) 25 000	45 000
所有者权益变动表				
未分配利润——期初		(1) 25 000 (3) 5 000	(2) 5 000	
2009 年利润表				
管理费用	15 000			15 000
资产减值损失	10 000			10 000
资产负债表				
固定资产	20 000	(2) 10 000 (3) 15 000	(1) 25 000	20 000
所有者权益变动表				
未分配利润——期初		(1) 25 000	(2) 10 000 (3) 15 000	

五、集团内部无形资产交易的抵消处理

在企业集团内部，受让无形资产的一方，相对虚增了一部分无形资产价值，计入"无形资产"项目；转让无形资产的一方，将虚增的无形资产价值计入"营业外收入"项目，而这部分虚增无形资产价值因摊销无形资产相应虚增了期间费用。如果连续使用多年，还要相应抵消因累计多摊销而对以后年度"未分配利润——期初"数额的影响。集团内部无形资产交易的抵消处理和内部固定资产交易的抵消处理相似。

【例 10-13】 2008 年 10 月 8 日，花卉公司将其拥有的某专利权以 2 700 元的价格转让给玫瑰公司，转让手续于当日完成。玫瑰公司于当日支付全部价款。花卉公司该专利权系 2007 年 10 月 10 日取得，取得成本为 2 000 元。花卉公司对该专利权按 10 年平均摊销。该专利权转让时，账面价值为 1 800 元，未计提减值准备。玫瑰公司购入该专利权后即投入使用，预计尚可使用年限为 9 年；期末对该无形资产按预计可收回金额与账面价值孰低计价。2008 年 12 月 31 日该专利权的预计可收回金额为 2 700元。2009 年 12 月 31 日，玫瑰公司 2008 年从花卉公司购入的专利权的预计可收回金额降至 2 000 元。

母公司和子公司各自对这笔内部交易编制会计分录如下：

母公司——花卉公司：

2008 年度

借：银行存款　　　　　　　　　　　　　　　　2 700
　　累计摊销　　　　　　　　　　　　　　　　　200
　　贷：无形资产　　　　　　　　　　　　　　　　2 000

营业外收入 900

子公司——玫瑰公司：
2008 年度
借：无形资产 2 700
　　贷：银行存款 2 700
借：管理费用 75
　　贷：累计摊销 75

2008 年 12 月 31 日无形资产计提减值准备前的账面价值 = 2 700 - 2 700/9 × 3/12 = 2 625 元，可收回金额 2 700 元，无形资产不需要计提减值准备。

2009 年度
借：管理费用 300
　　贷：累计摊销 300

2009 年 12 月 31 日无形资产计提减值准备前的账面价值 = 2 700 - 75 - 300 = 2 325 元，可收回金额 2 000 元，无形资产计提减值准备 325 元。

借：资产减值损失 325
　　贷：无形资产减值准备 325

无形资产内部交易当年 2008 年的抵消分录：

(1) 2008 年度内部无形资产交易包含的未实现损益的抵消
借：营业外收入 900
　　贷：无形资产 900

(2) 2008 年无形资产原价中未实现内部利润对应摊销金额的抵消
借：无形资产——累计摊销（900÷9×3/12） 25
　　贷：管理费用 25

2009 年度内部无形资产交易的抵消分录：

(1) 期初（2008 年）无形资产原价中未实现内部利润的抵消
借：未分配利润——期初 900
　　贷：无形资产 900

(2) 2008 年无形资产原价中未实现内部利润对应摊销金额的抵消对 2009 年期初未分配利润的影响。
借：无形资产——累计摊销 25
　　贷：未分配利润——年初 25

(3) 2009 年无形资产原价中未实现内部利润对应摊销金额的抵消
借：无形资产——累计摊销（900÷9） 100
　　贷：管理费用 100

(4) 2009 年 12 月 31 日，从整个集团来看，无形资产的账面价值是 2 000 - 2 000÷10×2 - 2 000÷10×3/12 = 1 550 元，从整个集团来看无形资产并未减值，子公司计提的无形资产减值准备应全额抵消。

借：无形资产——减值准备　　　　　　　　　　　　　　　325
　　贷：资产减值损失　　　　　　　　　　　　　　　　　　　325

表 10-13　　　　　　　合并工作底稿（部分）　　　　　　单位：元

	花卉公司	玫瑰公司	抵消分录 借方	抵消分录 贷方	合并数
2008 年利润表					
管理费用		75		(2)25	50
营业外收入	900		(1)900		0
资产减值损失					
资产负债表					
无形资产		2 625	(2)25	(1)900	1 750
2009 年利润表					
管理费用		300		(3)100	200
资产减值损失		325		(4)325	0
资产负债表					
无形资产		2 000	(2)25 (3)100 (4)325	(1)900	1 550
所有者权益变动表					
未分配利润——期初			(1)900	(2)25	

第四节　集团公司内部债权与债务的抵消处理

一、企业集团内部债权与债务抵消的内容

企业集团内部债权与债务是由于母子公司之间、子公司相互之间由于资产购销、资金拆借或暂时存放、债券购售、利润分配等活动产生的。集团内部债权与债务抵消涉及的项目包括：应收账款与应付账款、应收票据与应付票据、预付账款与预收账款、持有至到期投资与应付债券、其他应收款与其他应付款等。

企业集团的上述债权与债务产生时，在个别资产负债表中，债权方以资产列示，债务方以债务列示。但从企业集团这一统一经济实体看，合并财务报表中只应反映企业集团对外的债权与债务，而这些债权与债务只是企业内部交易产生的。因此，应抵消此类内部交易产生的债权与债务。同时，在个别利润表中，还可能包括这些债权与债务产生的内部损益。如资金借贷、债券购售在债权方产生的投资收益或财务费用的减少，在债务方产生财务费用或在建工程的增加。另外，债权方企业还可能就其债权收回的可能性小而预先估计资产减值损失。这些损益都属于内部债权与债务交易产生

的未实现损益,应予以抵消。

二、企业内部购销业务或资金存放产生的债权债务

发生在母公司与子公司、子公司相互之间的这些内部债权与债务项目,企业集团内部一方在其个别资产负债表中反映为资产,而另一方则反映为负债。但从企业集团整体角度来看,它只是内部资金运动,既不能增加企业集团的资产,也不能增加负债。因此,为了消除个别资产负债表直接加总中的重复计算因素,在编制合并财务报表时应当将内部债权与债务项目予以抵消。

(一)业务发生当期企业集团内部债权债务的抵消

合并当年企业集团内部债权债务是假设企业集团内部债权与债务期初无余额,此时,债权与债务抵消时只需在成员企业的明细资料中找出内部交易产生的债权与债务的期末余额和因此计提的坏账准备加以抵消。初次编制合并财务报表时应收账款与应付账款应予以抵消处理。在应收账款计提坏账准备的情况下,某一会计期间坏账准备的金额是以当期应收账款为基础计提的。在编制合并财务报表时,随着内部应收账款的抵消,与此相联系,也须将内部应收账款计提的坏账准备予以抵消。

【例10-14】 某企业集团中花卉公司是母公司,玫瑰公司是其全资子公司。2006年末花卉公司账上有应收玫瑰公司账款25万元,预收玫瑰公司货款3万元。玫瑰公司账上有暂收花卉公司包装物押金款1万元。假设各单位均按10%对应收账款和其他应收款计提了坏账准备。

母公司在合并工作底稿中编制抵消分录时

(1)按债权债务余额抵消债权债务:

借:应付账款	250 000
预收账款	30 000
其他应付款	10 000
贷:应收账款	250 000
预付账款	30 000
其他应收款	10 000

(2)将本期计提的坏账准备抵消

借:应收账款——坏账准备	25 000
其他应收款——坏账准备	1 000
贷:资产减值损失	26 000

表10-14　　　　　　　　　合并工作底稿(部分)　　　　　　　　　单位:元

	花卉公司	玫瑰公司	抵消分录		合并数
			借方	贷方	
2006年利润表					
资产减值损失	26 000			(2)26 000	0

资产负债表					
应收账款	225 000		(2)25 000	(1)250 000	0
其他应收款	9 000		(2)1 000	(1)10 000	0
预付账款		30 000		(1)30 000	0
应付账款		250 000	(1)250 000		0
预收账款	30 000		(1)30 000		0
其他应付款		10 000	(1)10 000		0

(二)连续编制合并财务报表时内部债权与债务的抵消

连续编制合并财务报表时内部应收账款坏账准备的抵消处理。从合并财务报表来讲,内部应收账款计提的坏账准备的抵消是与抵消当期资产减值损失相对应的,上期抵消的坏账准备的金额,即上期资产减值损失抵减的金额,最终将影响到本期合并所有者权益变动表中的期初未分配利润金额的增加。由于利润表和所有者权益变动表是反映企业一定会计期间经营成果及其分配情况的财务报表,其上期期末未分配利润就是本期所有者权益变动表期初未分配利润(假定不存在会计政策变更和前期差错更正的情况)。本期编制合并财务报表是以本期母公司和子公司当期的个别财务报表为基础编制的,随着上期编制合并财务报表时内部应收账款计提的坏账准备的抵消,以母子公司个别财务报表中期初未分配利润为基础加总得出的期初未分配利润与上一会计期间合并所有者权益变动表中的未分配利润金额之间则将产生差额。为此,编制合并财务报表时,必须将上期因内部应收账款计提的坏账准备抵消而抵消的资产减值损失对本期期初未分配利润的影响予以抵消,调整本期期初未分配利润的金额。

在连续编制合并财务报表进行抵消处理时,首先,将内部应收账款与应付账款予以抵消,即按内部应收账款的金额,借记"应付账款"项目,贷记"应收账款"项目。其次,应将上期资产减值损失中抵消的内部应收账款计提的坏账准备对本期期初未分配利润的影响予以抵消,即按上期资产减值损失项目中抵消的内部应收账款计提的坏账准备的金额,借记"应收账款——坏账准备"项目,贷记"未分配利润——期初"项目。再次,对于本期个别财务报表中内部应收账款相对应的坏账准备增减变动的金额也应予以抵消,即按照本期个别资产负债表中期末内部应收账款相对应的坏账准备的增加额,借记"应收账款——坏账准备"项目,贷记"资产减值损失"项目,或按照本期个别资产负债表中期末内部应收账款相对应的坏账准备的减少额,借记"资产减值损失"项目,贷记"应收账款——坏账准备"项目。

在第三期编制合并财务报表的情况下,必须将第二期内部应收账款期末余额相应的坏账准备予以抵消,以调整期初未分配利润的金额。然后,计算确定本期内部应收账款相对应的坏账准备增减变动的金额,并将其增减变动的金额予以抵消。其抵消分录与第二期编制的抵消分录相同。

【例10-15】 2007年末花卉公司账上显示有应收子公司玫瑰账款600 000元,

当年母公司按5%对该应收账款计提了坏账准备30 000元。2008年末,母公司账上显示应收子公司账款余额为800 000元,母公司补提了坏账准备10 000元。2009年末母公司账上显示应收子公司账款余额为400 000元,母公司转回了坏账准备20 000元。

2007年业务发生当期编制合并报表时需要编制抵消分录:

(1)抵消2007年的债权债务:

借:应付账款　　　　　　　　　　　　　　　　　　　　600 000
　　贷:应收账款　　　　　　　　　　　　　　　　　　　　　600 000

(2)抵消当年计提的坏账准备

借:应收账款——坏账准备　　　　　　　　　　　　　30 000
　　贷:资产减值损失　　　　　　　　　　　　　　　　　　30 000

2008年编制合并报表时需要编制抵消分录:

(1)抵消2008年的债权债务

借:应付账款　　　　　　　　　　　　　　　　　　　　800 000
　　贷:应收账款　　　　　　　　　　　　　　　　　　　　　800 000

(2)抵消2007年计提的坏账准备对2008年期初未分配利润的影响

借:应收账款——坏账准备　　　　　　　　　　　　　30 000
　　贷:未分配利润——期初　　　　　　　　　　　　　　　30 000

(3)抵消2008年新增加计提的坏账准备

借:应收账款——坏账准备　　　　　　　　　　　　　10 000
　　贷:资产减值损失　　　　　　　　　　　　　　　　　　10 000

2009年编制合并报表时需要编制抵消分录:

(1)抵消2009年年的债权债务:

借:应付账款　　　　　　　　　　　　　　　　　　　　400 000
　　贷:应收账款　　　　　　　　　　　　　　　　　　　　　400 000

(2)抵消2008坏账准备余额对2009年期初未分配利润的影响

借:应收账款——坏账准备　　　　　　　　　　　　　40 000
　　贷:未分配利润——期初　　　　　　　　　　　　　　　40 000

(3)抵消2009新转回的坏账准备

借:资产减值损失　　　　　　　　　　　　　　　　　　20 000
　　贷:应收账款——坏账准备　　　　　　　　　　　　　　20 000

表10-15　　　　　　　　　　　　合并工作底稿(部分)　　　　　　　　　　　单位:元

	花卉公司	玫瑰公司	抵消分录		合并数
			借方	贷方	
2007年利润表					
资产减值损失	30 000			(2)30 000	0
资产负债表					

				续 表
应收账款	570 000	(2)30 000	(1)600 000	0
应付账款		600 000	(1)600 000	
2008年利润表				
资产减值损失	10 000		(3)10 000	0
资产负债表				
应收账款	760 000	(2)30 000 (3)10 000	(1)800 000	0
应付账款		800 000	(1)800 000	0
所有者权益变动表				
未分配利润——期初			(2)30 000	
2009年利润表				
资产减值损失	-20 000	(3)20 000		0
资产负债表				
应收账款	380 000	(2)40 000	(1)400 000 (3)20 000	0
应付账款		400 000	(1)400 000	0
所有者权益变动表				
未分配利润——期初			(2)40 000	

三、企业集团内部债券购销业务的抵消

企业集团之间相互购售债券,属于内部债权债务,但与购销活动中形成的债权债务具有不同特点。一般情况下,购售债券会涉及利息收支问题,因此,集团公司在编制合并会计报表时,不仅要抵消集团内部债券购销所形成的持有至到期投资与应付债券,还要将债券购销所发生的投资收益与财务费用进行抵消。由于付息时间与资产负债表日不同,还会产生内部应收利息与应付利息的抵消。连续编制合并财务报表时的抵消分录与业务发生当年相同。在此不再赘述。

【例10-16】 玫瑰公司为花卉公司全资控股子公司。2009年1月1日玫瑰公司购买了花卉公司当日发行的二年期的债券,面值400 000元,发行价400 000元,年利率为8%,该债券每半年支付一次利息,每年的1月1日和7月1日各支付一次。假定玫瑰公司筹集的资金用于生产经营。

2009 母公司和子公司各自对这笔内部交易编制会计分录如下:

母公司——花卉公司:

1月1日

借:银行存款　　　　　　　　　　　　　　　　　　　400 000
　　贷:应付债券　　　　　　　　　　　　　　　　　　　　400 000

7月1日

借:财务费用　　　　　　　　　　　　　　　　　　　　16 000

贷:银行存款　　　　　　　　　　　　　　　　　　　　16 000
12月31日
　　借:财务费用　　　　　　　　　　　　　　　　　　　　16 000
　　　贷:应付利息　　　　　　　　　　　　　　　　　　　　16 000
子公司——玫瑰公司:
1月1日
　　借:持有至到期投资　　　　　　　　　　　　　　　　400 000
　　　贷:银行存款　　　　　　　　　　　　　　　　　　　400 000
7月1日
　　借:银行存款　　　　　　　　　　　　　　　　　　　　16 000
　　　贷:投资收益　　　　　　　　　　　　　　　　　　　　16 000
12月31日
　　借:应收利息　　　　　　　　　　　　　　　　　　　　16 000
　　　贷:投资收益　　　　　　　　　　　　　　　　　　　　16 000

　　2009年末,该项业务玫瑰公司反映在资产负债表的持有至到期投资为400 000元,应收利息16 000元;反映在利润表上的投资收益为32 000元。

　　该项业务花卉公司反映在资产负债表的应付债券为400 000元,应付利息16 000元;反映在利润表上的财务费用为32 000元。

　　2009年年末,集团公司编制合并会计报表时,应编制抵消分录如下:
　　(1)将资产负债表上的内部持有至到期投资与应付债券予以抵消
　　借:应付债券　　　　　　　　　　　　　　　　　　　　400 000
　　　贷:持有至到期投资　　　　　　　　　　　　　　　　400 000
　　(2)将利润表上因内部投资与筹资活动形成的投资收益与财务费用予以抵消
　　借:投资收益　　　　　　　　　　　　　　　　　　　　32 000
　　　贷:财务费用　　　　　　　　　　　　　　　　　　　　32 000
　　(3)将资产负债表上的应收利息和应付利息予以抵消
　　借:应付利息　　　　　　　　　　　　　　　　　　　　16 000
　　　贷:应收利息　　　　　　　　　　　　　　　　　　　　16 000

表10-16　　　　　　　　　　合并工作底稿(部分)　　　　　　　　　　　单位:元

	花卉公司	玫瑰公司	抵消分录 借方	抵消分录 贷方	合并数
利润表					
财务费用	32 000			(2)32 000	0
投资收益		32 000	(2)32 000		0
资产负债表					
持有至到期投资		400 000		(1)400 000	0

			续 表
应收利息	16 000	(3)16 000	0
应付债券	400 000	(1)400 000	0
应付利息	16 000	(3)16 000	0

如果玫瑰公司个别报表中还计提了该持有至到期投资的减值准备,则在合并工作底稿中,还应抵消相应的资产减值准备。抵消分录可参照坏账准备的抵消处理。不再赘述。

本章参考文献

1. 中华人民共和国财政部. 企业会计准则2006. 经济科学出版社. 2006
2. 中华人民共和国财政部. 企业会计准则:应用指南2006. 中国财政经济出版社. 2006
3. 王爱国,郑伟主编. 高级财务会计学. 山东人民出版社. 2009
4. 刘永泽,傅荣主编. 高级财务会计. 东北财经大学出版社. 2007
5. 阎达五,耿建新,戴德明编著. 高级会计学. 中国人民大学出版社. 2007
6. 储一昀主编. 高级财务会计. 复旦大学出版社. 2007
7. 中国注册会计师协会编. 会计. 中国财政经济出版社. 2010
8. 汤湘希主编. 高级财务会计. 经济科学出版社. 2010
9. 梁莱歆主编. 高级财务会计. 上海财经大学出版社. 2010

【课后练习题】

名词解释

集团公司内部交易　　　　未实现内部损益

选择题

一、单项选择

1. 在连续编制合并财务报表的情况下编制抵消分录时,下列各项中,需要通过"未分配利润——年初"项目进行抵消处理的是(　　)。

　　A. 上年度内部应收账款计提的坏账准备

　　B. 本年度应收账款计提的坏账准备

　　C. 上年度应收账款计提的坏账准备

　　D. 本年度内部应收账款计提的坏账准备

2. 将期初内部交易管理用固定资产多折旧额抵消时,应编制的抵消分录是( )。
   A. 借记"未分配利润——年初"项目,贷记"管理费用"项目
   B. 借记"固定资产——累计折旧"项目,贷记"管理费用"项目
   C. 借记"固定资产——累计折旧"项目,贷记"未分配利润——年初"项目
   D. 借记"未分配利润——年初"项目,贷记"固定资产——累计折旧"项目
3. 在合并工作底稿中编制抵消公司内部利润的分录目的是为了( )。
   A. 使公司内部交易在合并报表中无效
   B. 递延公司间未实现利润至实现时
   C. 在多数股东和少数股东之间分摊未实现利润
   D. 减少合并净利润
4. 甲公司销售商品给其拥有80%股权的乙公司,售价是10 000元,成本8 000元,则编制抵消分录时应借记营业收入为( )元。
   A. 10 000 B. 8 000 C. 2 000 D. 12 000
5. 2010年3月,母公司以1000万元的价格将一台设备出售给全资子公司作为管理用固定资产,该设备的账面价值是800万元。子公司采用直线法计提折旧,预计使用年限10年,期满无残值。则在编制2010年合并财务报表时,因该笔内部交易导致的未实现销售利润的抵消而影响合并净利润的金额为( )万元。
   A. 180 B. 185 C. 200 D. 215

二、多项选择题
1. 将企业集团内部利息收入与内部利息支出抵消时,可能编制的抵消分录是( )。
   A. 借记"投资收益"项目,贷记"财务费用"项目
   B. 借记"营业外收入"项目,贷记"财务费用"项目
   C. 借记"管理费用"项目,贷记"财务费用"项目
   D. 借记"投资收益"项目,贷记"在建工程"项目
2. 企业集团存货内部交易可能会影响到( )。
   A. 合并资产负债表   B. 合并利润表
   C. 合并现金流量表   D. 合并所有者权益变动表

业务题
一、甲公司是乙公司的母公司。2006年1月1日销售商品给乙公司,商品的成本为80万元,售价为100万元,乙公司购入后作为固定资产用于管理部门,假定该固定资产折旧期为5年,没有残值,乙公司采用直线法提取折旧,为简化起见,假定2006年按全年提取折旧。假定对该事项在编制合并抵消分录时不考虑递延所得税的影响。
要求:根据上述资料,作出如下会计处理:2006—2010年的抵消分录;

二、甲公司是乙公司的母公司,2008年12月31日,甲公司应收账款中包含应收乙公司账款300万元。2009年12月31日,甲公司应收账款中包含应收乙公司账款200万元。甲公司和乙公司对坏账损失均采用备抵法核算,按应收账款余额的10%计提坏账准备。请编制2008年和2009年内部债权债务的抵消分录。

三、AS 公司于 2007 年 1 月 1 日通过非同一控制下的企业合并形式合并了甲公司,持有甲公司 80% 的股权。2007 年 1 月 1 日,AS 公司经批准发行 5 年期一次还本、分期付息的公司债券 2 000 万元,债券利息在次年 1 月 3 日支付,年票面利率为 6%。假定债券发行时的年市场利率为 5%。AS 公司该批债券实际发行价格为 2 086.54 万元。同日甲公司直接从 AS 公司购入其所发行债券的 50%。

要求:编制 2007 年和 2008 年内部应付债券和持有至到期投资的抵消分录。

四、甲公司是乙公司的母公司,2008 年 10 月 11 日,甲公司向乙公司销售 A 产品 1 000 件,销售价格为每件 0.5 万元,售价总额为 500 万元。甲公司 A 产品的成本为每件 0.3 万元。至 12 月 31 日,乙公司购入的该批 A 产品尚有 800 件未对外出售。2009 年 4 月 28 日,甲公司向乙公司赊销 B 产品 200 台,销售价格为每台 4 万元,售价总额为 800 万元,甲公司 B 产品的成本为每台 3.5 万元。2009 年 12 月 31 日,乙公司存货中包含从甲公司购入的 A 产品 400 件。该存货系 2008 年购入,购入价格为每件 0.5 万元,甲公司 A 产品的成本为每件 0.3 万元。要求编制 2008 年和 2009 年有关内部存货交易的抵消分录。

五、甲公司于 2007 年 1 月 1 日通过非同一控制下企业合并,合并了乙公司,持有乙公司 75% 的股权,合并对价的公允价值为 9 000 万元。在 2007 年 1 月 1 日备查簿中记录的乙公司的可辨认资产、负债的公允价值与账面价值相同。甲公司对应收账款采用备抵法核算坏账损失,采用账龄分析法计提坏账准备。甲公司 2008 年度编制合并会计报表的有关资料如下:

(1)乙公司 2007 年 1 月 1 日的所有者权益为 10 500 万元,其中,实收资本为 6 000 万元,资本公积为 4 500 万元,盈余公积为 0,未分配利润为 0。乙公司 2007 年度、2008 年度实现的净利润分别为 3 000 万元、4 000 万元(均由投资者享有)。各年度末按净利润的 10% 计提法定盈余公积。乙公司 2007 年、2008 年因持有可供出售金融资产公允价值变动计入资本公积的金额分别为 1 000 万元、2 000 万元(已经扣除所得税影响)。

(2)2008 年 12 月 31 日,甲公司应收账款中包含应收乙公司账款 800 万元。2008 年 12 月 31 日,甲公司应收乙公司账款的账龄及坏账准备计提比例如表 10 - 17 所示:

表 10 - 17　　　　　　　　　　　　　　　　　　　　　　　　　　　　　　单位:万元

项目	1 年以内	1 年至 2 年	2 年至 3 年	3 年以上	合计
应收账款	600	200	——	——	800
计提比例	10%	15%	30%	50%	

(3)2008 年 12 月 31 日,甲公司存货中包含从乙公司购入的 A 产品 10 件,其账面成本为 70 万元。该 A 产品系 2007 年度从乙公司购入。2007 年度,甲公司从乙公司累计购入 A 产品 150 件,购入价格为每件 7 万元。乙公司 A 产品的销售成本为每件 5 万元。2007 年 12 月 31 日,甲公司从乙公司购入的 A 产品中尚有 90 件未对外出售。

(4)2008 年 12 月 31 日,乙公司存货中包含从甲公司购入的 B 产品 100 件,其账面成本为 80 万元。B 产品系 2007 年度从甲公司购入。2007 年度,乙公司从甲公司累计购入 B 产品 800 件,购入价格为每件为 0.8 万元。甲公司 B 产品的销售成本为每件 0.6 万元。2007 年 12 月 31 日,乙公司从甲公司购入的 B 产品尚有 600 件未对外出售。

(5)2008 年 12 月 31 日,乙公司存货中包含从甲公司购入的 C 产品 80 件,其账面成本为 240 万元。C 产品系 2008 年度从甲公司购入。2008 年度,乙公司从甲公司累计购入 C 产品 200 件,购入价格为每件 3 万元。甲公司 C 产品的销售成本为每件 2 万元。

(6)2008 年 12 月 31 日,乙公司固定资产中包含从甲公司购入的一台 D 设备。2008 年 1 月 1 日,乙公司固定资产中包含从甲公司购入的两台 D 设备。两台 D 设备系 2007 年 8 月 20 日从甲公司购入。乙公司购入 D 设备后,作为管理用固定资产,每台 D 设备的入账价值为 70.2 万元,D 设备预计使用年限为 5 年,预计净残值为零,采用年限平均法计提折旧。甲公司 D 设备的销售成本为每台 45 万元,售价为每台 60 万元。2008 年 8 月 10 日,乙公司从甲公司购入的两台 D 设备中有一台因操作失误造成报废。在该设备清理中,取得变价收入 3 万元,发生清理费用 1 万元。

(7)2008 年 12 月 31 日,乙公司无形资产中包含一项从甲公司购入的商标权。该商标权系 2008 年 4 月 1 日从甲公司购入,购入价格为 1 200 万元,乙公司购入该商标权后立即投入使用,预计使用年限为 6 年,采用直线法摊销。甲公司该商标权于 2004 年 4 月注册,有效期为 10 年。该商标权的入账价值为 100 万元,至出售日已摊销 4 年,累计摊销 40 万元。甲公司和乙公司对商标权的摊销费用均计入管理费用。

其他有关资料如下:
(1)甲公司、乙公司产品销售价格均为不含增值税的公允价格。
(2)除上述交易外,甲公司与乙公司之间未发生其他交易。
(3)乙公司除上述交易或事项外,未发生其他影响股东权益变动的交易或事项。
(4)假定上述交易或事项均具有重要性。
(5)假设不考虑抵消内部销售损益产生的递延所得税。

要求:
1. 按照权益法对乙公司 2008 年的长期股权投资进行调整,编制应在工作底稿中编制的调整分录。
2. 编制 2008 年甲公司对乙公司股权投资项目与子公司所有者权益项目的抵消分录。
3. 编制 2008 年甲公司持有对乙公司的长期股权投资的投资收益的抵消分录。
4. 编制 2008 年有关内部债权债务的抵消分录。
5. 编制 2008 年有关内部购销 A 产品的抵消分录。
6. 编制 2008 年有关内部购销 B 产品的抵消分录。
7. 编制 2008 年有关内部购销 C 产品的抵消分录。
8. 编制 2008 年有关内部购销固定资产的抵消分录。
9. 编制 2008 年有关内部购销无形资产的抵消分录。

习题参考答案

第二章 非货币性资产交换

选择题

一、多项选择题

1. C 2. B 3. D 4. D 5. D 6. A 7. D 8. B

二、多项选择题

1. ABD 2. ABD 3. AD 4. AB 5. CD 6. AC 7. ABCD 8. ABCD 9. AD
10. ABCD

业务题

一、

甲公司的账务处理如下：

借：无形资产——专利权	650 000
长期股权投资减值准备	40 000
贷：长期股权投资	670 000
投资收益	20 000

乙公司的账务处理如下：

借：长期股权投资	650 000
累计摊销	120 000
营业外支出	30 000
贷：无形资产——专利权	800 000

二、

甲公司账务处理如下：

借：原材料	640 000
应交税费——应交增值税(进项税额)	102 000
存货跌价准备	70 000
贷：库存商品	700 000
应交税费——应交增值税(销项税额)	102 000
银行存款	10 000

乙公司账务处理如下：

借：库存商品　　　　　　　　　　　　　　　　　550 000
　　应交税费——应交增值税（进项税额）　　　　102 000
　　贷：原材料　　　　　　　　　　　　　　　　　　550 000
　　　　应交税费——应交增值税（销项税额）　　　　102 000

三、

甲公司（支付补价方）账务处理如下：

判断是否属于非货币性资产交换：补价所占比重 = 补价/换入资产公允价值 = 10/100 = 10% < 25%，属于非货币性资产交换。由于该交换具有商业实质，公允价值能可靠计量，符合非货币性资产交换准则规定的关于以公允价值计量非货币性资产交换的条件。

换入货运汽车的成本 = 900 000 + 153 000 − 170 000 + 100 000 = 983 000（元）

允许抵扣的进项税额 = 170 000（元）

借：固定资产清理　　　　　　　　　　　　　　　850 000
　　累计折旧　　　　　　　　　　　　　　　　　650 000
　　贷：固定资产——设备　　　　　　　　　　　　1 500 000
借：固定资产清理　　　　　　　　　　　　　　　10 000
　　贷：银行存款　　　　　　　　　　　　　　　　10 000
借：固定资产清理　　　　　　　　　　　　　　　153 000
　　贷：应交税费——应交增值税（销项税额）　　　153 000
借：固定资产——货运汽车　　　　　　　　　　　983 000
　　应交税费——应交增值税（进项税额）　　　　170 000
　　贷：固定资产清理　　　　　　　　　　　　　　1 053 000
　　　　银行存款（补价）　　　　　　　　　　　　100 000
借：固定资产清理　　　　　　　　　　　　　　　40 000
　　贷：营业外收入　　　　　　　　　　　　　　　40 000

换入资产的成本 = 换出资产的公允价值 + 换出资产增值税销项税额 − 换入资产可抵扣的增值税进项税额 + 支付的应计入换入资产成本的其他相关税费 − 收到的补价 = 1 000 000 + 170 000 − 153 000 − 100 000 = 917 000（元）

允许抵扣的进行税额 = 15 300（元）

出售设备的损益 = 92 700 + 15 300 + 10 000 − 1 000 − (160 000 − 70 000 + 5 000 + 17 000) = 5 000（元）

乙公司（收到补价方）账务处理如下：

判断是否属于非货币性资产交换：补价所占比重 = 补价/换出资产公允价值 = 10/100 = 10% < 25%，属于非货币性资产交换。由于该交换具有商业实质，公允价值能可靠计量，符合非货币性资产交换准则规定的关于以公允价值计量非货币性资产交换的条件。

换入机器设备的成本 = 1 000 000 + 170 000 − 153 000 − 100 000 = 917 000(元)

借:固定资产清理	950 000
累计折旧	150 000
贷:固定资产——货运汽车	1 100 000
借:固定资产清理	170 000
贷:应交税费——应交增值税(销项税额)	170 000
借:固定资产——机器设备	917 000
应交税费——应交增值税(进项税额)	153 000
银行存款(补价)	100 000
贷:固定资产清理	1 170 000
借:固定资产清理	50 000
贷:营业外收入	50 000

四、

甲公司账务处理如下:

换入资产的总成本 = 换出资产的公允价值 + 应计入成本的相关税费 = 48 + 0.8 = 48.8(万元)

小客车的入账价值 = 48.8 × [32/(32 + 16)] = 48.8 × 66.67% = 32.54(万元)

货运汽车的入账价值 = 48.8 × [16/(32 + 16)] = 48.8 × 33.33% = 16.26(万元)

①将固定资产转入清理:

借:固定资产清理	450 000
累计折旧	100 000
贷:固定资产——设备	550 000

②支付相关费用:

借:固定资产清理	10 000
贷:银行存款	10 000

③换入汽车入账:

借:固定资产——小客车	325 400
——货运汽车	162 600
贷:固定资产清理	480 000
银行存款	8 000
借:固定资产清理	20 000
贷:营业外收入	20 000

五、

该项资产交换没有涉及收付货币性资产,因此属于非货币性资产交换。由于该项交换涉及的换入、换出资产的公允价值都不能可靠计量,所以,属于以账面价值计量的非货币性资产交换。

甲公司的会计处理：
换入古建筑物的成本 = 1 000 000 – 700 000 = 300 000(元)
借：固定资产清理　　　　　　　　　　　　　　300 000
　　累计折旧　　　　　　　　　　　　　　　　700 000
　　　贷：固定资产——专用设备　　　　　　　　　　　1 000 000
借：固定资产——古建筑物　　　　　　　　　　300 000
　　　贷：固定资产清理　　　　　　　　　　　　　　　300 000
乙公司的会计处理：
换入专用设备的成本 = 500 000 – 200 000 = 300 000(元)
借：固定资产清理　　　　　　　　　　　　　　300 000
　　累计折旧　　　　　　　　　　　　　　　　200 000
　　　贷：固定资产——古建筑物　　　　　　　　　　　500 000
借：固定资产——专用设备　　　　　　　　　　300 000
　　　贷：固定资产清理　　　　　　　　　　　　　　　300 000

第三章　租赁会计

选择题

一、多项选择题

1. B　2. C　3. D　4. D　5. C　6. B　7. C

二、多项选择题

1. ABD　2. AB　3. ABC　4. BCE　5. ABC　6. ABC　7. ACD

业务题

一、

(一) 判断租赁类型：

承租人有购买租赁资产的选择权，且预计购买价格远低于行使选择权时租赁资产的公允价值。3 934 ÷ 80 000 = 4.92%。符合融资租赁的第 2 条判断标准，该项租赁应认定为融资租赁。

最低租赁付款额 = 各期租金之和 + 行使优惠购买选择权支付的金额 = 14 × 6 + 0.3934 = 84.3934 万元

最低租赁付款额的现值：

各期租金的现值 = 14 × (P/A,7%,6) = 14 × 4.767 = 66.738 万元

优惠购买选择权 3 934 元的复利现值 = 100 × (P/S,7%,6) = 3 934 × 0.666 = 2 620元

最低租赁付款额的现值 = 66.738 万 + 0.2620 万 = 67 万 > 70 万的 90%

由于承租人应按照租赁开始日租赁资产公允价值与最低租赁付款额现值两者中

较低者作为融资租入固定资产的入账价值。本例中承租人最低租赁付款额的现值为67万元,租赁开始日租赁资产公允价值为70万元,因此,承租人租赁资产的入账价值为最低租赁付款额的现值为67万元,未确认融资费用 = 84.3934 - 67 = 17.3934万元。未确认融资费用分摊率的选择为租赁合同规定的利率7%。

(二)会计分录:

1. 租赁期开始日

借:固定资产——融资租入固定资产	670 000
未确认融资费用	173 934
贷:长期应付款——应付融资租赁款	843 934
借:固定资产——融资租入固定资产	10 000
贷:银行存款	10 000

2. 2007年6月30日支付租金并分摊未确认融资费用

(1)支付租金

借:长期应付款——应付融资租赁款	140 000
贷:银行存款	140 000

(2)分摊未确认融资费用

借:财务费用	46 900
贷:未确认融资费用	46 900

(3)假设实际支付履约成本为5 000元

借:制造费用(管理费用等)	5 000
贷:银行存款	5 000

注:2007年6月30日期初的应付本金余额是67万元。

2007年12月31日期末支付租金并分摊未确认融资费用

(1)支付租金

借:长期应付款——应付融资租赁款	140 000
贷:银行存款	140 000

(2)分摊未确认融资费用

借:财务费用	40 380
贷:未确认融资费用	40 380

(3)假设实际支付履约成本为5 000元

借:制造费用(管理费用等)	5 000
贷:银行存款	5 000

注:2007年12月31日期初的应付本金余额是[67 - (14 - 4.69)] = 57.69万元。

2008年6月30日期末支付租金并分摊未确认融资费用

(1)支付租金

借:长期应付款——应付融资租赁款	140 000
贷:银行存款	140 000

(2)分摊未确认融资费用
借:财务费用   33 410
    贷:未确认融资费用   33 410
(3)假设实际支付履约成本为 5 000 元
借:制造费用(管理费用等)   5 000
    贷:银行存款   5 000
注:2008 年 6 月 30 日期初的应付本金余额是[57.69 - (14 - 4.038)] = 47.728 万元。
2008 年 12 月 31 日期末支付租金并分摊未确认融资费用
(1)支付租金
借:长期应付款——应付融资租赁款   140 000
    贷:银行存款   140 000
(2)分摊未确认融资费用
借:财务费用   25 950
    贷:未确认融资费用   25 950
(3)假设实际支付履约成本为 5 000 元
借:制造费用(管理费用等)   5 000
    贷:银行存款   5 000
注:2008 年 12 月 31 日期初的应付本金余额是[47.728 - (14 - 3.341)] = 37.069 万元。

2009 年 6 月 30 日期末支付租金并分摊未确认融资费用
(1)支付租金
借:长期应付款——应付融资租赁款   140 000
    贷:银行存款   140 000
(2)分摊未确认融资费用
借:财务费用   17 965
    贷:未确认融资费用   17 965
(3)假设实际支付履约成本为 5 000 元
借:制造费用(管理费用等)   5 000
    贷:银行存款   5 000
注:2009 年 6 月 30 日期初的应付本金余额是[37.069 - (14 - 2.595)] = 25.664 万元。
2009 年 12 月 31 日期末支付租金并分摊未确认融资费用
(1)支付租金
借:长期应付款——应付融资租赁款   140 000
    贷:银行存款   140 000
(2)分摊未确认融资费用
借:财务费用   9 329
    贷:未确认融资费用   9 329

(3) 假设实际支付履约成本为 5 000 元

借：制造费用（管理费用等） 5 000
　　贷：银行存款 5 000

注：2009 年 12 月 31 日期初的应付本金余额是[25.664 −(14 − 1.7965)] = 13.4605 万元；13.4605 − 0.3934 = 13.0671 万元(作尾数调整)；14 − 13.0671 = 0.9329 万元,尾数调整。

租期届满处理：

租赁期满行使购买选择权：

借：长期应付款——应付融资租赁款 3 934
　　贷：银行存款 3 934

租入资产转为自有资产：

借：固定资产——生产用固定资产 680 000
　　贷：固定资产——融资租入固定资产 680 000

单位：万元

年份	租金 A	确认的融资费用 B = 期初 D　7%	应付本金减少额 C = A − B	应付本金余额 D = 期初 D − C
2006.1.1				67
2007.6.30	14	4.69	9.31	57.69
2007.12.31	14	4.038	9.962	47.7283
2008.6.30	14	3.341	10.659	37.069
2008.12.31	14	2.595	11.405	25.664
2009.6.30	14	1.7965	12.2035	13.4605
2009.12.31	14	0.9329	13.0671	0.3934
2009.12.31	0.3934		0.3934	0
合计	84.3934	17.3934	67	0

二、

(一) 出租人租赁开始日判断租赁类型

承租人有购买租赁资产的选择权，且预计购买价格 100 元远低于行使选择权时租赁资产的公允价值 40 000 元。符合融资租赁的第 2 条判断标准。由于满足融资租赁判断标准之一的，即应当认定为融资租赁，因此，该项租赁应当认定为融资租赁。

(二) 计算租赁内含利率

租赁内含利率是使最低租赁收款额的现值与未担保余值的现值之和等于租赁资产的公允价值与出租人的初始直接费用之和的折现率。

$150\,000(P/A, r, 6) + 100(P/F, r, 6) = 710\,000$

715 116.6　　　　7%
710 000　　　　　r
693 513　　　　　8%

r = 7.24%

(三)计算租赁开始日最低租赁收款额及其现值和未实现融资收益

1. 最低租赁收款额 = 最低租赁付款额 + 与承租方和出租方均无关、财务上有能力担保的第三方担保 = 900 000 + 100 = 900 100(元)

2. 应收融资租赁款入账价值 = 最低租赁收款额 + 出租人发生的初始直接费用 = 900 100 + 10 000 = 910 100(元)

3. 最低租赁收款额的现值 = 租赁开始日租赁资产公允价值 = 700 000(元)

4. 未实现融资收益 = 910 100 - 700 000 = 210 100(元)

(四)作会计分录:

(1)长期应收款的入账

借:长期应收款——应收融资租赁款　　　　　　　　　　　910 100
　　贷:融资租赁资产　　　　　　　　　　　　　　　　　　700 000
　　　　未实现融资收益　　　　　　　　　　　　　　　　　200 100
　　　　银行存款　　　　　　　　　　　　　　　　　　　　 10 000

(2)未实现融资收益的分摊

20×7年6月30日期末收取租金并分配未实现融资收益

收取租金的账务处理:

借:银行存款　　　　　　　　　　　　　　　　　　　　　 150 000
　　贷:长期应收款——应收融资租赁款　　　　　　　　　　150 000

同时,确认按照实际利率法计算的当期期末应确认的未实现融资收益

借:未实现融资收益　　　　　　　　　　　　　　　　　　　50 680
　　贷:租赁收入　　　　　　　　　　　　　　　　　　　　 50 680

20×7年12月31日期末受到第二期租金并分配未实现融资收益

收取租金的账务处理:

借:银行存款　　　　　　　　　　　　　　　　　　　　　 150 000
　　贷:长期应收款——应收融资租赁款　　　　　　　　　　150 000

同时,确认按照实际利率法计算的当期期末应确认的未实现融资收益

借:未实现融资收益　　　　　　　　　　　　　　　　　　　43 489
　　贷:租赁收入　　　　　　　　　　　　　　　　　　　　 43 489

20×8年6月30日期末受到第3期租金并分配未实现融资收益

收取租金的账务处理:

借:银行存款　　　　　　　　　　　　　　　　　　　　　 150 000
　　贷:长期应收款——应收融资租赁款　　　　　　　　　　150 000

同时,确认按照实际利率法计算的当期期末应确认的未实现融资收益

借:未实现融资收益　　　　　　　　　　　　　　　　　　　35 778
　　贷:租赁收入　　　　　　　　　　　　　　　　　　　　 35 778

20×8年12月31日期末受到第4期租金并分配未实现融资收益

收取租金的账务处理:

借:银行存款　　　　　　　　　　　　　　　　　　　　150 000
　　贷:长期应收款——应收融资租赁款　　　　　　　　　150 000
同时,确认按照实际利率法计算的当期期末应确认的未实现融资收益
借:未实现融资收益　　　　　　　　　　　　　　　　　27 508
　　贷:租赁收入　　　　　　　　　　　　　　　　　　　27 508
20×9年6月30日期末受到第5期租金并分配未实现融资收益
收取租金的账务处理:
借:银行存款　　　　　　　　　　　　　　　　　　　　150 000
　　贷:长期应收款——应收融资租赁款　　　　　　　　　150 000
同时,确认按照实际利率法计算的当期期末应确认的未实现融资收益
借:未实现融资收益　　　　　　　　　　　　　　　　　18 640
　　贷:租赁收入　　　　　　　　　　　　　　　　　　　18 640
20×9年12月31日期末受到第6期租金并分配未实现融资收益
收取租金的账务处理:
借:银行存款　　　　　　　　　　　　　　　　　　　　150 000
　　贷:长期应收款——应收融资租赁款　　　　　　　　　150 000
同时,确认按照实际利率法计算的当期期末应确认的未实现融资收益
借:未实现融资收益　　　　　　　　　　　　　　　　　24 005
　　贷:租赁收入　　　　　　　　　　　　　　　　　　　24 005

注:20×9年12月31日期初的租赁投资净额是[25.745525 - (15 - 1.863976)] = 12.609501万元;尾数调整:12.609501 - 0.0100 = 12.599501万元;15 - 12.599501 = 2.400499万元。

(3)出租人初始直接费用的处理

在每期分配未实现融资收益的同时,分摊初始直接费用,应该按照各期确认的收入与未实现融资收益的比例对初始直接费用进行分摊。会计处理如下:

20×7年6月30日期末收取租金
借:租赁收入　　　　　　　　　　　　　　　　　　　　2 532.73
　　贷:长期应收款——应收融资租赁款　　　　　　　　　2 532.73
2 532.73 = 5.068/20.0110000

20×7年12月31日期末收取租金
借:租赁收入　　　　　　　　　　　　　　　　　　　　2 173.37
　　贷:长期应收款——应收融资租赁款　　　　　　　　　2 173.37
2 173.37 = 4.348923/20.0110000

20×8年、20×9年的会计处理略

或有租金的收取:
20×7年
借:未实现融资收益　　　　　　　　　　　　　　　　　24 005

贷：租赁收入　　　　　　　　　　　　　　　　　　　　　　24 005
　借：银行存款（应收账款）　　　　　　　　　　　　10 000
　　贷：租赁收入　　　　　　　　　　　　　　　　　　　　　　10 000
20×8年没有或有租金。
　（4）租赁期满的处理
承租人留购租赁资产：
　借：银行存款　　　　　　　　　　　　　　　　　　　　100
　　贷：长期应收款——应收融资租赁款　　　　　　　　　　　　100

三、

出租人B公司的会计处理如下：

　　本例租赁合同中，在租赁期届满时，租赁资产的所有权没有转移给承租人；承租人也没有购买租赁资产的选择权；租赁期只有3个月，而租赁资产的使用寿命为10年，租赁期占租赁资产使用寿命远低于75%。出租人在租赁开始日的最低租赁收款额现值与租赁开始日租赁资产公允价值比值，远低于90%；该租赁资产也不是为承租人专门定制的专用资产。综上，该租赁不符合判断为融资租赁的任何一项标准，从而此项租赁为经营租赁。

1. B公司在2010年7月1日将设备出租
　借：经营租赁资产——已出租资产　　　　　　　　　180 000
　　贷：经营租赁资产——未出租资产　　　　　　　　　　　　180 000
2. B公司在租赁期内每月计提折旧。
按月计提经营租赁资产的折旧额 = 180 000 ÷ 10 ÷ 12 × 1 = 12 500 元
　借：营业费用　　　　　　　　　　　　　　　　　　12 500
　　贷：累计折旧　　　　　　　　　　　　　　　　　　　　　12 500
3. 收到租金的处理。
计算出租人每期应当确认的租金收入
　= (3 500 + 1 500 + 2 600 + 1 400) ÷ 3 = 3 000 元
B公司在2010年7月1日收到预付租金
　借：银行存款　　　　　　　　　　　　　　　　　　3 500
　　贷：预收账款——A公司　　　　　　　　　　　　　　　　3 500
B公司在2010年7月31日收到7月份租金，确认租金收入
　借：银行存款　　　　　　　　　　　　　　　　　　1 500
　　　预收账款——A公司　　　　　　　　　　　　　1 500
　　贷：租赁收入　　　　　　　　　　　　　　　　　　　　　3 000
B公司在2010年8月31日收到8月份租金，确认租金收入
　借：银行存款　　　　　　　　　　　　　　　　　　2 600
　　　预收账款——A公司　　　　　　　　　　　　　　400
　　贷：租赁收入　　　　　　　　　　　　　　　　　　　　　3 000

B公司在2010年9月30日收到9月份租金,确认租金收入
借:银行存款   1 400
    预收账款——A公司   1 600
    贷:租赁收入   3 000
4. 2010年10月31日租赁期满,与A公司进行结算
借:经营租赁资产——未出租资产   180 000
    贷:经营租赁资产——已出租资产   180 000
承租人A公司的会计处理如下:租赁类型判断同出租人。
计算承租人每期应当确认的租金费用=(3 500+1 500+2 600+1 400)÷3=3 000元
A公司在2010年7月1日预付租金
借:其他应付款——B公司   3 500
    贷:银行存款   3 500
A公司在2010年7月31日支付7月份租金,确认租金费用
借:管理费用   3 000
    贷:银行存款   1 500
        其他应付款——B公司   1 500
A公司在2010年8月31日支付8月份租金,确认租金费用
借:管理费用   3 000
    贷:银行存款   2 600
        其他应付款——B公司   400
A公司在2010年9月30日支付9月份租金,确认租金费用
借:管理费用   3 000
    贷:银行存款   1 400
        其他应付款——B公司   1 600

第四章 债务重组

选择题
一、单项选择题
1. C 2. A 3. B 4. A 5. C 6. D 7. A 8. D 9. A 10. C 11. B
二、多项选择题
1. ABCD 2. BCD 3. ABD 4. BD 5. ABCD
业务题
一、
A公司(债务人):
借:应付账款——B公司   200 000

贷:银行存款　　　　　　　　　　　　　　　　　　　　150 000
　　　　　营业外收入　　　　　　　　　　　　　　　　　　　50 000
B公司(债权人):
　借:银行存款　　　　　　　　　　　　　　　　　　　　　150 000
　　　坏账准备　　　　　　　　　　　　　　　　　　　　　 20 000
　　　营业外支出——债务重组损失　　　　　　　　　　　　 30 000
　　　贷:应收账款——A公司　　　　　　　　　　　　　　　200 000

二、
红星公司(债务人):
(1)计算
债务重组日,重组债务的账面价值105 000元
减:所转让产品公允价值　　　　　　　　　　　　　　80 000元
　　增值税销项税额　　　　　　　　(80 000×17%)=13 600元
　　债务重组收益　　　　　　　　　　　　　　　　　11 400元
资产转让损益:80 000－70 000＝10 000元
(2)账务处理
　借:应付账款　　　　　　　　　　　　　　　　　　　　　105 000
　　　贷:主营业务收入　　　　　　　　　　　　　　　　　 80 000
　　　　　应交税金——应交增值税(销项)　　　　　　　　 13 600
　　　　　营业外收入——债务重组收益　　　　　　　　　　11 400
　借:主营业务成本　　　　　　　　　　　　　　　　　　　 70 000
　　　贷:库存商品　　　　　　　　　　　　　　　　　　　 70 000
深广公司(债权人):
　借:库存商品(或原材料)　　　　　　　　　　　　　　　　80 000
　　　应交税金——应交增值税(进项)　　　　　　　　　　　13 600
　　　坏账准备　　　　　　　　　　　　　　　　　　　　　　　500
　　　营业外支出——债务重组损失　　　　　　　　　　　　10 900
　　　贷:应收账款——红星公司　　　　　　　　　　　　　105 000

三、
乙公司(债务人):
　借:应付账款——甲企业　　　　　　　　　　　　　　　　208 000
　　　贷:股本　　　　　　　　　　　　　　　　　　　　　 80 000
　　　　　资本公积——股本溢价　　　　　　　　　　　　　120 000
　　　　　营业外收入——债务重组收益　　　　　　　　　　　8 000
甲公司(债权人):
　借:长期股权投资　　　　　　　　　　　　　　　　　　　200 000
　　　坏账准备　　　　　　　　　　　　　　　　　　　　　　8 000

贷：应收账款——乙企业　　　　　　　　　　　　　　　　208 000

四、

红星公司(债务人)：

(1)计算债务重组日重组债务的账面价值与将来应付金额现值之间的差额

重组债务的账面价值 = 5 200 000(元)

将来应付金额 = (5 200 000 - 200 000) × (1 + 2%)
　　　　　　 = 5 100 000(元)

将来应付金额的现值 = 5 100 000 × 0.943 = 4 809 300 元

(查表得现值系数 0.943)

差额(即重组收益) = 5 200 000 - 4 809 300 = 390 700 元

(2)账务处理

①债务重组日

借：应付账款——深广　　　　　　　　　　　　　　　　5 200 000
　　贷：应付账款——债务重组　　　　　　　　　　　　　4 809 300
　　　　营业外收入——债务重组收益　　　　　　　　　　　390 700

②重组日后一年末红星公司偿付余款及应付利息

借：应付账款——债务重组　　　　　　　　　　　　　　4 809 300
　　财务费用　　　　　　　　　　　　　　　　　　　　　290 700
　　贷：银行存款　　　　　　　　　　　　　　　　　　　5 100 000

深广公司(债权人)：

(1)计算债务重组日重组债务的账面价值与将来应收金额现值之间的差额

重组债权的账面余额 = 5 200 000(元)

将来应收金额 = 5 000 000 × (1 + 2%)
　　　　　　 = 5 100 000(元)

将来应收金额现值 = 5 100 000 × 0.943 = 4 809 300 元

差额(重组损失) = 5 200 000 - 4 809 300 = 390 700 元，应在债务重组日扣除相关的坏账准备后确认为当期损失。

(2)账务处理

①债务重组日

借：应收账款——债务重组　　　　　　　　　　　　　　4 809 300
　　坏账准备　　　　　　　　　　　　　　　　　　　　　390 700
　　贷：应收账款——红星　　　　　　　　　　　　　　　5 200 000

②重组日后一年末红星公司偿付余款及加收的利息

借：银行存款　　　　　　　　　　　　　　　　　　　　5 100 000
　　贷：应收账款——债务重组　　　　　　　　　　　　　4 809 300
　　　　财务费用　　　　　　　　　　　　　　　　　　　290 700

五、

甲公司的会计处理：

借:应付账款		1 000 000
贷:固定资产清理		460 000
交易性金融资产		460 000
营业外收入——债务重组利得		80 000
借:固定资产清理		420 000
累计折旧		180 000
贷:固定资产		600 000
借:固定资产清理		10 000
贷:银行存款		10 000
借:固定资产清理		30 000
贷:营业外收入——处置非流动资产收益		30 000
借:交易性金融资产		60 000
贷:投资收益		60 000
借:管理费用		1 000
贷:银行存款		1 000

乙公司的会计处理：

借:固定资产		460 000
交易性金融资产		460 000
营业外支出——债务重组损失		80 000
贷:应收账款		1 000 000

六、

A 公司会计分录：

借:库存商品——甲产品		3 500 000
应交税金——应交增值税(进项税额)		595 000
固定资产		3 000 000
坏账准备		380 000
营业外支出——债务重组损失		130 000
贷:应收账款——B 公司		7 605 000

B 公司会计分录：

借:应付账款——A 公司		7 605 000
贷:主营业务收入		3 500 000
应交税金——应交增值税(销项税额)		595 000
固定资产清理		3 000 000
营业外收入——债务重组利得		510 000
借:主营业务成本		2 500 000

贷:产成品　　　　　　　　　　　　　　　　　　　　　　2 500 000
借:固定资产清理　　　　　　　　　　　　　　　　　　　　　2 340 000
　　累计折旧　　　　　　　　　　　　　　　　　　　　　　　2 000 000
　　贷:固定资产　　　　　　　　　　　　　　　　　　　　　4 340 000
借:固定资产清理　　　　　　　　　　　　　　　　　　　　　　 50 000
　　贷:银行存款　　　　　　　　　　　　　　　　　　　　　　 50 000
借:固定资产清理　　　　　　　　　　　　　　　　　　　　　　610 000
　　贷:营业外收入——处置非流动资产收益　　　　　　　　　　610 000

七、
A 公司会计分录:
借:应付票据　　　　　　　　　　　　　　　　　　　　　　　550 000
　　贷:银行存款　　　　　　　　　　　　　　　　　　　　　200 000
　　　　股本　　　　　　　　　　　　　　　　　　　　　　　100 000
　　　　资本公积　　　　　　　　　　　　　　　　　　　　　 20 000
　　　　固定资产清理　　　　　　　　　　　　　　　　　　　120 000
　　　　营业外收入——债务重组利得　　　　　　　　　　　　110 000
借:固定资产清理　　　　　　　　　　　　　　　　　　　　　200 000
　　累计折旧　　　　　　　　　　　　　　　　　　　　　　　100 000
　　贷:固定资产　　　　　　　　　　　　　　　　　　　　　300 000
借:营业外支出——处置非流动资产损失　　　　　　　　　　　 80 000
　　贷:固定资产清理　　　　　　　　　　　　　　　　　　　 80 000
B 公司会计分录:
借:银行存款　　　　　　　　　　　　　　　　　　　　　　　200 000
　　长期股权投资　　　　　　　　　　　　　　　　　　　　　120 000
　　固定资产　　　　　　　　　　　　　　　　　　　　　　　120 000
　　营业外支出——债务重组损失　　　　　　　　　　　　　　110 000
　　贷:应收票据　　　　　　　　　　　　　　　　　　　　　550 000

第五章　借款费用

选择题
一、单项选择题
1. C　2. D　3. A　4. A　5. C　6. D　7. B　8. C　9. C　10. D　11. C
二、多项选择题
1. AD　2. ABCD　3. BCD

习题参考答案

业务题

一、

1. 确定专门借款的资本化期间：

2009年资本化期间为2009年1月1日—3月31日、8月1日—12月31日。

2. 按季计算2009年与工程有关的利息、利息资本化金额，并进行财务处理：

第一季度：

专门借款利息 = 1 000 × 8% × 3/12 = 20(万元)

利息资本化金额 = 利息费用 – 闲置资金取得的利息收入 = 20 – 4 = 16(万元)

借：在建工程——生产线　　　　　　　　　　　　　160 000
　　银行存款　　　　　　　　　　　　　　　　　　 40 000
　　贷：应付利息　　　　　　　　　　　　　　　　　　　　200 000

第二季度(暂停资本化)：

专门借款利息 = 1 000 × 8% × 3/12 = 20(万元)

计入财务费用的金额 = 20 – 4 = 16(万元)

借：财务费用　　　　　　　　　　　　　　　　　　160 000
　　银行存款　　　　　　　　　　　　　　　　　　 40 000
　　贷：应付利息　　　　　　　　　　　　　　　　　　　　200 000

第三季度：

专门借款利息 = 1 000 × 8% × 3/12 = 20(万元)

7月份暂停资本化期间计入财务费用的金额 = 1000 × 8% × 1/12 = 6.67(万元)

利息资本化金额 = 20 – 9 – 6.67 = 4.33(万元)

借：在建工程——生产线　　　　　　　　　　　　　 43 300
　　银行存款　　　　　　　　　　　　　　　　　　 90 000
　　财务费用　　　　　　　　　　　　　　　　　　 66 700
　　贷：应付利息　　　　　　　　　　　　　　　　　　　　200 000

第四季度：

专门借款利息 = 1000 × 8% × 3/12 = 20(万元)，应全部资本化。

从10月1日开始，该工程累计支出已达1200万元(300 + 400 + 500)，超过了专门借款200万元，应将超过部分占用一般借款的借款费用资本化。

一般借款累计资产支出加权平均数 = 200 × 3/3 = 200(万元)

季度资本化率 = 6% × 3/12 = 1.5%

一般借款利息资本化金额 = 200 × 1.5% = 3(万元)

利息资本化金额 = 20 + 3 = 23(万元)

借：在建工程——生产线　　　　　　　　　　　　　200 000
　　贷：应付利息　　　　　　　　　　　　　　　　　　　　200 000

借：在建工程——生产线　　　　　　　　　　　　　 30 000
　　财务费用　　　　　　　　　　　　　　　　　　 45 000

  贷:银行存款 75 000

二、

(1)2007年:

2007年资产化期间为4月初至8月底,共5个月,在这个资本化期间:

专门借款发生的利息金额 = 5 000 × 12% × 5/12 = 250(万元)

闲置资金的投资收益 = 3 000 × 0.5% × 2 + 2 000 × 0.5% × 1 = 40(万元)

故专门借款利息资本化金额 = 250 - 40 = 210(万元)

2007年1月至3月、9月至12月:

专门借款发生的利息金额 = 5 000 × 12% × 7/12 = 350(万元)

专门借款在这个期间的投资收益 = 5 000 × 0.5% × 3 = 75(万元)

故专门借款利息费用化金额 = 350 - 75 = 275(万元)

一般借款资产支出加权平均数 = 1 200 × 2/12 = 200(万元)

加权平均资本化率 = (4 000 × 10% + 6 000 × 5%)/(4 000 + 6 000) = 7%

故一般借款资本化金额 = 200 × 7% = 14(万元)

一般借款费用化金额 = (4 000 × 10% + 6 000 × 5%) - 14 = 686(万元)

所以,2007年利息资本化金额 = 210 + 14 = 224(万元)

2007年利息费用化金额 = 275 + 686 = 961(万元)

  借:在建工程 2 240 000
    财务费用 9 610 000
    应收利息 1 150 000
   贷:应付利息 13 000 000

(2)2008年:

专门借款资本化金额 = 5 000 × 12% × 9/12 = 450(万元)

专门借款计入财务费用的利息 = 5 000 × 12% × 3/12 = 150(万元)

一般借款资产支出加权平均数 = 1 200 × 9/12 + 2 400 × 9/12 + 1 200 × 6/12 + 3 600 × 3/12 = 4 200(万元)

一般借款资本化金额 = 4 200 × 7% = 294(万元)

2008年利息资本化金额 = 450 + 294 = 744(万元)

全年费用化的金额 = 5 000 × 12% × 3/12 + [(4 000 × 10% + 6 000 × 5%) - 294] = 556(万元)

  借:在建工程 7 440 000
    财务费用 5 560 000
   贷:应付利息 13 000 000

第六章 所得税会计

选择题

一、单项选择题

1. C 2. A 3. B 4. C 5. C 6. A 7. D 8. A 9. B 10. D 11. A 12. D
13. B

二、多项选择题

1. ABCD 2. CD 3. ACD 4. AC 5. ABC 6. ABC

业务题

一、

1. 2008年实际发生修理费用30万元

借:预计负债——产品质量保证	300 000
贷:应付职工薪酬	300 000

2. 2008年末确认预计负债相关的会计分录:

借:销售费用	400 000
贷:预计负债——产品质量保证	400 000

年末"预计负债"余额 = 45 - 30 + 40 = 55(万元)

3. 2008年末确认所得税

应交所得税 = (1 000 - 30 + 40) × 25% = 252.5(万元)

递延所得税资产余额 = 55 × 25% = 13.75(万元)

递延所得税资产发生额 = 13.75 - 11.25 = 2.5(万元)

所得税费用 = 252.5 - 2.5 = 250(万元)

借:所得税费用	2 500 000
递延所得税资产	25 000
贷:应交税费——应交所得税	2 525 000

二、

1.

表6-4　　　　　　　　　大海公司暂时性差异计算表

2009年12月31日　　　　　　　　　　　　　　　　单位:万元

项目	账面价值	计税基础	差异	
			应纳税暂时性差异	可抵扣暂时性差异
持有至到期投资	2 100	2 100		
固定资产	1 080	1 140		60
交易性金融资产	220	200	20	
预计负债	1 000	1 000		

2. 计算大海公司 2009 年应纳税所得额和应交所得税。

应纳税所得额 = 4 960 + 60 + 100 + 1 000 - 100 - 20 = 6 000 万元

应交所得税 = 6 000 × 25% = 1 980 万元

3. 计算大海公司 2009 年应确认的递延所得税和所得税费用。

递延所得税资产 = 60 × 25% = 15 万元

递延所得税负债 = 20 × 25% = 5 万元

递延所得税 = (5 - 9) - (15 - 6) = -13 万元

所得税费用 = 1 980 - 13 = 1 967 万元

4. 编制大海公司 2009 年确认所得税费用的相关会计分录。

借:所得税费用	19 670 000
递延所得税资产	90 000
递延所得税负债	40 000
贷:应交税费——应交所得税	19 800 000

第七章　外币折算

选择题

一、单项选择题

1. A　2. C　3. B　4. C　5. A　6. C　7. B　8. C　9. D　10. C　11. B　12. A
13. D　14. A　15. C　16. D

二、多项选择题

1. ABC　2. ABD　3. ACD　4. CD　5. ABC　6. AB　7. ABD

业务题

一、

1. 编制甲公司 3 月份外币交易或事项相关的会计分录

(1) 3 月 3 日

借:银行存款——人民币户	7 900 000
财务费用——汇兑差额	100 000
贷:银行存款——美元户(100 × 8)	8 000 000

(2) 3 月 10 日

借:原材料(3 160 + 500)	36 600 000
应交税费——应交增值税(进项税额)	5 372 000
贷:应付账款——美元户(400 × 7.9)	31 600 000
银行存款——人民币户	10 372 000

(3) 3 月 14 日

借:应收账款——美元户(600 × 7.9)	47 400 000

贷：主营业务收入　　　　　　　　　　　　　　　　　　47 400 000
(4)3月20日
　　借：银行存款——美元户(300×7.8)　　　　　　　　　23 400 000
　　　　财务费用　　　　　　　　　　　　　　　　　　　　 600 000
　　　　贷：应收账款——美元户(300×8.0)　　　　　　　24 000 000
(5)3月25日
　　借：交易性金融资产——成本(10×1×7.8)　　　　　　　780 000
　　　　贷：银行存款——美元户(10×1×7.8)　　　　　　　780 000
(6)3月31日
计提外币借款利息 = 1 000×4%×3/12 = 10(万美元)
　　借：在建工程　　　　　　　　　　　　　　　　　　　　770 000
　　　　贷：长期借款(10×7.7)　　　　　　　　　　　　　　770 000
2. 填表

表 7-10　　　　　　　　　　　　　　　　　　　　　　单位：万元人民币

外币账户	3月31日汇兑差额
银行存款(美元户)	-239
应收账款(美元户)	-150
应付账款(美元户)	140
长期借款(美元户)	300

　　银行存款账户汇兑差额 = (800 - 100 + 300 - 10)×7.7 - (6 400 - 800 + 2 340 - 78) = -239(万元)
　　应收账款账户汇兑差额 = (400 + 600 - 300)×7.7 - (3 200 + 4 740 - 2 400) = -150(万元).
　　应付账款账户汇兑差额 = (200 + 400)×7.7 - (1 600 + 3 160) = -140(万元)
　　长期借款账户汇兑差额 = (1 000 + 10)×7.7 - (8 000 + 77) = -300(万元)
　　借：应付账款——美元户　　　　　　　　　　　　　　1 400 000
　　　　财务费用——汇兑差额　　　　　　　　　　　　　2 490 000
　　　　贷：银行存款——美元户　　　　　　　　　　　　2 390 000
　　　　　　应收账款——美元户　　　　　　　　　　　　1 500 000
　　借：长期借款——美元户　　　　　　　　　　　　　　3 000 000
　　　　贷：在建工程　　　　　　　　　　　　　　　　　3 000 000
3. 2007年3月31日交易性金融资产的公允价值 = 11×1×7.7 = 84.7(万元)
　　借：交易性金融资产——公允价值变动　　　　　　　　　67 000
　　　　贷：公允价值变动损益　　　　　　　　　　　　　　67 000

二、

表 7-11 利润表

20×7 年　　　　　　　　　　　　　　　　　　单位:万元

项　目	期末数(美元)	折算汇率	人民币金额
一、营业收入	2 000	7.6	15 200
减:营业成本	1 500	7.6	11 400
营业税金及附加	40	7.6	304
管理费用	100	7.6	760
财务费用	10	7.6	76
销售费用	30	7.6	228
加:投资收益	380		2 888
二、营业利润	40	7.6	304
加:营业外收入	20	7.6	152
减:营业外支出	400		3 040
三、利润总额	120	7.6	912
减:所得税费用	280		2 128
四、净利润			
加:年初未分配利润			
五、可供分配的利润			
减:提取盈余公积			
六、未分配利润			

表 7-12 资产负债表

20×7 年 12 月 31 日　　　　　　　　　　　　　单位:万元

资　产	期末数(美元)	折算汇率	折算为人民币金额	负债和股东权益	期末数(美元)	折算汇率	折算为人民币金额
流动资产:				流动负债:			
货币资金	190	7.7	1 463	短期借款	45	7.7	346.5
应收账款	190	7.7	1 463	应付账款	285	7.7	2 194.5
存货	240	7.7	1 848	其他流动负债	110	7.7	847
其他流动资产	200	7.7	1 540	流动负债合计	440		3 388
流动资产合计	820		6 314	非流动负债:			
非流动资产:				长期借款	140	7.7	1 078
长期应收款	120	7.7	924	应付债券	80	7.7	616
固定资产	550	7.7	4 235	其他非流动负债	90	7.7	693
在建工程	80	7.7	616	非流动负债合计	310		2 387
无形资产	100	7.7	770	负债合计	750		5 775

续 表

资产	期末数(美元)	折算汇率	折算为人民币金额	负债和股东权益	期末数(美元)	折算汇率	折算为人民币金额
其他非流动资产	30	7.7	231	股东权益:			
非流动资产合计	880		6 776	股本	500	8	4 000
				盈余公积	120		937
				未分配利润	330		2 568
				外币报表折算差额			-190
				股东权益合计	950		7 315
资产总计	1 700		13 090	负债和股东权益总计	1 700		13 090

表 7-13　　　　　　　　　所有者权益变动表
20×7 年　　　　　　　　　　　　　　　　单位:万元

项目	实收资本			资本公积			未分配利润		折算差额	股东权益合计 美元
	美元	汇率	人民币	美元	汇率	人民币	美元	人民币		人民币
一、本年年初余额	500	8	4 000	50		405	120	972		5 377
二、本年增减变动金额										
(一)净利润							280	2 128		2 128
(二)直接计入所有者权益的利得和损失										-190
其中:外币报表折算差额									-190	-190
(三)利润分配										
提取盈余公积				70	7.6	532	-70	-532		
三、本年年末余额	500	8	4 000	120		937	330	2 568	-190	7 315

第八章　企业合并

选择题
一、多项选择题
1. A　2. D　3. C　4. A
二、多项选择题
1. ABE　2. AB　3. AC

业务题

一、

甲公司按照同一控制下的企业吸收合并原则进行会计核算。会计分录为：

借：银行存款	100 000
应收票据	400 000
库存商品	400 000
长期股权投资	700 000
固定资产	1 000 000
无形资产	700 000
贷：短期借款	200 000
应付账款	360 000
长期借款	470 000
股本	1 000 000
资本公积	1 270 000

二、

B公司会计处理为：

(1)
借：长期股权投资	7 000 000
累计摊销	1 500 000
贷：无形资产	6 500 000
银行存款	1 000 000
资本公积——资本溢价	1 000 000

支付审计费用、法律费用

(2)
借：管理费用	50 000
贷：银行存款	50 000

三、

甲公司应编制如下会计分录：

甲公司的企业合并成本＝作为合并对价付出资产的公允价值
　　　　　　　　　　＝900 000＋200 000＝1 100 000元

借：固定资产清理	1 000 000
累计折旧	400 000
固定资产减值准备	100 000
贷：固定资产	1 500 000
借：长期股权投资	1 100 000
营业外支出	100 000
贷：银行存款	200 000
固定资产清理	1 000 000

或者：

借:固定资产清理	1 000 000	
累计折旧		400 000
固定资产减值准备		100 000
贷:固定资产		1 500 000
借:长期股权投资	1 100 000	
贷:银行存款		200 000
固定资产清理		900 000
借:营业外支出	100 000	
贷:固定资产清理		100 000

四、

1. 同一控制下的吸收合并

借:银行存款	5 000	
应收账款	1 500	
库存商品	3 500	
固定资产	20 000	
贷:短期借款		700
应付账款		3 100
其他应付款		2 100
长期借款		14 100
银行存款		4 500
库存商品		4 000
资本公积——股本溢价		1 500

2. 非同一控制下的吸收合并

借:银行存款	5 000	
应收账款	1 500	
库存商品	3 500	
固定资产	21 000	
商誉	52	
贷:短期借款		700
应付账款		3 100
其他应付款		2 100
长期借款		14 100
银行存款		4 500
营业收入		5 600
应交税费——应交增值税(销项税额)		952
借:主营业务成本	4 000	

   贷:库存商品   4 000
3. 同一控制下的90%股权的控股合并
借:长期股权投资   9 000
  贷:银行存款   4 500
    库存商品   4 000
    资本公积——股本溢价   500
4. 非同一控制下的90%股权的控股合并
 借:长期股权投资   11 052
  贷:银行存款   4 500
    营业收入   5 600
    应交税费——应交增值税(销项税额)   952
借:主营业务成本   4 000
  贷:库存商品   4 000

第九章　合并财务报表(上)

选择题
一、多项选择题
1. B　2. A　3. D　4. C　5. A　6. A　7. B
二、多项选择题
1. ABD　2. ABC　3. ABCD　4. ABCD
业务题
一、
1) 光明公司2010年3月1日编制企业合并会计分录
借:长期股权投资   560 000
  贷:银行存款   500 000
    资本公积   60 000
2) 光明公司在合并工作底稿中应作抵消分录如下:
借:股本(子)   100 000
  资本公积(子)   100 000
  盈余公积(子)   200 000
  未分配利润(子)   300 000
  贷:长期股权投资(母)   560 000
    少数股东权益   140 000
借:资本公积   400 000
  贷:盈余公积   160 000

| 利润分配——未分配利润 | 240 000 |

二、

1) 光明公司 2010 年 3 月 1 日编制企业合并会计分录

| 借:长期股权投资 | 850 000 |
| 贷:银行存款 | 850 000 |

2) 光明公司在合并工作底稿中应作抵消分录如下：

借:存货	100 000
固定资产	200 000
贷:资本公积(子)	300 000
借:股本(子)	100 000
资本公积(子)	400 000
盈余公积(子)	200 000
未分配利润(子)	300 000
商誉	50 000
贷:长期股权投资(母)	850 000
少数股东权益	200 000

三、

(一) 1. 光明公司 20×0 年 1 月 1 日取得长期股权投资

| 借:长期股权投资 | 900 000 |
| 贷:银行存款 | 900 000 |

2. 20×0 年 4 月 1 日，A 公司派发现金股利 30 万元时

| 借:银行存款 | 300 000 |
| 贷:投资收益 | 300 000 |

3. 20×0 年 12 月 31 日，光明公司编制合并财务报表工作底稿

借:固定资产	100 000
贷:资本公积(子)	100 000
借:管理费用	20 000
贷:固定资产	20 000
借:长期股权投资	380 000
贷:投资收益	380 000
借:投资收益	300 000
贷:长期股权投资	300 000
借:长期股权投资	50 000
贷:资本公积	50 000
借:股本(子)	200 000
资本公积(子)	450 000
盈余公积(子)	140 000

未分配利润(子)	140 000
商誉	100 000
贷:长期股权投资(母)	1 030 000
借:投资收益	380 000
未分配利润——年初	10 0000
贷:提取盈余公积	40 000
对所有者(或股东)的分配	300 000
未分配利润——年末	140 000

(二)1. 20×1年4月1日,A公司派发现金股利20万元时

| 借:银行存款 | 200 000 |
| 贷:投资收益 | 200 000 |

2. 20×1年12月31日,光明公司编制合并财务报表工作底稿

借:固定资产	100 000
贷:资本公积(子)	100 000
借:未分配利润——年初	20 000
贷:固定资产	20 000
借:长期股权投资	130 000
贷:未分配利润——年初	80 000
资本公积	50 000
借:长期股权投资	580 000
贷:投资收益	580 000
借:投资收益	200 000
贷:长期股权投资	200 000
借:股本(子)	200 000
资本公积(子)	450 000
盈余公积(子)	200 000
未分配利润(子)	460 000
商誉	100 000
贷:长期股权投资(母)	1 410 000
借:投资收益	580 000
未分配利润——年初	140 000
贷:提取盈余公积	60 000
对所有者(或股东)的分配	200 000
未分配利润——年末	460 000

四、

(一)1. 甲公司20×0年2月1日取得长期股权投资

| 借:长期股权投资 | 1 000 000 |

贷:银行存款	900 000
资本公积	100 000

2.20×0年5月1日,乙公司派发现金股利5万元时

借:银行存款	50 000
贷:投资收益	50 000

3.20×0年12月31日编制合并财务报表工作底稿

借:资本公积	500 000
贷:盈余公积	200 000
利润分配——未分配利润	300 000
借:长期股权投资	100 000
贷:投资收益	100 000
借:投资收益	50 000
贷:长期股权投资	50 000

4.母公司长期股权投资与子公司所有者权益的抵消

借:股本(子)	400 000
资本公积(子)	100 000
盈余公积(子)	210 000
未分配利润(子)	340 000
贷:长期股权投资(母)	1 050 000

5.母公司投资收益与子公司利润分配的抵消

借:投资收益	100 000
未分配利润——年初	300 000
贷:提取盈余公积	10 000
对所有者(或股东)的分配	50 000
未分配利润——年末	340 000

(二)1.20×1年5月1日乙公司派发现金股利

借:银行存款	100 000
贷:投资收益	100 000

2.20×1年12月31日编制合并财务报表工作底稿

借:资本公积	500 000
贷:盈余公积	200 000
利润分配——未分配利润	300 000

2.按照权益法调整对子公司的长期股权投资

借:长期股权投资	50 000
贷:未分配利润——年初	50 000
借:长期股权投资	200 000
贷:投资收益	200 000

借:投资收益　　　　　　　　　　　　　　　　　　100 000
　　贷:长期股权投资　　　　　　　　　　　　　　　　　100 000
3. 母公司长期股权投资与子公司所有者权益的抵消
借:股本(子)　　　　　　　　　　　　　　　　　　400 000
　　资本公积(子)　　　　　　　　　　　　　　　　100 000
　　盈余公积(子)　　　　　　　　　　　　　　　　230 000
　　未分配利润(子)　　　　　　　　　　　　　　　420 000
　　贷:长期股权投资(母)　　　　　　　　　　　　　1 150 000
4. 母公司投资收益与子公司利润分配的抵消
借:投资收益　　　　　　　　　　　　　　　　　　200 000
　　未分配利润——年初　　　　　　　　　　　　　420 000
　　贷:提取盈余公积　　　　　　　　　　　　　　　　20 000
　　　　对所有者(或股东)的分配　　　　　　　　　　100 000
　　　　未分配利润——年末　　　　　　　　　　　　500 000

五、答案见表9-18。

表9-18　　　　20×0年12月31日合并财务报表工作底稿(简表)

单位:元

项目	单独报表		抵消与调整分录		合并数
	光明公司	A公司80%	借	贷	
利润表:					
营业收入	5 026 000	652 000			5 678 000
减:营业成本	4 200 000	250 000			4 450 000
减:管理费用	100 000	2 000			102 000
加:投资收益-A	240 000		2)240 000 4)320 000	2)320 000	
减:少数股东损益			4)80 000		80 000
净利润	966 000	400 000			1 046 000
股东权益变动表					
未分配利润年初	500 000	100 000	4)100 000	1)80 000	580 000
加:净利润	966 000	400 000			1 046 000
减提取盈余公积	75 000	40 000		4)40 000	75 000
减:已分配利润	725 000	300 000		4)300 000	725 000
未分配利润年末	666 000	160 000			826 000
资产负债表:					
货币资金	300 000	300 000			600 000
应收账款	100 000	150 000			250 000
存货	416 000	140 000			556 000

续 表

长期股权投资	610 000	60 000	2)320 000 2)40 000	2)240 000 3)680 000	110 000
固定资产	775 000	600 000			1 375 000
商誉					
资产合计	2 201 000	1 250 000			2 891 000
短期借款	250 000	200 000			450 000
应付账款	250 000	200 000			450 000
负债合计	500 000	400 000			900 000
股本	200 000	200 000	3)200 000		200 000
资本公积	160 000	350 000	1)160 000 3)350 000	2)40 000	40 000
盈余公积	675 000	140 000	3)140 000	1)80 000	755 000
未分配利润	666 000	160 000	3)160 000	4)160 000	826 000
少数股东权益				3)170 000	170 000
权益合计	1 701 000	850 000			1 991 000
负债权益合计	2 201 000	1 250 000			2 891 000

第十章 合并财务报表(下)

选择题

一、单项选择题

1. A 2. C 3. A 4. A 5. B

二、多项选择题

1. AD 2. ABCD

业务题

一、

(1)2006年的抵消分录：

借：营业收入　　　　　　　　　　　　　　　　　　　1 000 000
　　贷：营业成本　　　　　　　　　　　　　　　　　　800 000
　　　　固定资产——原价　　　　　　　　　　　　　　200 000
借：固定资产——累计折旧　　　　　　　　　　　　　　40 000
　　贷：管理费用　　　　　　　　　　　　　　　　　　40 000

(2)2007 年的抵消分录:

借:未分配利润——期初	200 000	
贷:固定资产——原价		200 000
借:固定资产——累计折旧	40 000	
贷:未分配利润——期初		40 000
借:固定资产——累计折旧	40 000	
贷:管理费用		40 000

(3)2008 年的抵消分录:

借:未分配利润——期初	200 000	
贷:固定资产——原价		200 000
借:固定资产——累计折旧	80 000	
贷:未分配利润——期初		80 000
借:固定资产——累计折旧	40 000	
贷:管理费用		40 000

(4)2009 年的抵消分录:

借:未分配利润——期初	200 000	
贷:固定资产——原价		200 000
借:固定资产——累计折旧	120 000	
贷:未分配利润——期初		120 000
借:固定资产——累计折旧	40 000	
贷:管理费用		40 000

(5)2010 年的抵消分录:

借:未分配利润——期初	200 000	
贷:固定资产——原价		200 000
借:固定资产——累计折旧	160 000	
贷:未分配利润——期初		160 000
借:固定资产——累计折旧	40 000	
贷:管理费用		40 000

二、

2008 年度内部债权债务的抵消:

借:应收账款——坏账准备	300 000	
贷:资产减值损失		300 000
借:应付账款	3 000 000	
贷:应收账款		3 000 000

2009 年度内部债权债务的抵消:

期初(2008 年)内部往来对应坏账准备的抵消

借:应收账款——坏账准备	300 000	

  贷：未分配利润——年初   300 000

2009 年内部往来款抵消

借：应付账款   3 000 000

  贷：应收账款   3 000 000

2009 年内部往来对应坏账准备的抵消

借：资产减值损失   100 000

  贷：应收账款——坏账准备   100 000

  注意：最后一笔分录与 2008 年的坏账准备抵消分录相反，是由于 2009 年度的内部往来数额小于 2008 年度，个别报表反映为坏账准备的减少，因此在合并层面将个别报表减少的坏账准备数额予以恢复。

三、

2007 年度的抵消分录：

实际利息费用（或投资收益）= 1 043.27 × 5% = 52.16（万元）

应付利息（或应收利息）= 1 000 × 6% = 60（万元）

应摊销的利息调整 = 60 - 52.16 = 7.84（万元）

所以母公司在合并报表中应做如下抵消处理：

借：应付债券   10 354 300

  贷：持有至到期投资   10 354 300

借：投资收益   521 600

  贷：财务费用   521 600

借：应付利息   600 000

  贷：应收利息   600 000

2008 年度的抵消分录：

实际利息费用（或投资收益）=（1 043.27 - 7.84）× 5% = 51.77（万元）

应付利息（或应收利息）= 1 000 × 6% = 60（万元）

应摊销的利息调整 = 60 - 51.77 = 8.23（万元）

所以母公司在合并报表中应做如下抵消处理：

借：应付债券   10 272 000

  贷：持有至到期投资   10 272 000

借：投资收益   517 700

  贷：财务费用   517 700

借：应付利息   600 000

  贷：应收利息   600 000

四、

2008 年度内部商品销售业务的抵消：

内部销售收入的抵消

借：营业收入   5 000 000

　　　　贷:营业成本——A产品　　　　　　　　　　　　　　　　5 000 000
2008年末存货中未实现内部销售利润的抵消
　　借:营业成本　　　　　　　　　　　　　　　　　　　　　1 600 000
　　　　贷:存货　　　　　　　　　　　　　　　　　　　　　　1 600 000
2009年度内部商品销售业务的抵消:
2009年初存货中未实现内部销售利润的抵消:
　　借:未分配利润——期初　　　　　　　　　　　　　　　　1 600 000
　　　　贷:营业成本——A产品　　　　　　　　　　　　　　　1 600 000
2009年末存货中未实现内部销售利润的抵消:
　　借:营业成本——A产品　　　　　　　　　　　　　　　　　800 000
　　　　贷:存货　　　　　　　　　　　　　　　　　　　　　　800 000
2009年当期内部销售抵消:
　　借:营业收入　　　　　　　　　　　　　　　　　　　　　 8 000 000
　　　　贷:营业成本——B产品　　　　　　　　　　　　　　　8 000 000

五、
1.按照权益法对乙公司的长期股权投资进行调整,编制应在工作底稿中编制的调整分录。
(1)调整被投资公司当期净利润对投资公司长期股权投资的影响,调整金额为:4 000×75% = 3 000万元
　　借:长期股权投资　　　　　　　　　　　　　　　　　　　30 000 000
　　　　贷:投资收益　　　　　　　　　　　　　　　　　　　　30 000 000
(2)调整当期被投资公司因持有可供出售金融资产的公允价值变动而导致的其他所有者权益变化对投资公司长期股权投资的影响,调整金额为:2 000×75% = 1 500万元
　　借:长期股权投资　　　　　　　　　　　　　　　　　　　150 00 000
　　　　贷:资本公积　　　　　　　　　　　　　　　　　　　　150 00 000
(3)调整被投资公司上期所有者权益的变化额对投资公司长期股权投资的影响,调整金额为:3 000×75% +1 000×75% = 2 250万元 +750万元 = 3 000万元。
　　借:长期股权投资　　　　　　　　　　　　　　　　　　　300 00 000
　　　　贷:未分配利润——期初　　　　　　　　　　　　　　22 500 000
　　　　　　资本公积　　　　　　　　　　　　　　　　　　　7 500 000
2.计算调整后的长期股权投资,编制2008年甲公司对乙公司股权投资项目与子公司所有者权益项目的抵消分录。
调整后的长期股权投资 = 9 000 + 7 500 = 16 500(万元)
　　借:实收资本　　　　　　　　　　　　　　　　　　　　　60 000 000
　　　　资本公积(4 500万元 + 3 000万元)　　　　　　　　　75 000 000
　　　　盈余公积(7 000万元×10%)　　　　　　　　　　　　 7 000 000
　　　　未分配利润(7 000万元×90%)　　　　　　　　　　　 63 000 000

习题参考答案

   商誉(16 500万元 - 20 500万元×75%)   11 250 000
  贷:长期股权投资   165 000 000
    少数股东权益(20 500万元×25%)   51 250 000

3. 编制2008年母公司对子公司持有对方长期股权投资的投资收益的抵消分录。

  借:投资收益(4 000万元×75%)   30 000 000
    少数股东损益(4 000万元×25%)   10 000 000
    未分配利润——期初(3 000万元×90%)   27 000 000
  贷:提取盈余公积(4 000万元×10%)   4 000 000
    未分配利润——期末(2 700 + 4 000×90%)   63 000 000

4. 编制2008年有关债权债务的抵消分录。

  借:应付账款   8 000 000
  贷:应收账款   8 000 000
  借:应收账款——坏账准备   200 000
  贷:未分配利润——期初(200万元×10%)   200 000
  借:应收账款——坏账准备   700 000
  贷:资产减值损失   700 000

5. 编制2008年有关A产品的抵消分录。

  借:未分配利润——期初(2万元×90)   1 800 000
  贷:营业成本   1 800 000
  借:营业成本(2万元×10)   200 000
  贷:存货   200 000

6. 编制2008年有关B产品的抵消分录。

  借:未分配利润——期初(0.2万元×600)   1 200 000
  贷:营业成本   1 200 000
  借:营业成本(0.2万元×100)   200 000
  贷:存货   200 000

7. 编制2008年有关C产品的抵消分录。

  借:营业收入(3万元×200)   6 000 000
  贷:营业成本   6 000 000
  借:营业成本(3万元 - 2万元)×80   800 000
  贷:存货   800 000

8. 编制2008年有关固定资产的抵消分录。

  借:未分配利润——期初(60万元 - 45万元)×2   300 000
  贷:固定资产——原价   150 000
    营业外支出   150 000
  借:固定资产——累计折旧(15万元÷5×4/12)   10 000
    营业外支出   10 000

　　　　贷：未分配利润——期初　　　　　　　　　　　　　　　　　20 000
　借：固定资产——累计折旧　　　　　　　　　　　　　　　30 000
　　　营业外支出(15 万元÷5×8/12)　　　　　　　　　　　　20 000
　　　　贷：管理费用　　　　　　　　　　　　　　　　　　　　50 000
9. 编制 2008 年有关无形资产的抵消分录。
　借：营业外收入(1 200 万元 - 60 万元)　　　　　　　　11 400 000
　　　　贷：无形资产　　　　　　　　　　　　　　　　　　11 400 000
　借：无形资产——累计摊销　　　　　　　　　　　　　　1 425 000
　　　　贷：管理费用 (1 140 万元/6×9/12)　　　　　　　　　1 425 000